MW00909878

TEORÍA Y TÉCNICA DEL CUENTO

 Instrumenta

Letras e Ideas

Colección dirigida por
FRANCISCO RICO

ENRIQUE ANDERSON IMBERT

TEORÍA Y TÉCNICA DEL CUENTO

EDITORIAL ARIEL, S. A.
BARCELONA

1.ª edición: 1979
(Marymar Ediciones, Buenos Aires)

1.ª edición en Editorial Ariel: enero 1992
2.ª edición: abril 1996

© 1979 y 1992: Enrique Anderson Imbert

Derechos exclusivos de edición en castellano
reservados para todo el mundo:
© 1992 y 1996: Editorial Ariel, S. A.
Córcega, 270 - 08008 Barcelona

ISBN: 84-344-8389-0

Depósito legal: B. 19.388 - 1996

Impreso en España

Ninguna parte de esta publicación, incluido el diseño de la cubierta, puede ser reproducida, almacenada o
transmitida en manera alguna ni por ningún medio, ya sea eléctrico, químico, mecánico, óptico, de grabación
o de fotocopia, sin permiso previo del editor.

PRÓLOGO

Cuentos, cuentos, cuentos es lo que con más gusto he leído y con más ambición escrito. Esto, desde niño. Ahora que soy viejo ¡qué bueno sería —me dije— aprovechar mi doble experiencia de lector y escritor! Y me puse a improvisar unos ensayos breves sobre cuentos ajenos y míos. Con facilidad, con felicidad, me deslizaba cuesta abajo por el camino, cantando y borroneando páginas y páginas cuando, en una encrucijada, se me apareció el Demonio del Sistema:

—¿Por qué —me tentó— en vez de dispersarte en reflexiones sueltas no te concentras en una sistemática descripción de todos los aspectos del cuento? No te olvides de que también eres profesor...

Entonces cambié el plan. Decidí divertirme menos y trabajar más. Tiré al canasto mis apuntes impresionistas y con esfuerzo, con rigor, emprendí cuesta arriba un análisis del cuento. Comencé por definir mi posición personal dentro de la Filosofía del Lenguaje, la Estética, la Teoría de la Literatura y la Crítica y luego estructuré los temas de manera que unos salieran de otros sin por ello deshacer la indivisible unidad del cuento.

El resultado está a la vista. Un vistazo al Índice y el lector comprenderá sinópticamente el método que he seguido para organizar mi materia. El libro está articulado por una escala decreciente de títulos, subtítulos, encabezamientos y apartados. Cada articulación lleva números arábigos. El primer número indica el capítulo; los números, separados por puntos, indican las partes y subpartes en que el capítulo se subdivide. Cuando las cifras aparecen entre paréntesis en el texto es porque están correlacionando ese pasaje con otro donde se toca el mismo tema. De igual manera, cuando en el texto aparece entre paréntesis la palabra «Apostillas» el lector queda avisado de que encontrará al final del libro, en una sección así llamada, un desarrollo del asunto correspondiente. Aunque basé mi teoría en cuentos de todo el mundo he preferido elegir ejemplos de la literatura argentina, que es la mía. Recurro a mis cuentos cuando, necesitando ilustrar un punto teórico, no dispongo de tiempo para buscar los que sé que son mejores. Abrevio los títulos de mis libros de narraciones así: A = El anillo de Mozart. B = La botella de Klein. C = El gato de Cheshire. D = Dos mujeres y un Julián. E = El estafador se jubila. G = El grimorio. L = La locura juega al ajedrez. M = El mentir de las estrellas. P = Las pruebas del caos. T = El tamaño de las brujas.

El objeto de estudio es el cuento. Sin embargo, parte de lo que aquí se dice vale también para la novela y otros géneros. En este sentido Teoría y técnica del cuento *podría servir como Introducción a la Literatura.*

                              *   *   *

     Ése fue el prólogo a la primera edición, Buenos Aires (Marymar, 1979), y a su reimpresión corregida en 1982. Para esta edición española me pongo al día con nuevos estudios, me ciño más al tema estricto y me mantengo firme en la filosofía que comenzó hace veinticinco siglos con aquel atisbo de Protágoras: «El hombre es la medida de todas las cosas.» Humanismo elemental, inmune al antihumanismo de quienes anuncian que, para la crítica literaria, «el autor ha muerto» y lo que queda son «intertextos de todos y de nadie». ¡Y los tecnicismos con que lo dicen! El cuento es, sí, una objetiva estructura de símbolos pero puesto que la construye un hombre conversador ¿por qué no describirla con el estilo llano de la conversación?

1. LA FICCIÓN LITERARIA

1.1. Introducción

Vi un pájaro. Dicho así no hago más que comunicar una oración enunciativa. La palabra «pájaro» no expresa la totalidad de mi experiencia sino que apunta a un concepto que es el común denominador de innumerables pájaros en las experiencias de innumerables personas. Lo que de veras vi no fue un pájaro cualquiera, de esos que cualquier vecino pudo haber visto. Vi nada menos que a un colibrí. Yo era niño, y en aquella mañana de primavera vi por primera vez, en el jardín de mi casa, en La Plata, a ese colibrí único que picó una flor, la dejó toda temblorosa y se fue rasgueando con un ala la seda del aire. Intuí no solamente a mi colibrí, sino también el pudor de la flor, la sorpresa del cielo, mi envidia por la libertad de ese vuelo audaz, el presentimiento de que nunca sería capaz de contarle a mamá los sentimientos que se me daban junto con eso, «eso», una visión inexpresable que, sin embargo, me urgía a que la expresara. Si hubiera objetivado en palabras la plenitud de tamaña experiencia personal yo habría hecho literatura.

¿Qué es lo que hace que un texto sea literario? ¿Y cómo se distingue de lo no literario?

La Filosofía ya nos ha dado la respuesta. La realidad en sí —nos dijo Kant— es incognoscible: sólo conocemos fenómenos. Las sensaciones se convierten en intuiciones al entrar en las formas de nuestra sensibilidad y las intuiciones se convierten en conceptos al entrar en las formas de nuestro entendimiento. El conocimiento es una síntesis de intuiciones integradas en conceptos y conceptos abstraídos de intuiciones. Las intuiciones sin concepto serían ciegas y los conceptos sin intuición estarían vacíos. O sea —ahora continúa Croce— dos clases de conocimiento: el conocimiento intuitivo de lo concreto, particular, que lleva a la poesía, y el conocimiento conceptual de lo general, universal, que lleva a la ciencia. Con los símbolos del lenguaje —ahora es Cassirer quien aporta su contribución— el hombre construye su propio mundo y el mundo de la cultura: mito, religión, arte, historia, filosofía, ciencia, política. Esta actividad simbolizadora parece dividirse en dos tendencias: una «discursiva», que parte de un concepto y, expandiendo cada vez más su área de generalizaciones, acaba por proponer un sistema de explicaciones racionales; y otra tendencia, «metafórica», que se concentra en la expresión de una experiencia personal mediante imágenes concretas. En la tendencia discursiva el poder de la lógica reduce a frío esqueleto la riqueza y la plenitud de la experiencia original. En la tendencia metafórica, en cambio, el poder artístico libera la vida en forma de ficción.

La literatura es una de las formas de la ficción. *Fictio-onis* viene de *fingere*, que si no me he olvidado del latín que me enseñaron en el colegio significaba, a veces, fingir, mentir, engañar, y a veces modelar, componer, heñir. En ambas acepciones podría decirse que el cuento es ficticio pues a veces simula una acción que nunca ocurrió y a veces moldea lo que sí ocurrió pero apuntando más a la belleza que a la verdad.

1.2. Lo no literario

El escritor que no escribe literatura abstrae de su experiencia un elemento común a otras experiencias suyas y también común a las experiencias de otras personas; generaliza ese elemento y con él se refiere a un objeto públicamente reconocible. En su experiencia real ese elemento estaba acompañado por una multiplicidad de impresiones, pero ahora el escritor hace caso omiso de lo que no sea el elemento discriminado en una operación lógica y forma así un concepto, un juicio, un razonamiento. En el texto que ha escrito no revela su experiencia total, dentro de la que se dio aquel elemento, sino que se refiere al elemento aislado. Para comunicar el armazón intelectual de su pensamiento sacrifica la riqueza de su experiencia individual, viva, íntima, concreta. Si la sacrifica es porque lo que está haciendo no es literatura.

No literaria es la comunicación lógica —en obras de ciencia, filosofía, historia, técnica, política, etc.— de un saber abstraído de la experiencia humana. El científico, el filósofo, el historiador, el técnico, el político se especializan en relacionar ciertos objetos representados con sus conciencias. Desde luego que estas especializaciones son humanas pero lo que las caracteriza es que surgen, no del hombre en cuanto hombre, entero, pleno, completo, sino de un hombre sofisticado que, en su afán de llegar por vía racional a lo que cree que es verdad, se limita a sí mismo y se dedica a conocer sólo parcelas. Los escritores que no hacen literatura continúan, en una actitud impersonal y objetiva, la tendencia del lenguaje a acrecentar su poder abstracto y generalizador. En el sistema social de la lengua las palabras son conceptos que significan, no una experiencia concreta, sino elementos abstraídos de esa experiencia.

El lenguaje no literario tiende a descartar lo que no sea ajustada referencia a sus objetos; estos objetos son discriminados mediante un riguroso proceso lógico hasta que la proposición alcanza validez general. Hay muchas maneras de comunicar el armazón lógico de nuestro pensamiento. El científico, al preparar su informe, puede elegir una frase u otra, sacándola de un almacén lingüístico en disponibilidad; y aun puede traducir su informe de una lengua a otra sin que su contenido se altere. El uso individual y social de la lengua a lo largo de la historia ha cargado las palabras con significaciones equívocas. Cuando esas palabras le estorban, el científico, interesado en salvar su esfuerzo intelectual, busca símbolos más adecuados. Formula entonces sus conceptos en un lenguaje técnico, universal: por ejemplo, el de la química, el de las matemáticas. Las matemáticas constituyen el lenguaje más desarrollado en esta dirección: se especializa en relaciones abstraídas de la experiencia humana, tan exactas que son reconocidas públicamente. El matemático no nos habla de sí, sino de relaciones que, apenas enunciadas, resultan valer para todo el mundo. De hecho, todos los escritores que no hacen literatura marchan de abstracción en abstracción hacia un alto grado de generalidad. Comunican un conocimiento conceptual.

1.3. Lo literario

El escritor que se dedica a la literatura abstrae de su experiencia, no un elemento público, universal, sino elementos privados, particulares. Son tan numerosos, los selecciona con tanto cuidado, los estructura en una sintaxis tan bien ceñida a los ondulantes movimientos del ánimo, los reviste con un estilo tan imaginativo y lujoso en metáforas que todos los elementos juntos equivalen casi a rendir la experiencia completa. Esto ya no es comunicación lógica y práctica, sino expresión estética, poética. Los símbolos ya no son referenciales, como en lo no literario, sino evocativos. En vez de despegarse de la experiencia que tuvo el autor, los símbolos se quedan cerca de esa plena, rica, honda, intensa, imaginativa, creadora experiencia. Son símbolos pegados a las percepciones, sentimientos, pensamientos de una experiencia particular vivida por una persona en cierto momento. El conocimiento ya no es conceptual sino intuitivo.

Los escritores que hacen literatura expresan la experiencia total del hombre en cuanto hombre: una experiencia personal, privada, abundante en matices y relieves. El poeta (y el cuentista es un poeta, en el sentido de que es un creador) no tiene más remedio que expresar una experiencia concreta con palabras que son abstractas. ¡Ojalá pudiera simbolizar intuiciones siempre nuevas con palabras también nuevas! Pero sus intuiciones son inefables, y si las cifrara en un símbolo recién inventado nadie lo entendería pues no hay dos experiencias que sean iguales. Entonces, a pesar del medio lingüístico que le resiste, el poeta se lanza a la aventura y con metáforas y otras alusiones a su íntima visión logra salir más o menos victorioso. Su poema, su cuento, ha cristalizado en una unidad indivisible que no se deja separar en fondo y forma porque nació como imagen verbal. Por eso la poesía, a diferencia de la ciencia, no puede traducirse.

En resumen. Así como usamos la lengua para comunicar los contenidos lógicos de nuestra conciencia, y esa tendencia recibe una forma purificada en las ciencias y su mayor desarrollo abstracto en las matemáticas, también podemos expresar nuestra vida interior: en la confidencia tratamos de sacar a luz nuestra intimidad, y a la objetivación de esa intimidad la llamada poesía, se dé en verso o en prosa.

La lengua discursiva y el habla poética son logros de nuestra voluntad. En el proceso real del lenguaje el uso discursivo y el uso poético coexisten pero es cómodo —y no demasiado arbitrario— señalar una tendencia comunicativa y otra expresiva: una hacia la comunicación conceptual de la ciencia, otra hacia la expresión intuitiva de la poesía. El científico se defiende contra las imágenes que se deslizan en su lengua y amenazan con subjetivar sus clasificaciones lógicas; el poeta se defiende contra los conceptos ya formados en la lengua, pues amenazan con impersonalizar sus visiones. Comunicamos (o procuramos comunicar) abstracciones de lo público, común, lógico y universal de nuestras experiencias; expresamos (o procuramos expresar) la experiencia misma, concreta, viva, completa, diversa, privada. En la ciencia nos interesa ante todo la verdad; en la poesía, lo que más importa es la belleza.

1.4. Toda la literatura es ficción

El goce estético consiste en que, al expresarnos, nos sentimos libres. Por lo pronto, no hay nada que nos limite en la elección de temas, pues todo lo que pasa por la mente es digno de convertirse en literatura. Sin duda no podemos escaparnos del sistema solar en que vivimos ni dejar de ser hombres ni prescindir de los datos que recibimos por los órganos sensoriales, pero sí podemos construir un mundo propio, sin más propósito que el de expresar nuestra contemplación de una belleza superior a la de la naturaleza. En el instante de la creación literaria la realidad pierde su imperio sobre nosotros. El contenido de nuestra conciencia no se ajusta a objetos externos, sino que concuerda consigo mismo: es decir, nuestra verdad es estética, no lógica. Enriquecemos el mundo añadiendo un valor estético a lo existente. Nos despegamos de los hechos y nos apegamos a las metáforas. Apoyados en un mínimo de realidad, operamos con un máximo de fantasía. Con elementos reales inventamos un mundo irreal y, al revés, con elementos fantásticos inventamos un mundo verosímil. Y cuando no recurrimos a la invención para emanciparnos de la realidad sino que, en nombre del realismo más extremo, resolvemos reproducir las cosas tal como son, nuestro sometimiento no es absoluto: seguimos seleccionando con criterio estético (14). En el fondo la intención es fantasear, imaginar, crear. Fingimos. Los sucesos que evocamos son ficticios. La literatura, pues, es ficción. Ortega y Gasset, al recordarnos que por mucho que nos esforcemos en conocer objetivamente la realidad sólo conseguimos imaginarla, había dicho que el hombre «inventa el mundo o un pedazo de él. El hombre está condenado a ser novelista» (*Ideas y creencias en Obras*, V, Madrid, 1942). Alfonso Reyes ajustó con una nueva vuelta el tornillo de ese juicio: «Ficción verbal de una ficción mental, ficción de ficción: esto es la literatura» (*El deslinde*, México, págs. 202-207).

La literatura es siempre ficción. La conocemos como ficción oral y como ficción escrita: dejaré de lado la oral. Se da en verso o en prosa: dejaré de lado el verso (Apostillas). La historia de la ficción es larga, y se la podría bosquejar en sus numerosos géneros, pero sólo estudiaré, de los últimos ciento cincuenta años, un género en prosa: el cuento. Las frases de un cuento no son proposiciones que prediquen la existencia de algo; por tanto, no son ni verdaderas ni falsas. Se vio antes que la intuición no distingue entre lo real y lo irreal, distinción propia del conocimiento conceptual, no del intuitivo. Del mismo modo, la distinción entre los conceptos de verdad y falsedad no le concierne a la ficción. Ficción pura: esto es el cuento.

2. EL GÉNERO CUENTO

2.1. Introducción

Venus —cuenta Apuleyo en *El asno de oro*— quiere castigar a Psique. Para ello mezcla semillas de diferentes clases en un gran montón y exige a la pobre chica que, antes de que la noche termine, las vuelva a separar en montoncitos homogéneos. Por suerte unas hormigas, compadecidas de Psique, acuden en su ayuda y le clasifican las semillas.

Ojalá hubiera hormigas que nos ayudaran a clasificar las obras literarias. Tendrían que ser mucho más estudiosas que las de Apuleyo. Después de todo, agrupar semillas, que son productos de la naturaleza con propiedades determinadas y reconocibles, es más fácil que agrupar obras literarias, que son creaciones fortuitas.

2.2. El problema de los géneros

Los primeros en apartar las obras en géneros fueron los griegos. En Platón ya hubo indicios de una división tripartita en literatura épica, lírica y dramática pero fue Aristóteles, en su *Poética*, quien inició un estudio sistemático de los géneros. Con los siglos ese sistema se completó pero lo que había sido una descripción empírica después pretendió ser una ciencia normativa. La historia de la doble serie de defensores e impugnadores de la teoría de los géneros ya ha sido estudiada: remito a la bibliografía que va al final.

Un formidable impugnador fue Croce; pero cuando dijo «los géneros no existen» estaba reaccionando polémicamente contra los preceptistas que, desde el Renacimiento italiano, el Clasicismo francés y el Cientificismo del siglo XIX, venían perturbando las relaciones del escritor con su obra. Para ellos los géneros eran sustancias, entes reales, agentes de la historia de la literatura. Los géneros, así entendidos, se inmiscuían en la gestación artística: con sus leyes dictaban condiciones al escritor; con sus dogmas aplicaban sanciones. Croce desafió a los preceptistas. La obra literaria, les dijo, es la expresión de intuiciones individuales; cuando de la obra pasamos al concepto «género» hemos abandonado la Estética y ya estamos en la Lógica. Este paso es legítimo. Lo ilegítimo es confundir la Estética, que estudia intuiciones, con la Lógica, que estudia conceptos. Los géneros son conceptos abstraídos de una realidad histórica pero la historia, que es cambio incesante, no va a inmovilizarse para obedecer a la idea fija de un preceptista. En ciertas épocas el preceptista ejerció un poder tiránico sobre el artista y éste, por una especie de masoquismo que lo llevaba a convertirse en verdugo de sí mismo, sacrificó su libertad en el altar de los géneros. Éstos fueron accidentes en la historia de las costumbres, no rasgos esenciales de la expresión estética. No se niega, pues, la existencia histórica de los géneros sino su valor como categoría estética. Teóricamente, un género no existe, históricamente, sí. A lo largo de la historia se han acumulado millones de obras literarias. No hay más remedio que ordenar de algún modo ese caos. Con tal propósito, de las obras abstraemos características comunes y formamos conceptos. Está bien. En efecto, el escritor, cediendo a prácticas literarias de la sociedad en que vive, con significativa frecuencia suele considerar el género como una institución en la que se entra o de la que se sale. Aun entonces lo cierto es que está respondiendo al gusto de su tiempo, no a una ley estética. Para evitar los males que resultan cuando hipostasiamos un concepto, conviene denunciar la falsa autoridad de la retórica sobre la poesía; la pretendida jerarquía de su género sobre otro; el anquilosamiento de la historia; el descuartizamiento de la obra unitaria de un escritor en pedazos genéricos; el juicio crítico exterior a la obra misma...

Acabo de resumir a Croce. Y lo que sigue no ha de contradecirlo, pues me siento endeudado con su filosofía idealista, sólo que mis observaciones serán menos polémicas. Los géneros son esquemas mentales, conceptos de validez histórica que, bien usados, educan el sentido del orden y de la tradición y por tanto pueden guiar al crítico y aun al escritor. Al crítico porque éste, interesado en describir la estructura de un género, se fabrica una terminología que luego le sirve para analizar una obra individual. Al escritor porque éste, acepte o no la invitación que recibe de un género, se hace consciente del culto social a ciertas formas. Digo «invitación» porque el género, aunque mira para atrás, hacia obras del pasado, también mira para adelante, hacia obras futuras, y el escritor tiene que decidirse por la forma que ha de dar a lo que escriba; forma que repetirá rasgos semejantes a los de obras tradicionales o, al revés, ofrecerá rasgos desemejantes. Los géneros a veces lo incitan, a veces lo repelen; y el escritor continúa sintiéndose libre porque, en la historia de la literatura, la proliferación de géneros imprevistos y de sus sorprendentes combinaciones equivale a una lección de libertad. Una obra importante no pertenece a un género: más bien pertenece a dos, al género cuyas normas acaba de transgredir y al género que está fundando con nuevas normas. El cuentista, que es un individuo dentro del inmenso gremio de cuentistas, escribe libremente un cuento que dentro del inmenso género se distingue por sus rasgos individuales. No se limita ese cuentista a continuar con su cuento otros cuentos parecidos. Tampoco se limita a combinar características de obras del pasado. Escribe lo que le da la gana. Es libre. Sin embargo, por libre que sea tiene que desgajar su cuento, no de la realidad cotidiana, sino del universo de la literatura. Porque su cuento está hecho de convenciones artísticas nos es fácil incluirlo, junto con otros similares, en un «género cuento». Dicho género existe, no dentro de un cuento concreto sino dentro de nuestra cabeza de críticos: es un mero concepto histórico y teórico.

Pocos eran los géneros clásicos: la Lírica (un «yo» canta sus íntimas efusiones), el Drama (texto para que actores, desde un escenario, representen la acción ante un público) y la Épica (relato de acontecimientos entretejidos en una trama imaginaria). Desde hace ya muchos siglos es insuficiente para clasificar una producción cada vez más abundante y diversa. Pero tampoco las clasificaciones más recientes son satisfactorias. No pueden serlo porque los géneros son clases que tienen bajo sí otros géneros o especies, y las especies son clases que bajo sí tienen subespecies o individuos. Géneros, subgéneros, especies y subespecies pueden, como los círculos, ser tangenciales entre sí, por fuera y por dentro, y también pueden interseccionarse haciendo coincidir ciertas áreas. Son clases limítrofes o clases menores circunscriptas en mayores. Suelen ser clasificadas y reclasificadas según el contenido, la técnica, la psicología, la lógica, los dechados ideales, los arquetipos universales y los núcleos ónticos, todo esto con una nomenclatura de sustantivos que indican una función y de adjetivos que a veces descalifican la función de los sustantivos: v. gr., «cuento lírico». Los géneros teatrales que Polonio describió a Hamlet —«tragedia, comedia, historia, pastoril, pastoril-cómico, histórico-pastoril, trágico-histórico, trágico-cómico-histórico-pastoril»— no son menos divertidos que los que Polonios de la crítica de hoy usan: «novela lírica», «lírica narrativa», «drama novelesco», «cuento dramático», etc. El teórico de la literatura que formula un género no ha podido leer —la vida no le alcanzaría— todas las obras que agrupa: de las que ha leído deduce una hipótesis que luego le sirve para caracterizar a las que no ha leído. Su teoría, pues, está forzosamente sometida a correcciones. Un nuevo cuento, por ejemplo, puede obligar a que los cuentólogos rectifiquen el concepto tradicional del género cuento. Sé de uno que se rectificó para admitir que «El marciano Swift» (B) era un cuento, no un ensayo. Por otra parte inducir un cuento típico para luego deducir la tipicidad de un cuento particular es un ejercicio fútil: no hay cuentos típicos porque no hay ningún «tipo» de cuento que exista fuera de la cabeza del crítico (Apostillas). Ludwig Wittgenstein, en sus *Investigaciones filosóficas*, aconsejó que para clasificar los «juegos» —de pelota, de cartas, de ajedrez, etc.— no se buscaran esencias comunes, pues no las hay, sino meras similaridades que se superponen y entrecruzan: son parecidos de familia, y nada más. Lo mismo podría decirse de los rasgos familiares entre diversos cuentos; rasgos que permiten que en una comunidad determinada —la de lengua castellana, por ejemplo— aceptemos tal obra como miembro del género cuento. El significado del «género cuento» es el uso que nuestra comunidad da a las palabras «género cuento».

El género que voy a estudiar es el «cuento». Pero no siempre se ha llamado así. La historia semántica de la palabra «cuento» es muy compleja, según se verá.

2.3. La palabra «cuento»

En el arte de contar distinguimos entre diversas formas pero no disponemos de las palabras justas para distinguirlas. A veces nos sobran palabras para designar la misma forma; a veces, por el contrario, nos encontramos con que una forma ha quedado sin bautizo. En este caso uno se siente tentado de traducir o de adoptar los términos más adecuados de lenguas extranjeras. No siempre se acierta porque el sistema de clasificar que determinada lengua ha hecho posible no puede saquearse: un término está en función de otro y tomarlo sin tener en cuenta el sistema es desvirtuar su significación. Un ejemplo. *Romanz* o *romance* era el nombre de las lenguas habladas en países de origen latino. Cuando a fines de la Edad Media las lenguas nacionales se llamaron «francés», «italiano», «castellano», el término *romanz* o *romance* quedó en disponibilidad. Los franceses lo aplicaron entonces a narraciones en prosa, pero los españoles no pudieron hacer lo mismo porque para ellos «romance» era una composición épico-lírica. Cervantes, pues, para designar sus narraciones breves tuvo que adoptar una palabra italiana, «novella», que era un diminutivo. Un estudio comparativo de la terminología internacional sería útil pero no nos eximiría de la obligación de clasificar las formas de narrar con las palabras corrientes en la propia lengua. En lo que a mí respecta, puesto que escribo en castellano, me atengo a la perspectiva que nuestra lengua tiene sobre la historia de la narración.

He elegido la palabra «cuento» por ser la más usual. Es una palabra, y nada más. Si la analizáramos no nos ayudaría mucho. Baquero Goyanes ha emprendido su historia y su semántica y voy a seguirlo, a veces parafraseándolo, a veces bordando en su bastidor observaciones y datos tomados de otras fuentes. Véase la Bibliografía; Gerald Gillespie, «Novella. Nouvelle, Novelle, Short Novel? A Review of terms», *Neophilologus*, 51 (1967); Graham Good, «Notes on the Novella», *Novel*, X, 3 (primavera 1977).

Etimológicamente *cuento* deriva de *contar*, forma ésta de *computare* (contar en sentido numérico; calcular). La palabra «contar» en la acepción de calcular no parece ser más vieja que la de contar en la acepción de narrar. Es posible que del enumerar objetos se pasara al relato de sucesos reales o fingidos: el cómputo se hizo cuento. Valga como simple curiosidad el hecho de que en *Disciplina clericalis*, de Pedro Alfonso (n. ca. 1062), hay un cuento que computa: un rey pide que se le haga dormir; le cuentan entonces que un aldeano pasa dos mil ovejas por un río en una barca en la que sólo caben dos ovejas por cada viaje; dos más dos más dos más dos... tiempo para que el rey y el narrador descabecen un sueño hasta que la suma llegue a dos mil. En el *Cantar de Mio Cid* (ca. 1140) se emplea el verbo *contar* en sentido de narrar («cuentan gelo delant») pero no aparece la palabra «cuento». Existieron narraciones medievales similares al género moderno que hoy llamamos «cuento» pero se las llamaba fábulas, fablillas, ejemplos, apólogos, proverbios, hazañas, castigos, palabras que señalaban la raíz didáctica del género. Unas pocas pruebas. En *Calila e Dimna* (1251), traducción atribuida a Alfonso X: «Et posieron *ejemplos* e semejanzas en la arte que alcanzaron... et posieron e compararon los más destos *ejemplos* a las bestias salvajes e a las aves.» En *El Conde Lucanor* (1335) de Don Juan Manuel: «contar un *ejemplo*». En el *Libro de Buen Amor* del Arcipreste de Hita: «proverbio», «fabla», «estoria». No se oye la voz «cuento» en la literatura medieval. Excepción: la del *Libro de los Cuentos*, que por una mala lectura de la grafía «quentos» se lo tituló *Libro de los Gatos* (véase L. G. Zelson, «The title "Libro de los Gatos"», *Romanic Review*, 1930). Algunos términos o han desaparecido de la lengua (fablilla, hazañas) o han adquirido otro contenido específico (apólogo, fábula, proverbios). La palabra «cuento» empieza a ganar aceptación durante el Renacimiento, sólo que se da junto con «novela» y otros términos. Las obras de Juan de Timoneda —*El sobremesa y alivio de caminantes* (1563); *El buen aviso y portacuentos* (1564); *El Patrañuelo* (1566)— son hitos en la evolución del término «cuento». Aunque todavía se nota la imprecisión —patraña, novela, cuento— lo cierto es que sus narraciones suelen ir numeradas como cuentos. Los del *Decameron* de Boccaccio —«novelle» en italiano, diminutivo de «nuova», esto es, nueva, breve noticia— fueron traducidos a fines del siglo XV como «cien novelas». Cervantes empleó *novela* para la narración escrita literaria y, dentro de la novela, usó el término *cuento* para una narración oral, popular. En *Don Quijote* el episodio de «El curioso impertinente» está presentado como novela porque se trata de la lectura de un manuscrito hallado en una maleta pero en cambio se habla de «el cuento de la pastora

Marcela» porque es un cabrero quien lo narra en viva voz. La diferencia entre novela y cuento no es para él cosa de dimensiones en el espacio sino de actitud: espontánea en el cuento, empinada en la novela. Novelar es inventar; contar es transmitir una materia narrativa común: «os cuentos unos encierran y tienen la gracia en ellos mismos, otros en el modo de contarlos», observa en «El coloquio de los perros». Las *Novelas ejemplares* (1613) de Cervantes son más extensas que los cuentos pero breves en comparación con otras narraciones —él calificó *Don Quijote* de «historia fingida»— también llamadas «novelas» durante el Renacimiento. Hoy las llamaríamos «novelas cortas» pero para un español de esos tiempos hubiera sido superfluo un adjetivo que disminuyera lo que era ya un diminutivo: «novella». La palabra «novela» acabará por designar la narración larga por oposición a la corta pero durante siglos hubo indecisiones. Lope de Vega, en *Novelas a Marcia Leonarda* (1621), opinó que «en tiempo menos discreto que el de ahora, aunque de hombres más sabios, se llamaban a las Novelas cuentos. Éstos se sabían de memoria, y nunca que me acuerde los vi escritos». El término «cuento» era empleado por los renacentistas para designar formas simples: chistes, anécdotas, refranes explicados, casos curiosos. Quedó, pues, establecido el término «cuento» pero nunca como designación única: se da una constelación de términos diversos. En general retiene una alusión a esquemas orales, populares, de fantasía.

Los románticos echaron una mirada nostálgica a la Edad Media y exhumaron viejas palabras, como «consejas». Empleaban el término «cuento» para narraciones, en prosa o en verso, de carácter fantástico —a la manera de Hoffmann— aun cuando en tal caso preferían «leyenda», «balada». Fernán Caballero definió sus narraciones así: «Las composiciones que los franceses y alemanes llaman "nouvelles" y que nosotros, por falta de otra voz más adecuada, llamamos "relaciones", difieren de las novelas de costumbres *(romans de moeurs).*» Con todo, Fernán Caballero llamó «cuentos» a sus narraciones populares, recogidas de boca de los campesinos y dedicadas a los niños. Además de «relaciones» usaron «cuadros de costumbres». Si Antonio de Trueba llamó «cuentos» a los suyos fue porque los sentía emparentados con las narraciones tradicionales, fantásticas, infantiles; y aun así en algunos casos creyó necesario admitir que, por su verosimilitud, eran más «historias» que «cuentos».

Según avanza el siglo XIX el término «cuento» va triunfando, empleándose para narraciones de todo tipo, si bien la imprecisión no desaparece nunca. La variedad terminológica que a finales de siglo se observa debe atribuirse más al ingenio personal que a una inocente confusión. A partir de la generación de Emilia Pardo Bazán y Leopoldo Alas la voz «cuento» es aceptada para designar un género de reconocido prestigio literario (Apostillas). Lo que Baquero Goyanes ha hecho para España debería hacerse también para la Argentina, si bien nuestra historia literaria es muchísimo más corta. Sin embargo, aquellas dos acepciones de «contar» que vimos en la Edad Media española —la numérica de cómputo y la narrativa de cuento— se dan en este pasaje de *Don Segundo Sombra*, de nuestro Ricardo Güiraldes:

> Pedro se levantó, el rebenque en alto, tomado de la lonja.
> —Negro indino —dijo— o *cuenta un cuento*, o le hago chispear la cerda de un taleraso.
> —Antes que me castigués —dijo Don Segundo, fingiendo susto para seguir la broma— soy capaz de *contarte* hasta las virgüelas (XII).

También con humor (con humor negro) Leopoldo Lugones, en «Kabala práctica», juega con la palabra «cuento» diferenciándola de «historia» y «relación». El narrador cuenta a Carmen la relación de una historia, supuestamente verídica aunque se refiera a una mujer sin esqueleto, que le oyó a su amigo Eduardo: «... espero que si el relato nada vale como historia, conseguirá, tal vez, interesarla como cuento.»

2.4. Acotamiento del campo

Acabamos de pasar revista a la historia de las palabras que, en nuestra cultura hispánica, han denotado el género que nos ocupa. Por lo visto hoy por hoy el vocablo que sobrevive es «cuento». Trataré de definirlo en 4.4. Entretanto voy a acotar, del inmenso campo del cuento, el área que me propongo estudiar. Comienzo por reducir la extensión histórica.

En *Los primeros cuentos del mundo* he mostrado cómo el cuento emergió hace miles de años de una tradición transmitida de boca en boca. Durante algún tiempo esta materia narrativa, aunque escrita, mantuvo sus características orales. Después la encontramos enredada con otros géneros: la historia, la mitografía, la poesía, el drama, la oratoria, la didáctica. Sus formas son innumerables: el mito, la leyenda, la fábula, el apólogo, la epopeya, el chiste, el idilio, la anécdota, la utopía, la carta, el milagro, la hagiografía, el bestiario, el caso curioso, la crónica de viaje, la descripción del sueño, etc. Estas formas que encontramos en los orígenes del cuento se continúan en tiempos modernos y aún contemporáneos. En 4.2. relacionaré el cuento tal como lo entendemos hoy con algunas de las formas narrativas que acabo de enumerar. Pero voy a circunscribirme a tiempos recientes. Está bien que, para especificar el cuento, lo comparemos con la leyenda, la fábula, el chiste, el caso, el milagro, pero no con las formas de la antigüedad, sino con las coetáneas. Estipulo, pues, que el contexto histórico del que he de abstraer el cuento es el de los últimos siglos. Aun dentro de ese campo así acotado me instalaré en el taller de las literaturas occidentales. En el mapa de la cultura occidental buscaré con preferencia cuentos argentinos.

Además de la reducción histórica practicaré una reducción formalista. Ante todo, elimino de mi análisis la forma del verso. Hasta no hace mucho, cuentistas románticos, realistas, parnasianos y modernistas solían versificar cuentos: recuérdense, en castellano, «El estudiante de Salamanca» de Espronceda, «El tren expreso» de Campoamor, «Maruja» de Núñez de Arce, «Francisco y Elisa» de Rubén Darío. Todavía se escriben cuentos en verso, si bien producen el efecto de antiguallas o caprichos. Además de eliminar la forma del verso voy a elegir solamente cuentos bien construidos porque son los que mejor se prestan al análisis estructural. La elección de formas clásicas con preferencias a las experimentales es expeditiva y por tanto no comporta un juicio de valor. A continuación explicaré por qué, en mi estudio, uso como modelos los cuentos bien construidos.

2.5. Cuento y anticuento

En los últimos años se escribieron tantos cuentos contra el modo tradicional de contar que ya la crítica literaria ha incorporado a su lenguaje el término «anticuento».

Repárese, por ejemplo, en el título de esta colección publicada por Philip Stevick: *Anti-Story: an Anthology of Experimental Fiction* (Nueva York, The Free Press, 1971). Su antología de anticuentos está organizada según la clase de agresión que se cometa contra el clásico arte de contar: «contra la imitación de la vida», «contra la realidad», «contra el acontecer de hechos», «contra el tema», «contra las experiencias normales», «contra el análisis», «contra el significado», «contra la proporción en el espacio» (aquí Stevick metió un cuentecillo mío de cinco líneas), contra contra contra... El anticuento sería, pues, algo así como un subgénero reaccionario. No Stevick pero otros críticos sostienen que sus cultores reaccionan contra el cuento bien construido para destruirlo por el gusto de destruirlo. El código de reglas del anticuento sería un código negativo: no hay que contar acciones con sentido, ni urdir tramas, ni crear personajes identificables, ni acatar la razón, ni preocuparse por valores estéticos, ni respetar la gramática, ni bucear en la psicología, ni permitir diálogos inteligentes, ni apartarse mucho del balbuceo, ni guiar al lector, ni mantener la cronología de los eventos, ni componer la historia con principio, medio y fin, ni...

Más que una definición de anticuento esto parece una diatriba contra los cuentistas experimentadores. Supongamos que experimenten tanto que el cuento se les rompa entre las manos, ¿quién va a negarles sus derechos al experimento? Además, lo que se les rompe entre las manos —si son buenos escritores— no es el cuento que están escribiendo sino el canon de cuento clásico que algunos críticos quieren salvar. Un cuento, como cualquier otra entidad lingüística, es una operación cerrada. El cuentista, dentro de esas normas que llamamos «género cuento», ordena sus materiales con la misma libertad con que el hablante, dentro del sistema de su lengua, ordena sus palabras para hablar. El género cuentístico y el sistema lingüístico están cerrados pero no son cárceles: tanto el cuentista como el hablante pueden combinar todos los elementos a su disposición, pueden experimentar, pueden crear, pueden construir, destruir, reconstruir. Un cuento que hace polvo el modelo de cuento clásico no es necesariamente un anticuento. Como su nombre lo indica, el anticuento no es un cuento. De igual modo que —para usar un distingo de Chomsky— los defectos de gramática, neologismos indescifrables, faltas de ortografía o de pronunciación, etc., pertenecen al corpus del lenguaje pero no constituyen la lengua, las negaciones y fraccionamientos del anticuento pueden pertenecer al corpus de la literatura pero no constituyen un cuento.

Con lo dicho espero haber aclarado que si, en los capítulos que siguen, el lector echa de menos el análisis de cuentos experimentales, no es porque yo crea que éstos son anticuentos, sino porque me es más fácil describir el cuento clásico sobre el que los experimentadores experimentan.

3. GÉNESIS DEL CUENTO

3.1. Introducción

Ricardo Güiraldes, en *Don Segundo Sombra*, creó a un gaucho que entretiene a sus amigos contando cuentos folklóricos. Don Segundo ha dicho: «Te voy a contar un cuento.» Y Fabio comenta: «Quedé un rato a la espera. Don Segundo nos dejaba caer, así, en un reino de ficción. Íbamos a vivir en el hilo de un relato. Saldríamos de una parte a otra. ¿De dónde y para dónde?»

De ese pasaje podrían extraerse las dos explicaciones —histórica y psicológica— de la génesis del cuento. Histórica porque describe una situación narrativa oral que está documentada en todos los períodos de la civilización; y psicológica porque describe la voluntad con que un hablante se prepara para suspender el ánimo de un oyente y el sentimiento de éste ante el anuncio de un viaje imaginario. Sobre estas dos explicaciones, histórica y psicológica, gira este capítulo.

No es difícil imaginar que los hombres, siempre, en todas partes, se contaron cuentos y que ya entre los cavernícolas algunos debieron de haberse distinguido en el arte de contar. De esas proezas verbales no sabemos nada. Sólo podemos conocer los pocos cuentos que se conservan en textos legibles; y como las primeras civilizaciones con escritura aparecieron hace más de cuatro mil años —Mesopotamia, Egipto, India— todas las conjeturas sobre los orígenes del cuento y el paso del cuento dicho al cuento escrito son inverificables.

3.2. Muestrario de conjeturas

Conjeturas religiosas: Dios dio al hombre la gracia de contar y probablemente Adán fue el primer cuentista de maravillas.

Conjeturas mitológicas: mitos primitivos que explicaban los misterios del universo se personificaron después en héroes de cuentos.

Conjeturas simbolistas: autores iniciados en un sistema de creencias lanzaron mensajes en forma de cuentos; en cada cuento, una clave.

Conjeturas psicoanalíticas: deseos y temores reprimidos en la subsconsciencia se manifestaron en sueños y fantasías y de allí se configuraron en cuentos.

Conjeturas evolucionistas: en el nivel más bajo de la conciencia los conflictos se liberaron en el lenguaje irracional, imaginativo del cuento popular, cuento que evolucionó junto con la evolución humana.

Conjeturas antropológicas: costumbres de sociedades primitivas se reflejaron en cuentos; abandonadas esas costumbres, los cuentos sobrevivieron con un interés nuevo, independientemente del significado de las costumbres iniciales.

Conjeturas ritualistas: ritos que se dejaron de practicar fueron comentados en forma de mitos y por intermedio del mito se convirtieron en cuentos.

Podríamos salir al encuentro de esas conjeturas con reflexiones escépticas. Por ejemplo. Que la creación de un adánico cuentista es en sí un cuento. Que ni conocemos cuentos prehistóricos ni podemos documentar la relación de la sociedad prehistórica con los cuentos prehistóricos que sí conocemos. Que la literatura no tiene prehistoria porque, por definición, es Historia. Que interpretar los cuentos folklóricos como alegorías en las que los personajes representan ideas filosóficas no hace justicia al talento de los cuentistas, hombres que en sus momentos de ocio miran alrededor y se divierten inventando personajes y situaciones. Que los hombres no siempre creen sino que a veces simulan creer, y que aun en las primeras elaboraciones literarias de lo maravilloso hay ironías. Que «dos primeros cuentos del mundo» —remito a mi libro así titulado— describen refinamientos y aun lujos de civilizaciones muy avanzadas. Que no hay ni un solo cuento que haya salido completo de un mito también completo, y mucho menos de un rito previo. Que afirmar que tal cuento escrito procedió de un cuento oral es tan arbitrario como afirmar que tal cuento oral procedió de un cuento escrito. Que las etimologías alegóricas de los nombres de héroes de cuentos han sido refutadas por la ciencia. Que quienes encuentran claves simbólicas en un cuento son los mismos que las pusieron allí precisamente para poder encontrarlas luego. Que el cuento es una creación consciente y que una subsconsciencia conocida por la conciencia deja de ser subsconsciente. Que los cuentos que podemos leer, lejos de revelar una evolución de la mente humana o un progreso técnico, prueban que el anónimo autor de *Gilgamesh* era un hombre tan sofisticado como Leopoldo Lugones. Que los cuentos míticos más antiguos que conservamos ya acusan una actitud escéptica ante los mitos.

En cuanto las conjeturas de que los cuentos se originaron en una comunidad primitiva y de allí se difundieron por el resto del mundo, o, al revés, de que los cuentos surgieron de lugares y épocas diversas y, aunque se parezcan en sus temas, son independientes entre sí —es decir, las conjeturas monogenistas y poligenistas— lo más prudente sería combinarlas. Es evidente que ciertas tramas de cuentos han aparecido en diferentes lenguas, culturas, naciones sin que la similitud pueda explicarse con una causa conocida. Los estudiosos no tienen más remedio que recurrir a hipótesis. Una de ellas es la monogenética. En una sociedad primigenia (no cuesta imaginarla anterior a la mítica Torre de Babel) hubo un protocuento del que han descendido todos los cuentos que conocemos. Esta hipotética explicación no es más verificable que la explicación teológica de que los animales de hoy descienden de las parejas que en el Arca de Noé se salvaron del diluvio universal. La opuesta hipótesis poligenista explica con la psicología la repetición de las mismas tramas narrativas: esperanzas, deseos, son constantes humanas e inspiran cuentos que constantemente las reflejan.

Cada una de estas dos hipótesis puede ser sugerente, y aun útil, pero ninguna de ellas vale como explicación verdadera, única, aplicable a todos los cuentos. Tal cuento que aparece en *El Conde Lucanor* sí deriva de uno que se difundió desde la India por varias culturas hasta llegar a España; pero, en cambio, tal otro cuento, también de *El Conde Lucanor*, coincide con uno de la India, no porque la India sea su remota fuente, sino porque hombres de la India y de España, por ser hombres, sintieron y pensaron lo mismo.

3.3. Brevedad de la trama

Quizá parezca presuntuoso que después de mostrarme tan escéptico me atreva a opinar sobre la génesis del cuento. Mis opiniones son modestas. Se limitan a explicar el origen de un solo aspecto del cuento: la brevedad de su trama. Habíamos quedado en que la diferencia más patente entre novela y cuento es la extensión. Edgar Allan Poe lo vio muy bien (reseña al libro de Nathaniel Hawthorne, *Twice-told Tales*, publicada en *Graham's Magazine*, mayo de 1842). Sea que escribiera cuentos porque había descubierto virtudes especiales en esa forma o que celebrara esas virtudes porque era un cuentista nato, lo cierto es que fue él quien mejor explicó el valor de la brevedad en toda narración. El cuento, gracias a su brevedad, permite que el cuentista, libre de interferencias e interrupciones, domine durante menos de una hora el arte de producir un efecto único. Una frase inicial que no tienda a ese efecto final es ya un fracaso, decía Poe. El cuento responde a un designio preestablecido, y cada palabra prefigura el diseño total. Que el comienzo de la acción esté lo más cerca posible de su final es una característica espontánea en el cuento (esforzada, en cambio, en la novela). La concentración —con lo que implica: unidad y originalidad en el arte de sugerir e intensificar el significado de mínimos incidentes— distingue el cuento de la novela, aunque tal distingo sea meramente de grado. Hasta aquí, Poe.

Un periodista desgrabó una conferencia mía, improvisada en 1982 en la Feria del Libro de Buenos Aires sobre «la filosofía de la brevedad», donde según él defendí la forma breve del cuento «con exageración»:

> La brevedad del cuento tiene la virtud de ceñirse a los impulsos cortos con que *actúa la vida*. El proceso vital, tanto en la planta y el protozoario como en la subconsciencia y la más lúcida conciencia, está formado por unidades mínimas. Llamémoslas *actos*. La mente *actúa* de diferentes modos. Hay en el hombre una *actividad* racional, lógica, filosófica, científica que se propone explicar el universo. Y hay una *actividad* sentimental, intuitiva, artística, que se contenta con la expresión personal de instantes de la intimidad. La primera *actividad*, cuando recorre un camino largo, cae en contradicciones y no se realiza nunca. [Aquí expuso las antinomias de Kant y los reparos a la razón fundamentados por Bergson, Wittgenstein y Gödel.] La segunda actividad, cuando recorre en el arte un camino corto, logra expresar lo que quería. La literatura es siempre expresión de la vida pero, dentro del género narrativo, el cuento es el que más cerca está de la espontaneidad de la vida. Tanto es así que la descripción que biólogos y filósofos hacen de los *actos* vitales —descarga de energía, fase de desarrollo, punto de consumación— se parece mucho a la descripción retórica del relato: principio, medio y fin. La fuerza del cuento está en que tiene la forma de los impulsos de la vida.

Voy a referirme a la génesis del cuento. Esto es, a las circunstancias históricas y a las intenciones psicológicas del cuentista. Quisiera mostrar que la brevedad del cuento se presta a que el cuentista asuma la postura de un ágil conversador, elija como tema de su plática un lance de la existencia humana, despliegue allí su esfuerzo intelectual y logre una trama de forma rigurosa y de intenso lirismo.

Ruego al lector que me acompañe en un viaje rápido a los orígenes históricos y psicológicos. Por largo y tortuoso que sea el camino, el punto de llegada es probar que el cuento se da en una trama y que esta trama, a su vez, da forma a los impulsos de la vida.

3.4. Orígenes históricos

Vayamos primero a los orígenes históricos: en el Cercano Oriente, Egipto, Israel, Grecia, Roma, India, China, etc. (2.4.).

En todas las literaturas se distinguen dos momentos. Primero, cuando el cuento se mezcla con funciones narrativas tales como la historia, la mitografía, la epopeya, el drama, la poesía elegíaca, la oratoria, la epistolografía, la erudición, etc. Y segundo, cuando el narrador adquiere conciencia de estar escribiendo cuentos autónomos con vistas a un género independiente. En la literatura griega, por ejemplo, hay un momento en que el cuento aparece como una mera digresión en la *Historia* de Herodoto; y otro momento en que el cuento se recorta con redonda unidad, como en Luciano.

Para leer los primeros cuentos del mundo tenemos que desprenderlos, pues, de una gran masa de escritos. Una vez desprendidos observamos que, además, los cuentos se desprenden de conversaciones (Apostillas). Así como todos los seres humanos llevamos la marca de nuestro nacimiento, que es el ombligo, los primeros cuentos del mundo llevan la marca de su nacimiento, que es la conversación de donde salen. Conversadores se ponían a contar acontecimientos extraordinarios que se desviaban de la situación ordinaria en que los conversadores estaban. El cuento, en sus orígenes históricos, fue una diversión dentro de una conversación; y la diversión consistía en sorprender al oyente con un repentino excursus en el curso normal de la vida.

Daré unos pocos ejemplos. Las inscripciones cuneiformes en tablitas de arcilla que hace cuatro mil años celebraban las aventuras del héroe sumerio Gilgamesh, en la Mesopotamia, participaban del arte de la escritura y del arte de la conversación pues más que para ser leídas esas tablitas servían para que los recitadores les echaran una mirada y luego improvisaran adaptando el relato al público del momento, sea con omisiones, sea con añadidos. En esas conversaciones, uno de los temas solía ser, precisamente, el de la conversación. Gilgamesh, en busca de la inmortalidad, visita al viejo Utnapishtim. Conversan, y de pronto Utnapishtim le cuenta cómo, avisado por un dios, había construido un arca, en la que se salvaron, él y sus animales, cuando sobrevino el Diluvio universal. Todos conocen por la Biblia el mito del Arca de Noé y el Diluvio; pero su primera versión fue el cuento con que Utnapishtim divirtió a Gilgamesh, en una conversación. Otro ejemplo. Los jeroglíficos sobre rollos de papiro, en Egipto, solían describir una situación en la que varios personajes, al conversar, contaban cuentos. En un papiro de hace cuatro mil años, encontramos una conversación entre el rey Khufu (o Keops) y sus hijos. El rey está aburrido y los hijos lo entretienen, uno tras otro, contándole cuentos de maravillas. Otro ejemplo. En Homero (siglo IX a.C.), además de las aventuras que surgen directamente de la acción hay escenas en que los personajes, alejados de esa acción, se ponen a conversar. Así, conversando en el palacio de Alcinoo, cuenta Odiseo sus aventuras con los Cíclopes, con Circe, con las Sirenas, con Calipso. Acaso sea Luciano de Samosata (ca. 120-200 d.C.) el primer escritor de quien pueda decirse que fue consciente de que el cuento era un género independiente. Por eso es sintomático su diálogo *Toxaris o de la amistad*, donde oímos cómo los cuentos se van desprendiendo de una conversación. Dialogan el griego Mnesipo y el escita Toxaris sobre en cuál de sus respectivas patrias se cultiva mejor la amistad. Cada uno cuenta cinco ejemplos contemporáneos de lealtad entre amigos. El diálogo, pues, es un mero marco: lo que valen son los cuentos. En la literatura latina las dos obras maestras de prosa narrativa —el *Satiricón* de Petronio (siglo I d.C.) y *El asno de oro* de Apuleyo (siglo II d.C.)— enmarcan en conversaciones varios cuentos de altísimo mérito artístico. En el *Satiricón* un personaje, Eumolpo, está conversando y de repente le viene a la boca el cuento de la viuda de Efeso. En *El asno de oro* la doncella Carita está quejándose de su desdichado cautiverio y una vieja, para divertirla, le cuenta la historia de Cupido y Psique. En la literatura de la India hubo varias colecciones de cuentos. Una de ellas, *Panchatantra* —o sea, «cinco libros», compuesto probablemente entre los siglos IV a.C. y IV d.C.—, tiene unas setenta narraciones enmarcadas en una breve introducción que cuenta cómo un viejo religioso se pone a impartir a tres príncipes ignorantes e indolentes los principios de la sabiduría práctica y lo hace mediante ejemplos.

Me eximo de otros ejemplos parecidos de Israel, India, China, Japón, Persia, Arabia. Ejemplos todos que pertenecen a la antigüedad; pero en las literaturas medievales y modernas, cuando el cuento ya se ha constituido en un género autónomo, también encontramos los mismos procedimientos para mostrar cuentos como momentos de una conversación. Dejemos de lado las novelas donde hay cuentos intercalados para concentrarnos en colecciones de cuentos. Inmediatamente nos saltan a la vista varias formas, de las cuales dos son importantes: la del armazón común de cuentos combinados y la del marco individual de un cuento. Estudiaré ambas formas en 11.6. Lo que aquí corresponde destacar es que, en las obras literarias, los armazones y marcos están simulando las condiciones de una conversación; y que en esa conversación imaginaria el cuento nos interesa con la misma fuerza con que, en una conversación real, despierta nuestra curiosidad el suceso que alguien se ha puesto de repente a contar.

3.5. Orígenes psicológicos

Pensemos ahora en el móvil psicológico que lleva a un hombre o a una mujer a intervenir en una conversación para contar algo. Esa persona está viviendo normalmente, en un presente abierto al porvenir. De súbito un incentivo cualquiera le despierta un recuerdo o las ganas de inventar una aventura. Su vida, abierta al porvenir, ha entrado en momentánea clausura: ahora esa persona se prepara para referirnos un lance, real o imaginario, que transcurrió en un tiempo pretérito. No es un charlatán. Aunque lo fuera no podría abusar. En una reunión ordinaria, el peor de los charlatanes no podría apoderarse de la palabra y durante horas y horas abusar de ella para relatarnos una aventura tan larga como *Don Quijote de la Mancha*. Si intentara hacerlo lo interrumpiríamos o nos marcharíamos dejándolo solo. Esa persona, de quien hemos dicho que estimulada por algo en el curso de una conversación se preparó para recordar o inventar una aventura, acata las buenas costumbres y se limita a contar una anécdota, un caso, una leyenda, un mito, un chiste, en fin, una acción breve.

Pues bien: no ya en el plano de la vida, donde hay reglas sociales que impiden el abuso de la palabra, sino en el plano de la literatura, donde todo está permitido, el cuentista, a pesar de que cuando escribe está a solas, mantiene la forma breve de una repentina ocurrencia en una conversación. Al contar su cuento el cuentista asume la postura psicológica de un conversador que sabe que la atención de su público dura poco y por tanto debe redondear rápidamente ciertos acontecimientos y producir un efecto antes de que lo interrumpan o lo desatiendan. Tiene que ser breve.

Desde la situación normal de una conversación, el conversador elige, para producir su efecto, una situación anormal. Lo mismo el cuentista. Cualquier niño distingue entre lo normal y lo anormal. Normal es que la vida corra por previstos cauces. Anormal, que esas previsiones nos fallen. Fallan cuando, de pronto, nos arrebata un curso de acción incongruente. Anormal es todo desvío, desnivel, desequilibrio que escandalice nuestros hábitos. En esos momentos excepcionales vemos un corte de la vida. Lo vemos en un escaparate cerrado, como en un museo de curiosidades. Es un caso raro que —a diferencia de los sucesos corrientes— ha adquirido un valor narrativo. Ya no es una vida abierta, sino una estructura con principio, medio y fin. Vale la pena narrar ese caso. Una vez narrado no se necesita que lo expliquemos relacionándolo con circunstancias normales. Es una anormalidad autónoma. Es un texto sin contexto. El caso que nos ha llamado la atención —y que por su carácter anormal tenemos el placer de contar— ha emergido de la corriente de la realidad con forma de isla, y por sorprendernos nos divierte. Nos divierte aunque a veces el asunto sea triste y aun horroroso porque los marcos expectantes de nuestra lógica han sido burlados y nuestro ánimo se ve a sí mismo suspendido de un punto absurdo. Claro que la breve acción del caso —en un cuento oral o escrito— está realizada por personajes; pero los personajes están ahí como meros resortes. Si el interés se desplazara de la acción al personaje el cuento perdería su independencia. Sería, no un caso valioso en sí, sino uno de los tantos episodios en la vida humana. La forma cerrada se desarmaría. Eso que le ha ocurrido al personaje, si lo que nos interesara fuese el carácter del personaje mismo y no lo que le ocurrió, sería un vistazo incompleto. Querríamos saber lo que se refiere a él, antes y después de lo ocurrido. La curiosidad no se satisfaría ya con una sola aventura; ni siquiera con una serie de aventuras. Nos atraería la personalidad del aventurero vista en una sucesión de acontecimientos, descripciones, diálogos, análisis psicológicos, comentarios filosóficos, incidentes, circunstancias, exposición de antecedentes, etc. Sólo una novela podría darnos todo eso; y nadie espera que, en una conversación, alguien desenvuelva todo el rollo de una novela. La función cuentística nace, pues, cuando alguien se desvía del curso actual de una conversación y se pone a recordar una ocurrencia.

Lo que urge al cuentista es impresionar a los lectores más con una acción que con los agentes de la acción; con la singularidad de una aventura más que con el carácter del aventurero. Se ajusta a la trama de la acción. El lector de un cuento literario, igual que el oyente de un cuento oral, no quiere descripciones ni comentarios sobre lo que siente y piensa el protagonista. Quiere enterarse de lo sucedido, y de una sola vez. La breve unidad de un cuento consiste en que los hilos de acción narrada se urden en una trama; y todas las tramas pueden reducirse a un número limitado de conflictos. Ya veremos que ciertos estudiosos han confeccionado listas con un número fijo de tramas (10.6.). Yo las reduciría a una: la de la voluntad que choca con algo que le resiste. Dije: en el plano de la vida el impulso psicológico de una persona que en una conversación se dispone a narrar es breve; y en el plano de la literatura es breve el impulso de narrar del cuentista. Ahora agrego: breve también es el impulso vital de los personajes de su narración. Un personaje es una voluntad que encuentra resistencias. Todas las tramas narrativas se reducen a esa voluntad que se lanza de un punto para llegar a otro.

Existir —dicen los existencialistas— es lanzarse desde nuestra personal circunstancia hacia un horizonte de posibilidades. Nos han arrojado al mundo sin que lo pidiéramos pero una vez nacidos nos vamos trazando en la conciencia un programa de acción. No podemos menos de ser libres, y en cada coyuntura de la vida nos decidimos o no nos decidimos; elegimos esto y rechazamos aquello; cumplimos o no nuestro propósito; triunfamos o sucumbimos. Pues bien: esta forma de la existencia moldea la forma del cuento. En un cuento vemos copiado, en miniatura, uno de los casos de la gran lucha del hombre contra las fuerzas del universo. La brevedad del cuento se ciñe a los impulsos cortos de la voluntad. A los impulsos cortos de la voluntad artística del cuentista y a los impulsos cortos de la voluntad vital de los personajes.

El protagonista de un cuento se mete en una situación difícil o está saliendo de ella. Hay conflictos entre hombres y hombres, entre programas de acción y obstáculos de la sociedad o de la naturaleza; hay fuerzas que se encuentran e intentos para lograr un triunfo o para evitar un desastre. Al fin la voluntad del protagonista abandona su propósito, lo cumple o lo echa a perder. De crisis en crisis llega a un punto culminante que satisface la expectativa del lector. Esta satisfacción estética puede ser un desenlace inesperado (13.9.).

La forma artística del cuento es proyección de una de las formas psicológicas del cuentista; y como el cuentista es una persona que cuenta para entretener a otra podríamos generalizar más y decir que la forma artística del cuento es proyección de una de las formas psicológicas de toda la especie humana. En el acto de concebir (o leer) un cuento se hacen visibles las funciones psicológicas del interés, la atención, la curiosidad, la duda, la impaciencia, la corazonada, la expectativa, la imaginación, la memoria, la simpatía, la antipatía, el deseo, el temor, el espíritu de contradicción, la travesura, la satisfacción, el placer, la sorpresa, etc. En cada cuento estas funciones psicológicas actúan de modo particular. Una vez admitida la gran variedad del arte de contar es posible, sin embargo, señalar la mayor frecuencia de cuentos que repiten la misma forma psicológica: la de interesarnos en una acción que parte de un punto y no sabemos adónde llegará.

Nuestro interés por la vida se ha convertido, pues, en el interés por el cuento. Sólo que, en el cuento, el narrador dirige y gradúa ese interés mediante una libre estrategia. A veces el título basta para excitar el interés. En un curso limitado del tiempo, personajes actúan de un modo interesante. Es vida ilusoria; pero las leyes psicológicas del interés son reales. Comenzamos por interesarnos en una situación porque sabemos que todo lo que ocurre dependerá de ella. Esa situación nos interesa, sea porque la desconocemos o porque la reconocemos henchida de posibles promesas y amenazas. Alguien va a resolverse a emprender cierta aventura, alguien la ha emprendido y va a triunfar o a fracasar. La aventura puede conmovernos porque es insólita, importante, riesgosa; o porque en un hábil juego de contraste lo ordinario cobra de pronto un valor extraordinario. En todos los casos, el interés reside en el presentimiento de dificultades por venir.

El narrador está obsesionado por una acción. Esta acción única tiene tal efecto sobre su alma que necesita referirla, transmitirla. Siendo la acción misma un desvío de lo normal, el narrador no quiere desviarse más de ella: demasiadas digresiones pondrían en peligro la singularidad de su cuento. Al reducirse a una breve unidad no es que su conciencia se le estreche, como en los maniáticos de la idea fija, también obsesos por una unidad. Por el contrario, nos quiere contar un expansivo movimiento de su conciencia para captar una incongruencia. Ha visto a un hombre arrojado a la vida, atenaceado por fuerzas hostiles, en conflicto con los demás y consigo mismo, quizá ridículo, pero aunque sea ridículo, con esa condición trágica que la filosofía existencialista ha visto tan compasivamente. La condición de lanzarse desde su circunstancia con un programa personal que quiere y rechaza posibilidades de acción.

3.6. La creación del cuento

La creación de un cuento implica un «esquema dinámico de sentido». El término es de Henri Bergson («L'effort intellectuel», *L'énergie spirituelle*). Lo describió así. Nuestra mente, siempre pero notablemente en el instante de la invención, salta hacia una forma. La mente arranca de una idea problemática y procura su solución. Es como un movimiento de concentración. «Nos transportamos de un salto al resultado completo, al fin que se trata de realizar: todo el esfuerzo de invención es entonces una tentativa para colmar el intervalo, por encima del cual hemos saltado, y llegar de nuevo a este mismo fin siguiendo esta vez el hilo continuo de los medios que la realizarían... El todo se ofrece como un esquema, y la invención consiste precisamente en convertir el esquema en imagen.» Pensemos en un cuentista en el instante de concebir un cuento. Ha intuido un conflicto y su esfuerzo tiende a que la intuición adquiera un cuerpo literario. Se pone a escribir. Su intuición era incorpórea pero el «esquema dinámico de sentido» de esa intuición se lanza de un brinco hacia una forma literaria. El esquema dinámico —que era simple y abstracto— atraviesa un medio de imágenes y se va vistiendo de imágenes. Las imágenes son el medio en que el esquema dinámico inicial se desarrolla y completa. La invención del cuentista va, pues, «de lo abstracto a lo concreto, del todo a las partes y del esquema a la imagen». Ahora bien: «el esquema no tiene por qué permanecer inmutable durante el curso de la operación. Es modificado por las imágenes mismas con que trata de llenarse. A veces no queda ya nada del esquema primitivo en la imagen definitiva... Los personajes creados (por el cuentista) reobran sobre la idea o el sentimiento que están destinados a expresar. Aquí está sobre todo la parte imprevista; está, podríamos decir, en el movimiento por el cual la imagen se vuelve hacia el esquema para modificarlo o hacerlo desaparecer. Pero el esfuerzo propiamente dicho es sobre el trayecto que va del esquema —invariable o cambiante— a las imágenes que deben llenarlo». Ocurre que «en lugar de un esquema único, de formas inmóviles y rígidas, cuya concepción distinta se forma de una vez, puede haber un esquema elástico o movedizo, en cuyos contornos el espíritu rehúsa detenerse porque espera su decisión de las imágenes mismas que el esquema debe atraer para formarse un cuerpo. Pero, sea fijo o móvil, durante el desarrollo del esquema en imágenes es cuando surge el sentimiento del esfuerzo intelectual». Digamos, aplicando esta última frase de Bergson al caso del narrador: durante el desarrollo del esquema en imágenes es cuando surge el sentimiento del esfuerzo artístico para convertir la idea de una situación conflictiva en un cuento.

La intuición que Bergson describió como un salto podría describirse también como un movimiento circular de la conciencia. Yo, por lo menos, se la describí así a un periodista que me preguntó cómo concebía un cuento: «¿Cuál cuento?, porque cada uno de los que escribí tiene una historia aparte. Lo que parece darse en todos los casos es una serie de viajes de ida y vuelta. De periplos, digamos, pues circunnavego un mundo. Primero se me aparece una forma redonda, llena de figuras y fuerzas que todavía no distingo bien pero están allí agitándose con ganas de que yo las aquiete. Voy de la agitación a la quietud y para estar seguro de que las comprendo vuelvo de la quietud a la agitación. Varias veces. Y durante esos viajes las figuras y fuerzas se me hacen más claras, más semejantes a seres humanos que he conocido. Ya tengo el principio y el fin. El medio es lo de menos: cuando llegue el momento de escribir podré cambiar la época, el país, el paisaje, las circunstancias, las características de los personajes.» Agrego aquí otras dos respuestas a preguntas parecidas a las del periodista:

> Mi arte de componer cuentos es muy parecido al del poeta: parto de la intuición concreta de una acción que no es real sino posible. En seguida me ensimismo y me autocontemplo hasta ver cómo esa situación ideal se va revistiendo con imágenes de experiencias que he vivido de verdad. Entonces empiezo a sentir el placer del juego. Juego con el lector. Sé que el lector querrá escaparse, querrá leerme rápidamente, querrá ser coautor de mi cuento e interpretarlo a su manera. Pero, para que no se me escape, elijo cuidadosamente cada palabra, anudo todos los hilos en una urdimbre perfecta, le armo una trampa y así, en un proceso rigurosamente vigilado, de expectación en expectación, lo llevo a un punto desde el que cae, sorprendido (1968).

> De pronto me siento excitado por una intuición poética, un acontecimiento interesante o el conflicto de una voluntad que no se decide a emprender cierto curso de acción o que, si ya se ha decidido, choca con obstáculos. A veces siento el deseo de contrariar un lugar común, de dar un nuevo sentido a algo que leí o de desahogarme. Como quiera que sea, con la imaginación excitada por tal o cual problema me transporto de un salto a su solución y regreso para repetir el viaje desde el punto de partida hasta el punto de llegada, sólo que ya no vuelvo a saltar sobre el vacío en un rapto puramente imaginativo sino que, con el lápiz en la mano e inclinado sobre el papel, abriéndome paso entre palabras, doy a mi visión un cuerpo verbal. Es el cuento. Las frases del *principio* preparan las del *fin*; y desarrollo el *medio* con la estrategia necesaria para que el lector mantenga su atención. El desenlace tiene que ser estéticamente satisfactorio: una observación profunda, una sugerencia misteriosa, un dilema, sobre todo una sorpresa. Nunca empiezo a escribir un cuento si no estoy seguro de que el *principio* y el *fin* han de encajar perfectamente, con un ¡clic! El *medio*, en cambio, es lo de menos. Tanto es así que, en el proceso de la escritura, los personajes, la época, el lugar, la atmósfera pueden cambiar; lo que no cambia es la intriga y su desenlace (1976).

Junto con la intuición opera la técnica de la composición y el estilo. El vencer obstáculos en el proceso de la expresión —obstáculos que la conciencia se impone por el placer de superarlos— incide sobre la intuición misma; excitada, la intuición engendra otras. Sé que esta descripción es muy vaga, pero no creo que falsifique las descripciones —mucho más largas y ricas en detalles anecdóticos— que otros narradores suelen dar de sus maneras de escribir. La bibliografía sobre confidencias y autocríticas de cuentistas es inmensa. De estas confidencias y autocríticas hay una que me importa destacar porque aclara el proceso de la creación artística en general y del cuento en particular. Horacio Quiroga, en su «Decálogo del perfecto cuentista» *(El Hogar*, Buenos Aires, 10-IV-1925), dictó: «No escribas bajo la impresión de la emoción. Déjala morir y evócala luego.» Artistas de todas las lenguas y épocas han dicho lo mismo en diferentes palabras.

Una cosa es el sentimiento espontáneo y otra ese sentimiento contemplado y objetivado en formas artísticas. Me siento vivir. Siento que estoy viviendo en una realidad llena de cosas, de seres, de vidas semejantes a la mía. De pronto siento que de todo lo que vivo y percibo en mi circunstancia me interesa especialmente algo que ha ocurrido. Sea que eso ha ocurrido y lo recuerdo o está ocurriendo de verdad y ahora lo presencio, sea que solamente se me ha ocurrido en la imaginación, estimulada por una experiencia real o por una lectura, lo cierto es que siento deseos de contarlo. El sentimiento con que reacciono a las acciones ocurridas o imaginadas —sentimiento de agrado, desagrado, extrañeza, compasión, ridiculez, curiosidad, etc.— no me llevaría nunca, por sí solo, al cuento. Es una mera disposición sentimental que da coherencia a sensaciones heterogéneas, es una materia prima que se ofrece a posibles elaboraciones, es el aleteo del pájaro antes de volar, es la invitación a un viaje, es el pálpito de que se ha descubierto un rumbo valioso. Para que el sentimiento me lleve al cuento es necesario que lo contemple y objetive. Sólo cuando lo intuyo, cuando lo veo recortado dentro de mi conciencia, cuando le doy forma puedo decir que me acerco al arte de contar. Gracias a mi autocontemplación, gracias a que he objetivado una zona de mi subjetividad, aquel sentimiento de agrado o de desagrado que había experimentado ante personas y situaciones asciende de la vida práctica al reino de la fantasía, y entonces aun lo desagradable es fuente de un nuevo placer: el placer de dar forma a la vida del sentimiento, el placer estético. Ha habido una depuración, una catarsis. En el mirarse vivir aumenta la distancia entre el sentimiento espontáneo y el sentimiento configurado, la agitación se tranquiliza y la temperatura del arte es más fría que la de la vida. El cuento, una vez concebido y escrito, es una emoción que vivió, murió y, por obra y gracia del Espíritu Evocador, resucitó transmutada en belleza.

4. ENTRE EL CASO Y LA NOVELA: HACIA UNA DEFINICIÓN DEL CUENTO

4.1. Introducción

Ibsen, en el último acto de *Peer Gynt*, presenta a su héroe ya viejo que al regresar a su patria se pone a examinar su conciencia. Coge una cebolla y le va arrancando las telas. Cada una es una aventura falsa:

> Peer Gynt. *(Arrancando varias telas a la vez.)* ¡Cuántas envolturas! ¿No aparecerá nunca el corazón? *(Desgarra a pedazos lo que queda de la cebolla.)* ¡No hay nada!
> En el mismísimo centro no hay sino envolturas, cada vez más pequeñas y pequeñas...

Es el modelo (con perdón de Husserl) de la cebolla fenomenológica. En la redonda conciencia apartamos sucesivamente las capas que no nos interesan por el momento y gracias a esas reducciones llegamos a deslindar nuestro objeto y su esencia. Comencé este estudio sopesando el problemático bulbo —el lenguaje que transforma la realidad en símbolos— y desde entonces he venido apartando telas y telas. Seguiré haciéndolo.

Aparto los símbolos orales y me quedo con los escritos.

Aparto las actividades discursivas (v. gr., las ciencias) y me quedo con la literatura, que es ficción.

Aparto de la ficción los géneros lírico, dramático, didáctico, etc. y me quedo con el género narrativo.

Aparto la producción hasta 1830 y me quedo con la narrativa contemporánea.

Aparto las narraciones cortas que no son autónomas o cuyas leyes interiores no son puramente estéticas y me quedo con el cuento.

Aparto el cuento en verso y me quedo con el cuento en prosa.

¿Llegaré a una definición del cuento o, como a Peer Gynt, se me deshará la cebolla en las manos?

4.2. Formas cortas: el caso

Después de haber estipulado la reducción del campo de nuestro estudio a cuentos en prosa del último sesquicentenio intentaré la clasificación del cuento dentro de la ficción narrativa distinguiéndolo de formas cortas como la anécdota y de formas largas como la novela. Las formas cortas que voy a examinar se parecen, por lo menos en el nombre, a algunas de las que Andre Jolles analizó en *Einfache Formen* (1930) (trad. *Las formas simples*): la leyenda, la gesta, el mito, la adivinanza, el proverbio, el caso, el recuerdo de un suceso, el cuento maravilloso y la agudeza. Pero por lo mismo que algunos nombres coinciden debo aclarar en seguida que nuestros criterios difieren. Jolles estudió las formas simples como «disposiciones mentales» que se resisten a la elaboración literaria; yo, en cambio, estudio formas escritas con arte. Además, yo no separo las formas ni de la energía personal de un narrador ni de sus circunstancias ni del movimiento de la historia, y Jolles, por el contrario, abstrajo estructuras fijas de una lengua impersonal, utópica y ucrónica. Según él, las «disposiciones mentales» se ponen a trabajar desde la lengua —no importa de quién ni dónde ni cuándo— y de esas disposiciones derivan las formas simples. Este proceso previo a la obra, no la obra, es lo que le interesa.

Me interesa su catálogo de formas que él llama «simples» porque los nombres de algunas de ellas también podrían aparecer en un catálogo de formas cortas: el mito, la leyenda, el caso, el chiste, etc. Sin embargo, aunque unas y otras formas sean homónimas, sus contenidos son heterogéneos. El catálogo de Jolles no excluye las formas orales y en general las busca en un pasado remoto. Si yo catalogara las formas cortas me limitaría a las escritas en prosa en los últimos ciento cincuenta años. No necesito justificar por qué descarto las formas cortas transmitidas oralmente. Sería muy fácil hacerlo: descarto porque estoy estudiando letras escritas, bellas letras, literaturas. El cuento como manifestación espontánea, oral, anónima, tradicional y popular es campo de serias investigaciones que a mí no me competen. Un mapa de ese campo ha sido trazado por Roger Pinon: *Le Conte merveilleux comme sujet d'Études* (Liège, 1955). Pero aun en los estudios sobre el cuento oral los especialistas son los primeros en confesar que es muy poco lo que se sabe. No digamos en la antigüedad pero ni siquiera en la época moderna se recopilaron cuentos auténticamente folklóricos; y en los tiempos contemporáneos escasean. Las colecciones más famosas —v. gr., las de Perrault y los hermanos Grimm— retocan y estilizan lo que transcriben. La tradición del cuento oral y la historia del cuento escrito coexisten pero no en líneas paralelas. Son más bien líneas ondulantes. Se apartan. Se acercan. Se tocan. Se entrecruzan. A veces el cuento oral adquiere forma literaria. A veces el cuento escrito se difunde por el pueblo. Las influencias son recíprocas. El problema me fascina y pensando en él compuse dos cuentos. En «Amistad» (L) un escritor, Juan Escudero, confiesa cómo escribió cuentos tomándolos de la boca de su amigo Tristán, boca por la que hablaba la tradición. Al confesarse describe las diferencias entre la transmisión oral y la creación literaria con más esmero que el que el espacio me consiente ahora en este resumen. En «Viento Norte» (L) invertí la situación: en Londres un periodista argentino le ofrece a un cuentista inglés, para que lo convierta en cuento, un caso extraño que circula por Buenos Aires de boca en boca: resulta que el origen del caso que ahora es tradición popular fue precisamente un cuento de ese escritor inglés. Sí, el problema de la reciprocidad de influencias entre el cuento oral y el escrito es fascinante, pero debo atenerme a mi asunto, que es el cuento literario.

Tampoco necesito justificar por qué excluyo de mi panorama los cuentos anteriores a 1830, más o menos. Son valiosísimos. Algunos, insuperables. Mas aquí debo concentrarme en la literatura reciente. Mi estudio es teórico, no histórico. En este ca-

pítulo me propongo especificar las características del cuento tal como hoy lo entendemos y para ello voy a diferenciarlo de otras formas cortas de la ficción narrativa.

La nomenclatura de las formas narrativas cortas es extensísima y con frecuencia las áreas semánticas de los términos se interseccionan: tradiciones, poemas en prosa,
fábulas, «fabliaux», alegorías, parábolas, baladas, apólogos, chistes, fantasías, anécdotas, milagros, episodios, escenas, diálogos, leyendas, notas, artículos, relatos, crónicas
y así hasta que agotemos el diccionario. El cuento anda paseándose siempre entre esas
ficciones, se mete en ellas para dominarlas y también se las mete adentro para ali-
mentarse. Cada uno de esos nombres enuncia un concepto independiente. El cuentólogo es muy dueño de concebir el cuento como autónomo, como no subordinado a intenciones ajenas al placer de contar. Y, si así le da la gana, puede pensar en las otras
formas como conceptos subordinados al de cuento. Entonces los sustantivos «leyenda», «mito», «artículo de costumbre», etc., pasan a cumplir la función de adjetivos:
cuento legendario, mítico, costumbrista, poético, tradicional, alegórico. Pero el cuentólogo puede también suponer que esas formas cortas no han perdido su independencia
sino que se han transformado en cuentos. Tomemos algunos ejemplos.

4.2.1. ARTÍCULO DE COSTUMBRES

Está entre la sociología y la ficción. Pinta cuadros con típicas escenas de la
vida cotidiana. El cuento comenzó así en la Argentina: Esteban Echeverría, alentado
por sus ideas sociales, se puso a escribir un cuadro costumbrista y de buenas a primeras, porque una de sus figuras se hizo heroica, le salió el cuento «El Matadero».

4.2.2. CUADRO CARACTEROLÓGICO

Está entre la psicología y la ficción. Nos esboza un carácter abstracto al que no
vemos ni actuar ni cambiar. Importan sobre todo los rasgos morales y sociales. La
persona representa aspectos típicos: el soldado, el poeta, el pícaro, el hombre bueno o
malo (18.5.5.2.). Los cultores de este género se enorgullecen, con razón, de los maestros Teofrasto y La Bruyère. Ven la fijeza no la movilidad de un carácter. Si en un
cuadro nos parece que el personaje cambia porque lo vemos moverse en diversas actividades de la mañana a la noche, lo cierto es que también esos cambios son fijos pues
se supone que se repiten día tras día. Un ejemplo argentino: «Aprendizaje de la perfecta humildad.»

4.2.3. NOTICIA

La noticia está entre el periodismo y la ficción. Nos cuenta cómo un suceso
extraordinario ha estallado en medio de la vida ordinaria. Por muy sobria y objetiva
que sea, la noticia está destinada a producir en el lector efectos de sorpresa, alarma,
alegría, enojo o compasión. El noticiero, al trasladar al papel un acontecimiento real,
lo estructura internamente, lo reordena, lo explica, lo encuadra, lo pone en perspectiva, esto es, lo ficcionaliza.

4.2.4. MITO

El mito está entre la religión y la ficción. Tiene la forma de una pregunta y una respuesta. El hombre pregunta: «¿Qué significa la luz del día y la oscuridad de la noche?», y una voz anónima responde: «Que Dios puso al sol en medio del cielo para que..., etc.» Es una narración que se ha dado muchas veces (mito, en griego, significa «algo dicho») para explicar, con la intervención de seres misteriosos, el origen y sentido del universo (Apostillas).

4.2.5. LEYENDA

La leyenda está entre la historia y la ficción. Nadie la da por cierta. Aun quienes creen en ella no se atreven a probar su veracidad. Seleccionada por la memoria de un pueblo, cobra autonomía literaria. A veces la fuente de una leyenda es un cuento. Esto ocurre cuando la acción del cuento había exaltado a un personaje real o lo había concebido como si fuera real, localizándolo en un lugar determinado y envolviéndolo en una engañosa atmósfera histórica. Leyenda y cuento concentran por igual los acontecimientos con tensión dramática; ambos tratan de lo raro, de lo desacostumbrado, de lo que contraría a las normas generales (Apostillas).

4.2.6. EJEMPLOS

El ejemplo está entre la didáctica y la ficción. A veces es posible leerlo literalmente, como literatura. Entonces se nos escapa su valor didáctico. Para mejor distinguir entre un cuento literario y un cuento didáctico conviene observar si en los personajes dominan rasgos individuales (literatura) o aparecen rasgos de aplicación general que los convierte en miembros de una clase (didáctica). Los términos que designan la narración corta de propósito didáctico son: fábula, apólogo, parábola, alegoría (13.10). No son sinónimos pero, dejando de lado los matices diferenciales, todos ellos apuntan a un objetivo extraestético (moral, intelectual) servido por personajes que pueden tener figura de cosas, plantas, animales y seres humanos. La forma más próxima al mundo real es la parábola; la más próxima al reino de las cualidades abstractas, la alegoría. A veces los narradores parodian estas formas tradicionales vaciándolas de sus tradicionales intenciones: son, entonces, juegos cultos, como en Marco Denevi. ¿Parábola, alegoría, fábula, apólogo o cuento es «El cuervo del arca» de Conrado Nalé Roxlo?

4.2.7. ANÉCDOTA

Con el título «anécdotas» (en griego: «anékdotos», «lo no oído de algo que ocurrió», «lo no publicado») los antiguos coleccionaron chismes sobre la vida privada. La anécdota agrega un rasgo a una persona conocida pero no crea una personalidad. Cuando no se propone entretener (entretenimiento momentáneo, sin alto valor artístico) edifica moralmente, sea por su lección positiva o negativa. En todo caso satisface la curiosidad y aun el gusto por la murmuración y el escándalo. La anécdota tiene la unidad de un principio, un medio y un fin: el personaje ha entrado en conflicto con alguien o con algo y el conflicto se resuelve de algún modo. Podríamos leerla como cuento. Después de todo, un cuento también puede contar acciones que de veras han ocurrido a personajes históricos. Pero sentimos que una anécdota no es un cuento cuando se queda en el mero relato de una acción externa, sin tratar de comprender la personalidad del protagonista y sus impulsos psicológicos; sobre todo cuando la anécdota ilustra un aspecto de la vida con propósitos no estrictamente estéticos. Más que «contar» una anécdota, la «relatamos», pues «contar» supone un acto más inventivo que «relatar». Un relato se refiere generalmente a hechos reales, así que el verbo «relatar» se ajusta mejor al término «anécdota», «sucedido», «crónica» o «relación».

4.2.8. CASO

Por anécdota se entiende generalmente una narración breve que se supone verdadera. Para evitar esta cualidad, la de ser verdadera, prefiero el término «caso», cuya forma es tan interesante como la anécdota pero la situación que presenta puede ser real o fantástica, reveladora del carácter humano y también de la naturaleza absurda del cosmos o del caos. *Casus*, en latín, nos ha dado palabras que usamos en diversas acepciones: caída, accidente, ocasión, casualidad, casuística. El caso puede connotar peligro, lance, cambio, emergencia, infortunio, fracaso, muerte. Es una coyuntura o situación de dificultosa salida. Los juristas entienden por «caso fortuito» un suceso inopinado, imprevisible o inevitable. Los teólogos entienden por «caso de conciencia» un conflicto moral sobre el que sólo una alta autoridad puede dictaminar. Unos y otros son «casuistas», es decir, autores que responden a consultas sobre casos supuestos o reales. El caso es lo que queda cuando se quitan accesorios a la exposición de una ocurrencia ordinaria o extraordinaria, natural o sobrenatural. Es, en fin, un esquema de acción posible, y por eso la destaco, entre las formas cortas, como la más afín al cuento. Con el título «casos» he publicado centenares de «minicuentos». Otros adeptos al caso fantástico muy breve: Jorge Luis Borges, Marco Denevi, Pedro Orgambide, Eduardo Gudiño Kieffer, Juan-Jacobo Bajarlía, Angel Bonomini.

4.3. Formas largas: la novela

Aficionados a las estadísticas dividen los géneros narrativos atendiendo al número de palabras:

Novela, con un mínimo de 50.000 palabras. Novela corta, de 30.000 a 50.000 palabras. Cuento, de 2.000 a 30.000 palabras. Cuento corto, de 100 a 2.000 palabras.

Es un modo muy mecánico de clasificar, pero la verdad es que, por muchas vueltas que demos, siempre venimos a parar en que la diferencia entre una novela y un cuento puede medirse; y en que cualquiera que sea la unidad de medida que usemos el tiempo que se tarde en leer una novela es mayor.

Claro que uno quisiera calar hondo en las diferencias externas hasta encontrar diferencias internas. Y como el que busca encuentra, hay quienes de tanto buscar han acabado por encontrar lo que querían, que es un cuadro de contrastes entre los rasgos de la novela y los rasgos del cuento.

a) Un cuadro a dos columnas. En la primera columna: la novela, larga. En la segunda columna: el cuento, corto. Y por debajo de esos rasgos indiscutibles van confrontando otras oposiciones, éstas sí muy discutibles.

La novela —dicen— proyecta una concepción del mundo en un vasto conjunto de sucesos heterogéneos. El cuento, en cambio, enfoca una visión de la vida en un suceso de intensa unidad de tono.

La novela suelta a muchos personajes para que se las arreglen como puedan en un complicado proceso social. El cuento, en cambio, atrapa a pocos personajes —uno, bastaría— en una crisis tan simple que inmediatamente se precipita en un desenlace.

La novela satisface una curiosidad sostenida a lo largo de una indefinida serie de incidentes. El cuento, en cambio, satisface una instantánea curiosidad por lo ocurrido en una peripecia única.

La novela caracteriza a su personaje y el lector se interesa, no por tal o cual aventura, sino por la psicología del aventurero. El cuento, en cambio, introduce a su personaje como mero agente de la ficción, y el lector se interesa, no por su carácter, sino por la situación en que está metido.

La novela crea un personaje tan voluntarioso que muchas veces se rebela contra el narrador y declara su autonomía, como Augusto Pérez en *Niebla* de Unamuno. El cuento, en cambio, pocas veces consiente tal escándalo y cuando la insurrección ocurre se trata, no de un rasgo de la psicología del personaje, sino de un motivo de la trama.

La novela puede hablarnos de siglos, de países, de muchedumbres. El cuento, en cambio, prefiere hablarnos de unas pocas horas, de un barrio aislado, de unos seres solitarios.

La novela nos produce la impresión de que estamos leyendo algo que pasa, y sin prisa acompañamos a sus personajes en un largo viaje por capítulos que, uno a uno, son incompletos. El cuento, en cambio, nos cuenta algo que pasó, y con impaciencia aguardamos el desenlace, que completa la acción.

La novela es imitación del andar de los hombres en los innumerables cursos de sus historias privadas: la forma abierta de la novela invita al novelista a marchar incesantemente y aun a perderse en el horizonte. El cuento, en cambio, es una encrucijada en el camino de la vida: la forma cerrada del cuento obliga al cuentista a una detenida inspección de los intramuros.

b) A veces los teóricos continúan las dos columnas con meras metáforas:

La novela es un cañón con poderosos impactos sobre grandes bultos. El cuento, en cambio, es un rifle que permite afinar la puntería sobre objetos muy seleccionados.

La novela es una poderosa luz. El cuento, en cambio, es un destello.

La novela es una ciudad poblada por personas ocupadas en diversos quehaceres. El cuento, en cambio, es una casa donde cohabita un grupo íntimo, unido con un solo propósito.

La novela se ramifica en todas direcciones, y sus últimas ramitas se esfuman en el aire. El cuento, en cambio, es un fruto redondo, concentrado en su semilla.

La novela es una trama abierta. El cuento, en cambio, es una trama cerrada.

c) Esos teóricos han repartido a dos columnas diferencias ya abstraídas, pero a veces consienten en explicarnos cómo procedieron para abstraerlas. Nos muestran entonces lo común a la novela y el cuento para en seguida abstraer de esa unidad las diferencias genéricas. El resultado es igual. Veamos.

Tanto la novela como el cuento son totalidades: ni la novela es una suma de cuentos ni el cuento es un fragmento de novela. Pero la novela se subdivide en capítulos que, uno a uno, son vistazos incompletos. El lector, en cada capítulo, contempla lo que les está pasando a los personajes pero, como quiere comprenderlos psicológicamente, también se interesa por lo que les pasó antes de la fecha en que comienza la acción novelesca, y así agradece al novelista cuando lo ve exponer antecedentes, anticipar hechos, analizar y comentar. El cuento, en cambio, es una trama unitaria, cuanto menos digresiva, mejor. Los personajes no existen fuera del cuento: están metidos en un conflicto cuyo resorte va a dispararse de un momento a otro. Es el resorte del problema y su solución, de la pregunta y su respuesta. La acción, única, queda completada en el desenlace.

Tanto la novela como el cuento se construyen con tensiones y distensiones. Pero en la novela las tensiones se multiplican porque resultan de varios «esquemas dinámicos» dentro del esfuerzo de la creación literaria, y si hay un solo esquema éste es permanente, imperfectivo. En el cuento, en cambio, basta una tensión, la cual promete una distensión inmediata, y su esquema dinámico es desinente, perfectivo.

Tanto la novela como el cuento evocan forzosamente un pasado, puesto que el narrar es anterior al leer. Pero la novela, con más desenvoltura que el cuento, puede hacernos creer que el tiempo de su acción es coetáneo con el tiempo del lector. Acompañamos al personaje novelesco en un viaje tan largo que nos sentimos como espectadores de un fluir presente, así sea el personaje de una novela histórica o el personaje de una novela ucrónica. El personaje de un cuento, en cambio, no nos da tiempo para que olvidemos que está entramado en una acción pretérita de la que nos vamos enterando incidente tras incidente.

Tanto la novela como el cuento narran hechos sucesivos. Las palabras salen unas de otras, hacia adelante y describen poco a poco un acontecer que también se desenvuelve hacia adelante. Los personajes, tanto en la novela como en el cuento, viven hacia el futuro, se han lanzado a vivir cada cual con su propio programa existencial y van cobrando personalidad a lo largo de las complicadas líneas de acción de una dinámica realidad. Pero la novela nos abre sus puertas, entramos y desde dentro acompañamos a los personajes con la ilusión de que también nosotros progresamos. El cuento, en cambio, se nos da como una esfera de cristal en la que no podemos penetrar y aunque desde fuera veamos a personajes que se dirigen hacia un fin no nos olvidamos que el narrador está recordando un pasado y por tanto corregimos la aparente progresión de los hechos con una mira retrospectiva.

Tanto la novela como el cuento invitan al lector al espionaje. En la novela seguimos los pasos del protagonista con un espionaje continuo. Lo vemos andar de aquí para allá, durante mucho tiempo, entremezclado en una muchedumbre, y lo espiamos desde diversas distancias, desde diversos ángulos. En el cuento, en cambio, el protagonista, arrojado a una singular situación, cobra conciencia de sí: esta autorrevelación es un cambio, sí, pero termina el cuento antes de que veamos cómo este cambio ha de manifestarse en la conducta futura. Es un rápido vistazo a una persona, no un continuo espionaje. De aquí que la novela nos produzca la impresión de estar leyendo algo que pasa y el cuento algo que pasó.

d) Y así podríamos seguir repitiendo con cambios de palabras (o de matices de palabras) la misma letanía.

Lo malo de estos cuadros comparativos es que, a fuerza de exagerar las diferencias, las falsifican. En la historia del arte de narrar siempre descubriremos novelas con calidad de cuentos y cuentos con calidad de novelas. No sería difícil componer dos listas, una de novelas y otra de cuentos, donde las supuestas características genéricas apareciesen traspuestas. Por ejemplo:

Novelas cuya acción transcurre en una hora y cuentos que transcurren en un siglo.

Novelas con un personaje y cuentos con muchos personajes.

Novelas con personajes chatos, sin psicología y cuentos con personajes redondeados psicológicamente.

Novela de trama sencilla y cuentos de intrincada trama.

También es malo que en esos cuadros comparativos se deslicen juicios de valor: v. gr., que tal género es más importante que tal otro. Como en esos deslices el cuento es el que, casi siempre, recibe las bofetadas, voy a ponerme en el lugar del cuentista para sentir las ganas de devolverlas.

Se dice que uno de los contrastes es que la novela tiene una forma abierta y el cuento tiene una forma cerrada (13.4.). ¿No se podría deducir de ahí que la novela, de apertura en apertura, llega a desintegrarse y que el cuento, de clausura en clausura, se repliega sobre sí mismo y conserva su integridad? No estoy seguro de que sea así, pero lo cierto es que si uno echa un vistazo a los «experimentos narrativos» de los años sesenta y tantos, parecería que la novela puede distraerse y olvidarse del arte de contar; pero el cuento, por definición, no puede dejar de contar.

Claro está que siendo la novela una forma del arte de contar nunca llega a ser amorfa: a lo más, su riqueza en formas engaña la vista y aparenta no tener ninguna (13.3.). Muchos de los novelistas contemporáneos, en su prurito experimental, han roto casi todas las estructuras novelescas pero es evidente que aun en las novelas más desbaratadas, además de ese mínimo de coherencia sin el cual la obra sería ilegible, hay una forma: ésa, precisamente, contra la que escriben. Los subversivos no serían subversivos si no hubiera algo que subvertir. La antinovela —o sea, novelas sin orden tempoespacial, sin perspectivas, sin trama, sin tema, sin personajes, sin gramática, sin narrador, y a veces sin lector— no tiene sentido sino a condición de que la refiramos a las grandes novelas tradicionales. Un lector que nunca hubiera leído novelas como las de Thomas Hardy no habría entendido nunca novelas como las de James Joyce. Los experimentos experimentan con el poder de resistencia de los materiales narrativos. La prueba está en que lo que hacen los noveladores más nihilistas de hoy es concentrar procedimientos usados con cautela durante siglos. Al destruir un tipo de novela, crean otro, no menos codificado. En realidad la destrucción de la novela es parte de la historia de la novela. Hay, pues, en toda novela, por caótica que parezca, una forma, implícita o explícita. Sin embargo, es indudable que, en los casos extremos, hay novelas que crean la ilusión del caos. Más lejos no se puede ir. Habiendo llegado ya al extremo de la subversión, al punto máximo de la desintegración, donde todo es ininteligible y aun ilegible, algunos de los experimentadores se pusieron a reaprender el oficio de narrar. ¿Y de quién lo iban a aprender sino de los cuentistas que cultivaban el arte de construir tramas rigurosas? Los cuentos, aunque postulen el caos, no son caóticos. Y los novelistas que entraron en el caos, para salir de él tuvieron que reaprender el arte de magistrales cuentistas. En el deseo de experimentar es fácil que un narrador llegue a la antinovela; es difícil que llegue al anticuento. ¿Por qué? Porque el cuento, por ser breve, capta una acción única y le da forma en una trama rigurosamente construida; y esta trama es tan recia que se resiste mejor que la novela a la desintegración formal. Los cuentos renuevan también sus técnicas; sólo que los experimentos técnicos, en el cuento, no consiguen deshacerlo.

También se dice que otro de los contrastes es que la novela crea personajes y el cuento en cambio se limita a meter a esos personajes en una situación. De ahí se podría deducir que el protagonista de una novela es más convincente que el protagonista de un cuento. ¡Vaya la gracia! Nos convence más porque lo vemos más. Como lo acompañamos por un largo camino, en múltiples lances y durante mucho tiempo, claro está que acabará por resultarnos familiar. También nos resulta familiar Sherlock Holmes, quien por haber sido héroe de una cincuentena de cuentos es tan memorable como sus hazañas. La muerte de un protagonista de novela puede afligirnos como si fuera la muerte de un miembro de la familia. Eso no quiere decir que sea una gran creación psicológica. Si hay un personaje de novela que nunca maduró psicológicamente es el imperturbable Amadís de Gaula; y ya se conoce la anécdota que se contaba en su época. Cito a Francisco Portugal:

> Vino un caballero muy principal para su casa y halló a su mujer, hijas y criadas llorando; sobresaltóse y preguntóles muy congojado si algún hijo o deudo se les había muerto; respondieron ahogadas en lágrimas que no; replicó más confuso: pues ¿por qué lloráis? Dijéronle: Señor, hase muerto Amadís.

Esas mujeres no hubieran llorado tanto la muerte del protagonista de un cuento. El protagonista de un cuento, no porque carezca de psicología, sino porque lo espiamos en una sola peripecia, no nos da tiempo para que intimemos con él. Esto lo sabe el novelista y lo sabe el cuentista; y porque lo saben, cada uno procura a su modo sacar la mejor ventaja posible de su oficio. El novelista se impersonaliza confiando en que el lector ha de identificarse directamente con el protagonista. El cuentista, en cambio, sabiendo que no dispone de tiempo suficiente para lograr esa identificación, de entrada invita al lector a que se identifique, no con el personaje, sino con él. Cuando se compara una novela de trescientas páginas con un cuento de diez páginas lo inmediatamente visible es, en la novela, el protagonista, y en el cuento, la trama. Pero esa comparación no es justa. Lo justo sería leer trescientas páginas de un novelista y trescientas de un cuentista. Digamos, una novela de Eduardo Mallea y treinta cuentos de Jorge Luis Borges. Pues bien: en una colección de treinta cuentos creo que lo inmediatamente visible es la presencia personal del cuentista, tan convincente como la del protagonista de la novela. El lector, que sigue con interés las aventuras del protagonista novelesco en su lucha contra las circunstancias que le resisten, sigue con igual interés las aventuras del cuentista en su lucha contra la inercia de la lengua y de la materia narrativa. El lector ve, detrás de los cuentos cortos de una larga colección, que el cuentista mismo es un personaje continuo que madura psicológicamente, de relato en relato. Lo ve trabajar palabra a palabra, detalle a detalle. Y siente que ese cuentista oculto pero presente es un solitario, un individualista intransigente, orgulloso de su responsabilidad. El cuentista es el verdadero protagonista de su cuento, ni más ni menos que el poeta es el protagonista de su poema lírico. El cuentista no se canta a sí mismo, como el poeta; pero, como poeta, expresa lo que le está sucediendo a él justo cuando, con trucos de ilusionista, finge que algo les está sucediendo a sus personajes. El cuento da forma rigurosa a efusiones líricas, igual que un soneto.

e) Acabo de ponerme en lugar del cuentista para sentir, siquiera por un momento, sus ganas de defenderse cuando lo comparan desfavorablemente con el novelista. Desde luego que no tiene sentido afirmar que un género es más difícil que otro. Las dificultades varían de escritor a escritor. Yo, por ejemplo, escribo más cuentos que novelas. Sin embargo, si comparo un género con otro desde el punto de vista del esfuerzo que me cuesta el escribir la misma cantidad de páginas con la misma calidad de estilo en el mismo número de horas, debo decir que, en mi caso, el cuento me es más difícil que la novela, cierto es que toda ditocomía entre la novela y el cuento es falaz. La prueba está en que con frecuencia se da el caso de un escritor que primero escribe un cuento y luego lo desarrolla en forma de novela. O viceversa, el escritor que se pone a escribir una novela, no le gusta, y entonces la reduce como a cabeza de jíbaro en forma de cuento. Por lo general el escritor, después de hacer eso, esconde la obra inicial como si fuera un pecado, y el lector no se entera nunca de que lo que está leyendo viene de otra parte. Mas a veces lo sospechamos. No puedo verificar algunas de mis sospechas sobre ciertas narraciones ajenas. Puedo, sí, confesar aquí que cuando en 1934 escribí mi novela *Vigilia* lo que hice fue desarrollar el cuento «Mi novia, mi amigo y yo» que había publicado en 1929. Y al revés, en 1970 terminé de escribir una novela, *El regreso*, pero no la publiqué porque preferí resumirla en cuatro páginas, en mi cuento «Glaciar» (L). Sé, pues, por experiencia personal, que los túneles y tránsitos entre la creación de una novela y la creación de un cuento borran la frontera entre los respectivos géneros. En todo caso las diferencias no son tan esenciales como se dice. Lo positivo es una diferencia externa: la novela es larga, el cuento es corto.

Una consecuencia artística de la brevedad es que la novela, por ser larga, puede relegar la trama a un plano secundario; el cuento, por ser corto, ostenta en un primer plano una trama bien visible. En el cuento, más que en la novela, los hilos de la acción se entretejen en una trama, y esta trama prevalece sobre todo lo demás. En el cuento, la trama es primordial. En una definición de cuento no pueden faltar estas dos notas: la brevedad y la primacía de la trama.

4.4. Mosaico de definiciones

Si le pedimos a un cuentista que defina qué es el cuento es probable que nos proponga como modelo la clase de cuento que él cultiva. Cuento es cualquier narración que decidamos llamar cuento. Para no parecer demasiado arbitrario, el cuentólogo suele apelar a lo que el público ya sabe. Las introducciones —y el libro que estoy escribiendo es una introducción al estudio del cuento— suponen una imagen previa de la provincia que se va a explorar. Es un círculo vicioso: necesitamos saber primero cuál es el significado del concepto cuyo enunciado es el vocablo «cuento» para luego delimitar sus objetos; pero sólo sabremos qué significa el cuento después de haber analizado esos objetos. Partamos, pues, de la representación general que toda persona culta se hace del cuento y tratemos de precisar las características de los objetos que han suscitado aquella presentación.

He aquí un mosaico de definiciones que extraigo de diversas fuentes (no las identificaré —todo el mundo reconocerá que la primera es Poe— para no distraer al lector con la imagen de un autor particular):

«El cuento se caracteriza por la unidad de impresión que produce en el lector;

puede ser leído en una sola sentada; cada palabra contribuye al efecto que el narrador previamente se ha propuesto; este efecto debe prepararse ya desde la primera frase y graduarse hasta el final; cuando llega a su punto culminante, el cuento debe terminar; sólo deben aparecer personajes que sean esenciales para provocar el efecto deseado.»

«Cuento es una idea presentada de tal manera por la acción e interacción de personajes que produce en el lector una respuesta emocional.»

«Cuento es una narración de acontecimientos (psíquicos y físicos) interrelacionados en un conflicto y su resolución; conflicto y resolución que nos hacen meditar en un implícito mensaje sobre el modo de ser del hombre.»

«Un cuento capta nuestro interés con una breve serie de eventos que tiene un principio, un medio y un fin: los eventos, aunque los reconozcamos como manifestaciones de una común experiencia de la vida, son siempre imaginarios porque es la imaginación la que nos crea la ilusión de realidad.»

«Un cuento, mediante una secuencia de hechos relativos a la actividad de gente ordinaria que realiza cosas extraordinarias o de gente extraordinaria que realiza cosas ordinarias, invoca y mantiene una ilusión de vida.»

«Un cuento es la breve y bien construida presentación de un incidente central y fresco en la vida de dos o tres personajes nítidamente perfilados: la acción, al llegar a su punto culminante, enriquece nuestro conocimiento de la condición humana.»

«Un cuento trata de un personaje único, un único acontecimiento, una única emoción o de una serie de emociones provocadas por una situación única.»

«El punto de partida de un cuento es un personaje interesante, claramente visto por el narrador, más una de estas dos situaciones (o la combinación de ambas): *a*) el personaje quiere algo o a alguien y según parece no lo puede conseguir; *b*) algo o alguien, rechazado por el personaje, según parece va a sobreponerse al personaje.»

«Breve composición en prosa en la que un narrador vuelca sucesos imaginarios ocurridos a personajes imaginarios (si son reales, al pasar por la mente del narrador se han desrealizado).»

«El cuento es una ficción en prosa, breve pero con un desarrollo tan formal que, desde el principio, consiste en satisfacer de alguna manera un urgente sentido de finalidad.»

He aquí mi propia definición:

> El cuento vendría a ser una narración breve en prosa que, por mucho que se apoye en un suceder real, revela siempre la imaginación de un narrador individual. La acción —cuyos agentes son hombres, animales humanizados o cosas animadas— consta de una serie de acontecimientos entretejidos en una trama donde las tensiones y distensiones, graduadas para mantener en suspenso el ánimo del lector, terminan por resolverse en un desenlace estéticamente satisfactorio.

5. UN NARRADOR, UN CUENTO, UN LECTOR

5.1. Introducción

La comunicación oral podría reducirse a este simple esquema:
Un hablante → un mensaje → un oyente.
Demasiado simple. En realidad ese hablante y ese oyente no podrían entenderse si no fuera porque ambos viven en la misma circunstancia y las palabras que se pronuncian significan algo gracias a un código convencional de origen histórico-social-antropológico-psicológico. Además, tal esquema es reversible pues en una conversación el oyente puede interrumpir al hablante y convertirse él mismo en hablante.
También sería demasiado simple un esquema de la comunicación escrita que se asemejara al anterior:
Un escritor → un texto → un lector.
Semejanza superficial pues, en el caso de la literatura, el escritor y el lector pueden desconocerse por haber vivido en diferentes lugares y épocas. Además, la comunicación es irreversible: el escritor impone una obra ya concluida que el lector lee después, libre para interpretarla en silencio pero no para intercalar palabras en el texto.
El esquema de la comunicación literaria es mucho más complejo. Lo aplicaré al cuento, que es el asunto de este libro:

Un Hombre (o mujer) escribe un cuento para que alguien lo lea. A primera vista parece un simple circuito: un creador, el cuento creado, un lector que recrea. Pero si se mira bien se nota que ese proceso es más complicado. El Hombre, a ciertas horas del día, siente el llamado de la vocación literaria y adquiere una segunda naturaleza. Ahora el Hombre se ha convertido en Escritor. Éste delega la responsabilidad de narrar en un Narrador ficticio. Tanto el yo del Hombre de carne y hueso como su otro yo de Escritor se quedan fuera del Cuento. Sólo el yo del Narrador ficticio está dentro del Cuento, y desde dentro inventa personajes, agentes de una acción narrativa que transcurre en un tiempo y un espacio imaginarios. Ahora bien, el Narrador también es Lector, puesto que mientras escribe se va leyendo. El Narrador se dirige al Lector que está en su mente. Porque está en su mente lo llamo Lector Ideal. El Narrador atiende, dentro de sí, a las reacciones del Lector Ideal. Se llevan bien. Colaboran entre sí. Hay, pues, entre el Narrador y el Lector Ideal, una feliz identificación. Ambos, el Narrador y su Lector Ideal, existen dentro del Cuento. El Cuento es un objeto viviente, intencional, autónomo, separado del Hombre que se convirtió en un Escritor real y también del Hombre (o mujer) que, a ciertas horas del día, siente ganas de leer y se convierte en un Lector Real, inconfundible con el Lector Ideal. El Lector Real comprenderá las intenciones objetivadas en el Cuento en la medida en que sea capaz de acercarse al Lector Ideal.

Dedicaré todo este capítulo a explicar mi esquema fundado en el carácter ideal de la comunicación literaria: una mente crea símbolos para que otra mente los recree.

5.2.　El escritor

Quien cuenta es un hombre concreto, de carne y hueso. Aunque sea nuestro vecino no lo conocemos bien. Su vida, como la de todos los hombres, es en gran parte inescrutable. La mejor documentada biografía no nos revelaría el secreto de su personalidad. Tampoco su autobiografía, pues nadie se conoce a sí mismo lo bastante. Confesiones exhaustivas no las hay. Sería absurdo, pues, que el crítico pretendiera explicar las características de un cuento, que es lo único que conoce, con el carácter de una persona desconocida. Pero también sería absurdo que se confiriese al cuento una absoluta autonomía. No hay cuento que nazca por generación espontánea: nace siempre de un hombre real. Un cuento puede habernos llegado anónimamente pero su anonimato no significa que se escribió solo. Lo escribió alguien, y por lo menos en el momento de escribirlo ese alguien fue un escritor. Con el cuento a la vista estamos en condiciones de saber algo sobre las perspectivas, si no del hombre, por lo menos del escritor. Un hombre, por extraordinariamente dotado que esté, no compone en su cabeza un cuento completo, palabra a palabra, para luego, con la rapidez de un ademán físico, verterlo sin modificaciones sobre un papel. Lo que de veras ocurre es que el hombre va haciéndose capaz de escribir en una ardua gestación. El hombre se metamorfosea en escritor, y la actividad de éste, no la gana de escribir de aquél, queda cifrada en el cuento. El escritor es un hombre que se ha puesto en una tensión especial. Una cosa es que se mueva para cumplir con los actos necesarios y ordinarios de la vida, y otra muy distinta que se siente a escribir algo tan contingente y extraordinario como un cuento. Una vez que en su escritorio se inclina sobre el papel, con la pluma en la mano, es un hombre nuevo. Ahora se está acercando al cuento, y el cuento registrará los pasos con que se le acerca. El cuento refleja la imagen del escritor, su personalidad individual, su cultura, sus normas, sentimientos, intenciones, tonos, estilos, técnicas; en pocas palabras, la suma de sus preferencias más o menos conscientes. Podemos formarnos una vaga idea del escritor que está detrás de lo que escribió porque, como al trasluz, lo vemos en la tarea de seleccionar lo que nos cuenta (9.2.). El escritor es un hombre que a fuerza de especializarse en escribir ha adquirido una segunda naturaleza. Está presente en el cuento a la manera de esas corrientes subterráneas que sólo vemos cuando brotan en un manantial. El hombre vive en el mundo;

cuando hace literatura ese hombre es un escritor y vive, no ya en el mundo real, común a todos los hombres, sino en una comarca ideal que él mismo delimita. El hombre, al escribir, usa sus informaciones sobre la vida y la literatura: en ese sentido es correcto igualar los términos «hombre-escritor». Sólo que mientras el hombre parece siempre el mismo a los prójimos con quienes convive, el escritor muestra una personalidad cambiante en cada uno de sus cuentos.

El escritor es un autor que ejerce su autoridad, y uno de los gestos de su autoridad consiste en delegar su punto de vista a un narrador. O a varios narradores, pues, ya veremos que hay cuentos con múltiples puntos de vista. De manera que las relaciones entre el escritor y su cuento no son nada simples. En el proceso de la creación literaria hay etapas sucesivas. *a*) El hombre permanece lejos de su cuento; *b*) el escritor se le aproxima más pero sin formar parte de él; *c*) el narrador, imbuido en el espíritu del cuento, lo va contando palabra a palabra. Dicho de otro modo. *a*) El hombre se dispersa en innumerables intereses que no tienen nada que ver con la literatura; *b*) el escritor es ese mismo hombre que, reconcentrado en su vocación, se autocontempla y después se dispone a objetivizar lo que ha visto dentro de sí; *c*) el narrador es ese mismo escritor en el acto de cumplir con el mandato de dar forma a sucesos que le entregan ya seleccionados.

Del hombre real se sabe poco o nada, y lo que se sabe es ajeno al cuento que leemos. En cambio uno puede sospechar que el escritor real, por su prurito de desnudarse, ha de ser un exhibicionista, y por su prurito de esconderse, un absentista. Que no hay contradicción entre el exhibirse y el ausentarse lo prueban esos magos de teatro que tan pronto nos obligan a verlos, dominando el escenario, como nos engañan con trucos e instantáneamente dejamos de verlos. El escritor real es consciente de su exhibicionismo y a veces se exhibe como maestro en el arte de no exhibirse, como cuando se oculta entre los espejos de su obra para asombrarnos con su habilidad de ilusionista. Si lo hace mal el efecto es cómico, como el de aquel ladrón de gallinas que, habiéndose metido en un gallinero, oyó que se acercaban los pasos del dueño y, antes de que lo descubrieran, susurró para despistarlo: «Aquí no hay nadie, solamente las gallinas.» Exhibicionismo y absentismo. Veamos cómo trabaja este mago.

Exhibicionismo.   Por exhibicionismo el escritor se saca de los adentros a un narrador que tiene su misma figura, sus mismas manías, aun su mismo nombre y nos quiere hacer creer que él (el escritor) y su fantasma (el narrador) son una y la misma persona. En esos casos el escritor se está ficcionalizando: su figura, sus manías, aun su nombre pasan a constituir la imagen de un narrador ficticio. (Véase en 5.3. mi comentario a «Borges y yo» de Jorge Luis Borges.)

Absentismo.   Por absentismo el escritor puede fingir que no tiene nada que ver con el cuento que estamos leyendo; en un prólogo o en una nota al pie de página nos dice, por ejemplo, que su única responsabilidad es la de editar papeles ajenos. Marta Mosquera, en «La victoria perdida», hace que el secretario de una peña literaria trace la semblanza de un escritor que se suicida dejando una autobiografía inédita: el cuento se cifra en esa semblanza más la reproducción del manuscrito. Aquí es evidente, por el sexo, que la escritora no es el secretario. En cambio es posible que un lector ingenuo crea que el escritor Ezequiel Martínez Estrada es el «Ezequiel Martínez Estrada» que figura escribiendo el prólogo al manuscrito de una muerta. Me refiero al cuento «Marta Riquelme». El «Ezequiel Martínez Estrada» que aparece con todas sus letras en este cuento con forma de prólogo a unas Memorias perdidas no es el escritor Ezequiel Martínez Estrada: es una ficcionalización de él.

El escritor, por mucho que disimule, está desplegando una libertad de elección que acaba por delatar su carácter. Lo único seguro que los lectores alcanzamos a comprender es lo que el escritor se resolvió a escribir. Admitido esto vamos a suponer que el escritor no quiere que lo veamos. Un modo de esconderse sería imitar la técnica teatral, que consiste que el autor quede siempre detrás de las escenas. Otro modo sería crear un narrador que cuenta en primera persona. Este narrador, por estar gesticulando y hablando todo el tiempo, atrae sobre sí la mirada del lector y entonces el escritor aprovecha ese desvío de la atención para escabullirse sin ser visto. Las funciones del escritor y el narrador son semejantes: ambos cuentan, si bien el primero cuenta simulando que quien cuenta es el segundo. Pero, por lo mismo que las funciones son semejantes, el escritor vuelve a denunciar su presencia pues el lector, una vez deshecho el engaño inicial, admira ahora el talento mimético con que el escritor supo meterse en el cuerpo de un narrador de otro sexo, de otra edad, de otra nacionalidad, de otra profesión, de otra actitud ante la vida. Al leer un cuento nunca estamos en contacto con el escritor. Éste no nos dice nada, en comparación con un hablante que, al comunicarse con nosotros, nos dice con frases reales algo que inmediatamente solicita nuestra respuesta. En un pasaje del cuento ninguna persona real dice nada a nadie, ni siquiera cuando en el texto aparecen frases como «voy a confesarte, querido lector», porque aquí el «yo» y el «tú» son igualmente ficticios. Todo el cuento es un mundo imaginario. El escritor comunica un lenguaje, el del cuento, pero no se comunica con nosotros por medio de su habla viva. Las frases que leemos no son de él sino de ese personaje suyo al que llamo «narrador»; como tampoco son del narrador las frases que éste, a su vez, pone en boca de otros personajes. No hay ninguna galería, ningún túnel, ningún corredor que nos lleve de la situación imaginaria en que hable el narrador a la situación real en que está el escritor. En la esfera de la realidad conocemos poco y mal al escritor. En la esfera de la ficción, en cambio, conocemos al narrador mucho y bien.

Las perspectivas que podemos analizar dentro de un cuento serán, pues, las del narrador, sin duda inventado por el escritor, pero en cierto modo independiente.

5.3. El narrador

En la génesis de un cuento, dije, hay un hombre concreto, de carne y hueso, que se puso a escribir. Al escribir, pasó del plano real al plano estético. El *Homo sapiens* es ahora un *Homo scriptor*. Pero quien habla en el cuento no es el escritor sino un narrador. El hombre concentró sus energías en esa parte de su personalidad que mejor se prestaba al juego de la expresión. Se hizo escritor. Y el escritor, como en una comedia, representa un papel. Tiene a su disposición varias máscaras («máscaras»: en latín, «personas») que quizá ha ensayado una tras otra hasta encontrar la que le sirve, no sólo porque es la que va a producir en el público una impresión calculada, sino también porque, en un espejo de arte, es la que le devuelve la imagen de la cara que en este momento quiere tener. El escritor, en cuanto hombre que se puso —o se dispuso— a escribir, solía hablar con voz propia, pero ahora esa voz, a través de la máscara, resuena alterada; sus ojos lanzaban miradas desde su posición en el mundo físico, pero ahora, a través de los ojales de la máscara, son los de un impostor en un escenario. Aunque quiera ser él mismo, la máscara que el ilusionismo teatral le obliga a llevar puesta le impide que su «yo» en el cuento equivalga a su «yo» en la sociedad cotidiana (Apostillas).

En el proceso de la creación artística ha habido, pues, un desdoblamiento. El escritor tomó conciencia de sí, se autocontempló, eligió las aventuras que le parecían más propicias para transmutarlas en arte y las configuró en un cuento objetivo.

Si me preguntaran: «¿quién escribió *El leve Pedro*?», contestaría: «yo». Con lo cual quiero decir: Enrique Anderson Imbert. Pero al contestar así, con ese «yo» también aludo a mi *alter ego*, al artista que llevo adentro, capaz de rechazar la realidad y de inventarse un mundo propio donde un Pedro cualquiera de repente remonta por el espacio y desaparece. Un «yo» primero y un «yo» segundo. El «yo» del escritor de carne y hueso declara con todo derecho: «ese cuento es mío»; pero del segundo «yo» ha salido una nueva persona, la del narrador, que en su universo imaginario goza de extraños privilegios. Puede, por ejemplo, alardear de un conocimiento que está más allá de las posibilidades de un ser humano en su universo real. Sin el escritor no hay narración, pero el narrador que salió del escritor es la persona ideal que asume la función de narrar dentro de un texto. En el texto de un cuento el narrador ya no es el mismo escritor con quien podríamos toparnos en cualquier esquina de la ciudad. Es un narrador ideal que reemplaza al escritor real. Se da en dos clases:

El *narrador sin rostro*.   La acción pasa por su conciencia: evita usar el pronombre «yo» y si bien está presente en el cuento (¡esto es inevitable puesto que él es quien cuenta!) carece de características personales; el lector no sabe cómo es, físicamente.

El *narrador con rostro*.   Aparece vivo y visible, con rasgos fisonómicos marcados, y se siente a sus anchas usando tanto el «yo» como el «él».

En otras palabras: que el escritor inventa narradores que no acusan rasgos de una personalidad propia y por eso impresionan como más objetivos, o inventa narradores de personalidad propia que impresionan como más subjetivos. A veces hay razones para creer que la personalidad del narrador es la proyección al plano estético de la personalidad del escritor, y a veces hay razones para creer que el narrador no comparte las ideas del escritor.

El discurso del narrador es el fundamento de la narración: sobre él se apoyan los monólogos y diálogos de los personajes. Monólogos, diálogos tienen sentido porque resolvemos dar crédito al mundo que el narrador postula, por inverosímil que ese mundo sea si lo examinamos con un criterio de la verdad que es lógico, extraestético (14.4.). El narrador puede contradecir a sus personajes o, por aquello de que «el que calla otorga», darles credibilidad. Puede permitirles que ellos sean también narradores o, al revés, convertirse él mismo en personaje. En cualquier caso, el narrador es la autoridad que hay que acatar. Si se parece al escritor es porque éste, al delegarle la autoridad, le prestó su figura. El narrador es quien sostiene con sus palabras el cuerpo de su cuento. O dicho al revés: el cuento se apoya en el narrador que está ahí, en la misma dimensión imaginaria, y no en el mundo del escritor real. Éste, después de encomendar al narrador la faena de fingir, se quedó fuera del cuento. En consecuencia, no sería justo atribuir al hombre que escribe, es decir, al escritor real, las ficciones que el ficticio narrador relata en nombre de un «yo». El «yo» del ámbito cerrado del cuento no es el «yo» de las calles abiertas en una ciudad. He escrito muchos cuentos en primera persona. En ellos el «yo» no es mío. En «Sabor a pintura de labios» (G) es el de una mujer; en «El cuento es éste» (B) es el de una muerta; en «Les estoy hablando de Helena la griega» (B) es el de un homosexual. En «Foto al magnesio» (A) el «yo» es el de un fotógrafo que describe a Enrique Anderson Imbert. En «Los cantares de antaño son los de hogaño» (C) bauticé a mi protagonista con el anagrama de mi nombre —Andrés Bent Miró— pero juro que nunca emprendí un viaje de ida y vuelta al siglo XVII. Muy ingenuo tiene que ser el lector que atribuya al escritor real acciones irreales, a menos que lo haga retóricamente, como en el tropo que consiste en fingir que el escritor es quien ejecuta los actos de la narración: «Goethe desintegró con la muerte a Werther. Le pegó un pistoletazo a uno de sus yo», dice Nicolás Cócaro en «Un porteño celoso». El más ingenuo de los lectores no podría confundir al protagonista con el escritor en cuentos donde el escritor aparece mencionado por el protagonista. Por ejemplo, en el cuento de Alicia Jurado «La cama de jacarandá». Aquí la protagonista narra en primera persona una experiencia sobrenatural y lo hace —dice— «en forma de cuento» para facilitarle la tarea a su amiga Alicia Jurado, a quien encomienda la publicación de los hechos. Pero ese lector seguiría siendo un ingenuo si creyera que la «Alicia Jurado» mencionada en el texto (personaje ficticio) es la escritora Alicia Jurado (persona real). Otro ejemplo parecido. Carlos Alberto Giuria, «Yanko, el inexplicable»: «Yo juro que mi relato es rigurosamente cierto. No tengo deseos de engañar a nadie, sobre todo ahora que ya estoy muerto y dictándole estas palabras a Carlos Alberto Giuria, de quien me valgo para narrar esta extraña aventura.»

Aunque el escritor permita que se deslicen en el cuento experiencias que vivió en cuanto hombre, esas experiencias se hacen ficticias por el solo hecho de haber sido encerradas en un cosmos artístico. El narrador es un personaje tan ficticio como los personajes que inventa. Se ha dejado absorber por el cuento en el instante de fabularlo. El escritor —vale decir el hombre que escribe— puede consentir al narrador que, al narrar en primera persona, lleva su propio nombre, pero el lector avisado no los confunde. Son como dos hermanos que llevan el mismo apellido pero quien sobrevive es el que se sube al cuento. El otro, el real, desgastado por la vida se hace polvo. Borges lo ha visto bien, en su cuento «Borges y yo»: «Al otro, a Borges, es a quien le ocurren las cosas. Yo camino por Buenos Aires...; de Borges tengo noticias por el correo y veo su nombre en... un diccionario biográfico... Sería exagerado afirmar que nuestra relación es hostil; yo vivo, yo me dejo vivir, para que Borges pueda tramar su literatura y esa literatura me justifica.»

5.4.   El lector

Para que una obra literaria exista alguien tiene que escribirla, alguien tiene que leerla. El escritor, el lector pueden ser una misma persona. Tal cosa ocurre cuando el escritor escribe su obra, la relee y luego la oculta o destruye para que nadie más le ponga los ojos encima. En este caso —raro pero real— la obra existe solamente en la conciencia de la persona que cumple la doble función de emitir un mensaje y de recibirlo. Por el contrario, la obra alcanza una existencia social cuando la persona del lector es diferente de la persona del escritor. ¿Qué relaciones se establecen entre ambas personas? Las describo en «La recreación del lector» (2.3.) y «El crítico entre el escritor y el lector» (5.11.) de *La crítica literaria: sus métodos y problemas*. Sobre esta cuestión hay muchos estudios que se ocupan de la psicología del lector (Normand Holland, *The dynamics of literary response*, 1968) o de la sociología de la comunicación (Umberto Eco, *Opera aperta*, 1962). Recientemente han aparecido trabajos que analizan la lectura desde la epistemología: Wolfang Iser, *Der Akt des Lesens. Tehorie ästhetischer Wirkung* (1976); *Der implizite Leser* (1972).

Buena cosecha pero que no me sirve para mi estudio del cuento. ¿Para qué destacar la experiencia del lector como si fuera extraordinaria? La experiencia que tenemos al leer es igual, en última instancia, a la experiencia mediante la cual aprendemos las cosas de la vida cotidiana. El libro que leemos se da en nuestra conciencia exactamente como, en la conciencia de un observador, se da una mariposa, un alcaucil o la mica. La relación entre un lector y la obra que está leyendo no es distinta de la elemental estructura gnoseológica que se forma apenas un sujeto cualquiera conoce un objeto cualquiera. Volveré sobre esto cuando más adelante (14) me refiera a la Teoría del Conocimiento pero lo haré para calificar al narrador, no al lector. ¿Por qué? Porque, en este libro que estoy escribiendo, lo que me interesa es mostrar cómo el narrador toma conciencia de la realidad que le cuenta al lector, no cómo el lector toma conciencia del cuento que le lee el narrador. Ese «lector» —así, en singular— no existe, es un mito, es el símbolo de una masa de millones de hombres perdidos en un irresponsable anonimato. Leen pero nadie sabe cómo interpretan lo que leen. A lo más nos enteramos de los pocos lectores que publican sus reacciones: son los críticos. Aun así, es imposible clasificarlos como no sea con una clasificación maniquea de buenos y malos, según que sus juicios sean verificables o no. A un lado están los lectores inteligentes y respetuosos: los lectores que desde arriba comprenden el significado de un cuento, se identifican con el narrador y reviven su experiencia original. Al otro lado están los ignorantes y tergiversadores: los pobrecitos que, por falta de educación, no están preparados para captar los problemas, los asuntos, las formas, las técnicas, el estilo de un texto difícil y también los lectores que, por exceso de arrogancia, se rehúsan a aceptar el texto tal como es y lo falsean con opiniones personales o estrategias morales, políticas, extraliterarias. Conocer a millones de lectores es imposible. En cambio, es posible conocer al narrador, que es una persona individual. Me parece, pues, más científico estudiar los puntos de vista de un efectivo narrador sin mezclarlos con los de un insubsistente lector.

En una conversación corriente una persona dirige la palabra a un interlocutor para que éste le responda. Partiendo de este modelo oral, algunos semiólogos equiparan al hablante con un escritor y al oyente con un lector. La presencia del lector en el horizonte del narrador —dicen— es lo que permite que el cuento arraigue en el mundo; si el narrador no destinara su cuento a un lector, el circuito de la comunicación quedaría incompleto...

La falacia de semejante argumento radica en confundir el lenguaje oral que en la vida se abre al futuro, con la literatura, cuyo lenguaje escrito está cerrado en un tiempo pretérito (16.8.2.). En la vida el circuito entre productor y consumidor recorre un medio físico, externo. En la literatura, en cambio, tal circuito es psíquico, interno. Un hablante que intenta persuadir a un oyente se ayuda, no sólo con palabras, sino también con la entonación de la voz, con la mirada, con la sonrisa, con los ademanes, con la postura del cuerpo, con alusiones a los sobreentendidos de cada circunstancia. Un escritor, en cambio, no dispone de más recursos que los signos impresos en un papel. Un hablante está atento a la cara del oyente y ve y prevé sus reacciones inmediatas. Un narrador, en cambio, se dirige a un lector sin cara, perdido en una vasta comunidad, perdido en una incierta posteridad, y le es difícil calcular el efecto que podría producir sobre él.

De esta dificultad en comunicarse el narrador saca partido. Usa el privilegio de elegir un público invisible y compone con fría estrategia un texto que le satisface a él. ¿Que el lector no lo comprende a la primera lectura? Pues, que lo vuelva a leer todas las veces que necesite hasta agotar sus muchos niveles de significación. Así, el escritor acaba por imaginar a un lector capaz de identificarse con él. Y el dechado de ese lector es el escritor mismo. En el fondo el escritor escribe para sí. Pero escribir para sí no es encerrarse en visiones privadas sino abrirse a un arte público. Esta apertura de nuestro espíritu es una actividad placentera. Escribir para sí significa gozar de la objetivación de imágenes íntimas en el cristal de la lengua. Si primero el narrador se autocontempló ahora contempla su narración. Vale decir: se lee. Escribir para que lean los demás suele aumentar el goce, sobre todo si se imagina que los demás son hermanos espirituales. Cuando se escribe para un público indiferenciado o refractario no siempre se obtienen buenos resultados. Escribir es un acto de amor. Con amor, pues, el escritor imagina a un lector real a quien conoce y respeta o a un lector ideal cuyos plácemes desea. El lector, pues, está ya presente en la gestación del cuento; se halla en el pellejo del escritor.

Aquel desdoblamiento de un escritor que extrae de sí a un narrador (5.3.) es de la misma naturaleza que este desdoblamiento del escritor que extrae de sí a un lector. Después de todo escribir y leer son operaciones simultáneas. Quien escribe va leyendo lo que escribe. Un «yo» prueba frases y el otro «yo» se las aprueba. El escritor, además de fingir a un narrador ideal, finge a un lector ideal. El hecho de que el lector ideal se materialice en una persona real no quita valor a lo que acabo de decir.

Un lector que abra un libro de cuentos y no comprenda lo que se pone a leer no merece que se le llame lector. Yo, que no entiendo siquiera el alfabeto ruso, ahora paseo la vista por el texto ruso de un cuento de Chejov: paseo la vista pero no leo a Chejov. Lector es quien responde comprensivamente a las palabras impresas, captando sus intenciones y reviviendo las experiencias originales allí expresadas. El lector se identifica con el narrador: repite el acto del narrador que se lee a sí mismo. Colabora con el narrador cuando el narrador lo deja colaborar; interpreta libremente cuando el narrador le da margen para esa libertad. Como el narrador no logra una expresión fija, unívoca, cabal —generalmente por las peculiaridades ambiguas del habla y a veces porque es su voluntad que el lector recree su obra como se le dé la gana— el lector puede vanagloriarse de ser coautor del cuento; pero es una gloria vana. Su lectura, por libre que sea, está controlada por el narrador. En el acto de leer el lector se ficcionaliza. Al representar el papel de destinatario del cuento —o sea, al identificarse con el lector ideal para quien el cuentista escribe— el lector real se ha dejado ficcionalizar.

Hay trucos literarios que confieren realidad al lector ficticio. El más extremo, el más cómico, es el que Laurence Sterne usó en *Tristram Shandy*: el narrador le dice al lector: «¡Cierra la puerta!» Esa puerta sólo existe dentro de la novela. El lector, en cambio, está fuera de la novela. Menos extremo, menos cómico es el truco de fingir que el escritor y el lector se entienden entre sí, como personas reales, por encima de las palabras del texto. El truco opera así. A primera vista parece que el escritor autoriza al narrador a que cuente pero le hace señas al lector para que no le haga caso; parece que el lector acepta el juego y, mientras oye al narrador, goza de las intenciones irónicas del escritor. El cuento escrito con tal truco es como vidrio a través de cuya transparencia el escritor y el lector se comunican en una secreta amistad. El escritor —parece— desliza dentro del cuento una criptografía de la que el narrador no es consciente pero que el lector descifra con espíritu deportivo. Puede ser una parodia, un difícil problema intelectual, un acróstico escondido, una construcción morfológica o una alusión culta demasiado sutil para el hombre ordinario. Con signos casi imperceptibles parece que el escritor pone alerta al lector y lo invita a colaborar con él: ambos, escritor y lector, se están confabulando contra el narrador. Éste, inocentemente, cuenta algo; pero los otros dos —parece— a sus espaldas se divierten entre sí. El lector se siente feliz por haber sido incluido en una partida de charadas, sobre todo porque supone que otros lectores, incapaces de captar el mensaje oculto, han sido excluidos...

Esto, a primera vista; pero pensémoslo bien: ¿de veras el cuento es un vidrio transparente, atravesado por las miraditas de complicidad que se intercambian el escritor y el lector? La falacia de esa interpretación consiste en que por no distinguir entre la realidad del mundo y la realidad de la literatura se supone que el narrador es una persona tan real como las personas del escritor y del lector. Y no es así. En la vida práctica el narrador no existe. En el cuento, en cambio, sólo existe el narrador. Éste no es la víctima de una burla sino el agente que hace posible la burla. No cayó en una trampa: la ha armado. El irónico es él. El escritor lo creó precisamente para que produjera ese efecto. Una prueba de la pasividad del lector es el cuento policial. Se comete un homicidio. El detective investiga. Ahora bien, el narrador desafía al lector a que se identifique al homicida antes de que lo haga el detective. Es un juego. Para que el juego sea parejo se establecen reglas: una, que el lector esté bien informado de las pistas que sigue el detective. Pero el lector quiere perder. Se decepcionaría si el narrador cometiera la torpeza de permitirle que adivinase quién es el asesino. Eso sería quitarle el placer de la sorpresa final. El lector, aun en la lectura de un género que lo invita a participar, prefiere, pasivamente, que el narrador gane la partida y le imponga la solución del problema.

Presiento que muchas veces, en el presente estudio, voy a deslizarme en frases como ésta: «el lector ve tal cosa». Entiéndase que en esos momentos, por comodidad, estoy repitiendo un modo de decir muy común, pues lo correcto sería: «el escritor, cuando lee su propio cuento, ve tal cosa». Puesto que el escritor escribe y lee al mismo tiempo —escribe con la mano del narrador y se lee con los ojos de un lector ideal—, en mi clasificación de los puntos de vista narrativos no daré beligerancia a un lector autónomo que se asome al cuento desde una perspectiva diferente y aun opuesta a la del narrador. En esto me aparto del ruedo de críticos que dicen que la estrategia de un cuento tiende a producir ciertos efectos en el lector y que en consecuencia la óptica del lector pertenece al cuento. Sin duda un escritor escribe para que lo lean pero los puntos de vista de un cuento no son los del lector. Los puntos de vista que yo estudié han de ser los del narrador; o sea, los que el escritor delegó en el narrador. El lector carece de un punto de vista propio: tiene que acomodarse al que el narrador preestableció. El escritor, que es un hombre real, y el lector, otro hombre real, quedarán descartados de mi análisis. El escritor consigue, mediante su cuento, que el lector imagine algo parecido a lo que él, escritor, imaginó. El escritor comprueba la credibilidad de su cuento leyéndose o imaginando a alguien que lo lee: el lector. Es, al mismo tiempo, escritor y lector. Lo que importa, pues, no es ni el escritor ni el lector —personas de carne y hueso— sino la estructura artística, ideal, del cuento mismo; esto es, desde qué punto de vista cuenta un narrador cuya existencia es convencional. El narrador está fuera o dentro del mundo evocado por el cuento. El lector ve esa relación del narrador con el cuento pero la ve así porque antes así la vio el escritor. Lo cierto es que el primer lector de un cuento fue el escritor que al escribirlo lo leyó, lo releyó después de escrito y aun se imaginó a un lector que lo leía. El desdoblamiento de una misma persona en escritor y lector es parte del proceso psicológico de la creación artística (igual que el desdoblamiento de una misma persona que tan pronto habla como oye es parte del circuito lingüístico de la conversación). Si en la clasificación de los puntos de vista excluyo al escritor no hay razón para incluir al lector. El lector y el escritor están en situaciones reales: uno, sentado frente a su escritorio, de espaldas a una ventana; el otro en un sillón al lado de una lámpara; pero ninguno de los dos está sentado dentro de la situación imaginaria del cuento. En la vida lo que un hombre diga urgentemente a otro puede tener consecuencias prácticas inmediatas. En un cuento, la apelación al lector —«tú, lector»— va dirigida a un lector ficticio, no al lector real. Éste no se da por aludido y continúa la lectura como si no se metieran con él. El vocativo —«¡Oh, tú lector!»— es una convención, nunca una auténtica comunicación lingüística porque nadie se da por aludido. Ese lector ficticio es un personaje más del cuento. El cuento tiene destinatarios internos y externos (7.2.8.). El interno es conocido: sabemos que Patronio dirige sus ejemplos al Conde Lucanor. El externo es cualquier lector anónimo, independiente, oculto en los vericuetos del espacio y del tiempo, aunque el narrador trate de seleccionarlo como una «bella lectora», «lector indulgente», «joven lector», etc. El narrador, en el momento de escribir, se corrige a sí mismo porque trata de situarse en la posición del lector. Él y sólo él es quien impone su punto de mira. El lector tiene que aceptar esa perspectiva y sumirse en la personalidad del narrador. Leer un cuento es reescribirlo.

Clasificaré los puntos de vista en el próximo capítulo pero antes quiero aclarar, de una vez por todas, la naturaleza metafórica del término «punto de vista».

5.5. La metáfora del «punto de vista»

Digo «punto de vista» porque tal es el término corriente y no vale la pena disputar sobre cuestiones terminológicas pero lo que ahora estudio es algo más que el punto de vista. El narrador no se limita a ver. También oye, gusta, huele, palpa. Las comparaciones de orden óptico (puntos de vista, ángulos de enfoque, perspectivas, etc.) deberían complementarse con otras de orden acústico (registro de voces, entonaciones, polifonía, etc.). El narrador narra lo que percibió con todos sus sentidos no sólo con el de la vista o el del oído. Puede ser un ciego que oye pero no ve a sus personajes o un sordo que los ve pero no los oye. Decir que un ciego tiene un «punto de vista» sería un chiste cruel. Cuando el narrador está recogiendo la voz de una persona desconocida que le habla por teléfono lo apropiado sería decir «punto auditivo» (el punto auditivo del «El interlocutor», de Fernando Elizalde, donde el narrador reproduce la voz que sale de un «portero eléctrico» y se pierde en la calle desierta). Pero si se trata de un sordo hablar de su «punto auditivo» también sería un chiste cruel. Lo justo es hablar de «punto de percepción». El narrador puede narrar gracias a que antes percibió.

No me costaría, pues, titular al capítulo próximo así: «Las percepciones del narrador.» Pero, repito, no vale la pena abandonar el término, tan corriente, de «punto de vista». Su éxito es muy explicable. De todos nuestros órganos sensoriales el de la vista es el más activo. Es natural que lo usemos como metonimia de todo el sistema perceptivo. Y aun más: como analogía del alma (8.2.). Con los ojos físicos percibimos objetos de la realidad exterior. Análogamente, atribuimos ojos físicos al narrador que nos cuenta sucesos representados en su magín. Pero la verdad es que ni en el magín del narrador ni en su cuento hay ojos físicos. Un modo de decir genera otros modos de decir. Decimos que una mente (a la que dotamos de ojos) *vio* tal o cual acción; y agregamos: el narrador cuenta desde cierta posición, tal postura implica una perspectiva sobre los acontecimientos que va a contar y por tanto cualquier cuento nos permite localizar un punto de vista...

Lo malo de este lenguaje metafórico está en que sus referencias al Espacio pueden distraernos del hecho de que el cuento —como todas las creaciones de la cultura— es una manifestación del Tiempo: del tiempo psicológico del cuentista.

El narrador presta atención a ciertos contenidos de su conciencia: los selecciona y ordena en una serie de sucesos. Personificar esa atención en una cara con ojos movedizos puede ser una figura retórica, útil para explicar cómo el narrador compuso su cuento; pero debemos recordar que lo que estamos leyendo ha transcurrido en una intimidad y que en todo caso esa cara con ojos movedizos está vuelta hacia adentro y sólo ve imágenes. La realidad exterior está llena de cuerpos vivos y la página de un libro está llena de símbolos impresos. Con los ojos vemos cuerpos, leemos símbolos. Pero tanto esos cuerpos reales cuanto esos símbolos convencionales se han transfigurado en imágenes ideales, que son las que el narrador al contar y el lector al leer ven no ya con ojos físicos sino con el entendimiento. En la producción y en el consumo de un cuento los ojos físicos no operan. Están como ciegos: vidente, en cambio, es la conciencia, que se desenvuelve en el tiempo. El cuento no está controlado por un órgano óptico sino por una mente. Ya advertidos de que la acción de un cuento es tiempo objetivado, no un objeto espacial, hablar de puntos de vista nos resulta cómodo.

Los hay de tres clases: *a*) el punto de vista «real», que es el del escritor de carne y hueso; *b*) puntos de vista convencionales, protocolares, usados *pro forma*, por fórmula, a los que voy a llamar «formularios»; y *c*) puntos de vista propiamente dichos, auténticos, a los que llamaré «efectivos».

5.6. El punto de vista real

Real es el punto de vista de un hombre de carne y hueso. Desde su circunstancia ese hombre percibe e imagina. Vea lo que viere, siempre está viendo algo. Ve una realidad común a otros hombres y también ve su íntima realidad. Ve una materia prima todavía no simbolizada en especiales formas artísticas. De pronto ese hombre decide elaborar con las formas artísticas del cuento lo que ha percibido e imaginado. Ahora el hombre es un escritor que, para mudarse de la realidad al arte, tiene que transmutar su punto de vista real en un punto de vista artístico. El punto de vista real es exterior al cuento por la sencilla razón de que es previo al cuento. El punto de vista artístico sí está dentro del cuento, pero ya no es el del hombre de carne y hueso sino el de una persona ficticia —el narrador— en quien aquel hombre, al hacerse escritor, cedió la responsabilidad de narrar. El escritor llevaba en su conciencia un cuento virtual: al actualizarlo y hacerlo efectivo él, el escritor, se sobrepone a su propio punto de vista y hace valer el punto de vista del narrador a quien ha inventado. Esta persona ficticia (el narrador), que es la que narra el cuento que estamos leyendo, puede aparecer en el cuento o no; puede formar parte de la acción narrada o no. Ya examinaré con detención estas alternativas, una a una. Lo que ahora me importa aclarar es que, aunque dentro del cuento aparezca un narrador o un personaje con las características personales y aun con el nombre y apellidos del escritor de carne y hueso, ese narrador o ese personaje es solamente una efigie, un simulacro, una imagen, un símbolo, un ídolo, una máscara. El escritor, aun conservando su nombre y apellidos, se ha ficcionalizado. En consecuencia, lo que debemos estudiar en el cuento no es el punto de vista real que tenía el escritor antes de escribir su cuento, sino el punto de vista imaginario con que quedaron ordenadas las acciones del cuento.

Dejemos, pues, de una vez por todas, el punto de vista real, que no figura para nada en el cuento, y atengámonos a los puntos de vista artísticos que sí podemos examinar en un cuento.

Los hay más importantes que otros. Primero voy a examinar los puntos de vista interinos, provisionales, meras convenciones, aprontes o encabezamientos para preparar la narración pero ellos no nos dan la acción principal del cuento. Después examinaré los puntos de vista duraderos, efectivos, auténticos, desde los que sí se ve la serie de sucesos centrales.

5.7. Puntos de vista interinos

Alguien, desde cierta posición, ve a otra persona que, a su vez desde su propia posición está viendo el desarrollo de una acción. A ve a B en el acto de narrar. Desde luego que también A está narrando —por lo pronto, narra el acto de narrar de B— pero eso que A narra es una introducción a lo principal del cuento, o sea, a lo que narra B. En este esquema —muy simple pues hay otros esquemas que combinan series de A, A', A'' que están mirando a series de B, B', B''— yo diría que el punto de vista de A es interino, convencional, y que el punto de vista de B es auténtico, duradero, efectivo. Tómese el cuento de María de Villarino, «El pequeño vestido rojo». Comienza así: «Y entonces oí aquella voz: "Usted ya lo sabe, yo he sido muy pobre"...» Hay dos «yo». El «yo» de la primera oración es interino; el «yo» que habla después es duradero y con efectividad cuenta que cuando era una niña se robó un vestido de muñeca. El «yo» interino oye al «yo» auténtico. Esa relación es tan inmediata que en ningún momento nos distraemos: lo único que nos interesa es el relato de la narradora efectiva. Menos discreto fue Robert J. Payró en «El casamiento de Laucha», donde también hay dos «yo», el del editor y el del protagonista pero allí el editor se muestra demasiado: «De sus mismos labios oí la narración de la aventura culminante de su vida y, en estas páginas, me he esforzado por reproducirla tal como se la escuché.»

El punto de vista interino es obvio en cuentos que están insertos en otro *continuum* narrativo: por ejemplo, el cuento intercalado en una novela, el cuento dentro del cuento, el cuento que se enlaza con otros gracias a un armazón común, el cuento encuadrado por un marco individual, el cuento que simula ser un manuscrito hallado por el editor, etc. Al analizar las relaciones internas entre la trama total y sus partes explicaré estas formas (11) y más adelante mostraré el complicado diseño de *Las mil y una noches* (13.7.). Por ahora me limito a señalar que en construcciones así de complejas hay narradores que presentan a otros narradores, y que la importancia del punto de vista de cada uno de esos narradores depende de su respectiva «situación narrativa», es decir, de la clase de relación que mantiene con la serie de acontecimientos que en este momento estamos leyendo. El punto de vista de cada narrador ¿está directamente enfrentado a los sucesos? En una situación narrativa importante la distancia entre el narrador y lo narrado es mínima: el narrador está narrando. Los grados de inmediatez sirven como criterio para juzgar si un narrador es provisional o permanente, convencional o auténtico, contingente o necesario, externo o interno. El punto de vista más abarcador es, paradójicamente, el que menos ve. Por ejemplo, engloba mucho pero percibe poco el ojo del narrador que figura como editor de una colección de manuscritos interrelacionados: apenas alcanza a describir el origen de los manuscritos. En cambio el ojo del narrador propiamente dicho que lee o maneja esos manuscritos describe la trama de sucesos que de veras interesan al lector. Ahora bien: el escritor real —según vimos en 5.2.— puede meter en el cuento a un semejante que lleva su propio nombre y apellido, disimular su presencia o simular su ausencia. Estos grados de desfachatez, discreción u ocultamiento son inestables.

El escritor —por distracción, deliberadamente o cediendo a tradiciones literarias— irrumpe en el cuento cuando y como se le da la gana. Si se distrae puede ocurrirle que deje sus herramientas dentro del cuento como un cirujano que olvidase su escalpelo en las entrañas del operado. Si interviene con toda deliberación hay que acostumbrarse al bulto de su persona: aunque nos parezca un obstáculo interpuesto entre los personajes y nosotros, lectores, lo mejor será que le miremos la cara y oigamos su voz puesto que se ha empeñado en decirnos algo que a lo mejor resulta importante. Cuando la intrusión del escritor en su cuento responde a una tradición y comprendemos en seguida si la intención es irónica, lúdica, paródica, retórica o simplemente económica, para ahorrarse un gasto de energías. En cualquier caso, si el escritor entra en el cuento confiado en que eso es lo que se ha hecho en la literatura de todos los tiempos, el lector, inmediatamente, comprende que ese «yo» es una convención más, y no el punto de vista que ha de agrupar los eventos narrados. El hecho de que la *Eneida* comience con un «yo» («Canto el combate y al guerrero») no significa que ese «yo» sea el pronombre de Virgilio ni que toda esa epopeya esté narrada con el punto de vista protagónico o testimonial. De igual modo cuando el escritor moderno hace comentarios —generalmente dirigidos al «amigo lector»— esos comentarios no determinan el punto de vista que ha de dominar en el cuento. El «yo» —o el plural de majestad: «nosotros»— del escritor que habla con su lector no forma parte de la acción. Es un Primer Motor Inmóvil, como el dios de los aristotélicos. En todo caso actúa desde fuera. Según algunos preceptistas esos comentarios destruyen la ilusión de realidad que da el cuento. Otros preceptistas, en cambio, insisten en que a veces tales comentarios son tan valiosos como la ilusión de realidad. No hago preceptiva: sólo digo que no siempre hay que confundir el «yo» o el «nosotros» de un cuento con el punto de vista artísticamente efectivo.

Los puntos de vista interinos, de tan insignificantes, son inclasificables. Ocurren en las envolturas del cuento. He aquí algunas. El escritor real crea un robot idéntico a sí mismo y lo manda para que diga «yo» en un cuento donde otro «yo» está contando su verdadera historia. El narrador se mete dentro de su obra y desde allí lanza comentarios impertinentes o se pone a conversar con el lector, con el protagonista o con el testigo que le está contando una experiencia personal. Un editor dice haber hallado un manuscrito en un desván o haber recibido la confesión de un suicida y publica los papeles del caso con toda clase de noticias. Alguien explica las circunstancias de cómo ciertas personas pasaron el tiempo contándose cuentos entre sí. Un narrador misterioso nos presenta a personajes, les cede el uso de la palabra y luego desaparece para siempre o vuelve al final para cerrar la composición. Etcétera.

A diferencia de éstos, que no se dejan clasificar, los puntos de vista efectivos se reducen a una clasificación muy simple.

5.8. Puntos de vista duraderos

Las notas que quedaron fuera de la definición de los puntos de vista interinos se organizan ahora para definir los duraderos. Son los de los narradores que cuentan la acción del cuento. No me detengo más porque definirlos y clasificarlos será el asunto de los próximos capítulos. Como mero anticipo diré que el escritor, al objetivar su cuento, tiene dos posibilidades: inventar un narrador que figure dentro del cuento o un narrador que no aparezca en el cuento. Pues bien: cada uno de estos narradores —el endógeno y el exógeno— tiene a su vez dos posibilidades: si narra desde dentro del cuento puede hacerlo como protagonista de su propia historia o como testigo de lo que les pasa a los personajes importantes de la acción; si narra desde fuera del cuento puede hacerlo con la omnisciencia de un dios o con la cuasi omnisciencia de un semidiós que limita su saber a la capacidad de un ordinario observador humano. Hay, pues, cuatro puntos de vista narrativos, que son los que examinaré a continuación.

6. CLASIFICACIÓN DE LOS PUNTOS DE VISTA

6.1. Introducción

La construcción de un cuento se entiende mejor si comenzamos por situar al narrador. Puesto que se nos cuenta una acción queremos saber desde qué «lugar» el narrador «vio» la acción; cuál era su «perspectiva». Queremos comprender al «narrador y su punto de vista».

He aquí los términos del problema: un narrador, un cuento, un lector. Las mentes del narrador y del lector —a veces separadas por océanos y centurias— vienen a encontrarse en el texto del cuento. Con un estratégico arreglo de símbolos el narrador regula las reacciones del lector. Es el proceso de toda comunicación lingüística: una primera persona se dirige a una segunda persona para contarle algo; algo, por ejemplo, sobre una tercera persona. Mi propósito es analizar en el cuento los puntos de vista posibles en ese entendimiento entre narrador y lector. Repasaré, pues, la gramática, a sabiendas de que al hacerlo contrarío a narratólogos como Gerard Genette para quien el punto de vista depende de las percepciones de los personajes, no de los pronombres personales (*Figures III*, 1972). A mi juicio el preguntarse «¿quién ve?» y «¿quién habla?» no descarta el hecho de que los pronombres corresponden a personajes que, en el mundo de la ficción, perciben como personas.

6.2. Gramática de los pronombres personales

En la gramática de la lengua castellana los pronombres «yo», «tú» (usted), «él», «ella», «ello», «nosotros», «nosotras», «vosotros», «vosotras» (ustedes), «ellos», «ellas» (más palabras en oficio de pronombres como «uno», «éste») establecen las situaciones fundamentales de la comunicación lingüística. (Una peculiaridad de nuestra lengua es que a veces los pronombres son suprimibles, por redundantes, como cuando la conjugación del verbo se encarga de denotar el sujeto de la oración: tengo, tienes, tiene, etc.). Simplificando sus accidentes de género, número y uso, los pronombres se reducen a un triángulo que es el modelo básico del conversar y el contar. «Yo», «tú» son pronombres de personas o seres personificados. La tercera persona gramatical —aquella de quien se habla: él, ella; ellos, ellas; ello— puede ser sustituida por cualquier sustantivo. En suma, que los pronombres de primera y segunda persona sostienen un diálogo humano, mientras que el de tercera persona puede aplicarse a un ilimitado campo de acción, de hombres y cosas: se refiere al objeto de un discurso o mensaje del que están excluidos el hablante y el oyente.

En cada oración hay siempre un «yo» que se dirige a alguien («tú») para decirle algo (de «él», de «ello»). Son personas gramaticales, no personas reales. El «yo» puede hablar de sí, sea que hable solo o con otra persona («hice tal cosa»; «te digo que hice tal cosa»); y puede hablar de una tercera persona o mensaje («él hizo tal cosa»; «ello se hizo necesario»). Los pronombres admiten también usos hipotéticos, metafóricos o ceremoniales. Pongamos por caso el uso del «tú» (7.2.8.). Puedo decir «tú vas a divertirte y te fastidian» en una situación hipotética que alude a la situación real de que «uno va a divertirse y se fastidia», «fui a divertirme y me fastidiaron», «fuimos a divertirnos y nos fastidiaron» o «fue a divertirse y lo fastidiaron». Otro uso metafórico es el de «él» como si fuera «yo». Le digo a mi hijo: «¿Qué opina de esto el inteligente de la familia?» en el sentido de «¿qué opinas?», y me contesta: «Pues opina que eso no vale la pena» en vez de «opino que eso no vale la pena».

Al designar a personas y cosas la función de los pronombres, por amplia que sea, queda siempre localizada en el modelo triangular de la comunicación: primera, segunda, tercera personas gramaticales, en singular y en plural. Los «ángulos de visión» en un cuento están lingüísticamente determinados por ese triángulo: un «yo» que se dirige a un «tú» para hablarle sobre un «él». A fin de aplicar las situaciones gramaticales al arte de contar calcamos sobre el código de la lengua un código de convenciones literarias. Con una diferencia. En una conversación real el oyente puede pasar a ser hablante; el hablante, a oyente; y la persona de quien se hablaba puede entrar en la conversación como hablante o como oyente. Un cuento, en cambio, es una escritura fija, aunque permita que, dentro de su texto, ocurran los desplazamientos y usos hipotéticos, metafóricos y ceremoniales que hemos notado en el hablar corriente. En una conversación real el hablante, el oyente y la persona aludida alternan. En un cuento el narrador y el lector tienen que mantener sus posiciones. Cuando el lector se arroga el papel de conarrador o un personaje se rebela contra el narrador es porque el cuento, por voluntad deliberada del cuentista, permite tal anarquía. Una cosa es el desorden de la vida y otra el simulacro de desorden en la literatura. En un cuento siempre narra un «yo». Es obvio que si en un cuento aparece un «tú» o un «él» es porque un «yo» los ha pronunciado. Este «yo», explícito o implícito, es siempre ficticio. Explícito: el narrador, usando el pronombre de primera persona, y desde dentro del cuento, puede hablar de sí mismo, sea porque es el protagonista de la acción contada o porque es testigo de lo que le pasa a un vecino. Implícito: el narrador puede, con el pronombre de tercera persona, y desde fuera del cuento, hablar sobre un personaje, sea principal o secundario. En ambos casos ese narrador es una convención literaria: no existe como persona real, sino como personaje de ficción.

En el 5.2. distinguí entre el «yo» de un escritor concreto y el «yo» de un narrador abstracto; el «yo» del escritor, hombre de carne y hueso, crea un «segundo yo», una especie de «doble» que viene a ser la versión, estéticamente superior, de sí mismo. Remito a esas páginas y, ya descargado de pesos, entro a clasificar los puntos de vista efectivos.

Por economía verbal seguiré hablando en singular masculino (escritor, narrador) y de pronombres personales en singular (yo, tú, él), pero quede entendido que lo dicho vale también para los casos plurales y femeninos: escritores, narradoras; pronombres personales plurales (nosotros, vosotros, ellos). Por ejemplo, dije que el narrador de un cuento presupone siempre a un escritor real. Sin embargo, a veces no es uno, sino dos, o varios, que colaboran tan íntimamente que el lector no puede distinguirlos, como cuando Jorge Luis Borges y Adolfo Bioy Casares firmaron con el seudónimo «H. Bustos Domecq» los cuentos de *Seis problemas para don Isidro Parodi*.

6.3. Los puntos de vista efectivos

Ahora sí vamos a estudiar los cuatro puntos de vista efectivos; o sea, cómo el escritor ha delegado su punto de vista real a un narrador con puntos de vista ficticios. Lo haré en dos clases, según que el narrador figure o no en la acción que narra. La siguiente tabla sinóptica modifica la ingeniada por Cleanth Brooks y Robert Penn Warren en *Understanding Fiction* (Nueva York, 1943). N = Narrador. P = Personaje.

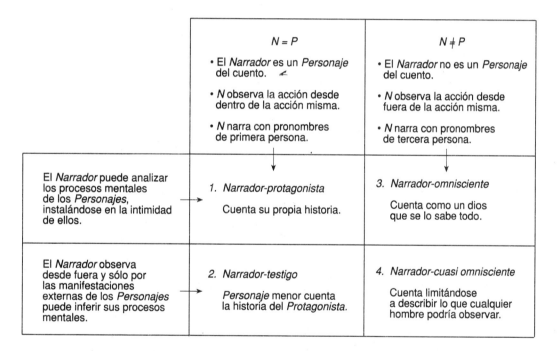

	N = P • El *Narrador* es un *Personaje* del cuento. • *N* observa la acción desde dentro de la acción misma. • *N* narra con pronombres de primera persona.	*N ≠ P* • El *Narrador* no es un *Personaje* del cuento. • *N* observa la acción desde fuera de la acción misma. • *N* narra con pronombres de tercera persona.
El *Narrador* puede analizar los procesos mentales de los *Personajes*, instalándose en la intimidad de ellos.	*1. Narrador-protagonista* Cuenta su propia historia.	*3. Narrador-omnisciente* Cuenta como un dios que se lo sabe todo.
El *Narrador* observa desde fuera y sólo por las manifestaciones externas de los *Personajes* puede inferir sus procesos mentales.	*2. Narrador-testigo* *Personaje* menor cuenta la historia del *Protagonista*.	*4. Narrador-cuasi omnisciente* Cuenta limitándose a describir lo que cualquier hombre podría observar.

6.3.1. NARRACIONES EN PRIMERA PERSONA

Con el punto de vista del «yo» se resuelve el problema de qué es lo que el narrador ha de seleccionar para narrárnoslo. La selección es lógica: todo aquello que no haya entrado en la conciencia de ese «yo» tampoco debe entrar en su narración. Narrar con la primera persona tiene ventajas y desventajas. Se dice que una ventaja del «yo» es que convence al lector de la verosimilitud del relato: en la vida práctica, ¿no nos inclinamos a creer más en los informes directos que en los rumores indirectos? Quizá, pero en un cuento la vida no es práctica. Hay narraciones en primera persona que, sin embargo, son increíbles: las fantásticas, las satíricas, las referidas por menti-rosos («El caos» de Juan Rodolfo Willcock). El «yo», por sí solo, no tiene la virtud de convencernos: sólo nos indica que la intención del escritor ha sido la de que el narra-dor hable como si hubiera sido protagonista o testigo de la acción que cuenta.

Palabras como «yo», «mi», «me», «mío» sugieren inmediatamente una intimi-dad. El cuento escrito con el punto de vista de la primera persona es radicalmente subjetivo. Se supone que el escritor, al ceder al narrador la autoridad, no le hace na-rrar algo que no esté en su conciencia. Todos los demás personajes del cuento son, desde el punto de vista del narrador en primera persona, *objetos* dentro de su con-ciencia (imágenes contenidas en su mente, seres imaginados, actores que representan en la imaginación, y así por el estilo). Su autoridad queda siempre limitada a lo que sabe. Cuando el narrador es parte de la acción que describe y la parte que desempeña es la de un protagonista, lo que nos dice tiene valor psicológico, pero no podemos esperar de él juicios objetivos sobre los demás personajes. Si, por el contrario pronun-cia juicios al margen de la acción, nos preguntamos cómo sabe o por qué estaba pre-sente en tal o cual episodio. Además, es frecuente que el narrador adulto evoque una escena de su niñez y comprenda lo que cuando niño no comprendió, en cuyo caso es como si, a diferentes alturas de la vida, un «yo» hablara de otro «yo» aunque se trate de la misma persona: así en mi cuento «Ojos (los míos espiando desde el sótano)» (B). En suma: este narrador, desde dentro de la acción que cuenta, habla de sí, y entonces él es el protagonista y los demás personajes son menores; o su «yo» es el de un personaje menor, testigo de las aventuras más importantes del protagonista.

6.3.1.1. *Narrador-protagonista*

El escritor narra con un «yo»: el «yo» del narrador. Y este narrador habla en primera persona de lo que le ha ocurrido a él. O sea, que el escritor se ha servido de su principal personaje para establecer en el cuento el punto de vista de un «yo». El protagonista cuenta en sus propias palabras lo que siente, piensa, hace; nos cuenta qué es lo que observa y a quién observa. Es un personaje central cuyas observaciones de lo que ocurre a su alrededor, incluyendo las acciones de los personajes menores, constituyen todas las pruebas en que se basa la verosimilitud de su informe. Esta clase de narración puede ser objetiva, externa y dramática si el protagonista se limita a contar lo que hace y ve. Puede, además, ser subjetiva, interna y analítica si el prota-gonista también deja traslucir sus pensamientos y sentimientos, fantasías y preferen-cias. La acción del cuento es la actividad del narrador-protagonista. A veces el cuento es tan artero que parecería que el protagonista cuenta sin comprender lo que está con-tando (el lector es capaz de comprender más que el muchacho de «Macario» de Juan Rulfo, más que el boxeador de «Torito» de Julio Cortázar). El protagonista puede estar ciego para cierta situación y el lector, por tanto, goza de un privilegio secreto: él, lec-tor, ve y comprende, mientras que el protagonista ni ve ni comprende. Muchos de estos cuentos consisten en que el protagonista, al final, reconoce su propia ceguera.

Cuando el narrador-protagonista habla consigo mismo oímos su monólogo inte-rior. Si está reaccionando ante estímulos del mundo, su monólogo interior, hecho de impresiones, narra lo que pasa a su alrededor. Si se pone a recordar, su monólogo interior, hecho de recuerdos, asocia acontecimientos pretéritos a una experiencia pre-sente. Si no registra un presente ni recuerda un pasado su monólogo interior pasa a ser toda la sustancia del cuento (17.10.2.). Que el cuento esté constituido enteramente por un monólogo interior directo es el último reducto del punto de vista del narrador-protagonista. Eliminado del cuento todo aquello que está más allá del campo de visión de un yo. Es natural que las acciones narradas sean desórdenes mentales, ilusiones, espantos y sueños de la duermevela.

Señalar las ventajas y desventajas de un cuento narrado por su protagonista no es tarea mía sino de los preceptistas. A veces recomiendan la credibilidad. «Yo estuve ahí», «yo lo vi», «me ocurrió a mí» —dicen— ofrecen garantías convincentes. Sin embargo, podría objetárseles que un cuento narrado por su protagonista, si es de aventuras peligrosas, tiene la desventaja de disminuir la expectativa del lector puesto que, desde el comienzo, sabemos que el héroe ha de sobrevivir a los peligros por venir. Esto si el cuento es realista pues en un cuento fantástico siempre hay la posibilidad de que el «yo» siga contando después de haber muerto, como en «El fantasma» (P). Desventaja —según los preceptistas— es la del narrador protagonista que comete la inmodestia de exaltar sus propias virtudes o la perversidad de jactarse de sus maldades. Sin embargo, podría objetárseles que quizá la intención es, precisamente, la de dar la imagen de un inmodesto (Marta Lynch, «Cuentos de colores») o de un malvado (Ricardo Piglia, «La honda»). En suma, que preceptuar ventajas y desventajas es una tarea discutible. Lo indiscutible es la lección de la historia: con cualquier punto de vista se puede escribir un cuento excelente (Apostillas).

6.3.1.2. *Narrador-testigo*

Este narrador también se mueve dentro del cuento, también narra en primera persona. En mayor o menor grado participa de la acción pero el papel que desempeña es marginal, no central. Es el papel de un testigo. Un viejo amigo, un pariente, un vecino, un transeúnte usa el «yo» para contar lo que le pasa a otro. El doctor Watson, por ejemplo, nos cuenta las aventuras de Sherlock Holmes, en las que él está mezclado. Está mezclado en los acontecimientos, sí, pero lo que nos cuenta son las aventuras de un personaje más importante que él. Aun en el caso de que en la sociedad real el narrador-testigo ocupe una posición más prominente que el personaje del que habla, dentro del cuento su importancia es menor. Un rey es más importante que su vasallo pero si el rey, en actitud de testigo, contara lo que hace su vasallo, aunque a los ojos del vasallo el rey siga siendo el soberano, a los ojos del lector el protagonista sería el vasallo, no el rey.

El narrador-testigo es, pues, un personaje menor que observa las acciones externas del protagonista. También puede observar las acciones externas de otros personajes menores con quienes el protagonista está relacionado. Es un personaje como cualquier otro, pero su acceso a los estados de ánimo de las otras vidas es muy limitado. Sabe apenas lo que un hombre normal podría saber en una situación normal. No ocupando el centro de los acontecimientos, se entera de ellos porque estaba allí justamente cuando ocurrieron o porque es un confidente del protagonista o porque conversa con personajes bien enterados y así recibe testimonios que le permiten completar sus noticias hasta comprender la historia total. En «El Dios» de H. A. Murena el narrador-testigo dice: «Me contaron una historia que puede no ser real; sin embargo, resulta verosímil... quien me narra la historia recuerda que quien se la narró recordaba ver a Krauss camino a su casa...» Lo que hace el narrador-testigo es inferior, deducir. Infiere leyendo cartas, diarios íntimos, papeles; infiere observando gestos o siguiendo las huellas de la acción. Aunque el narrador-testigo exprese sus propios pensamientos, lo que más importa, que son los pensamientos del protagonista, se le escapa. Puede ser muy subjetivo y también muy objetivo. Puesto que es un personaje secundario que está en la periferia de la acción contada puede alejarse aún más y mirar la acción en su conjunto, interpretando su significado; o puede acercarse pegando los ojos a los episodios y detalles más significativos. O nos da un resumen de lo que aprendió, en una versión rápida o, al revés, nos lo presenta en forma espectacular (8.3.). En cualquier caso es un testigo de acciones ajenas.

6.3.2. NARRACIONES EN TERCERA PERSONA

Los puntos de vista que ya examinamos en 6.3.1.1. y 6.3.1.2. suponen que el narrador es un personaje del cuento que cuenta con los pronombres de la primera persona gramatical. Ahora clasificaremos los puntos de vista de un narrador que con los pronombres de la tercera persona cuenta desde fuera de la acción.

Si leemos en el cuento pronombres de tercera persona (él, ella, etc.) es porque los está pronunciando un «yo». Es un «yo» anónimo, el «yo» de un narrador oculto. Hay grados relativos e inestables en la presencia de este «yo»: un «yo» neutro que permanece en estado de pura convención literaria y registra hechos con la impasibilidad de una cámara cinematográfica que operase sola; un «yo» que interviene discreta y sutilmente en la acción narrada; un «yo» con patentes intrusiones... Cuando el «yo» se dirige al lector («tú, Lector...») y habla de los personajes con los pronombres de tercera persona, su aparente familiaridad con el lector no quita que su conocimiento de los personajes sea el de un dios. Es un dios capaz de dialogar con el lector sin perder por eso su atributo de omnisciencia.

6.3.2.1. *Narrador-omnisciente*

La omnisciencia es un atributo divino, no una facultad humana. Solamente en el mundo ficticio de la literatura vale la convención de que un narrador tenga el poder de saberlo todo. Y, en efecto, el narrador-omnisciente es un todopoderoso sabelotodo. (Aun así, no lo podemos imaginar con los atributos de eternidad y ubicuidad con que los teólogos imaginan a Dios pues el narrador, obligado a pronunciar palabras, sólo conoce en el orden relativo de un antes y un después, de un acá y un allá.) Este microdiós de un microcosmos es capaz de analizar la totalidad de su creación y de sus criaturas. Desde fuera de lo que cuenta analiza cuanto sucede dentro del cuento. No limitado ni por el tiempo ni por el espacio, capta lo sucesivo y lo simultáneo, lo grandioso y lo minúsculo, las causas y los fines, la ley y el azar.

El narrador-omnisciente es un autor con autoridad; impone su autoridad al lector (y éste la acata pues reconoce inmediatamente que la historia está vista a través de una mente dominadora). Dice qué es lo que cada uno de los personajes o todos a la vez sienten, piensan, quieren y hacen. También se refiere a acontecimientos que no han sido presenciados por ninguno de ellos. Selecciona libremente. Tan pronto habla del protagonista como de personajes menores. Gradúa las distancias. Nos da, telescópicamente, un vasto cuadro de la vida humana o, microscópicamente, una escena de concretísimos pormenores. Si se le antoja, va comentando con reflexiones propias todo lo que cuenta. Hace lo que quiere. Si quiere, presenta una situación de un modo objetivo sin colarse dentro de la conciencia de los personajes; o elige de la conciencia de los personajes sólo una tensión momentánea que le sirve para lograr un efecto especial; o examina las actividades de la conciencia del protagonista sin mas concesión al contorno social que unos pocos diálogos y descripciones; o escenifica sucesos a la manera de un comediógrafo; o pronuncia discursos a la manera de un ensayista; o construye cámaras con espejos y máquinas del tiempo... En fin, que el narrador-omnisciente es un dios caprichoso. Así me sentí al escribir «El nigromante, el teólogo y el fantasma» (L).

Es capaz de penetrar tan profundamente en la conciencia de los personajes que, en esas profundidades, encuentra aun aquello que los mismos personajes desconocen. Porque los personajes no siempre aparecen en el cuento tal como se ven a sí mismos ni tampoco tal como los vecinos los ven. No. Con clarividencia el narrador-omnisciente puede revelar el ámbito objetivo en que están sumidos los personajes y también las reconditeces de sus personalidades. Es más: baja hasta casi tocar la subconsciencia de sus criaturas. Nada le es ajeno: pesadillas, delirios, desmayos, olvidadas experiencias de infancia, tendencias hereditarias, oscuros instintos, sentimientos y pensamientos más explicaciones de por qué sienten y piensan así. Este narrador-omnisciente que se refiere a cada personaje con los pronombres «él», «ella», suele extremarse con las técnicas de fluir psíquico. Entonces los acontecimientos del cuento quedan sumergidos en la corriente y sus formas y colores tiemblan como la imagen de cantos rodados bajo las ondas de un río. Pero quede para otro capítulo (17) el estudio de las técnicas del fluir psíquico pues es independiente del estudio de los puntos de vista en el que ahora estamos.

6.3.2.2. *Narrador-cuasi omnisciente*

Supongamos que el narrador-omnisciente del que acabo de hablar renuncie a una parte de la sabiduría divina que se había arrogado y restrinja así su saber a la capacidad humana. Tendríamos entonces el punto de vista del narrador-cuasi omnisciente. No es omnisciente porque ni entra en las mentes de sus personajes ni sale en busca de explicaciones para completarnos el conocimiento de lo que ha ocurrido. Decimos, sin embargo, que es cuasi omnisciente porque, a pesar de sus restricciones, puede seguir a sus personajes a los lugares más recónditos —un cuarto hermético, una isla desierta, un cohete a la luna— o da la casualidad que los espía por una rendija providencial justo en el momento en que hacen algo decisivo para la marcha del cuento. Imaginemos un cuento con dos prisioneros emparedados en una cárcel. Nadie podría verlos. El narrador —presente e invisible como un dios— los describe con los pronombres de la tercera persona. Es, pues, lo bastante omnisciente para saber lo que pasa entre dos solitarios encerrados. Ahora un prisionero murmura algo al oído del otro y el narrador describe sus gestos pero no alcanza a oír esas palabras. El narrador se ha convertido en un observador casi humano (sólo que un hombre no podría estar dentro de esa inaccesible celda) y casi divino (sólo que un dios no sería sordo), o sea, que su omnisciencia es una cuasi omnisciencia. El narrador-cuasi omnisciente es una especie de semidiós que anda entre hombres. Se desdiviniza, se humaniza. Puede estar relacionado con sus personajes —un pariente, un amigo, un confidente, un vecino— y también puede ser un invisible vigilante. Como quiera que sea, nos da un informe objetivo, aunque en su informe falten los datos de la secreta intimidad de los personajes. Observa sólo las acciones externas del protagonista y personajes menores. Nos enteramos de las emociones de alguien por sus ademanes, voces, lágrimas, risas, por la palidez o por el rubor, en fin, por el lenguaje visible y audible de su cuerpo. Así es como deducimos las emociones de nuestros prójimos en la vida real. El narrador-cuasi omnisciente se parece a esos psicólogos conductivistas (behavioriss) que sólo observan reacciones y comportamientos.

Claro que el narrador es quien elige lo que debe verse y oírse, y él sabrá por qué elige la posición de conciencia reprimida. En verdad podría ser omnisciente pero ha optado por la casi omnisciencia. El lector, no él, es quien interpreta las emociones de los personajes gracias a la información de primera mano que el narrador-cuasi omnisciente le suministra.

He diferenciado al omnisciente del cuasi omnisciente. También conviene diferenciar al narrador-cuasi omnisciente del narrador-testigo. El cuasi omnisciente observa a los hombres desde fuera y desde lejos. Es un observador ordinario que no puede saber sino lo que cualquiera podría saber oyendo palabras, viendo gestos. Aunque imagine qué procesiones andan por dentro del cráneo de su personaje nunca está seguro y por eso prefiere describirnos los indicios exteriores que le permiten inferir tal o cual estado de ánimo. No parece saber más de su mundo ficticio que lo que nosotros sabemos del mundo real de nuestros vecinos. Mas el hecho de que el narrador cuasi omnisciente narre con los pronombres de la tercera persona gramatical es la gran diferencia con el narrador-testigo, quien usa la primera persona gramatical. Ni uno ni otro pueden conocer el fluir psíquico del protagonista o los ocultos resortes de su conducta. Pero el narrador-cuasi omnisciente tiene libertad de movimientos para observar a su personaje en situaciones privadas a las que un hombre ordinario no podría tener acceso. En cambio, el narrador-testigo es un personaje ordinario dentro del cuento, y el radio de su observación es estrecho: ve solamente lo que puede ver una persona que se encuentra en medio de los acontecimientos.

No he terminado todavía el examen de los puntos de vista: sólo di los cuatro cardinales, que corresponden a la relación del narrador con la materia que narra. Lo que nos falta examinar son sus combinaciones y las posiciones intermedias. Tal es el tema del próximo capítulo.

7. DESPLAZAMIENTO Y COMBINACIÓN DE PUNTOS DE VISTA

7.1. Introducción

El escritor traspasa al narrador la responsabilidad de contar una acción al lector. Cuatro puntos de vista cardinales son los que el narrador usa en la creación de su cuento. Los he definido en el capítulo anterior. Fueron modelos teóricos, armados con abstracciones de validez general y no siempre aplicables al análisis de cuentos particulares. Esos modelos se modifican con facilidad. El narrador puede elegir un punto de vista y mantenerlo fijo a lo largo de todo el cuento; y también puede elegir más de uno, usándolos sucesivamente o combinándolos. En la historia del arte de narrar las relaciones entre el narrador y su narración no siempre fueron establecidas de una manera consecuente. La teoría iba por un lado y la práctica por otro. En la teoría cada punto de vista presupone una limitación. En la práctica se dan casos de usos extralimitados. En la teoría ni el testigo puede penetrar en los secretos pensamientos del protagonista ni el protagonista puede saber qué es lo que, secretamente, está pensando el testigo que desde un costado lo mira actuar. En la práctica, uno y otro, aunque cuenten con el pronombre de la primera persona, suelen referirnos, con la falsa autoridad de una omnisciencia imposible, cosas que no pueden conocer.

Durante siglos los narradores han narrado sin preocuparse por los puntos de vista, lo cual no les impidió lograr obras maestras. A fines del siglo pasado y principios de éste —digamos: en la generación de Henry James— los narradores, muy conscientes de las técnicas del punto de vista, las manejaron con habilidad. Luego vino una época de experimentación —digamos: de William Faulkner en adelante— y los narradores buscaron, acuciados por el relativismo y fragmentarismo en boga, la pluralidad, no la unidad del punto de vista. Encandilados por tales experimentos, hoy los puntos de vista bizquean y se entrecruzan desaprensivamente. Del mismo modo que el escritor imaginó a un narrador que cuenta con su propia perspectiva, éste a su vez es libre para incluir en la suya las perspectivas de otros personajes; personajes que no siempre mantienen su posición. A veces van y vuelven, en un repetido vaivén. Tantos erráticos golpes de vista no dejan de repercutir en el lector. La lógica de éste espera que el narrador haga ciertos reajustes en el estilo y la composición de su cuento cuando, después de haberlo concebido con un pronombre, de repente se pone a presentar los hechos con pronombres injustificados. Sin embargo, aun en cuentos famosos tales reajustes han quedado sin rehacer. ¿Vamos a protestar, en nombre de principios retóricos? La verdad es que cada narrador es responsable de sus decisiones y su cuento debe juzgarse por los resultados: no hay preceptos válidos porque no hay ningún punto de vista que valga más que otro. Ser consecuente en su uso no vale más que usarlos caprichosamente. En todos los casos la cuestión es si gracias a estos desplazamientos y combinaciones el juego ilusorio de la ficción vale estéticamente. Como un punto de vista presupone determinadas limitaciones el mejor criterio parecería ser éste: elegir el menos limitado para enfocar el aspecto más valioso del asunto que se está contando. Pero aun este consejo es discutible. La excelencia de un cuento no depende necesariamente de su punto de vista. Los méritos de «El abra» de Luisa Mercedes Levinson, y de «Dijo mamá» de Roger Pla no se resienten aunque en ambos el uso de la perspectiva es inconstante. En «El abra» el narrador omnisciente que ha descrito la intimidad de la mujer, el marido y el amante (triángulo de pasión y muerte) de sopetón se transforma en un narrador-testigo del que no teníamos la menor noticia: «La hamaca... aun se mecía... cuando yo, el chasque pobre, llegué.» En «Dijo mamá» el narrador cuenta en primera persona pero no es ni protagonista ni testigo sino algo así como un fantasma egotista, omnisciente, que describe los sentimientos más íntimos de ladrones y policías durante un tiroteo: o sea, un «yo» increíble. Quedamos, pues, en que hay buenos cuentos sin buenas ópticas. Lo que importa es la creación del artista no la teoría del crítico. Nadie tomará en serio a un crítico que se fastidia ante la fijeza o movilidad del punto de vista de un buen cuento nada más que porque él lo prefiere móvil o fijo. Eso sí: nadie le negará el derecho a abstraer de sus lecturas los puntos de vista fundamentales y a clasificar sus combinaciones, desplazamientos y modos de usarlos.

Confieso que a pesar de haberme quedado con los cuatro puntos de vista que expuse en 6.3. sigo lidiando con muchas dificultades. Una de ellas es que los puntos de vista —con su arreo de pronombres y tiempos verbales— funcionan de modo diferente según que el cuento nos presente un mundo real o irreal (14.4.). Una cosa es que el cuento nos induzca a razonar con los mismos principios y métodos empíricos que nos sirven para conocer el mundo cotidiano; y otra cosa es que estemos frente a un mundo fantástico cuyos personajes, lugares, hechos nos obligan a nuevos modos de pensar. El punto de vista en un cuento realista es el establecido por un narrador (a quien suponemos semejante a un hombre de carne y hueso) e indicado por un régimen de pronombres (al que suponemos bajo la jurisdicción de una gramática racional). La dificultad está en clasificar el punto de vista de un cuento fantástico porque, abolidas en él las reglas de la naturaleza y de la lógica, es tan legítimo que un personaje aparentemente ordinario sea, sin embargo, omnisciente como que un personaje divino sea incapaz de conocer. El narrador de una fantasía es un espíritu licencioso que no tiene por qué rendir cuentas a nadie sobre su uso del punto de vista. En mis minicuentos fantásticos —los de C y otros libros— me he hecho cargo de estos disparates. Un dios que figura dentro del cuento con el punto de vista del narrador-protagonista y por tanto habla en primera persona, ¿ha perdido el atributo divino de la omnisciencia? Pongamos ahora el caso de un cuento en tercera persona que tiene como protagonista a un dios: si el narrador es un hombre que cuenta desde fuera las aventuras de un dios estamos ante la anomalía de un ser humano más omnisciente que un ser divino; para que el dios protagonista conserve su atributo de omnisciencia tendríamos que suponer que por encima de él hay un narrador más omnisciente, un superdiós. Otra dificultad es la de ligar los «puntos de vista», de naturaleza metafórica, con el uso, también metafórico, de las «personas gramaticales». El código de los puntos de vista difiere del código de los pronombres, según se verá en seguida.

7.2. Conflictos entre punto de vista y pronombres

Recuérdese que comencé con la cuestión: ¿quién cuenta? Y dije que contar es, como el conversar, un circuito de comunicación en el que ciertos pronombres se refieren a la persona que habla (yo), a la persona con quien se habla (tú) y a la persona de la que se habla (él). En un cuento, como en una oración, hay siempre un «yo» que se dirige a alguien (tú) para contarle (de él). Pero estas personas gramaticales por ser en un cuento meras convenciones lingüísticas se comportan de un modo muy estrafalario. Mostraré algunas de sus extravagancias.

7.2.1. EL «YO» ENMARCADOR DEL «ÉL»

Tomemos el caso de un cuento «en tercera persona». El pronombre (él, ella, ellos, ellas, ello) se refiere a los personajes. Si el narrador hablara diría «yo». Pues bien: a veces el narrador que cuenta desde fuera decide intervenir desembozadamente en su cuento y entonces sí dice «yo». Estábamos convencidos de que el relato era objetivo y de pronto se aparece un «yo» que amaga con subjetivarlo todo. Sin embargo, la presencia de este «yo» no significa necesariamente que el punto de vista que domina en el cuento es el del narrador-protagonista o el del narrador-testigo (5.7.).

El narrador comenta en primera persona («yo te informaré, lector, sobre las circunstancias del asesinato de Raúl...»), pero cuenta en tercera («Raúl estaba de vacaciones cuando lo asesinaron»). ¿Cómo clasificar esta complicación? Depende de la frecuencia de tal procedimiento dentro del cuento y también de la importancia que el escritor le dé. El «yo» puede ser una intrusión momentánea y hay que saber medir sus grados, desde la ostentosa hasta la sutil.

Una rutina folklórica ha sido, y es, enmarcar el cuento contado en tercera persona con fórmulas en primera persona. Fórmulas de apertura: «¿Quieres que te cuente un cuento de...?» Fórmulas de clausura: «Por un caminito me fui...» Estas fórmulas reaparecen mucho más elaboradas en el cuento literario. Responden a la intención de dar a un cuento pretérito un marco presente. La función del marco consiste en juntar el mundo interior, artísticamente representado en el cuento, con el mundo externo, real, cotidiano, donde alguien está contando algo a alguien. Así, en un cuento que transcurre en remotos lugares y tiempos, vemos que al final aparece el «yo» del narrador o, al revés, un «yo» que apareció al principio prometiéndonos hablar de sí luego se desvanece como fantasma y nos deja frente a una acción donde ya no hay más persona que «él». Es un «yo» enmarcador, ajeno a la narración (5.7.).

7.2.2. MUCHOS «YO» ENHEBRADOS POR «ÉL»

Raro, y por eso notable, es el cuento que con el pronombre de la tercera persona presenta una serie de relatos en primera persona; relatos unidos todos por un hilo de un mismo asunto. En un sitio —una taberna, un vagón ferroviario, un pic-nic— se ha reunido un grupo de individuos. El narrador los describe en tercera persona y también cuenta algo que ha ocurrido, algo que provoca una conversación entre los individuos reunidos. Cada persona trae a colación incidentes semejantes o correlativos. El método del narrador, al sintetizar las opiniones individuales, acentúa la universalidad del incidente y produce un efecto total más intenso que la simple yuxtaposición de los relatos. (No confundir con la estructura de cuentos combinados en un armazón común, a la manera del *Decamerón* de Boccaccio, pues en éste cada persona cuenta una historia independiente; véase 11.5.1.).

7.2.3. EL «YO» TRANSPUESTO

Un narrador omnisciente, en «El hombre muerto» de Horacio Quiroga, había descrito el asombro ante la muerte inesperada de un hombre que ha resbalado, en la caída se ha clavado un machete y está agonizando. El narrador mira al protagonista y éste a veces se mira a sí mismo, como desde fuera de su propio cuerpo; al final, el narrador lo mira desde los ojos de un caballo. Este cuento es de 1920. En 1933 Quiroga escribió «Las moscas: réplica a "El hombre muerto"». La situación es semejante —un hombre que se accidenta y agoniza— pero si antes describió en tercera persona un asombro ahora el narrador-protagonista describe su propio delirio. El moribundo habla en primera persona. Está con la columna vertebral rota y de pronto se ve a sí mismo: «... el hombre allí sentado...»; «Desde aquí o allá, sea cual fuere el punto de observación, cualquiera puede contemplar con perfecta nitidez al hombre cuya vida está a punto de detenerse». En el delirio el «yo» del narrador-protagonista se convierte en el «yo» de una mosca: «No me siento ya un punto fijo en la tierra... Libre del espacio y el tiempo puedo ir aquí, allá, a este árbol, a aquella liana... Puedo ver, lejanísimo ya como un recuerdo de remoto existir, puedo todavía ver, al pie de un tronco, un muñeco de ojos sin parpadeo, un espantapájaros de mirar vidrioso y piernas rígidas»; «y vuelo, y me poso con mis compañeras sobre el tronco caído, a los rayos del sol que prestan su fuego a nuestra obra de renovación vital». El narrador-protagonista se ha transformado en mosca, como el de «Axolotl», de Julio Cortázar, se transformará en el monstruo al que está contemplando. Rara es la transposición del «yo» de «Kincón», de Miguel Briante. El narrador, como si despertara de un sueño, se siente nacer; siente que recién nacido, alguien va poniendo en su boca las palabras necesarias para que cuente —en primera persona— la vida de Kincón; un yo mediúmnico se transpone a un yo protagónico.

7.2.4. YUXTAPOSICIÓN DE MUCHOS «YO»

El narrador se ha ocultado tan bien que el lector tiene la impresión de que el cuento se hace solo, por la mera yuxtaposición de monólogos de diferentes personajes. Julio Cortázar, en «La señorita Cora», procede así. En una clínica operan al adolescente Pablo: la operación se complica, se sugiere que Pablo no sobrevivirá. En el cuento alternan los monólogos de Pablo, la mamá, los médicos, la enfermera Cora. Estos monólogos parecen a veces entrar unos en otros porque suelen faltar los signos de puntuación. Bastaría reponerlos para restablecer exactamente las junturas entre el monólogo que termina y el que comienza. Hay un solo caso en que dos monólogos están unidos por la conjunción «y», pero si a ésta le ponemos puntos suspensivos queda restablecida la yuxtaposición: «Al rato vino mamá [habla Pablo] y [...] que alegría verlo tan bien [habla la mamá].» Varios «yo» pueden extenderse en cadena y también injertarse unos en otros como en «Una tropilla de ruanos» de Héctor Eandi: el «yo» de un narrador presenta a un viejo amigo quien, en primera persona, cuenta su encuentro con un viejo quien, a su vez, también en primera persona cuenta su vida.

7.2.5. Visión estereoscópica

Dos posibilidades: o los personajes ven diferentes hechos o ven el mismo hecho. En este último caso, como el episodio está contado por múltiples narradores y no sabemos en cuál de ellos confiar, se obtiene un efecto de visión estereoscópica. El episodio es una suma, una totalidad.

Otro par de posibilidades. Un narrador, desde fuera de la acción, cuenta en tercera persona. Ese narrador, si quiere conseguir un efecto estereoscópico, puede hacer dos cosas: a) cede la palabra a varios personajes para que cada uno de ellos, en primera persona, cuente a su modo lo que vio; o b) adopta la perspectiva de varios personajes, uno tras otro, y así, con una omnisciencia restringida, cuenta lo que ellos saben pero lo hace con el pronombre de tercera persona (8.6.). El narrador es omnisciente, no porque planee por encima de sus personajes, sino por acumulación de informaciones suministradas desde las perspectivas de personajes que asisten al mismo espectáculo. En verdad, más que el atributo divino de omnisciencia, el narrador tiene el de la ubicuidad. Ejemplo: «La linterna» de Estela Canto.

El término «visión estereoscópica» es una metáfora. Si en vez de una metáfora óptica eligiéramos otra acústica podríamos hablar de cuentos con efectos «estereofónicos» o «corales» cuando un hecho está contado por varias personas pero no en secciones sucesivas sino dentro de la misma unidad. *Los testigos* de Hellen Ferro reúne varios relatos sobre un poeta que se acaba de suicidar: son de personas que lo conocieron pero no coinciden en sus juicios.

7.2.6. La misma acción con pronombres diferentes

El protagonista cuenta en primera persona pero alguien recoge su narración y la continúa con el pronombre de tercera. A veces el protagonista vuelve a retomar la narración, lo cual supone un nuevo cambio de punto de vista.

En un cuento de Julio Cortázar el «yo» y el «él» corresponden al mismo personaje: «Las babas del Diablo.» El narrador, Michel, sintió que se había convertido en una máquina fotográfica, que la fotografía que tomó adquirió sustancia y dentro de ella los personajes fotografiados vivían y se movían y que, del lado de acá de la realidad, él, el fotógrafo que estaba mirando la fotografía, era irreal. Después de esa experiencia enloquecedora Michel se dispone a contar lo que sucedió. Busca el punto de vista más adecuado: «Nunca se sabrá cómo hay que contar esto, si en primera persona o en segunda, usando la tercera del plural o inventando continuamente formas que no servirán de nada. Si se pudiera decir: yo vieron subir la luna, o: nos me duele el fondo de los ojos, y sobre todo así: tú la mujer rubia eran las nubes que siguen corriendo delante de mis tus nuestros vuestros sus rostros.» El narrador opta por alternar dos pronombres: el «yo» y el «él» se refieren a sí mismo.

Abelardo Castillo, en su colección *Los mundos reales*, también usa estratagemas semejantes. Por ejemplo, en «Erika de los pájaros» no se sabe quién es quién, quién cuenta, de quién se cuenta. En la fiebre, «yo», «tú», «él» salen de la misma boca, se refieren a la misma persona. En «Hernán» el narrador parece testigo puesto que con el pronombre de primera persona se refiere a un tal Hernán. A veces este narrador interpela a Hernán: «vos, Hernán...». Al final resulta que el narrador es Hernán:

> Oí que alguien pronunciaba mi nombre:
> —Hernán.
> —Qué quieren —pregunté.

El narrador, que parecía testigo de una infamia, resulta ser el infame protagonista.

Más frecuente es el caso de un «yo» que comienza a contar y luego otro «yo» prolonga su relato: el pronombre es el mismo pero suena en bocas distintas. El cuento donde la misma boca pronuncia dos clases de «yo», según la época a que se refiera, será analizado en el próximo inciso.

7.2.7. EL «YO» REMINISCENTE

Es un «yo» que se desdobla en una especie de «autobiografía a distancia». En «La reina del bosque» (G) el personaje, al contar un episodio de su vida, reflexiona: «y sólo ahora, después de tantos años, advierto que nunca me importó saber en qué [Noulet] pensaba.» Maestro en esta perspectiva binocular es Marcel Proust. Proust no capta en la fuente viva los instantes del pasado tal como se desenvolvieron (eso hubiera sido una evocación espontánea) sino que los analiza, rectifica, clasifica e interpreta desde un punto de observación muy posterior, muy sofisticado, muy atemporal: «supe en efecto, mucho más tarde que...». Leo Spitzer, hablando precisamente de Proust, propuso dos términos para caracterizar al «yo» que vive una experiencia («erlebendes Ich») y al «yo» que narra («erzählendes Ich»). La tensión y aun choque entre estos dos «yo» suele ser patente en los cuentos con forma de Memorias (13.5.4.).

El narrador cuenta lo que le ocurrió en la niñez pero con un estado de ánimo que corresponde a los cambios del envejecer. Ha cambiado tanto, en el correr de los años, que al recordar sus pasadas experiencias es como si un «yo» hablara del otro «yo». Con un importante matiz diferencial. Cuando en una narración contada en primera persona el «yo» del narrador —sea protagonista o testigo— habla de otro personaje, su punto de vista está limitado: se conoce a sí mismo pero no puede penetrar en la mente del prójimo. Pero el «yo reminiscente», al hablar del niño que fue, sí sabe todo sobre él. Es, con respecto a ese niño, un narrador omnisciente, sólo que no usa el pronombre «él», sino el «yo». La memoria le permite que identifique a dos personas en diferentes fases de la vida. ¿Goza el «yo reminiscente» de todas las ventajas? Bueno, lo cierto es que, precisamente por haber madurado adquiere las nuevas responsabilidades de la madurez, de su aprendizaje vital, y ya no basta que cuente una acción sino que debe revelar una filosofía de la vida que justifique el haberse puesto a evocar después de tanto tiempo. Generalmente el narrador reminiscente comienza hablando de un «yo» maduro y después, dentro de ese marco, arma el cuadro del «yo» inmaduro de una época anterior.

7.2.8. EL PRONOMBRE DE SEGUNDA PERSONA: EL DESTINATARIO INTERNO

Detengámonos, por el gusto de complicar el cuadro de los cuatro puntos de vista clásicos, en los pronombres de la segunda persona: tú, vos, usted, vosotros, ustedes.

El narrador, aunque sólo use pronombres de tercera persona, es una primera persona que se dirige a una segunda persona. En algunos cuentos esta segunda persona aparece mencionada o aludida: es el destinatario de la narración. Un cuento siempre está dirigido a un vastísimo público real, a una masa anónima de lectores exteriores al texto, pero a veces se pretende que el cuento está dirigido a ciertos oyentes o lectores que, si bien ficticios, son caracterizables porque dentro del texto hay referencias a ellos. Los voy a llamar «destinatarios internos».

Las referencias al destinatario interno caracterizan: *a*) el lugar y la época en que viven; *b*) su condición social; *c*) el papel que desempeñan en relación con el cuento, y *d*) la identidad personal.

a)   Con adverbios y frases adverbiales el narrador sitúa a su oyente o lector en una coordenada tempoespacial: «tú, que eres de *aquí*, sabes que las costumbres de *ahora*...»; «tú, que nunca has estado *allá*, no podrás imaginarte cómo *entonces*...».

b)   En la Argentina el tratamiento de «vos», «tú», «usted» indica matices especiales en la relación que existe entre el narrador y su oyente o lector; matices de respeto, de confianza, de familiaridad, de diferencias en sexo, edad, posición económica. Además hay tratamientos honoríficos: «Si mi General (o si Su Excelencia) me permite seguiré informándole que...» Cada tratamiento lleva un énfasis que también contribuye a caracterizar al destinatario interno.

c)   El narrador, aunque no cede la palabra a su interlocutor, se hace cargo de sus reacciones. Simula responder a una interrupción o a un pensamiento a punto de formularse o formulado a medias: «¿Me preguntas qué hice entonces? ¡Qué!, ¿no lo adivinas?» Valiéndose del discurso indirecto (17.7.) el narrador atribuye a su interlocutor toda clase de comentarios. Anticipación a una duda: «Sé que al leer estas Memorias que te dedico dirás que no pueden ser sinceras, que no es posible tanta abnegación...» Eco de la voz del interlocutor: «¿Qué es lo que impidió que matara a ese zorro? Pues...» Negaciones que contradicen o asertos que confirman lo que se supone que el interlocutor piensa: «No, no acepté esa invitación.» «Sí, a pesar de todo, la volví a llamar por teléfono.»

d)   Ciertos signos identifican al destinatario interno: ¿quién es, qué hace, cuánto sabe? «Esa mañana, Cora Galíndez, era azul como tus ojos»; «joven lector»; «querida amiga»; «ustedes por ser también escritores, entenderán mis dificultades»; «alguna vez te has paseado por este bosque de manera que ya sabes cómo...»; «no le miento porque sé que si lo hago usted, con su sable de Comisario, me va a castigar»; «a ver si usted, que es un viejo criollo, comprende a este joven gringo que...»; «no necesito traducirte estos versos porque vos sabés el inglés mejor que yo»; «ya te lo conté, así que apelo a tu buena memoria para no tener que repetírtelo» (Cfr. Gerald Prince, «Introduction à l'étude du narrataire», *Poétique*, 14, 1973, y Mary Ann Piwowarczyk, «The narratee and the situation of enunciation: a reconsideration of Prince's theory», *Genre*, IX, 2, verano de 1976).

Veamos ahora algunos de los usos de la segunda persona. En lengua castellana, a diferencia del inglés o el francés, el pronombre «tú» puede omitirse porque está implícito en la conjugación verbal: v. gr., basta con decir «tienes»; pero para hacer más claros mis ejemplos cometeré la redundancia del «tú tienes».

7.2.8.1.   Con el «tú» el narrador puede suscitar un sentimiento de compañerismo entre el lector y el protagonista. Esto ocurre cuando al comienzo del cuento el «tú» sobresalta al lector, quien se cree personalmente aludido, y sólo después advierte que no era a él, sino al protagonista, a quien se dirigía el narrador. Lo común entre el lector y el protagonista es que ambos han sido tratados de «tú» por el narrador. Es un *quid pro quo*. El efecto es semejante al que producen ciertos bizcos que parecen mirarnos en el momento en que hablan con otra persona. La mirada de ese «tú» pareció clavarse en el lector, pero no: el «yo» del narrador se dirigía al protagonista. Aunque el lector advierta su error, le dura la sensación de que está envuelto, junto con el protagonista, por la misma mirada. Siente la presencia del protagonista a su lado: el «tú» no se refiere a él, pero ya lo ha conmovido.

7.2.8.2.   El narrador busca el cuerpo a cuerpo con el lector y le dice: «tú, lector». Estrechada la relación entre el narrador y el lector, el cuento queda equidistante de ambos, como un mundo objetivo. Ese «tú, lector», al recordar al lector que su función se reduce a leer, lo hace consciente de que la lectura presupone una escritura y de que, por tanto, él debe respetar las intenciones del narrador, autoridad máxima, dueño y señor de sus palabras. Es un «tú» que significa: «Eh, tú, cuidado, no te olvides de que eres el lector, no más, y que aquí quien manda soy yo.»

7.2.8.3.   El narrador dice: «tú haces tal cosa» en el sentido abstracto e impersonal de «uno hace tal cosa». Ese «tú» apunta a la conducta normal del hombre. Todos somos más o menos iguales y en las mismas coyunturas reaccionamos de modo similar. Un cuento puede estar dirigido a un «tú» con la intención de lograr una identificación emocional —simpatía, miedo, arrepentimiento, deseo, duda— entre lector y protagonista. Héctor Libertella usa en «Caraquiada» la segunda persona plural y el tiempo verbal del futuro. El efecto de ese «ustedes verán» es el de congelar y universalizar la realidad: está allí para que todos los lectores la vean, en cualquier época.

7.2.8.4.   De la situación anterior se desprende otra: el narrador, dando por sobreentendido que hay constantes humanas (o que hay una universal psicología humana), invita al lector a vivir, mental y emotivamente, un papel ajeno: «Tú eres un médico famoso. Un día entra en tu consultorio un periodista que te amenaza con...» Es un «tú» hipotético. Es como si el narrador le dijera al lector: «Suponte que tú estuvieses en la posición de un médico famoso al que...» Las respuestas del lector dependen de la situación que se le presente. El narrador, en vez de decir: «Juan sale a la calle, se encuentra con Marta y entonces...», ha dicho: «Tú sales a la calle, te encuentras con Marta y entonces...» Y el lector responde ya con un nostálgico: «ojalá yo hubiera estado en su lugar» o con un temeroso «menos mal que a mí no me ocurrió» o con un reflexivo «¿qué hubiera hecho yo en tal caso?». Dirigirse a un «tú» significa adjudicar la aventura a un cualquiera; equivale a decir: «lo que ocurre en este cuento podría ocurrirte a ti».

7.2.8.5.   El «tú» desorienta en el primer momento al lector pero después el procedimiento se normaliza y el lector, ya acostumbrado, lee el cuento como si estuviera escrito con el punto de vista de la primera o de la tercera persona.

7.2.8.6.   En cuentos escritos con el pronombre de primera persona —o sea con los puntos de vista del narrador-protagonista y del narrador-testigo— el «yo» dice «tú» refiriéndose a otro personaje que se supone también real. Este dirigirse a una segunda persona es natural en los cuentos en forma de carta (13.5.1.). Es menos natural cuando el narrador-protagonista que está evocando una escena de infancia —sea la de «El cielo entre los durmientes», de Humberto Costantini— de pronto se dirige al compañero de entonces como si todavía lo tuviera al lado: «¿Te acordás, Ernesto?» Y menos natural todavía es el «tú» con que el narrador-protagonista, después de haber revivido un recuerdo infantil, pretende que una niña muerta puede oírlo: así en mi cuento «Ellos y nosotros».

7.2.8.7.   En cuentos escritos con el pronombre de tercera persona —o sea, con los puntos de vista del narrador omnisciente y del narrador cuasi omnisciente— el implícito «yo» dirige al «tú» del lector contándole algo que le ocurrió a un personaje ficticio. Pero el narrador sigue tan de cerca a su personaje que de pronto se encara con él y le dice «tú». Emite, pues, dos «tú»: después de un «tú» al testigo, un «tú» al personaje. Es decir, que parece apartar al lector y aun apartarse de la objetividad de su cuento para hablarle directamente a su personaje. El narrador, omnisciente o cuasi omnisciente, está fuera del cuento y usa pronombres de la tercera persona gramatical pero ese inesperado «tú» también saca al personaje aludido del cuento. El lector experimenta entonces la sensación de que el narrador y el personaje han hecho ruedo aparte, dejándolo a él de lado.

7.2.8.8.   El «tú» dirigido a un personaje tiene un efecto de acusación, como si un detective estuviera confrontándolo con un pasado turbio; o produce un sentimiento de nostalgia, como si un psicólogo invitara a alguien a recordar un pasado feliz, con reminiscencias de infancia.

7.2.8.9.   Hay un «tú» que es exterior al cuento, en el sentido en que un marco es exterior a un cuadro. A veces aparece como si fuera una dedicatoria. Ésta puede formar parte, no del marco, sino del cuadro. En «Glaciar» (L) hago que el narrador cuente una escena que vivió con su amada Carmen y al final el narrador dedica su relato a Carmen con un «usted Carmen».

7.2.8.10.   A veces se mezclan el «yo», el «tú» y el «él» y al principio no se sabe de quién se está hablando, hasta que la situación se aclara. En «El viajero» de Juan

José Hernández el narrador protagonista usa la tercera persona cuando se refiere a su hermana Estela y a su cuñado Andrés; y usa el pronombre de segunda persona cuando se dirige mentalmente otra vez a Estela y también a sí mismo. En este último caso el «tú» alterna con el «yo» del narrador: v. gr, en estas dos frases seguidas —«Ella y Andrés deberán ignorar tu partida. Me iré de madrugada»— tanto el «tú» como el «me» apuntan al narrador.

Un «yo» parece hablar con un «tú» pero resulta que ambos son pronombres del mismo personaje. El «yo» habla consigo mismo afectando que habla con otro y, dramáticamente, se proyecta en un «tú». En 5.4. me referí al desdoblamiento que se produce en toda persona que escribe y lee lo que ha escrito. El escritor, dije, es también lector. Pues bien: un desdoblamiento semejante, sólo que artificioso, se produce cuando el personaje aludido con el «tú» es la persona misma del narrador. Como este procedimiento es raro me detendré más en él dedicándole un párrafo aparte.

7.2.9. EL NARRADOR ANTE EL ESPEJO

El «yo» (sea explícito o implícito) del narrador se dirige a un «tú» metafórico. Surge entonces una estructura dialógica o dialogal: quiero decir un monólogo interior se hace diálogo interior. El narrador se dirige a un destinatario pero el emisor y el receptor son una y la misma persona. El «tú» es el *alter ego* del «yo»: ambos comparten una subjetividad común (o una intersubjetividad para hablar en difícil).

7.2.9.1. Un neurótico se escribe cartas a sí mismo para remediar su soledad: el «tú» de la carta es la misma persona que firma. No por neurosis sino por lirismo, Magda, la narradora de «Coloquio ante el espejo», de María de Villarino, se dirige al espejo con un «tú». En el espejo ve su propia imagen —«Tienes mi cara, no te veo sino con mi cara»—, pero aun así el pronombre «tú» apunta al espejo, no a ella; y el espejo, a su vez, parece contestarle con un largo discurso (impreso entre comillas y en bastardilla), con lo cual tenemos un diálogo de dos «tú» dentro de un «yo».

7.2.9.2. El narrador habla consigo mismo, frente a un espejo que refleja su propia imagen. El personaje es el espejo en que el narrador se mira. El «yo» usa el «tú»; el «tú» es un «yo». Mi cuento «Tú» (B) comienza así:

> ¿No crees que deberías contarle a alguien —a María, por ejemplo— los prodigios que de un tiempo a esta parte están enriqueciendo tu vida? Ya es hora de que la gente te conozca mejor. Por no conocerte se burlan de ti, como aquella noche...

Es una autobiografía que pudo haberse contado así: «Ya es hora de que la gente me conozca mejor. Por no conocerme se burlan de mí...» No es que el narrador esté describiendo la acción de otra persona. Lo peculiar de este punto de vista metafórico es que el narrador-protagonista describe sus propias acciones, sólo que lo hace desdoblándose: dos «yo», y uno tutea al otro.

Eduardo Gudiño Kieffer, en *Fabulario*, tiene varios cuentos con un narrador que habla de «tú» (o de vos o de usted). El «tú» más complicado es el de «El delfín». El narrador se dirige a un muchacho y le recuerda la amistad que lo unía a Federico y cómo éste, durante un viaje de ambos a Europa, se metamorfoseó en delfín. El protagonista, Federico, está descrito en tercera persona. Así que el «tú» («vos» en la lengua argentina del narrador), dirigido al muchacho, está pronunciado por un «yo». Este «yo» es el del muchacho a quien el cuento está dirigido (aunque hay una vacilación entre primera y tercera persona del plural: «cuando nos recibamos»... mientras comían»). En vez de decir «me acuerdo de Federico» se dice «te acordás de Federico». Es un «vos» frente al espejo. En otro cuento, «El ciervo», el «tú» consigue un efecto poético porque el tiempo verbal futuro —tú verás un ciervo en el jardín... tú te convertirás en ciervo— está al servicio de la descripción de una metamorfosis.

7.2.9.3. El narrador está hablando de su personaje con el pronombre de la tercera persona. De repente, en su afán por acercársele, se instala en el «yo» del personaje y le permite que se mire en un espejo. En ese instante, cuando el lector lee «tú», ese «tú» no está pronunciado por el «yo» del narrador sino por el «yo» del personaje en el acto de dirigirse a sí mismo. Mi novela *Vigilia* está escrita en tercera persona. El narrador omnisciente observa las acciones y pensamientos del protagonista Beltrán. Hay momentos en que Beltrán se autocontempla. Entonces su «yo» conversa consigo mismo y a su *alter ego* le llama «tú»:

> En un baldío el barrendero municipal había dejado su tacho rodante: en el fondo, cáscaras de sandía y, con los colores sucios de bosta, quedaba todavía papel picado del corso de Carnaval.
> —¡Ah, mi cuadriga de violetas! —exclamó Beltrán. Y empezó a empujarlo en una carrera desenfrenada llenando el callejón con el estruendo de las llantas de hierro sobre el adoquinado.
> (Es la locura. Ya tus amigos deben de saberlo. «¡Me viene la locura, muchachos!» Cuando te viene la locura, Beltrán, es la hora de levantar el telón y dejarte representar. Entonces absorbes toda la vida de la pandilla. Por lo menos, tú te lo figuras...)

7.3. Agonistas: protagonista y deuteroagonista

Aun sin buscar casos complicados el crítico encuentra dificultades en la clasificación de los cuatro puntos de vista clásicos. Por ejemplo: la de distinguir entre los puntos de vida del narrador-protagonista y del narrador-testigo. Ambos usan el pronombre de la primera persona. Ahora bien: a veces es difícil saber si un cuento tiene protagonista. Cuando hay dos agentes de la acción en el mismo nivel de poder o de interés, el protagonista funciona como deuteroagonista y viceversa. Sería más propio llamarlos «agonistas» a secas. Un testigo, si es importante, en ocasiones adquiere un papel protagónico. El lector puede preferir un personaje a otro y declararlo principal. Sus razones son en el fondo subjetivas. Claro que hay criterios más o menos objetivos. Tanto el narrador-protagonista como el narrador-testigo hablan en primera persona: ¿habla uno más de sí que del otro? El medir ese «hablar más» con el número de renglones en el espacio de las páginas sería un criterio cuantitativo. El cualitativo se basaría en el hecho de que un personaje, por mucho que hable del otro, si en su modo de hablar se caracteriza a sí mismo, resulta ser el más interesante. Que el testigo pase a ser protagonista y viceversa dependería de quién es el que revela sus pensamientos más íntimos.

Este criterio cualitativo que adjudica más interés al personaje que se autocaracteriza mejor es, sin embargo, discutible. Vale para el cuento psicológico pero en el cuento de aventuras lo que interesa al lector no es el análisis de una intimidad sino la narración de acciones. Y volvemos así a la dificultad inicial de distinguir en una pareja entre el protagonista y el deuteroagonista.

7.4. Otros criterios de clasificación

Si en las estructuras narrativas tradicionales la estrategia del punto de vista es complicada, con mayor razón lo será en los cuentos experimentales que se proponen, precisamente, apartarse de la lógica. En los últimos años se escriben cuentos con violentas rupturas de la sintaxis y el orden tempoespacial, con contrapuntos entre procesos de la conciencia y procesos de la materia, con visiones mágicas de la realidad, con metamorfosis de personajes convertidos en pronombres del caos. En casos extremos ya no se sabe quién es quién, y los puntos de vista proliferan aun dentro de la misma oración.

Creo que un análisis atento de los cuentos, por confusos que parezcan, revelará que, en el fondo, los puntos de vista siguen siendo fundamentalmente cuatro. Cuando el lector no los localiza de inmediato es porque se ha mareado a causa de sus desplazamientos y combinaciones.

Es comprensible que muchos críticos, desorientados, multipliquen innecesariamente sus catálogos de puntos de vista pero tampoco expondré el pensamiento de cada uno de ellos. Como excepción me ocuparé de las variantes del norteamericano Norman Friedman, la taxonomía del ruso Boris Uspensky y la teoría del alemán Franz K. Stanzel, quienes, a mi parecer, se apartan de la rigurosa descripción de puntos de vista, pero lo haré solamente en las Apostillas.

8. MODOS DE USAR LOS PUNTOS DE VISTA: RESUMIR Y ESCENIFICAR

8.1. Introducción

Ya expuse los cuatro puntos de vista primarios (6), y al referirme a sus desplazamientos y combinaciones hablé de puntos de vista secundarios (7). Aquí me propongo examinar los modos con que el narrador resume o escenifica lo que ve desde cualquiera de esos puntos de vista.

Como los dos modos de usar los puntos de vista consisten en que el narrador se aleje o se aproxime a la acción que está narrando podríamos decir que es cuestión de «distancias». Distancias entre el narrador y lo narrado. Digámoslo sin miedo, pues; pero conste que el término «distancia» es una metáfora. Y ya que en 5.5. expliqué lo metafórico del término «punto de vista» corresponde que ahora explique lo metafórico del término «distancia». Aunque cometa digresiones, creo que después de ellas se entenderá mejor la diferencia entre un cuento resumido y un cuento escenificado.

8.2. Distancias

Un punto de vista presupone el órgano óptico de una persona que está mirando objetos en su espacio vital. Sólo metafóricamente es lícito homologar esta *visión física* de un hombre carnal con la *visión ideal* de un narrador ficticio, pero la metáfora del ojo como una mente es tan vieja que nos hemos acostumbrado a ella. Ya en el latín medieval la palabra «perspectiva» (de *perspicere*) designaba la ciencia óptica y, en sentido metafórico, una representación mental. Sabiendo que se trata de una metáfora, digamos, pues, que en la perspectiva del narrador hay distancias, de la misma manera que, para los ojos de un observador real, los objetos parecen acercarse cuando nuestra atención los destaca del fondo de una superficie continua.

La literatura es un arte del tiempo, no del espacio. Sin embargo, el lenguaje de la crítica literaria suele pedir prestado términos a los críticos de pintura, escultura, arquitectura, que son artes del espacio, no del tiempo. Quizá lo aconsejable sería ahondar en la crítica plástica hasta llegar a la fuente de la creación estética, que es común para un cuento y una pintura. No es ésta la ocasión para intentarlo pero si yo lo intentase tal vez comenzaría por servirme de los principios de la *Gestaltpsychologie* (Wertheimer, Koehler, Koffka *et al.*). Después de todo, lo que los «psicólogos de la estructura» dicen del objeto percibido —que no *tiene* una forma sino que *es* una forma— también podría decirse de un cuento. Las propiedades configurantes de la mente humana operan de modo similar en una escena real y en una escena fingida. Mutatis mutandi podría decirse que la Gestalt y el Cuento son organizaciones dinámicas de un campo perceptivo. Las leyes psicológicas de «proximidad», «cierre», «semejanza», «mejor dirección», «plenitud formal», etc. podrían transportarse, con leyes artísticas, del campo perceptivo al campo narrativo. Por ejemplo, la ley de «proximidad» que confiere privilegio a la menor distancia entre las partes que constituyen un todo, serviría para comprender mejor la composición de un cuento según que el narrador presente una escena inmediata o un lejano panorama. La ley del «cierre», que favorece a las figuras cuyos contornos son más concisos, serviría para aplicar a un cuento los conceptos de fondo y figura. A saber: en el campo psicológico la mirada percibe un área con dos zonas contiguas, contorneadas por un límite común. En ese límite común se suscita un proceso configurador que opera sólo sobre una de las zonas o con más fuerza sobre una que sobre otra. La zona que surge en relieve de este perfilante proceso es percibida como *figura*; la otra zona parece extenderse por detrás y la percibimos como *fondo*, más o menos amorfo. Lo que vemos surgir nos da la idea de un objeto pequeño, cercano y localizable; el resto del área nos da la idea de una sustancia enorme, remota e indefinida. Pues bien: hablando metafóricamente podríamos decir que los objetos que aparecen en una mirada se transforman, en un plano artístico, en los elementos constituyentes de un cuento. En el campo narrativo el lector percibe que la caracterización de un personaje, la descripción de un paisaje, la fabricación de una trama cambian de valor: ya resaltan como figura, ya se quedan como fondo. Figura y fondo que en un cuento se alejan o se acercan con respecto al punto de vista del narrador. Es como la acomodación de un ojo a diferentes planos del espacio, sólo que ese ojo no es físico y ese espacio no es espacio sino tiempo. El sentido metafórico de los términos «puntos de vista», «distancias» es aceptable; lo inaceptable es la suposición de que los puntos de vista determinan las distancias. ¿Por qué inaceptable? Por las razones que doy en Apostillas 7.4. Algunos críticos, al clasificar los puntos de vista, no sólo mezclan los duraderos con los interinos (5.7., 5.8.) sino que también confunden los puntos de vista con los modos de usarlos. Una cosa es que yo, con los ojos abiertos pero fijos esté sentado en un banco de la plaza —lo cual me obliga a una perspectiva fija— y otra que, desde ese banco, use los ojos para mirar aquella nube, ese árbol o esta mujer que de pronto pasa ante mí. Y así sucede con el narrador. El narrador está en cierta posición pero, desde su punto de vista, la mirada se le alarga o se le acorta. No hay un punto de vista específico para cada distancia y por tanto el estudio de los puntos de vista es independiente del estudio de las distancias. Los cuatro puntos de vista clásicos pueden usarse de modo que el narrador, con respecto a la acción que narra, se ponga lejos o cerca; arriba o abajo; en el centro o en la periferia; sin contar vaivenes, subibajas, direcciones centrífugas y centrípetas. No habiendo un punto de vista que, más que otro, alargue o acorte las distancias, los cuatro que hemos estudiado pueden hacerlo igualmente. Esté el narrador donde esté, el alcance de su mirada tiene idénticas posibilidades. Un narrador, sea omnisciente, cuasi omnisciente, protagonista o testigo es dueño de asumir la actitud que se le antoje y ponerse a tal o cual distancia de lo que le interesa narrar.

Quedamos, pues, en que la «distancia» es un modo de usar los puntos de vista. Estudiaré a continuación dos distancias: el decir o resumir y el mostrar o escenificar.

8.3. Decir y mostrar: el resumen y la escena

La diferencia entre el decir y el mostrar tiene ya una larga bibliografía (Apostillas). Antes de proseguir en mi exposición, perdóneseme que insista en algo muy sabido: la literatura no *muestra* personajes como el teatro muestra actores. Una narración, sea oral o escrita, por ser una construcción verbal que existe solamente en el aire o en el papel, puede simbolizar una realidad no verbal —hombres, cosas, hechos, paisajes— pero no mostrarla en el sentido en que el teatro sí nos muestra actores representando en un escenario. Aclarado que el «mostrar» es tan ficticio como el «decir», prosigo.

Un narrador, cualquiera que sea el punto de vista que haya adoptado, puede *decirnos* que algo ha ocurrido o puede *mostrárnoslo* como si estuviera ocurriendo. Son dos grados de visibilidad. El cuento *dicho* nos informa indirectamente sobre una acción. El cuento *mostrado* presenta la acción directamente. El primero es una versión personal del narrador. El segundo es el espectáculo ofrecido al narrador por los personajes. En el primero la acción se repliega en la mente del narrador. En el segundo la acción se despliega también a la vista del lector. En el primero el narrador explica los acontecimientos: nos da resúmenes, sumarios, sinopsis, síntesis, crónicas, comentarios. En el segundo el narrador rinde con vivacidad los acontecimientos: nos da escenas con gestos, diálogos, detalles. Se nos dice de lejos, se nos muestra de cerca.

A fin de ensanchar las diferencias entre ambos modos de contar quizá fuera más gráfico echar mano de términos tomados de la Pintura y el Drama.

Pintura. En el cuento resumido (o cuento-versión) el narrador proyecta lo que tiene *pintado* en su memoria. El modo con que lo presenta es pictórico, panorámico. Los acontecimientos son objetos descritos por la conciencia reflexiva del narrador omnisciente o de uno de los personajes.

Drama. En el cuento escenificado (o cuento-espectáculo) el narrador reabre un tiempo vivido como en una resurrección, y hace que una acción *dramatizada* desfile ante los ojos del lector. El modo con que lo presenta es dramático, escénico, directo. El narrador parece estar ausente. Finge al mismo tiempo que se calla y que muestra. Se hace transparente para que, a través de su diafanidad, veamos los acontecimientos. Por lo regular la escena está enmarcada por resúmenes pero también hay cuentos en los que una escena sirve de marco a un resumen: en «La venganza», de Héctor Eandi, el resumen de la vida de dos hermanastros, uno bueno, otro malo, está intercalado en el medio de una escena donde se los ve juntos.

Cuando estos modos de contar se combinan resultan *escenas pictóricas* y *cuadros dramáticos*. Es decir, que el narrador, sin tomar parte de la acción y con pronombres de tercera persona, en vez de arrogarse una amplia omnisciencia, se contenta con seguir de cerca solamente las acciones y pensamientos del protagonista, de manera que éste aparece al mismo tiempo visto y comentado. Ampliaré estos distingos aun a riesgo de ser machacón.

8.4. Cuento de acción resumida

Lo primero que el lector ve es el cuerpo del narrador, arrellanado en su sillón de conversador; lo primero que oye es la voz del narrador, exponiendo sus opiniones. Este narrador domina su materia y también domina al lector. Su actitud es explicativa. Nadie sería más capaz que él para desplegar vastos panoramas. Nos informa de un modo general sobre acontecimientos que pueden haber ocurrido a lo largo de un amplio período histórico en lugares muy apartados entre sí. Es un informe indirecto y mientras nos lo da va interpretando los acontecimientos: Se encara con el lector y, con su propia voz, comunica su versión de los hechos. Es un sumario de sucesos que él ha acumulado y ordenado en su mente de juez. O sea, que el lector tiene acceso a la información gracias al narrador. Si los personajes dialogan, oímos ese diálogo en el eco de la voz del narrador; si emprenden una aventura, sus lances están juzgados por el narrador. Siempre el narrador, en un primer plano. Su propia persona se interpone así entre los personajes y el lector. Si quiere, abunda en comentarios. Con sus comentarios levanta el escenario, elucida el significado de una situación, revela los pensamientos del protagonista, describe detalles, cuenta episodios. Algunos comentarios son impertinentes: nos dan una filosofía de la vida, de las costumbres, de la moral que no tiene nada que ver con los sentimientos de los personajes. Otros comentarios son constructivos: ayudan a armar el telar en que ha de urdirse la trama. Hay comentarios de valor estructural: son los que se entretejen en la trama. No nos quejemos de los comentarios. Sin ellos el narrador, en vez de sintetizar la materia narrativa en cinco líneas discursivas, conceptuales, abstractas, tendría que analizarla en cinco páginas de descripciones y diálogos innecesarios, pues no toda la materia de un cuento merece ser escenificada. Gracias a la ojeada rápida de este narrador la acción gana en velocidad. Con una simple frase («pasaron tres años») salta de una escena a otra. Nos ahorra escamaruzas cuando lo que importa es saber el resultado de la guerra.

Por otra parte, el narrador que *dice* en vez de *mostrar* no siempre interviene con comentarios personales. Prefiere ser discreto, si bien es cierto que por mucho que reprima sus juicios siempre está presente entre los personajes y el lector. Su conciencia es como un espejo en el que se reflejan los sucesos; el lector ve los sucesos reflejados en esa conciencia. Daré un ejemplo de Juan Carlos Ghiano, «Lo habían calumniado»: un narrador testigo *dice* lo que ha oído de varias personas sobre la vida de un refugiado judío en un pueblecito entrerriano. En suma: el cuentista se pone frente al lector y le dice: «Atiéndame porque le voy a contar mi versión de algo que ocurrio.»

Un modo de usar el punto de vista del narrador en tercera persona es no decirlo todo. Ese narrador interrumpe su relato con estratégicos silencios, con sombras convenientemente distribuidas o con fingidas ignorancias («nadie sabe qué pensó Luis entonces»). El lector, que imagina que en esos «huecos» los personajes han seguido viviendo muy conscientes de sí, sospecha que el narrador sabe menos que ellos. No es así: sabe más pero calla con propósitos artísticos. Porque se abstiene de decirlo todo la atmósfera se carga de misterios y porque sólo dice las manifestaciones exteriores del comportamiento de sus personajes su versión, al no ser omnisciente, adquiere verosimilitud humana. Si el narrador habla en primera persona —sea como protagonista, sea como testigo— el valor de lo que dice depende de su grado de injerencia en la acción narrada. Hay protagonistas y testigos que revelan más de lo que dicen saber o saben más de lo que revelan: es el caso, por ejemplo, de los cuentos donde un personaje adulto cuenta hechos ocurridos en su infancia (7.2.7.).

8.5. Cuento de acción escenificada

El narrador renuncia a sus funciones de expositor de resúmenes y tiende a narrar acontecimientos inmediatos. Los personajes, en coordenadas precisas de tiempo y espacio, dialogan, actúan, piensan. Es como si el cuento, libre de las manipulaciones de un narrador tiránico, se contara a sí mismo y de este modo el lector pudiera ver una acción viva y directa. Pero eso de que el cuento se cuente a sí mismo es un modo de decir. Un cuento no puede hacerse solo. Lo que está pasando es que el narrador no quiere ser un obstáculo entre la acción de los personajes y el lector, y entonces, en vez de hacer de su conciencia un espejo, hace de su conciencia un escenario donde se representa un drama visible y audible en gestos y diálogos.

Cada vez que los personajes, en un sitio fijo y a una hora exacta, viven continuamente, estamos frente a una escena. La acción, rica en detalles concretos, tiene la inmediatez de la realidad. La condición imprescindible de una escena es que los detalles del carácter, el diálogo, el lugar, el año, la atmósfera, la situación, la aventura, etc. surjan de un modo directo. El cuento —o la parte escenificada de un cuento— da la ilusión de que corre ante los ojos del lector. El narrador se ha escondido. Está ahí, puesto que alguien ha narrado lo que ahora leemos, pero no nos estorba con sus comentarios. El efecto es como si la narración se desenvolviera por sí misma, como si fuera semoviente. El lector entra en tratos directos con los personajes, no con el narrador, quien, a la manera del autor teatral, nos deja el drama y mientras los actores lo representan él permanece ausente. Un ejemplo de Eduardo Mallea, «Conversación». El cuento comienza: «Él no contestó, entraron en el bar. Él pidió un whisky con agua...» Y sigue una escena contada en pretérito donde oímos diálogos directos.

En suma: el narrador, como un titiritero, se esconde detrás del relato y ofrece el espectáculo de títeres en acción: no habla de sí, habla por ellos.

8.6. Resumir lo escenificado y escenificar lo resumido

Estos dos modos —resúmenes indirectos, escenas directas— son flexibles y por lo general se combinan. La acción tan pronto se nos aleja porque el narrador nos dice resúmenes como se nos acerca porque el narrador nos muestra escenas. El cuento más escénico requiere exposiciones sumarias y el cuento más sumario requiere escenas dramatizadas. Todo este alejarse o acercarse son acomodaciones del órgano óptico del narrador.

¿Qué hemos observado hasta ahora?

a) El narrador puede resumir lo que ve: nos da un resumen, una versión. Dice lo que ocurre.

b) El narrador puede escenificar lo que ve: nos da una escena, un espectáculo. Muestra lo que ocurre.

Demos otra vuelta a la tuerca.

El narrador ¿no podrá combinar el decir con el mostrar? ¿Resumir lo que los personajes ven y ver lo que los personajes resumen?

Sí, a condición de que se ponga detrás del protagonista y lo siga como Ángel de la Guarda aviniéndose a ver solamente lo que el protagonista ve pero reforzando esas miradas humanas con sus propias miradas angélicas. Se asoma al mundo por los ojos del protagonista y también por encima de sus hombros y por los costados. O, mejor dicho, es como si el protagonista dispusiera de dos conciencias, ambas atentas a la misma escena desde el mismo ángulo, una conciencia complementando a la otra con datos más lúcidos. La conciencia del protagonista nos llega a través de la conciencia del narrador. El narrador no está, pues, ausente del cuento; al contrario, su presencia, como la de una lente, nos acerca la imagen del protagonista. El narrador se ha instalado en el centro de la acción como una conciencia incorpórea, ocupada en comprender la conducta y el pensamiento del protagonista y, si quiere, de los demás personajes del cuento. Aunque es omnisciente, por mirar desde el personaje reprime su capacidad de pronosticar el futuro, de resucitar el pasado y de entretenerse con exploraciones psicológicas. A veces el narrador nos da resúmenes de lo que tal o cual personaje ve, siente, piensa, dice y hace. Son resúmenes dramatizados puesto que el narrador acompaña al protagonista y nos muestra de cerca lo que el protagonista está viviendo. A veces presenta escenas dramáticas, pero como al mismo tiempo comprende la vida con una amplitud y hondura que exceden la capacidad del protagonista, esas escenas forman parte de un panorama. La conciencia del narrador dice y muestra, resume y escenifica, informa y dramatiza, ciñéndose siempre a la experiencia del protagonista. Todo ello es actividad inmediata, sea que esté rendida en escenas o en sumarios, porque el activo protagonista nunca se aparta de nuestra vista.

Esta visión unitaria unifica las funciones de los pronombres. Para apreciar mejor la virtud del procedimiento recuérdese lo que dije sobre el narrador omnisciente y el narrador protagonista. Desde fuera de la acción del cuento un narrador omnisciente, con los pronombres «él» «ella», narra la acción tal como la entiende y por eso suele entrometerse demasiado y tapar con su gran bulto la personalidad del protagonista. Desde dentro de la acción del cuento un narrador protagonista, con el pronombre «yo», narra su propia historia y por eso suele molestarnos con su egoísmo y nos hace desconfiar de sus juicios. Pero en el modo de contar que ahora estamos estudiando el narrador suma las ventajas de los pronombres de tercera y primera persona y evita sus desventajas. Por estar instalado en la conciencia de un personaje central el cuento gana en coherencia e intensidad, pero ese personaje no se revela con un «yo» de perspectiva limitada. Lo conocemos gracias al «él» o «ella» que una conciencia gemela usa. Metafóricamente, un pronombre de tercera persona cumple la función de un pronombre de primera persona. Se describe simultáneamente la visión del mundo externo del narrador y la visión y el personaje; en casos de ambigüedad —cuando no se sabe de quién son las palabras— ya no hay distancia. La transición de un punto de vista a otro ha sido suavísima (Apostillas).

El narrador narra en tercera persona pero oímos la voz del personaje como si éste se estuviera expresando. El personaje, en caso de expresarse, usaría el pronombre «yo» y los tiempos verbales que correspondiesen a su experiencia. El narrador, en cambio, usa en tercera persona los tiempos verbales que corresponden a su narración. El narrador omnisciente que con la tercera persona ilumina por dentro a un personaje puede contar ya en tiempo pasado, ya en tiempo presente y a veces deslizándose de un tiempo a otro. Por ejemplo, Mario Lancelotti, que en *La casa de afeites* prefiere combinar el decir con el mostrar, cuenta en pasado («La cita») y en presente («Un amor»). Si el personaje piensa «soy feliz», el narrador dice: «él era feliz». Si el personaje piensa «fui feliz», el narrador dice: «él había sido feliz». Si el personaje piensa «seré feliz», el narrador dice: «sería feliz». El narrador no interrumpe, pues, su narración. Su mente refleja la del personaje y aunque el pensamiento de éste es silencioso las palabras que leemos sugieren su habla peculiar y la entonación enfática que la particular emoción del momento le da (17.7., 17.11.).

En mi cuento «Un bautizo en los tiempos de Justo» (E) el narrador describe a su personaje Federico en el instante en que se asoma a la ventana para ver salir de la casa a los miembros de su familia. De pronto, sin usar ningún *verbum dicendi* («él sintió», «él pensó») el narrador, que se ha identificado con Federico, hace como que presenta su monólogo interior.

> ¡Ah, ya aparecieron los Fernández!: muy ufanos, dueños de la vereda, desfilaban camino a la Iglesia... Muy bien. El catolicismo familiar había triunfado. Pero él les enseñaría. ¡Ah, sí! ¡Les demostraría quién era él! Bastante prudente había sido hasta entonces. Bueno. Se acabó. Historia antigua. De ahora en adelante, no soñaría despierto... Los tiraría de espaldas. Que se hicieran cruces. Que se cayeran redondos. A él no le importaba. ¡Qué caray!

Si el discurso fuera directo el narrador lo hubiera introducido con un *verbum dicendi*, «Federico pensó» y después de los dos puntos y un guión o después de comillas leeríamos el monólogo interior de Federico en primera persona y en los tiempos de su experiencia: «ya aparecen... el catolicismo ha triunfado... les enseñaré... que se caigan...». Pero la cita que reproduje más arriba fue un ejemplo de «estilo indirecto libre» o «monólogo interior narrado»: lo analizaré con más detalles en 17.7.3. y 17.10.1. al estudiar la descripción de los procesos mentales.

En suma. El narrador narra desde fuera como el personaje hubiese querido que se contara lo que él vivió. La forma exterior del cuento es de tercera persona pero corresponde a la conciencia de la primera persona. En buena lógica se podría decir que si el cuento en tercera persona se reescribiera en primera persona su contenido no se alteraría. La conciencia y la conducta del personaje central permanecerían las mismas, no importa cuál fuese el pronombre usado, «él» o «yo», puesto que en el «él» patente había un «yo» latente. Sólo que no estamos ante una solución lógica sino artística, y el efecto de la combinación del decir con el mostrar no es una mera transmigración de pronombres sino una suma de intensidades. Se consigue una mayor vibración humana porque el narrador, aunque omnisciente, no nos da la verdad, sino que nos transmite, oblicuamente, las creencias de sus personajes. El narrador es dueño de ceder la palabra a uno de sus personajes para que él, a su vez, cuente algo de otro personaje. En estas duplicaciones interiores los personajes mismos son los que se reflejan unos a otros como espejos enfrentados.

9. ACTITUD DEL NARRADOR

9.1. Introducción

Después de haber estudiado los puntos de vista voy a ocuparme de los puntos de interés. No confundir unos con otros. Los puntos de vista indican la posición del narrador y lo que éste, desde esa posición, puede ver. Los puntos de interés indican, además de la posición física, la postura psíquica del narrador, su actitud; o sea, las inclinaciones de su ánimo, los rumbos de su curiosidad, el criterio con que estima la importancia de esto o aquello, en fin, las cualidades morales, intelectuales y artísticas de su personalidad.

9.2. Selección, omisión

La selectividad es el principio mismo del arte. Selectividad en el punto de vista, en la trama, en la caracterización, en la secuencia narrativa, en el dónde y el cuándo de la acción, en el modo de iniciar o concluir una serie de hechos, en el tema, en el estilo, en fin, en todos los componentes que el crítico analiza en un cuento.

El narrador, al seleccionar, deja de lado lo que no le interesa. El impulso de elegir no es más activo que el de rechazar. Se quiere esto, no se quiere aquello; no se quiere esto, se quiere aquello. Ambas manifestaciones de la voluntad son igualmente enérgicas y cada una de ellas puede tomar la iniciativa. A veces un repudio es el resultado de una opción previa. A veces, al revés, lo escogido viene después de lo repelido. El narrador, para controlar las reacciones del lector, practica una doble estrategia, con pronunciamientos y con silencios. Callar ciertas cosas es, pues, un arte tan deliberado como el declararlas. Por algo dijo Robert Louis Stevenson que «la regla de oro del arte literario es omitir». La omisión es parte de un programa estético y por eso no siempre lo que el narrador resolvió omitir escapa al conocimiento del lector. Así como un filósofo, al construir su sistema, revela su intuición esencial. El narrador revela su propósito con detalles que se destacan contra un fondo de omisiones. Cada detalle en acto es símbolo de una intención en potencia.

9.3. Objetividad, subjetividad

El narrador, desde la posición en que se encuentra —dentro o fuera de la acción del cuento— ha elegido una perspectiva —manteniendo fijo uno de los cuatro puntos de vista o combinándolos— y los usa de modos diferentes —sea para resumir los hechos o para mostrarlos—, pero ese narrador se interesa más por unas cosas que por otras. Dos narradores pueden usar de mismo modo el mismo punto de vista y, sin embargo, diferenciarse en el interés que ponen en la acción que narran. El narrador, sin duda, se interesa ante todo por la materia que entra en las formas de su cuento y por estas formas que configuran aquella materia. Tanto la materia como la forma son objetos de su interés. ¿Con cuánta atención se interesa en tales objetos, dados en su conciencia?

Conviene insistir e insistir en que el narrador no desaparece jamás de su narración, por mucho que quiera impersonalizarse.

Tomemos el caso de un narrador que, en un afán de absoluta objetividad, renuncia a dirigirse directamente al lector o a intercalar sus propios comentarios. Pues bien: apenas permite que el punto de vista se desplace de un personaje a otro ya está denunciando su criterio. En «La autopista del sur» Julio Cortázar hace que un narrador se traslade al interior de las mentes de varios personajes. Pero es evidente que el narrador es quien elige los contenidos mentales que le sirven para llevar adelante su relato y sólo después de elegirlos se pone a escrutar los más clandestinos pensamientos de sus personajes. Dar un vistazo a la intimidad de un personaje denuncia la presencia del narrador porque sólo en el arte, nunca en la vida, es posible penetrar en el alma de un prójimo.

La verdad es que el narrador está siempre ahí, controlando la materia y la forma de su narración: no hay palabra que no sea de él. Sólo ciegos y sordos lo creen invisible o inaudible. Mostraré a continuación dos modos opuestos de revelar percepciones. Repárese en la intención voluntariosa del narrador y dígase si esos modos son objetivos o subjetivos:

a) El narrador describe una costumbre, un suceso, una cosa. Es algo común, corriente, cotidiano que el lector conoce perfectamente bien. Sin embargo, el narrador, como si él lo desconociera y, viéndolo por primera vez, no pudiera sobreponerse al sentimiento de extrañeza, lo describe con pelos y señales sin mencionar la palabra exacta. En «La secta del Fenix» Jorge Luis Borges describe ¿objetivamente? la renovación de las generaciones por el acto sexual sólo que ¿subjetivamente? calla el secreto de los sectarios: «sexo».

b) El modo opuesto de describir un mundo objetivo consiste en aumentar tanto las dificultades de la percepción que el personaje aparece esforzándose en ver lo que se le impide ver, con el resultado de que entonces su experiencia es más intensa. En «Murder» (L) el narrador protagonista, encerrado en una habitación oscura, percibe más agudamente que nunca los muebles y personas que lo rodean.

Con un estado de ánimo que aspira a la máxima objetividad posible el narrador puede declararse neutral ante los valores: el Bien, la Belleza, la Verdad, la Justicia. ¡Ojo! Neutral pretendía ser Chejov al escribir sus cuentos, mas su sentido de los valores se le colaba aun en su ideal de neutralidad, que en el fondo era una nada neutral preferencia por lo que estimaba como «verdad científica».

En el arte de contar los términos «subjetividad», «objetividad» son especialmente equívocos. Si el conocimiento es la correlación entre un sujeto que conoce y un objeto conocido, esos términos dependen de dónde se pone el acento: el narrador ¿está atento al mundo del sujeto, esto es, a sus propias impresiones, o al mundo del objeto, o sea, a las personas, hechos y cosas que tiene al frente? El narrador, por objetivo que quiera ser, tiene que dar una solución muy subjetiva al problema de cómo transformar el conocimiento de la realidad en una obra artística. Supongamos que, para que su descripción sea objetiva, el narrador se desliga de la humanidad y como un dios absoluto sabe lo que ningún hombre puede saber: el futuro. Pues bien: ¿hay subjetividad más desaforada, jacarandosa y exultante que la de un hombre que se las larga de Dios y pretende ser omnisciente y omnipotente? Supongamos por el contrario que el narrador, para simular que él mismo no existe, da existencia a un personaje histórico —digamos: Maquiavelo en «El cesante Maquiavelo» (A)— confiriéndole el privilegio de expresar sus propias opiniones. ¿Diremos que el narrador, al impersonalizarse y ausentarse, ha logrado la objetividad? No, porque el narrador, muy orgulloso de su fantasía, está simulando que su personaje es una criatura de carne y hueso, real y libre, es decir, que con vehemente subjetividad está disimulando el carácter ficticio de la literatura. Esta teoría suya de que la literatura es un juego ilusivo es tan subjetiva como las opiniones de su personaje. Si en el narrador más impersonal detectamos su personalidad, cuánto más fácil será descubrir la actitud de un narrador que no esconde su carácter. El escritor real creó al narrador ficticio con rasgos físicos y psicológicos tan singulares como los rasgos físicos y psicológicos con que el narrador, a su vez, describe a los personajes del cuento que nos está narrando. El narrador es, pues, un personaje más (5.3.). Ya hemos visto cuáles son los puntos de vista a su disposición y cuáles los modos con que puede usarlos. Pero cualquiera que sea el punto de vista y el modo que haya adoptado —narre en primera o en tercera persona, diga o muestre—, el narrador da la cara y delata su temperamento.

En el narrador hay grados de subjetividad: el menos subjetivo (al que suele llamarse «objetivo») se da cuando se abstiene de comentarios en un afán de despersonalizarse, desaparecer de sus páginas o aparecer neutral. En tal afán el narrador llega a desliteraturizar su literatura. Esto es, el narrador pretende que no escribe sino que transcribe documentos. Retrocede y reculando se sale de su cuento: será un mero editor, copista o traductor de papeles, y así lo advierte al comienzo o en una nota al pie. Su cuento transcribe originales inéditos, cartas, deposiciones (13.5.). El narrador quiere ser objetivo (mediante la imparcialidad con que maneja testimonios ajenos) y verosímil (es decir, que se dé crédito a sus datos). Para ello invierte el proceso de la creación cuentística; en vez de proceder como si el arte de contar fuera previo a los documentos que intercala (cartas, memorias, diarios íntimos) hace como si primero existieran los documentos y sólo después fueran aprovechados por el arte de contar. Haga lo que hiciere, sin embargo, su cuento no resulta ni objetivo ni verosímil pues la literatura es siempre una ficción. Transcribir documentos es complicar el artificio: se juega a que lo que se transcribe no es un juego.

Una de las paradojas del llamado «cuento realista» que en tercera persona procura ser objetivo es que, en última instancia, es menos realista —es decir, menos ajustado a la naturaleza subjetiva del conocimiento humano— que el cuento escrito en primera persona donde no se disimula que todo está aprehendido e interpretado por la conciencia individual del protagonista o del testigo.

Al oponer en 8.3. el «decir» (resúmenes) y el «mostrar» (escenas) toqué también este problema de lo relativo que son los términos «subjetividad» y «objetividad». Menos escépticos que yo son los colegas que, en base a esas diferencias, resuelven que el «decir» es una retrospección resumida *subjetivamente* pues el narrador se entromete en su narración y reduce la escala de los acontecimientos, mientras que el «mostrar» escenifica *objetivamente*, en un tiempo presente, pues el narrador parece haber desaparecido y en su lugar vemos un vasto y lento despliegue de detalles.

9.4. Idea, tema

El narrador interpreta todo lo que entra en su cuento. Tiene una idea de qué es la vida, y esta idea da sentido a la trama y a la caracterización de los personajes. Claro que la idea no está necesariamente comunicada con lógica. El narrador no es un ensayista que formule su pensamiento con una prosa discursiva. Es un artista que da forma a su modo de sentir y estimar. Pero lo que nos cuenta significa algo, y detrás de cada uno de los componentes de su cuento late una concepción del mundo. La oigamos o la adivinemos, siempre está allí. Directa o indirectamente, explícita o implícitamente, obvia o sutilmente el narrador despliega su idea en la acción de los personajes. Es una idea dramatizada.

Empleo la palabra «idea» en una de las acepciones que daban algunos griegos: apariencia de una cosa como opuesta a su realidad. Empleada así, sin una connotación lógica, la palabra «idea» no contradice el carácter intuitivo, imaginativo, ilusionante del cuento. En la creación de esa forma simbólica a la que llamamos cuento entra ciertamente una idea. Pero tengo otro motivo para elegir la palabra «idea», y el deseo de evitar la palabra «tema», mucho más corriente en el lenguaje de los críticos. Quiero distinguir entre idea y tema. La raíz griega del «thémaatos» es la misma de «tithemi», «yo pongo». Ahora bien, el narrador «pone» una idea en su interpretación poética de la vida sentida por él mientras que el crítico «pone» un tema en su propia interpretación científica del cuento. Diferencia, creo, que es fundamental. La «idea» penetra en todos los tejidos del cuento. El «tema» del cuento es una abstracción obtenida por el crítico en una operación lógica, conceptual, discursiva. La «idea» está en el cuento; el «tema» salió del cuento (12.5.). Un ejemplo. Escribí «El fantasma» (P) en 1944. La Segunda Guerra Mundial y la dictadura militar de tipo fascista que a la sazón oprimía la Argentina me presentaba todos los días imágenes de muerte. Algunos amigos míos se suicidaron. Yo, casado y con hijos, no pensé en el suicidio pero sí en ese suicidio indirecto que es la lucha heroica. Por otro lado, en esos años los cenáculos existencialistas de Buenos Aires discutían aquello de «la muerte propia» de Rilke y del «vivir para la muerte» de Heidegger. La muerte es el cese de la vida —argüía yo— y por tanto quien todavía está vivo, lejos de vivir para morir con una «muerte propia» cargada en el alma, vive para vivir más y más en un irracional anhelo de inmortalidad. Nadie tiene experiencia personal de la muerte: a lo más, curiosidad por saber cómo es. Con esta «idea» —en la situación de un muerto capaz de seguir espiando a los miembros de su familia— escribí «El fantasma». Un crítico relacionó ese cuento con otros de Eduardo Wilde, Horacio Quiroga, Carlos Alberto Giuria, Marcos Victoria y, desde fuera, puso en su interpretación un tema: «un ser humano muere y su condición de fallecido reciente no le impide sentir, juzgar y convivir a su manera con los demás, vivos unos y muertos otros» (Victor Bouilly, «Algunos cuentos argentinos y la muerte», *Boletín de la Academia Argentina de Letras*, XXXIII, 1968). Yo escribí con mi «idea»; el «tema» fue una abstracción del crítico Bouilly. Por eso estudiaré el tema en otro lugar, cuando hable de las materias que abstraemos del contenido del cuento (12.11.).

En todo hombre opera una concepción del mundo. Cuando escribe un cuento ese hombre —«el escritor»— la modifica porque su propósito es estético, no lógico. Su personal filosofía de la vida reaparece modificada en la cabeza del narrador; y éste, a su vez, la sigue modificando para caracterizar el pensamiento de tal o cual personaje. En un cuento hay, pues, una concepción del mundo, proyectada a través de lentes filtrantes. Ésa es la «idea» puesta en el cuento. El lector, por su parte, generaliza lo que lee y de sus generalizaciones saca un «tema». En mi cuento «El político» (M) un periodista entrevista a un hombre público y observa cómo sus «ismos» políticos —nacionalismo, catolicismo, fascismo— cristalizan igual que si fueran plásticos: ve «el misterio de la locura, echando al aire sus telarañas» y «da forma que tomaban esas telarañas invisibles». «Segregaban de todo el ser del doctor Olmedo y se entretejían en un viscoso país mental. Era como si la expresión de su rostro proyectara un nimbo de intrincados pensamientos en potencia. Y reconocí uno a uno los sutiles hilos de la maraña.» En este caso podría decirse que el «tema» que el crítico extrae de la lectura es el de la objetivación de las «ideas». El narrador percibió que las «ideas» del político Olmedo se materializaron en un cuerpo concreto, y el crítico razona que esa plasmación de las concepciones del mundo constituye uno de los «temas» primordiales en la filosofía contemporánea.

9.5. Tono, atmósfera

Elijo estas palabras porque no conozco otras más precisas. Las voy a usar metafóricamente. En cada una de ellas incluiré imágenes de cosas diferentes y al mismo tiempo, con escandalosa falta de lógica, mezclaré las significaciones de ambas palabras. En mis frases metafóricas la palabra «tono» me suscitará la imagen de una sonora cuerda tirante y también la de la íntima vibración de un narrador; y la palabra «atmósfera» me suscitará la imagen de una masa de aire y también la del envolvente e irradiante sentimiento del narrador. Para colmo, ambas metáforas se corresponderán en una sinestesia de «son et lumière» que funda, que fusione una voz y una visión, es decir, que describa el estado de ánimo del narrador y su actitud ante el dónde y el cuándo de la situación en que actúan los personajes de su cuento.

9.5.1. TONO

En la conversación ordinaria entendemos lo que se nos dice no sólo por los vocablos sino también por el tono de la voz. Con frecuencia la entonación expresa justamente lo contrario del sentido lógico de la frase. En un cuento —recuérdese que estamos estudiando el cuento escrito, no el oral— no oímos al narrador y por tanto debemos estar atentos a otros índices de su actitud.

La actitud del narrador está controlada por el punto de vista que seleccionó y, a su vez, controla la organización de todos los componentes del cuento. El punto de vista del narrador protagonista o testigo se presta a la unidad tonal pero también el narrador omnisciente o cuasi omnisciente puede lograrla, sea porque mantiene el mismo temple del primero al último renglón, sea porque acompaña a un personaje central y nos resume y muestra lo que la sensibilidad de éste percibe. En el cuento, por ser breve, hay menos cambios de tono que en la novela pero también se dan casos de politonalidad.

Los adjetivos para clasificar los tonos son innumerables: se habla de cuentos sentimentales e intelectuales, cómicos y solemnes, alegres y tristes, moralizantes y cínicos, trágicos y grotescos... Así hasta que se nos agoten las referencias al carácter del narrador. Mi tono favorito es el irónico.

9.5.2. Atmósfera

La acción de un cuento transcurre en un determinado lugar, en determinado año, pero aquí no voy a estudiar las coordenadas de espacio y tiempo. Las estudiaré en un capítulo especial (18.3.). Lo que aquí me interesa es la actitud del narrador. Sin embargo, esa actitud se manifiesta, no sólo con «tonos», sino también con «atmósferas», y las atmósferas tienen algo que ver con la acción localizada en un lugar y fechada en un año. Hay épocas históricas y horas del día, paisajes y edificios que invitan al escritor a poblarlos con personajes, a dramatizarlos con sucesos. Y, en efecto, se sabe de cosas en que un escritor se puso a escribir un cuento partiendo, no de una situación o de un personaje, sino de un ocaso en el mar o de las ruinas de un glorioso palacio. Stevenson, por ejemplo, explicó el origen de su narración «The Merry Men»: «Comencé por un sentimiento suscitado por una de esas islas en la costa occidental de Escocia y gradualmente fui urdiendo una aventura que expresara ese sentimiento.» Los críticos anotan la atmósfera de paz en un valle, la atmósfera de misterio en un castillo abandonado, la atmósfera de sordidez en un barrio o en una casucha, la atmósfera romántica de un bosque iluminado por la luna. Pero obsérvese que esas atmósferas no son físicas sino metafóricas, como metafóricos fueron los tonos de que me ocupé antes. No se desprenden de un lugar, sino que resultan de la asociación que el narrador establece entre un lugar, una edad, un personaje, un suceso, unas costumbres, unos astros, unos muebles, unas vestimentas, unos modos de vivir y de hablar. La atmósfera, pues, es la reacción del narrador, es la forma artística que da a su estado de ánimo, la objetivación de un sentimiento vago que penetra el relato por todos sus poros. La descripción produce efectos atmosféricos pero no siempre es el factor más importante. La trama, la caracterización, la idea, el estilo, el vocabulario y los ritmos de la prosa, todo, en fin, lo que surge del proceso de la creación artística contribuye a la formación de la atmósfera.

Quizá haya una diferencia entre tono y atmósfera. Quizá el tono surge directamente de lo más hondo de la personalidad del narrador y en cambio la atmósfera surge de esa zona más superficial que responde a los estímulos sensoriales. Quizá el tono es inherente al narrador y éste, al proyectarlo en el cuento, lo convierte en atmósfera. Quizá. Pero lo cierto es que tanto el tono como la atmósfera son metáforas para lo mismo: la actitud del narrador. Son expresiones del sentimiento del narrador. Por originarse ambos en la cenestesia, en el temperamento, en el estado de ánimo es difícil diferenciar entre tono y atmósfera. Lo estoy intentando, sin embargo.

Recuérdese el admirable cuento de Poe: «The Fall of the House of Usher.» A primera vista no discernimos entre el tono del narrador innominado que visita a los Usher y la atmósfera de esa ruinosa mansión. Pero observemos mejor. Se trata, no solamente de que haya una correspondencia patética entre el ánimo lúgubre de las personas y el aspecto tétrico de las cosas, sino también de que la «atmósfera» es una de las fuerzas que ayudan al desenvolvimiento de la trama. La siniestra atmósfera presagia la inminencia de lo que va a ocurrir. Es una lástima que, por falta de espacio, no pueda analizar estilísticamente los detalles con que Poe hace que el narrador describa la atmósfera de la mansión de los Usher: es de veras una obra maestra. Baste el detalle de la grieta que el visitante, al aproximarse, nota en el frente del edificio. El cuento comienza así:

> Durante todo un obtuso, oscuro y mudo día de otoño en que las nubes colgaban del cielo, bajas y opresivas, yo, yo solo, había estado atravesando a caballo una región singularmente triste del campo; y por fin, cuando ya caían las sombras del anochecer, me encontré a la vista de la melancólica Mansión de los Usher. No sé cómo fue, pero apenas di un vistazo al edificio me sentí sobrecogido por un tremendo abatimiento.

Uno de los tantos detalles de la larga descripción que sigue es éste: «una grieta casi imperceptible que, en el frente del edificio, se extendía desde el techo, pared abajo, abriéndose camino en zig-zag hasta perderse en las hoscas aguas de la laguna». Es un detalle amenazante, de mal agüero, que nos avisa la inminencia de un desastre. Y, en efecto, se descarga una tormenta y el cuento termina así:

> De repente una luz portentosa se alargó por el sendero. Me volví —pues la vasta mansión y sus sombras habían quedado solas a mis espaldas— para ver qué era lo que emitía un destello tan taro. El resplandor venía de la luna llena y roja, un rojo de sangre, que en su ocaso fulguraba vívidamente a través de aquella grieta que ya describí, grieta que se extendía en zig-zag, desde el techo hasta la base. Mientras la miraba la grieta se ensanchó rápidamente... el torbellino respiró en un furioso resoplido... la luna entera compareció ante mis ojos... mi espíritu tambaleó al ver que los poderosos muros se desmoronaban... se oyó un largo y tumultuoso clamor como el rugido de un millar de torrentes... y a mis pies la honda y mortecina laguna se cerró, fosca y taciturnamente, sobre los restos de la mansión de los Usher.

El lugar, con su lóbrega atmósfera, no es menos importante que la trágica historia de los hermanos Roderick y Madeline Usher. El lugar y su atmósfera constituyen ya una aventura (18.3.1.3.).

10. ACCIÓN, TRAMA

10.1. Introducción

El cuentista comienza a contar, cuenta y termina de contar. Cuenta siempre una acción que, para él, es pretérita y completa. Su cuento es un todo continuo en una unidad cerrada. Lo conocemos en la forma que lo leemos, una palabra inicial y una palabra terminal. El cuentista puede fingir que la acción de su cuento transcurre en el presente y aun en el futuro; puede elegir los tiempos verbales que se le antojen, por ilógicos que sean; puede suscitarle al lector la impresión de que la acción está abierta por sus dos extremos, sin principio ni fin; puede contarla en un orden caprichoso que altera el orden en que los acontecimientos ocurrieron; puede invitar al lector a que colabore libremente con la marcha del relato e imagine el desenlace que prefiere. El cuentista puede hacer estas y otras cosas pero haga lo que haga su cuento será un objeto lingüísticamente cerrado, referido a un pretérito. En este capítulo vamos a prepararnos para, en el siguiente, estudiar la estructura de ese objeto literario.

10.2. Incidentes simples y complejos

La más simple de las estructuras narrativas es la que Aristóteles describió en su *Poética*, texto incompleto y mutilado que, sin embargo, todavía inspira a muchos formalistas. Algunos de sus términos han pasado al lenguaje de la mejor crítica contemporánea. No hay más remedio que usarlos. Comenzaré, pues, por despachar rápidamente la parte de la *Poética* que me sirve para el estudio del cuento.

Arístoteles definía la trama —«mythos», decía él— como combinación de incidentes en una acción completa, unitaria, que la mente puede captar de una vez. La trama es una totalidad causalmente concatenada en principio, medio y fin.

Principio es lo que no supone necesariamente nada anterior pero requiere una continuación; el

Fin, al contrario, supone un precedente pero no una continuación; y

Medio es lo que supone un precedente y una continuación.

«Una trama bien construida no puede ni principiar ni finalizar en un punto arbitrariamente elegido por el autor.» La trama es «la imitación de una acción completa».

Para imitar la acción y a la vez cimentar su unidad, el poeta debe presentar «los varios incidentes en una conexión interna tan bien entretejida que el desplazamiento o el quite de cualquiera de ellos dislocaría y desarticularía el conjunto». Las acciones, en la naturaleza, son simples o complejas. Por consiguiente la trama, que es una imitación de esas acciones, también puede ser simple o compleja. Simple, la que nos da una acción continua. Aristóteles desestimaba las acciones simples: «De todas las acciones simples la episódica es la peor. Llamo "trama episódica" a esa cuyos episodios se siguen unos a otros sin que en su conexión haya ni probabilidad ni necesidad.» Estimaba, en cambio, las acciones complejas, en las que los incidentes están tan entrelazados que transponer o quitar uno arruina el conjunto.

Como en el curso de este estudio voy a usar con frecuencia los conceptos de principio, medio y fin pero no en sentido aristotélico debo aclarar mi desacuerdo. Aristóteles parte del supuesto de que la trama imita acciones naturales y la naturaleza es un acontecer que se inicia y se desarrolla hacia un fin. Pero de la naturaleza del cosmos no conocemos más fines que los que moldeamos con nuestra conciencia, que por ser temporal temporaliza cuanto percibe o imagina. Tampoco es verdad que la trama sea imitación (14.3.). El concepto aristotélico de «mimesis» (imitación) es plurívoco. Por momento parecería que Aristóteles cree que el arte es una copia servil de la realidad objetiva. Otras veces se modera y dice que el artista imita el acontecer de la naturaleza pero imprimiendo una forma espiritual en la materia representada. Por este lado llega a sugerir que mimesis es una coordinación entre las cosas y las obras artísticas, siendo aquéllas la causa, y éstas, el efecto. Como quiera que sea, yo, cuando más adelante, en 10.7., use los términos «principio, medio y fin» los he de independizar del concepto de imitación. De momento lo que me urge refutar es la idea de que la acción simple es cualitativamente diferente de la trama compleja.

10.3.   Distingos entre acción y trama

A eco de Aristóteles suena E. M. Forster cuando aprecia lo que llama *plot* y desprecia lo que llama *story (Aspects of the Novel)*. Como él estudia la novela y yo el cuento voy a parafrasearlo para adaptar su tema al mío. En vez de *story*, «acción»; en vez de *plot*, «trama».

Contar una acción —dice en el capítulo II— es lo fundamental, lo básico. Sin embargo, no es necesariamente lo que vale más. La acción atraviesa el cuento de punta a punta como una lombriz de tiempo. Es un organismo literario inferior. Así se debió de haber contado en las cuevas primitivas. La acción consiste en contar sucesos arreglados en un orden temporal. Su único mérito está en despertar la atención del que lee y mantener en suspenso la expectativa por lo que va a suceder. Apela a la curiosidad, y nada más. Ocurren cosas: una ocurrencia tras otra sin más conexión que la cronológica. Alterar esta elemental secuencia de acontecimientos sería destruir el cuento mismo.

La trama, en cambio —dice en el capítulo V— gobierna el cuento desde un nivel superior. Mientras la acción arregla los sucesos en una serie temporal, la trama los conecta con relaciones de causa a efecto. La acción se desplaza linealmente. La trama es una urdimbre de interrelaciones en varias dimensiones —a lo largo, a lo ancho, a lo profundo— que se complica con enigmas y sorpresas. La trama es el aspecto intelectual de la narración.

El distingo de Forster entre *story* y *plot* ha sido aceptado y ampliado por numerosos críticos de filiación aristotélica. Para ellos los incidentes deben estar tan ajustados entre sí que bastaría alterar su orden o quitar uno de ellos para que el conjunto quedase dislocado o desmembrado. Veamos estas dos clases de conexión entre incidentes. Primera, una conexión pierde su coherencia si alteramos la secuencia de incidentes: esto quiere decir que los incidentes se seguían unos a otros en un orden probable. Segunda, una conexión pierde su coherencia si le quitamos uno de sus incidentes: esto significa que entre los incidentes había una relación necesaria de causa a efecto. En otras palabras: hay una conexión probable (sucesiva) y otra necesaria (causal). La coherencia de una acción *(story)* depende del orden lineal, sucesivo de los incidentes: el lector, con la curiosidad aguijoneada por el deseo de saber qué pasará en seguida, sigue leyendo sin pensar en si cada incidente es el efecto necesario de una causa. En cambio la coherencia de una trama *(plot)* depende del orden generativo, causal de los incidentes: el lector avanza en la lectura con el ánimo en suspensión, estimulado por el deseo de comprender el desarrollo de una interacción de fuerzas. Al leer un cuento vamos percibiendo, uno tras otro, los segmentos de la acción *(story)* mirando hacia adelante. En cambio comprendemos la trama *(plot)* mirando hacia atrás.

10.4. Crítica a esos distingos

A quienes ensanchan la zanja que Forster abrió entre *story* y *plot* se les podría contestar que en un cuento la «probabilidad» no excluye la «necesidad»; que el orden sucesivo no excluye el orden causal; que la curiosidad no excluye el deseo de comprender; y que el interés por el futuro («¿qué ocurriría?») no excluye el interés por el pasado («¿por qué ocurrió?»). El cuento es tan temporal como una melodía, y una melodía tiene sentido a condición de que recordemos sonidos y esperemos sonidos. Las diferencias entre *story* y *plot* no son tan grandes si las comparamos con lo que tienen de común: la coherencia. Volvamos a Forster, quien ejemplifica su distingo con dos esquemas:

Acción: «El rey murió y después murió la reina» (hechos en el orden del reloj y el calendario que pican la curiosidad del lector y lo obligan a preguntar: «¿y qué pasó después?»).

Trama: «El rey murió y después la reina murió de pena» (explicación, gracias a la memoria y la inteligencia, que responde a la pregunta: «¿por qué?»).

Pues bien, si Forster rellenara y continuara esos esquemas con más hechos ya no habría modo de diferenciar entre la acción *(story)* y la trama *(plot)*. Y aun sin extender los esquemas, ¿no es ya una trama que la reina muera después del rey? No es trama de cuento porque la frase «El rey murió y después murió la reina» no es un cuento, sino una oración enunciativa. Pero esa oración está compuesta con dos proposiciones, coordinadas por la conjunción «y», coordinaciones que, en el nivel sintáctico, constituyen ya una trama. Continuemos así, oración tras oración —aunque no formulemos explicaciones que establezcan entre enunciado y enunciado una relación de causa a efecto— y obtendremos un cuento. Cualquier lector imaginativo podría vislumbrar en ese cuento «episódico» sugerencias que espolearan, no sólo su «curiosidad» —para Forster una forma inferior de espiritualidad—, sino también las actividades, para él superiores, de la «memoria» y la «inteligencia».

Mi reserva al distingo de Forster se debe a que, para mí, no sólo la acción vale como trama sino que es una trama. Toda acción percibida, imaginada, pensada por la mente del cuentista adquiere instantáneamente una forma con sentido unitario: es la forma de una trama. Una acción, por natural que sea en la naturaleza (¡perdón!), no penetra en un cuento sino cuando éste le da la forma estética de la trama. Cuando Forster dice que la conexión entre los hechos es a veces cronológica *(story)* y a veces causal *(plot)* está dividiendo el género narrativo en subgéneros: uno inferior a otro. Prefiero no referirme a rangos diferentes de cuentos sino, dentro del mismo cuento, a los acontecimientos que ocurren (acción) y a la forma en que se articulan (trama). Puesto que el contenido de la acción se da siempre en las formas de una trama, no practicaré dicotomías. Leo un cuento y le encuentro acción y trama. Son dos miradas a la misma cosa: en una veo la acción; en otra, la trama, pero la diferencia está en el modo de mirar. Uno levanta los ojos y ve pájaros que vuelan por el cielo y, en seguida, visto con una mirada más atenta, vemos la estructura vectorial de toda la bandada. Son dos miradas al mismo vuelo. Pues bien: después de echarle al cuento una doble mirada llamo *acción* a todo lo que ocurre en un cuento, y *trama* a eso mismo, sólo que percibido en las proporciones y relaciones que guardan entre sí los hechos. Como leemos cuentos a veces sencillos y a veces complicados, uno siente la tentación de diferenciar entre la acción y la trama, pero éstas son inseparables. Toda acción narrada, por sencilla que parezca, ofrece una trama. Los hilos de la acción se entretejen en una trama. Pero ¡ojo! en un cuento esos hilos no son anteriores a la trama. Quiero decir, los hilos también son trama. El «hilo» de la acción —acción lineal de una sucesión de acontecimientos contados uno tras otro— y la «trama» —urdida con ese hilo— son metáforas de industria textil que no hay que sustantivar como si el hilo y la trama existieran de verdad. El «hilo», en un cuento, nunca es simple, como tampoco lo es el largo hilo que las hilanderas producen con cortas fibras de lana, retorciéndolas unas con otras, unas después de otras, de manera que el haz se extiende, fuerte, sin que haya una sola hebra que corra de extremo a extremo. En un cuento el hilo de la acción, por simple que sea su aspecto, está entramado. Nos vamos enterando del sentido de la trama porque la vemos complicarse en una crisis que acaba por resolverse. Los segmentos que se continúan en una línea de acción, aun en esas *stories* que Forster creía desprovistas del principio de la causalidad, tienden hacia un término. Aunque el cuentista no declare que tal suceso es la causa y tal otro es su efecto —efecto este que a su vez obrará como causa del suceso siguiente, y así hasta el desenlace— todos los segmentos se desarrollan anhelosos de cumplir con el plan original. Si omitiéramos ciertos sucesos centrales la serie quedaría descabalada y el cuento perdería sentido. No hay segmentos acausales e inconsecuentes.

El identificar acción y trama me aparta de los formalistas rusos que distinguen entre *fable* (los hechos en el orden en que realmente acontecieron) y *sujet* (los mismos hechos en el orden con que el arte narrativo nos los presenta). Para mí, el verdadero orden es el artístico que leemos: el otro orden sólo existe en un resumen abstraído del cuento, según explicaré en 12.8. (Apostillas). En otro nivel, el identificar la trama con el cuento me aparta de colegas que, aunque no sean formalistas, sostienen que la trama es sólo uno de los varios elementos del cuento. La trama es un encadenamiento de episodios —dicen— y el episodio es un conjunto de escenas que se alejan de un incidente significativo o se aproximan a él; y la escena es una conversación entre dos o tres personajes metidos en una situación común o reunidos por alguna acción; y cuando no oímos un diálogo oímos la voz de un personaje que, en una situación cerrada, pronuncia un monólogo, sea porque está solo o porque nadie lo interrumpe... Estos elementos son separables —continúan opinando algunos de mis colegas— y a veces un elemento único crece a expensas de los demás, los desaloja, llena el espacio de extremo a extremo, deja de ser un elemento para ser un todo y, en efecto, termina por constituir un cuento entero. Cuentos formados por la expansión de un elemento —sigo exponiendo a algunos de mis colegas— conservan la marca de su sencillo origen. Habría —según ellos— cuentos a los que le falta el elemento de la trama y cuentos que no son otra cosa que una trama elemental. Por ejemplo: *a*) un cuento que es nada más que el espontáneo soliloquio con que se reacciona ante un estímulo inmediato: Poldy Bird, «El asesino está suelto»; *b*) un cuento que es nada más que el diálogo de una pareja: Alfredo J. Weiss, «Galas»; *c*) un cuento cuya acción consiste en varias escenas sucesivas que se desprenden de un hecho incitante o que al avanzar hacia el incierto futuro nos hacen esperar un hecho decisivo: Pedro Orgambide, «Vida y memoria del guerrero Nemesio Villafañe», y *d*) un cuento que subordina todos los elementos anteriormente mencionados al propósito de graduar el desenvolvimiento de una trama hacia un final satisfactorio: Manuel Peyrou, «La playa mágica».

Disiento de estas opiniones. Para mí la trama puede ser más o menos simple, más o menos compleja, pero nunca puede faltar en un cuento por la sencilla razón de que el cuento *es* una trama. Dije en 3.5. que el cuentista se desvía de la realidad ordinaria para contarnos una acción extraordinaria. De pronto ve que la vida se raja y de ese punto de fractura sale una excentricidad, un anacronismo, un escándalo, un homicidio, una traición, una incongruencia, una sorpresa, un idilio, un milagro, una crisis (y aun una pausa, pues en contraste con el violento torbellino del mundo la quietud puede asombrarnos tanto como la inquietud). La vida real está llena de rarezas que corren desordenadamente; y lo que hace el cuentista es elegir una de esas rarezas y ordenarlas en un cuento. El caos entra en el microcosmos de una trama.

La trama somete los acontecimientos a una estructura. Un hecho no queda aislado sino que forma parte de los que ya ocurrieron y de los que van a ocurrir. La trama es una organización, como la de un organismo vivo. Mediante la selección de acontecimientos, esto es, omitiendo lo que juzga superfluo o carece de sentido, el cuentista presenta un interesante simulacro de vida.

10.5. Indispensabilidad de la trama: conflicto y situación

Ciertos tratadistas, además de distinguir entre acción y trama, distinguen entre trama y conflicto, entre trama y situación. Y aun llegan a decir que un cuento puede carecer de acción y de trama y ser puro conflicto o pura situación. Para mí, por el contrario, acción, trama, conflicto y situación son una y la misma cosa. Todo cuento narra una acción conflictiva y sólo en la trama la situación adquiere movimientos de cuento. Veamos y discutamos las razones en que se basan esos tratadistas para creer que la trama es prescindible. La trama, sostienen, es la estructura de una acción externa y nada más. En cambio el conflicto es una oposición entre dos fuerzas: atenazado en una situación crítica, el personaje cumple o no su propósito, se decide o no a tomar un curso de acción. Por ende —agregan— un cuento puede carecer de trama pero necesariamente tiene que presentar un conflicto. Y aun careciendo de conflicto, serían capaces de argüir si pensaran en «Caminata», de Francisco Luis Bernárdez, relato sin anécdota que se reduce a reflexiones y reacciones de un narrador solitario que va subiendo por la calle Rivadavia.

En cuanto a la situación, la definen como el punto de arranque del cuento, como el estado en que se encuentran las cosas en el momento en que empieza la acción. Aunque sea así, es evidente que la situación es parte de la trama. Ellos separan la situación de la trama porque ven a la primera con perspectiva sincrónica y a la segunda con perspectiva diacrónica. La situación nos daría el *qué;* la trama, el *qué ocurrirá después.* La situación plantearía un problema; la trama sería ese problema más su solución. Pero es evidente que se teje una trama partiendo de una situación. La trama es una situación desenvuelta. Una situación estática no termina en cuento. Una trama sin una situación inicial es inconcebible. Esa situación, por lo general, cae en una de estas tres categorías:

a)   Un personaje lucha contra fuerzas que están más allá de su control: accidentes, guerras, desastres.

b)   Un personaje lucha contra otros personajes.

c)   Un personaje lucha contra fuerzas que lo agitan desde dentro.

Pero cualquiera que sea el conflicto, cualquiera que sea la situación, son partes de la trama. Cuando se dice que tal cuento no tiene trama lo que se quiere decir es que su trama es tenue en comparación con la de otros cuentos. Es un cuento con un mínimo de argumento que interesa casi exclusivamente por la caracterización del personaje en una escena o en un diálogo. En muchos cuentos (de Luisa Mercedes Levinson, por ejemplo) la trama parece disolverse en pura atmósfera, pero es una atmósfera contenida en una situación, y la situación le da forma.

A veces el cuentista parece que hubiera renunciado a tejer su trama y que nos deja en cambio flecos e hilachas para que nosotros la tejamos por él. El cuento de Frank R. Stockton, «The lady, or the tiger?», va a parar en un dilema y el lector es quien debe imaginarse la solución que prefiere: el protagonista está ante dos puertas, detrás de una lo espera la libertad con la amada, detrás de la otra lo espera la muerte en las garras de un tigre, y el cuento termina sin decirnos cuál es la que abre. Aun en estos cuentos dilemáticos que dejan al lector perplejo la trama está toda tensa. Acostumbrado a tramas tradicionales —personaje, problema, complicación, punto culminante, desenlace— el lector espera que ocurra algo, y cuando concluye el cuento sin que haya ocurrido nada, esa falta de solución adquiere la fuerza de lo inesperado: esta sensación de lo inesperado ha sido producida por el narrador, y la forma con que la produjo hace las veces de desenlace del cuento.

A veces el cuento es un «poema en prosa» cuyas figuras apenas se mueven. Pero lo que se mueve en la trama verbal son las ondulaciones de la sintaxis, las fugas imaginativas de las metáforas, los sustantivos suntuosos, los adjetivos insólitos, la música... El lector, deslumbrado por el don de frase del cuentista, descubre un nuevo interés: la acción de las palabras. Cada palabra es un gesto aristocrático. La curiosidad, la sorpresa, el placer se satisfacen al ver la conducta, no tanto de los personajes cuanto del estilo poético, que viene así a convertirse en héroe de la épica lucha por la expresión de la belleza. Algunos poemas en prosa de *Antes que mueran,* de Norah Lange, o de *Fábulas contra el fragor de los días,* de Héctor René Lafleur, tienen un estilo así: aun la nube de una evocación tiene trama.

Sin trama no hay cuento. La trama es la marcha de la acción, desde su comienzo hasta su final; marcha a lo largo de la cual los elementos del cuento se interrelacionan y componen una unidad que puede ser muy compleja pero que es singular en su autonomía. La trama organiza los incidentes y episodios de manera que satisfagan estéticamente la expectativa del lector. Evita digresiones, cabos sueltos, flojeras y vaguedades. Es una hábil selección de detalles significativos. Un detalle puede iluminar todo lo ocurrido y lo que ocurrirá. La trama es dinámica. Tiene un propósito porque el personaje que está entramado en ella se encamina a un fin. Ese personaje, sea que luche con otro personaje o consigo mismo, con las fuerzas de la naturaleza o de la sociedad, con el azar o con la fatalidad, nos interesa porque queremos saber cómo su lucha ha de terminar. Un problema nos hace esperar la solución; una pregunta, la respuesta; una tensión, la distensión; un misterio, la revelación; un conflicto, el reposo; un nudo, el desenlace que nos satisface o nos sorprende. La trama es indispensable.

10.6.   Número limitado de tramas: la Intertextualidad

El cuento es una trama y hay tantas tramas como cuentos. Sin embargo, el número de tramas habidas y por haber no es infinito; nada de lo que hace el hombre es infinito. El hombre se repite en una realidad que también se repite. Es natural, pues, que las tramas se repitan. El número posible de tramas que nos parecen diferentes o que nos parecen que no se repiten demasiado es indefinido pero finito. Unas tramas nos recuerdan otras, y entonces tenemos la impresión de que, si bien es prácticamente imposible computar todos los cuentos existentes, es teóricamente posible computar las tramas que en nuestro recuerdo se repiten. Pero, cuidado, lo que hacen los confeccionadores de listas es reducir las tramas a resúmenes y observar cómo estos últimos se asemejan entre sí; semejanza entre resúmenes, no entre tramas (12.8.).

La semejanza salta a la vista en algunos casos. Por ejemplo: cuando un cuento es variante de otro; cuando un cuento es una mera traducción que cambia la nómina de los personajes y la toponimia de las circunstancias; cuando se trata de un plagio; cuando se reelabora una materia tradicional; cuando un cuentista cede a contaminaciones o a reminiscencias; cuando un cuento coincide con otro aunque sea por pura casualidad...

Aun dejando de lado estos casos más o menos verificables es lógico pensar que el número de tramas, por indefinido que sea, tiene que ser limitado. El error está en exagerar su limitación. Quienes reducen las tramas a un número pequeño están computando, no tramas, sino resúmenes de tramas. Practican una operación quirúrgica sobre el cuerpo del cuento, le extraen un tejido y lo usan como biopsia. El resumen que extraen destaca la acción principal, dominante, visible que llenaba el cuento desde la primera palabra hasta la última. Luego cotejan los resúmenes así obtenidos y observan que muchos de ellos se repiten. Hacen entrar a unos en otros y llegan a la conclusión de que las tramas únicas son muy pocas. Destacan lo que las respectivas situaciones de los resúmenes comparados tienen de común. Por ejemplo, «El Sur», de Jorge Luis Borges, y «La noche boca arriba», de Julio Cortázar, tienen tramas inconfundibles; sin embargo, el comparatista podría resumirlas con las mismas palabras: un hombre no sabe si está soñando a otro o si, por el contrario, el otro lo está soñando a él. Resumen tan general que valdría para centenares de cuentos diversos, comenzando con aquel cuento chino de Chuang-Tzu, de hace veintitrés siglos:

Hace muchas noches fui una mariposa que revoloteaba contenta de su suerte. Después me desperté, y era Chuang-Tzu. Pero ¿soy en verdad el filósofo Chuang-Tzu que recuerda haber soñado que fue mariposa o soy una mariposa que sueña ahora que es el filósofo Chuang-Tzu?

Las tramas están limitadas por la capacidad humana de contar. El hecho de que dentro de esos límites los resúmenes de las tramas se reduzcan a un mapa mucho menor, no significa que sea posible establecer una cantidad fija. El cuento, insisto, es una trama, y lo leemos en su unidad indivisible. Resumirlo es dividir esa unidad en un fondo y una forma que se prestan a manipulaciones. Puestos a esta tarea analítica, lo primero que obtenemos es el resumen de su acción principal. Cuando este resumen es fiel al cuento, el procedimiento es legítimo y, en efecto, muestra tramas análogas. Pero habría que detenerse en ese punto. Desgraciadamente algunos cuentólogos, una vez decididos a analizar la estructura del cuento, la siguen descomponiendo sin advertir que ya no están describiendo tramas sino filamentos de tramas. O sea, que investigan otra cosa. Los resultados del análisis que hacen son importantísimos pero ajenos a la cuantificación del número de tramas. Ya el resumen —según hemos visto— no es la trama, sino un extracto de ella. Si al resumen le extraemos situaciones, temas, motivos, elementos, etc. nos alejamos aún más de la trama. Una cosa, pues, es reconocer que el número de tramas que no se dejan comparar entre sí es limitado y otra proponer un número fijo. Los números fijos que algunos críticos han propuesto no se refieren a las tramas enteras sino a las situaciones iniciales de ellas. Daré unos pocos ejemplos.

Georges Polti tomó en serio un viejo cálculo de Carlo Gozzi pero, como el título de su libro lo indica —*Les trente-six situations dramatiques* (París 1895)— no estudió tramas, sino situaciones (Apostillas). Las obtuvo de mil doscientas obras teatrales y de unas doscientas obras no teatrales: cuentos, novelas, epopeyas y aun situaciones reales que se dan en la historia y en la vida cotidiana. No todas son situaciones: a veces son temas, a veces son categorías clasificatorias, a veces son meros conceptos psicológicos. «Hay solamente treinta y seis situaciones dramáticas que corresponden a treinta y seis emociones.» Valga un solo ejemplo. El cuento de Poe, «The purloined letter», ilustra, según Polti, la situación undécima: «El enigma: interrogador, perseguidor y problema... Siendo un combate de la inteligencia con voluntades que se le oponen, esta situación puede muy bien simbolizarse con un punto de interrogación.» Dentro de la situación undécima Polti nota varios casos. «El caso A: busca de una persona que debe ser encontrada bajo pena de muerte... Subcaso, sin este peligro, en el cual un objeto, no una persona, es lo que se busca: Poe, "The purloined letter".» Polti ha reducido ¡y cómo! el cuento de Poe, pero no nos da ni siquiera un resumen de su trama: lo clasifica, y nada más, en una categoría donde cabrían mil cuentos sin el menor parecido con el de Poe. En última instancia —concluye Polti— cada situación surge del conflicto entre una energía protagónica y una resistencia antagónica.

El número treinta y seis fue rebajado por Etienne Souriau. A pesar del título de su libro —*Les deux cent mille situations dramatiques* (París 1950)— las funciones fundamentales, de cuyas combinaciones sale aquella elevada cifra, son sólo seis. Toda situación dramática —sea v. gr., *El barbero de Sevilla* de Beaumarchais— está condicionada por seis funciones o pasiones en las que se reflejan las fuerzas del cosmos: *a*) una fuerza temática (el Conde ama); *b*) orientada hacia alguien (el Conde ama a Rosina); c) la recepción de la acción (Fígaro); d) a la fuerza temática se opone una fuerza antagónica (el Conde ama a Rosina a pesar de la oposición de Bartolo); e) hay una fuerza instrumental que ayuda (el Conde, con la ayuda de Fígaro, ama a Rosina a pesar de Bartolo, quien a su vez es ayudado por Basilio), y f) la fuerza que hace de árbitro y decide a favor de uno de los contendientes.

El número seis de Souriau resulta excesivo en comparación con el del título del libro de John Gallishaw: *The Only Two Ways to Write a Story* (Nueva York 1928). Su tesis es que sólo hay dos tipos de cuentos: «Stories of accomplishment» en los que el personaje cumple o no su propósito; y «Stories of decision», en los que el personaje se decide o no a emprender cierta aventura. En los dos tipos de cuento se da el mismo esquema: una voluntad que parte de un punto y no sabemos adónde llegará. Un poco más y reducimos todos los cuentos ¿por qué no? a un movimiento único: el choque entre una voluntad y un obstáculo. Pero así, de abstracción en abstracción, llegamos a un principio filosófico tan general que, de puro vacío, no nos sirve para estudiar las tramas del cuento.

Por ejemplo, ¿no suena demasiado general la clasificación de tramas que Norman Friedman fabrica en nombre de un principio filosófico? Según nos dice en *Form and Meaning in Fiction* su principio filosófico es de abolengo aristotélico —el de la «causa formal» o estructura— y con él se las arregla para deducir tres clases de tramas, cada una de las cuales se divide en subclases:

Primera clase: Tramas con cambios de fortuna.   a) Trama activa. Es la más simple. Nos intriga porque después de un incidente nos preguntamos: ¿qué va a ocurrir ahora? La caracterización de los personajes y la idea dominante en el cuento interesan menos que la acción. b) Trama patética. Presenta el sufrimiento de un protagonista simpático. No es culpable de ningún pecado grave pero es débil y sufre mucho. Nos compadecemos porque en él reconocemos la fragilidad humana. c) Trama trágica. Este protagonista, como el anterior, es simpático; pero como es fuerte, voluntarioso, inteligente y responsable por los errores que comete, al verlo caer en la desgracia sentimos cierto alivio en nuestra conciencia. d) Trama punitiva. El protagonista es antipático y su conducta malvada. Puede que sea admirable por su fuerza y astucia pero es una mala persona y merece sufrir. e) Trama sentimental. El vuelco de la fortuna aquí es para bien del protagonista, que no es un héroe dotado con notables cualidades sino una persona ordinaria; eso sí, simpática. Sufre, pero al final la buena suerte le sonríe. f) Trama admirativa. También el vuelco de fortuna es favorable y admiramos al héroe por su capacidad, sus proezas, su merecido triunfo sobre adversas circunstancias.

Segunda clase: Tramas de carácter.   a) Trama de la madurez. El carácter del protagonista, al principio vacilante, se va formando en un proceso de tanteos y errores que terminan en un cambio positivo. b) Trama de la reforma. También aquí cambia favorablemente el carácter del protagonista, sólo que, a diferencia del anterior, comenzó ya suficientemente formado y por tanto desde el principio supo distinguir entre el bien y el mal. Eligió primero el mal pero al final se reforma. c) Trama que pone a prueba el carácter. El héroe, simpático, fuerte, emprendedor, tiene que elegir entre sus nobles ideales, en cuyo caso sufrirá, y salvar su pellejo a costa de la conciencia moral. A fin de cuentas elige de modo que se gana nuestro respeto. d) Trama de la degradación. Al comienzo el protagonista es una buena persona pero algo lo decepciona y entonces su carácter se degrada.

Tercera clase: Tramas de ideas.   *a*) Trama de la educación. El protagonista va educándose a sí mismo y seguimos los cambios filosóficos de sus creencias, ideas y actitudes. *b*) Trama de la revelación. El protagonista vive y actúa ignorando hechos importantes de la situación en que está metido hasta que de pronto descubre la verdad. *c*) Trama de la afectividad hacia el prójimo. Los cambios del carácter no se deben aquí, como en la trama de la educación, a un esfuerzo intelectual, sino a la influencia que se recibe de otras personas al verlas de repente iluminadas por una inesperada luz. *d*) Trama de la desilusión. El protagonista, animado por excelsos principios espirituales, de súbito pierde la fe. Lo lamentamos pero por otro lado comprendemos que su fe era excesiva.

Abstraer de varios textos literarios la forma en que un texto se relaciona con un texto anterior es una operación grata a los investigadores de fuentes. A la relación entre esos textos se la llama Intertextualidad. No es, como suponen algunos semiólogos, una relación objetiva que preexista en un sistema lingüísticoliterario ya constituido, donde todas las obras del mundo resultarían ser intertextuales y todos los escritores habidos y por haber resultarían ser repetidores, imitadores, reelaboradores o plagiarios más o menos reminiscentes, más o menos amnésicos. En todo caso, si los escritores nos refundimos unos en otros no será por la influencia de una Intertextualidad metafísica, absolutamente objetiva, sino por la Intersubjetividad humana, explicable por la materia nerviosa común a nuestra especie zoológica. Y también por la Interverbosidad pues al hablar estamos usando la lengua que de niños aprendimos de la familia. La Intertextualidad no ejerce sobre nadie una fascinación sobrenatural: es un concepto, una mera forma lógica que el crítico abstrae para él solito después de observar que en un texto particular, escrito por un autor individual, hay huellas, explícitas o implícitas, de lecturas ajenas, hechas por ese autor. En una narración encontramos *algo* —una cita, una alusión, una referencia, etc.— que fue escrito antes. Si le damos importancia a este hecho nada extraordinario podemos designar con adecuados términos el texto que asimila y el texto asimilado, el marco y lo enmarcado. Por ejemplo, podemos designar a la narración con el término Exotexto, o Metatexto, o Hipertexto; y al *algo* que fue asimilado en la narración podemos designarlo con el término Intratexto, o Texto-objeto, o Hipotexto. (¡Que el Dios de las Palabras Ordinarias nos libre de las terminologías de la Semiótica! Hago lo que puedo para no emplearlas.) Yo llamaría «texto» a lo escrito por el narrador que estamos leyendo y dentro de ese texto distinguiría entre las palabras propias del narrador y las palabras ajenas que el narrador incorporó a su escrito. He aquí, por ejemplo, un minicuento de *El gato de Cheshire*:

> *Soñé que recorría el Paraíso y que un ángel me daba una flor como prueba de que había estado allí*, escribió Coleridge, y no quiso agregar que, al despertar y encontrarse con esa flor en la mano, comprendió que la flor era del infierno y que se la dieron nada más que para enloquecerlo.

Tal es el texto entero del minicuento. La primera oración, que acabo de subrayar, es una cita del poeta inglés Samuel Taylor Coleridge asimilada por la oración que la rige con el verbo «escribió»; esta segunda oración es la que he dejado sin subrayar.

La clase de relación entre ambas oraciones, sea por imitación o por transformación, es lo que estudian los especialistas en Intertextualidad. El ejemplo anterior es una relación simple, de frases, pero en este capítulo nos concierne la relación entre tramas, que es mucho más intrincada, en parte por los esfuerzos que cada escritor hace para no rendirse ante el número limitado de tramas y salvar así su originalidad.

10.7. Principio, medio y fin

Quienes enseñan o tratan de enseñar el arte de escribir eligen como modelo «cuentos bien hechos» con un principio, un medio y un fin. Según esos profesores habría que principiar con cinco presentaciones de la información necesaria:

a) quién es el protagonista;

b) dónde ocurre la primera escena;

c) cuándo ocurre;

d) qué ocurre;

e) por qué ocurre.

Después habría que desenvolver la situación inicial con interludios:

a) obstáculos en el camino que recorre el personaje para resolver su problema;

b) dilaciones —una noticia ocultada, una prórroga, un accidente, etc.— en el progreso del cuento;

c) peligros inminentes que amenazan al personaje, sépalo él o no;

d) luchas físicas o psíquicas, que tendrán que terminar de algún modo;

e) compás de espera sin que el personaje (ni el lector) adivinen lo que vendrá;

f) interrupción, por la entrada de alguien en escena, de lo que el personaje estaba a punto de revelar;

g) digresiones que desvían el curso central de la historia;

h) indecisiones en el ánimo conflictivo del personaje;

i) comentarios con los que el narrador detiene la acción por filosofar demasiado sobre ella;

j) inacción del personaje por abulia, inocencia o impotencia.

Por último habría que elegir uno o combinar varios de los desenlaces que los profesores a que aludimos clasifican así:

a) terminantes. El problema planteado por el cuento queda resuelto, sin dudas, sin cabos sueltos.

b) problemáticos. El problema sigue sin resolver.

c) dilemáticos. El problema ofrece dos soluciones: el lector es libre para elegir la que se le antoje más verosímil pero sin estar seguro de que ésa es la verdadera.

d) promisorios. Se sugieren, sin especificarlas, posibles aperturas: «quizá, en el futuro»...

e) invertidos. El protagonista, al final, toma una actitud opuesta a la inicial: si al principio odiaba a una persona acabará por amarla, etc.

f) sorpresivos. Con un truco el narrador engaña al lector y en los últimos renglones lo desengaña con una salida inesperada (13.9.).

El «cuento bien hecho» con una exposición, un nudo y un desenlace es un mito, en el mejor de los casos un modelo didáctico sin valor, no digo estético, pero ni siquiera normativo. Como a pesar de esta fulminación que acabo de arrojar estoy constantemente hablando de principio, medio y fin el lector tiene derecho a pedirme explicaciones. Bueno. Se puede negar que la exposición, el nudo y el desenlace aparezcan con este orden rígido en todo cuento bien hecho sin negar por ello que haya, en todo cuento, bien o mal hecho, un principio, un medio y un fin. La confusión entre una y otra cosa arranca, como otras confusiones retóricas, de lecturas de Aristóteles (10.2.). El señor Pero-Grullo da razón a Aristóteles: el narrador principia por el principio y finaliza con el final. Tamaña perogrullada cambia de significado según la apliquemos al cuento formal (donde es posible tomar «principio, medio, fin» al pie de la letra, como formas tangibles) o al cuento informal (donde se refieren, figuradamente, a las formas mentales del narrador).

Cuento formal. Veamos primero la anatomía y fisiología de un cuento formal, clásico. Es la anatomía de un cuerpo. El texto es una limitada serie de palabras: principia con la primera, finaliza con la última. El cuento más amorfo no podría menos que sujetarse a las formas de esos límites. Una vez comenzado, tiene que terminar. Aun en los «cuentos de nunca acabar» la forma marcha hacia una estación terminal, que es la fatiga del que narra o la desatención del que escucha o la broma con que el cuento explota. La fisiología del cuento clásico es aún más significativa. La función del principio es presentar una situación. No sólo el narrador nos la describe sino que también nos indica en qué consiste el problema que está preocupando al personaje. La función del medio es presentar los intentos del personaje para resolver ese problema que ha surgido de la situación y crece en sucesivos encontronazos con otras voluntades o con fuerzas de la sociedad o de la naturaleza. La función del fin es presentar la solución del problema con un hecho que vinculado directa o indirectamente al personaje satisface la expectativa, para bien o para mal, de un modo inesperado. Anatomía y fisiología con principio, medio y fin. Hay que planearlos, cualesquiera que sean: el cuerpo del cuento clásico da razón de por qué se eligieron estos módulos y no otros. «¿Qué es lo que va a ocurrir ahora?», se pregunta el lector; y esta pregunta tiene sentido solamente si el cuento está avanzando de un punto inicial a un punto final. Entre uno y otro punto hay relaciones que se apoyan en las normales apetencias de la curiosidad del lector. En conseguir que el lector esté a la espera reside el secreto del arte clásico de la construcción argumental.

Cuento informal. El narrador reemplaza las formas tradicionales con otras que él plasma a gusto de su paladar. Si le apetece, cuenta para atrás. El narrador-protagonista de «La juventud dorada» de Alberto Vanasco está encerrado en la prisión y relata, en un orden que va de lo reciente a lo anterior, los delitos por los que lo han puesto preso. Héctor Tizón, en «Gemelos», muestra primero el cadáver de Ernesto el Grande; después cuenta su vida y cómo Ernesto el Chico lo mató. Uno de los motivos menos serios del narrador que empieza por confiarnos cómo va a acabar su cuento podría ser el siguiente. Hay lectores que, antes de leer un cuento, quieren averiguar cómo termina y le echan un indiscreto vistazo al desenlace. Anticipándose —consciente o inconscientemente— a ese hábito, el narrador inicia su cuento con el desenlace. La ausencia de exposición de antecedentes, explicaciones e informaciones suele dar al principio de ciertos cuentos una forma de rompecabezas: el lector está confundido, perplejo, perdido en la oscuridad y su pregunta no es, como ante el cuento clásico, «¿qué ocurrirá en el futuro?», sino «¿qué diablos significa este pasado?». Si toda la acción ya ha ocurrido, el principio es una crisis final y el cuento es la gradual revelación de ese pasado mediante espaciadas miraditas retrospectivas. Que un cuento se abra con el final de una aventura y se cierre con una escena que expone los antecedentes de la aventura es una de las tantas irregularidades en el arte de contar. Véanse otras pocas. Las últimas palabras pueden repetir las primeras para imprimir a la historia un movimiento circular, de eterno retorno. Entre el principio y el fin la acción puede ir a saltos en el tiempo, para atrás, para adelante, para atrás otra vez. La acción, en vez de partir de un pretérito hasta llegar a la crisis en un presente, puede transcurrir entera en un instante presente.

La satisfacción estética.   Acabamos de ver que si pasamos del cuento formal, ordenado cronológicamente, a un cuento informal, que no se ajusta a relojes y calendarios, los términos de Aristóteles —principio, medio y fin— no significan lo mismo. Los uso pero de otra manera. Me sirven para designar formas del cuento, no de la realidad de donde salió el cuento. Ni siquiera voy a usar estos términos —según hacen algunos maestros— como sinónimos de exposición, nudo y desenlace. Porque para mí un cuento tiene, sí, principio, medio y fin, pero no siempre el principio es una exposición, el medio un nudo y el fin un desenlace. Si el narrador así lo dispone, la exposición suelta sus informaciones poco a poco y espaciadamente en el decurso de la narración; o el desenlace aparece en el primer párrafo y la reparación de ese desenlace en el párrafo último.

Entonces, se dirá, ¿por qué hablar de principio, medio y fin, puesto que no cumplen una función específica? Ah, es que sí la cumplen, sólo que no es una función lógica sino artística. Con esos términos me refiero a una sucesión, no de hechos, sino de tensiones y distensiones, de problemas y soluciones, de desequilibrios y equilibrios. El cuento está agitado por dos movimientos reñidos: uno, que ordena los sucesos de modo que el final sea inevitable y, por tanto, convenza y satisfaga al lector que lo esperaba; y otro que desconcierte al lector con un final inesperado. La hábil composición de ambos movimientos es una prueba de excelencia. Las técnicas para que el interés en lo que va a ocurrir no decaiga son innumerables pero todas trabajan en un solo rumbo. Por ejemplo:

Un *enigma despierta la curiosidad*: se resuelve con una *explicación*.

Un *conflicto* produce *incertidumbre*: se revuelve con un *ímpetu*.

Una *tensión* crea *expectativa*: se resuelve con un *relajamiento*.

En principio, el medio y el fin son formas mentales del narrador —revividas mentalmente por el lector— gracias a las cuales el cuento comienza por llamar la atención sobre un punto interesante, mantiene despierta la curiosidad y satisface la expectativa. Lo que llama la atención del lector es un principio en el orden narrativo. «Este cuento principia bien: tiene un principio que me agarra», pensamos. Pero ese principio narrativo no es necesariamente el principio de una acción. Puede ser, por ejemplo, el suicidio que pone fin a una vida muy activa. En este caso, el principio de la narración es el final de la acción y, por el contrario, solamente al final de la narración vemos cómo principian las acciones que han de llevar al suicidio. En todos estos casos la secuencia narrativa, por ilógica que sea, funciona con un principio, un medio y un fin. Por lo pronto, el cuento comienza con el título y termina con el punto final. El título cumple diversas funciones: moraliza, ornamenta, define un tema, clasifica un género, promete un tono, prepara una sorpresa, incita la curiosidad, nombra al protagonista, destaca el objeto más significativo, expresa un arrebato lírico, juega con una ironía. En el título «La casa de Asterión», de Borges, tenemos la clave mitológica: se trata del laberinto del Minotauro. El título «La cruz», de Samuel Glusberg, anticipa lo que será la última palabra, punto de máxima iluminación y al mismo tiempo inesperado desenlace. El título «¡Mira esas rosas!», de Elizabeth Bowen, forma ya parte del texto narrativo pues es la exclamación del protagonista completada —en la primera frase del cuento— con la enunciación del sujeto, el verbo y el complemento: «Exclamó Lou al vislumbrar una casa envuelta en flores asombrosas.» Un cuento comienza con el título y termina con el punto final pero lo importante es que tanto el principio como el final sean satisfactorios: esto es, abran y cierren la curiosidad. En otras palabras, lo que importa no es el esquema extraartístico que va de la Causa al Efecto sino el esquema artístico que va de la Solicitud a la Satisfacción.

10.8. Glosario sobre la trama

Directa o indirectamente, concreta o vagamente, no hago otra cosa, en todo este libro, que hablar de la trama. Es natural. Estoy estudiando el cuento, y el cuento es una trama. En otros capítulos —v. gr., 11.— seré más analítico. En esta sección me dedicaré a generalidades, o sea, a conceptos imprecisos. De los diccionarios de literatura podríamos sacar términos para describir la trama de un cuento. Desgraciadamente sus definiciones son muy discutibles. Prefiero confeccionar, si no mi propio diccionario, por lo menos una lista de definiciones tipo diccionario:

Principio.   Todo cuento tiene por fuerza un principio, así sea el de la primera letra de la primera frase. ¿Por dónde comenzar? Se supone que un personaje ha vivido antes de que lo veamos vivir en el cuento. Aunque el cuento comience justamente con su nacimiento es obvio que ha nacido de circunstancias ya dadas. El comienzo no es absoluto, sino relativo a los propósitos del cuento. Es el caso del cuento que comienza con la muerte de un personaje cuya vida se relata después.

Acción envolvente.   La acción del cuento está iluminada por el rayo de luz que el narrador le ha arrojado. Ese círculo de luz se destaca contra un fondo oscuro. Fuera del cuento, en la oscuridad, presentimos que se están moviendo fuerzas sociales y psicológicas de la misma índole que las que vemos dentro del cuento. Ese fondo invisible pero no inerte es una acción sobreentendida. Precede al cuento, prolonga el cuento, envuelve al cuento. Es, pongamos por caso, el fondo de violencia política durante una dictadura militar que envuelve «La bala cansada» (G).

Acción antecedente.   A veces hay que explicar lo que ha ocurrido antes de que comience la acción del cuento. Es un riesgo, pues la explicación puede distraer, aburrir, fatigar. Sabiéndolo comencé así «El beso» (G): «Para que el lector entienda hay que ser claro. Digámoslo con toda claridad: el protagonista se llama Leopoldo Vega, frisa en los cuarenta y cinco años, es de corta estatura, algo calvo, algo panzón, feo, miope, respetable, está casado con una mujer de su misma edad, tiene tres hijos ya crecidos, explica literatura en una universidad provincial de la Argentina y, cuando le ocurrió lo que vamos a contar, se encontraba en España, solo y su alma.»

Exposición. El narrador arranca de una situación crítica y de ahí progresa gradualmente hacia el punto culminante y el desenlace, pero es evidente que el personaje que aparece en esa situación tiene un pasado. Si el cuento comienza, no *ab ovo*, sino *in medias res*, el narrador suele informarnos sobre los antecedentes. En esta exposición selecciona sólo lo que es significativo. La inteligibilidad del cuento depende de que esa exposición sea inteligente. A veces el narrador nos dará una exposición con la completa biografía; a veces muchos años de su vida; a veces el personaje aparece en una coyuntura desde la que rápidamente pasa al desenlace.

Escena. Vimos que el narrador no puede dar todo el pasado: su exposición elige unos pocos antecedentes. Del mismo modo, tampoco puede dar el presente total: cada escena es una acción corta, con detalles sugerentes hábilmente seleccionados. Algunas escenas son obligatorias porque el narrador nos ha hecho creer que algo extraordinario va a ocurrir y por tanto tenemos el derecho de verlas y él tiene la obligación de mostrárnoslas.

Retrospección. El narrador omnisciente, después de contarnos un hecho del protagonista, lo complementa con hechos anteriores. Si el narrador es el protagonista, en medio de su relato se detiene y evoca el pasado.

Prefiguración. Insinúa que algo va a suceder. El lector sigue leyendo con ansia de ver si sus sospechas se confirman. La prefiguración nos prepara para acontecimientos futuros sin telegrafiarnos el desenlace: aun cuando barruntemos que esos acontecimientos van a ocurrir tenemos que esperar hasta el final para comprender su significado. Así, la prefiguración refuerza al mismo tiempo la inevitabilidad y la imprevisibilidad de la acción. Hay prefiguraciones que anuncian los hechos describiendo un lugar, una atmósfera, una tónica sentimental; otras lo hacen con símbolos, signos supersticiosos o citas filosóficas; otras, con paralelismos y contrastes, etc. A veces el narrador comienza anunciando un hecho del que todo el cuento que siga será su preparación: o sea, que comienza en el futuro, como en «Murciélagos» (B).

Incidente y episodio. Se dice que «incidente» es algo que ocurre y «episodio» es un grupo de incidentes relacionados. También se dice que un «incidente» es efecto de una causa o causa de un efecto y por tanto empuja el cuento de complicación en complicación hacia un desenlace; y que el «episodio», por el contrario, no es causal sino digresivo y en consecuencia sirve más para la caracterización que para la trama. Si lo dijeran al revés daría lo mismo pues la etimología latina de «incidente» y la griega de «episodio» permiten definiciones invertidas. Por eso en 11.4. y 11.5. uso indistintivamente «incidentes» y «episodios» en mi clasificación de «unidades narrantes» y «unidades no narrantes». Serían «narrantes» los incidentes y episodios que principian y concluyen; y «no narrantes» los que carecen de desenlace y no alcanzan a constituirse en unidad. Ya veremos todo esto más despacio en el próximo capítulo. Entretanto, en esta sección sigo charlando sobre generalidades de la trama sin proponerme definir los conceptos con precisión. Diré, pues, que en un cuento hay varias clases de incidentes o episodios: *argumentales*, que se entretejen con la trama; *graduales*, de crisis menores a una crisis mayor o clímax; *caracterizadores*, que revelan la psicología de un personaje solitario por su modo de reaccionar a un estímulo de la realidad o de accionar con su programa personal; *descriptivos* del dónde y el cuándo de la acción; *simbólicos* del significado del cuento.

Repetición. En un cuento de estructura bien apretada no sobra ni una palabra. Cuando las palabras se repiten lo repetido no siempre es un sobrante. El cuentista, para impresionar al lector, suele insistir en algo dicho. Aunque las palabras con que insiste difieran de las anteriores, están refiriéndose a una situación ya conocida y por tanto la están repitiendo. En todo caso, si no es una repetición, es una variante. Es como si mostrara el mismo objeto pero cada vez envuelto en una luz de diferente color. Pues bien: cuando ese cuentista dice lo mismo, una y otra vez, su trama no se afloja si su intención es preparar la verosimilitud de un desenlace insólito. En mi cuento «El viaje» (G), para preparar el efecto final —«y las carnes se le fueron disolviendo en el mar, como un terrón»— desde la primera línea fui describiendo al personaje que ha de ahogarse como amasado con tierra, y las notas del color de su piel y las metáforas de carne-tierra son deliberadas anticipaciones, no descuidadas repeticiones. La repetición puede ser, pues, no superflua, sino económica. El contar varias veces lo que ocurrió una sola vez es una de las tantas repeticiones que usa el cuentista. Las usa adrede cuando quiere producir el efecto de una visión estereoscópica (7.2.5.). Pero esta repetición que da solidez y bulto a una escena forma parte de un sistema de tratamientos posibles y el cuentista los repasa mentalmente todos antes de elegir uno. El sistema —véase Gerald Genette, *Figures III*— es ternario: el contar una sola vez lo que pasó una sola vez; el contar varias veces lo que pasó muchas veces; el contar una sola vez lo que pasó muchas veces.

Suspensión. La trama entreteje los estímulos que el personaje recibe y las reacciones del personaje a esos estímulos. Arma una serie de acontecimientos para mantener despierta nuestra curiosidad: «¿qué les pasará a estos personajes, cumplirán o no con su propósito?». El lector sabe que la trama ha comenzado apenas advierte el problema narrativo: «¿por qué tal personaje ha intentado tal cosa?, ¿tendrá éxito ese intento?». La curiosidad por lo que va a ocurrir lo prende a las páginas que lee como si fueran parte de la vida misma. Los intentos del personaje a veces encuentran caminos abiertos y a veces caminos cerrados; en consecuencia, el lector espera con ansia el final y sus dudas le suspenden el ánimo. Suspensión, esto es, incertidumbre ante lo que va a venir. Esta suspensión («suspense» en inglés) es el tono emocional del lector ante la parsimonia con que el narrador, después de haberle mostrado un problema, le escatima las informaciones para que no pueda adivinar la solución. Hay dos clases. *Suspensión simple* es la del lector que ignora tanto como el personaje. En tal cuento el protagonista está en peligro: ¿será destruido o se salvará? Ni él ni el lector lo saben. *Suspensión compleja* es la del lector que comparte con el narrador el conocimiento de lo que va a ocurrir y entonces espera con ansia el momento en que el personaje —el único ignorante— ha de darse cuenta: el niño Isaac ayuda a su padre Abraham a encender la fogata sin saber lo que el lector sabe, que se trata de una pauta para sacrificarlo.

Ocultamientos. La curiosidad se ve picada precisamente porque el lector nota que se le está ocultando algo.

Simulaciones. Tal personaje está simulando ser lo que no es: queremos conocer su verdadera personalidad o, si la conocemos, ver el momento en que los otros personajes del cuento la descubren.

Casualidades. Mecanismos del azar —Deus ex machina— desquician la normal conducta humana: un testamento perdido, una aparente resurrección, una repentina amnesia, etc.

Complicaciones. En una serie de creciente intensidad los incidentes se acumulan y la presión interior busca la salida de una descarga decisiva. Cambios abruptos por introducción de elementos nuevos.

Iluminaciones. Se enfoca en un acontecimiento que junta en haz acciones anteriores, y así se ve, a toda luz, el sentido total del cuento.

Culminaciones. Si las iluminaciones dejan ver, en un plano intelectual, la significación del cuento, las culminaciones, en el plano argumental, muestran momentos decisivos, pivotes en que la acción física da un giro.

Despistes. El narrador desorienta al lector plantando falsas pistas. En «La norteamericana» (G) se describe a un mozo espión para apartar la sospecha del personaje que ha de violar a la mujer.

Desenlace. Con una atención sostenida que en ocasiones es más intensa que la que prestamos a la realidad circundante el lector se deja absorber por el cuento. Es como si el cuento creciera de una tremenda agitación en la conciencia humana; agitación que obliga al personaje a tomar decisiones de las que resultará la victoria o la derrota de su voluntad. Ante el entrechoque de fuerzas en sucesivas crisis el interés del lector se acrecienta con la duda, con la curiosidad, con la proyección emocional en el destino ajeno. El desenlace es una descarga de energía contenida: feliz o infeliz, ese desenlace era inevitable; inevitable pero imprevisto; y aun cuando pudiera preverse, el lector se queda satisfecho porque ha confirmado su sentimiento de solidaridad con el género humano o ha entendido que allí hay un mensaje que confiere al cuento significación filosófica. El cuento tiene que terminar alguna vez. Puede terminar con un desenlace redondo, que satisfaga la expectativa creada a lo largo del cuento —solución a un problema o sorpresa final— pero también puede terminar dejando la impresión suspendida en un dilema o en una sugerencia abierta a interpretaciones (13.9.). Véase uno de esos desenlaces que en 10.7. llamé «problemáticos», es decir, que dejan el problema sin resolver. Lo tomo de un cuento de Leopoldo Lugones: «La estatua de sal.» El monje Sosístrato se entera por Satanás de que la esposa de Lot, transformada en estatua de sal porque, desobedeciendo a Dios, miró atrás cuando Sodoma fue destruida, está todavía viva, y gime, y suda. Decide bautizar a la estatua de sal, libertar a la mujer que allí está sufriendo. Lo hace. La sal se disuelve y aparece una vieja flaca y andrajosa. Sosístrato le pregunta qué vio cuando volvió el rostro para mirar, y el cuento termina así: «Entonces aquel espectro aproximó su boca al oído del cenobita, y dijo una palabra. Y Sosístrato, fulminado, anonadado, sin arrojar un grito, cayó muerto.» Hay también falsos desenlaces. Por ejemplo, en «Mi prima May» (B), mi narrador dice que «el cuento ha terminado» pero no es así: lo que sigue es el verdadero desenlace. El «falso desenlace» engaña porque está puesto antes del desenlace verdadero y en este sentido lo prepara. No confundirlo, pues, con el mero cierre ornamental en un cuento sin desenlace: cierre que no finaliza la acción del cuento sino que solamente cierra el texto impreso. Son, generalmente, frases descriptivas o exclamaciones, según puede verse en estos ejemplos que extraigo de la literatura argentina: «Comenzaba el otoño» (Héctor Eandi); «El sol estaba alto ya. Era un día radiante» (Carmen Gándara); «Bien dijo el Eclesiastés: Vanidad de vanidades y toda vanidad» (Samuel Glusberg); «En la quietud dilatada, un gallo agitó ruidosamente las alas y cantó en la noche» (Alberto Gerchunoff). En el mejor de los casos estas frases decorativas son símbolos de esperanza o desesperanza, indicios de que ha habido un cambio de actitud, detalles que por incongruentes que parezcan equivalen al gesto de «colorín colorado el cuento se ha acabado». Podríamos calificar de «cósmico» al desenlace que pone fin al cuento con un Fin del Mundo o con la descripción más o menos apocalíptica de un desastre que afecta a todos los personajes y, por consiguiente, los amasa en un único personaje colectivo: Leopoldo Lugones, «La lluvia de fuego»; Roberto Arlt, «La luna roja»; Nicolás Cócaro, «Agnostos Théos»; A. L. Pérez de Zelaschi, «La ceniza»; H. A. Murena, «El fin» y mi «Luna de la ceniza» (M).

Clímax y anticlímax.   La acción de un cuento recorre varias fases: exposición, complicación, crisis, desenlace. Cada una de estas fases produce sentimientos específicos. Entre la crisis y el desenlace se produce el clímax, que es el grado de más intensidad sentimental. Cuando la crisis y el desenlace se juntan o coinciden, el clímax viene a coronarlos. No siempre el cuento termina en este punto culminante: acontecimientos insignificantes continúan innecesariamente la acción principal o la contrarrestan. Entonces se dice que el cuento termina con anticlímax. Si el anticlímax es irónico, forma parte de la unidad intencional del cuento.

Presiento la protesta de mi lector. Mareado por este oleaje de generalidades, por este ir y venir de conceptos imprecisos, ya no aguanta más y me reclama que le describa, y aun que le diagrame, la estructura de la acción cuentística. Bueno. Sería fácil describir y diagramar la trama de un cuento particular pero no la de todos los cuentos en general. En un cuento particular el crítico sigue los pasos del narrador en su personal manera de presentar un conflicto y de resolverlo a través de etapas de exposición, complicación y conclusión. El crítico, si quiere reducir todas las tramas posibles a un solo esquema, en vista de tanta diversidad tiene que prenderse a la lógica, y la lógica es mala consejera en materias de arte. Sin embargo, trataré de complacer al lector describiéndole, y aun diagramándole, la estructura cuentística.

11.   RELACIONES ENTRE LA TRAMA TOTAL Y SUS PARTES

11.1. Introducción

Un cuento tiene una trama. Más: es una trama. El análisis morfológico intenta deslindar los elementos que componen la estructura de ese cuento-trama. ¿Cuál es la unidad máxima? ¿Cuál es la unidad mínima? ¿Cuáles son las unidades intermedias que van de la máxima a la mínima?

En el capítulo anterior he tocado estas cuestiones pero ahora quisiera analizarlas con más rigor. La bibliografía sobre el tema es extensísima. Antes de exponer mi propio método daré una noticia somera sobre algunas contribuciones que me han sido muy útiles. En primer lugar, las del formalista ruso Vladimir Propp, *Morfología del cuento* (1928), seguidas por las de estructuralistas de todo el globo (Apostillas).

11.2. La escuela estructuralista

Propp, impresionado por la semejanza entre cuentos del mundo entero, decidió experimentar con cien cuentos populares rusos de tema fantástico. Observó que los personajes de esos cuentos variaban en sus circunstancias, nombres, sexos, edades, cualidades pero que sus acciones permanecían. He aquí cuatro ejemplos:

1.   El rey *da* un águila a uno de sus bravos. El águila *lleva* al bravo a otro reino.

2.   Su abuelo *da* un caballo a Soutchenko. El caballo *lleva* a Soutchenko a otro reino.

3.   El mago *da* una barca a Iván. La barca *lleva* a Iván a otro reino.

4.   La hija del rey *da* un anillo a Iván. Los bravos evocados por el anillo *llevan* a Iván a otro reino.

Se trata, evidentemente, de una trama casi idéntica: los personajes cambian de nombre y de atributos pero sus acciones o funciones no cambian. En esos cuatro ejemplos tenemos las funciones de *dar* y *llevar*, donación y traslado. Hay que distinguir, pues, entre elementos variables y elementos invariables. Los cuentos suelen otorgar idénticas funciones a personajes diferentes. Lo importante es saber qué hacen los personajes y no quiénes son ni cómo ni por qué lo hacen. Los personajes son innumerables; sus funciones se reducen a un número muy limitado.

La unidad mínima de un cuento, dice Propp, no es el tema, puesto que éste se descompone en motivos, ni el motivo, puesto que éste se descompone en elementos variables (personajes) e invariables (funciones). La unidad mínima es la función invariable. Las funciones son acciones de los personajes; el morfólogo, sin tener en cuenta a los personajes, debe analizar las funciones según la significación que tengan en el desarrollo de la trama. El análisis morfológico, pues, se especializa en funciones de personajes; o sea, en los elementos primarios, fundamentales que constituyen un cuento. Una función conduce a otra, y ésta a otra, y de tal manera se va desenvolviendo la acción del cuento. Por ejemplo, una prohibición conduce a una transgresión, y la transgresión al castigo. Reducir los cuentos a las características de sus tramas sería demasiado vago, difuso; es mejor —dice Propp— reducirlos a las características estructurales de las funciones. Surgiría así una tipología según que en un cuento estén presentes o ausentes tales o cuales funciones mutuamente excluyentes. El número de funciones es limitado. En total las funciones que Propp cataloga son treinta y una. Treinta y una funciones o acciones realizadas por los personajes: ausencia; prohibición; transgresión, interrogación o demanda; información o noticia, engaño; complicidad involuntaria; daño y carencia; mediación, momento de enlace; decisión del héroe; partida; primera función del donante; reacción del héroe; transmisión, obtención del auxiliar mágico; traslado de un reino a otro; lucha; marca, señal; victoria; eliminación o reparación del daño; regreso; persecución; salvación; llegada de incógnito; impostura del falso héroe; tarea difícil; cumplimiento; identificación; descubrimiento, transfiguración; castigo; nupcias.

De todas estas funciones —dice Propp— dos son especialmente importantes porque sirven como nudos de la intriga: la función del personaje que causa un daño y la función del personaje que desea poseer algo de que carece. Desde el punto de vista morfológico —concluye— cuento es todo proceso que partiendo de la función *daño* o *carencia* llega a través de otras funciones a un desenlace. Así que en última instancia las treinta y una funciones se reducen a dos esencialmente narrativas: una voluntad que se opone a otra, una voluntad que desea algo.

En general los estructuralista coinciden con Propp en que los cuentos ofrecen un mismo asunto en múltiples y diversas variantes. La máquina crítica de Propp funciona bien cuando se la enchufa en los cuentos del folklore ruso; para que también funcione en cuentos literarios del resto de las naciones hay que adaptarla con dispositivos transformadores. Es lo que ha hecho —entre otros— Claude Bremond en su *Logique du récit* (1973).

Partiendo de Propp, y corrigiéndolo en el camino, Bremond presenta un cuadro de estructuras mucho más completo y flexible. Sus esquemas de «los papeles narrativos» son numerosísimos. Bremond descompone un cuento en un complejo de «rôles», simultáneos o sucesivos, que se combinan en procesos. Cada proceso se desenvuelve en tres estadios: virtualidad, actualización, logro. Pero el cuento puede negarse a pasar por uno de los estadios de ese proceso. Es decir, que las funciones o acciones de los personajes, que para Propp se seguían unas a otras necesariamente, para Bremond son contingentes: el narrador abre la secuencia con una función pero luego es libre de actualizarla, esto es, de hacerla pasar al acto o de mantenerla en estado de virtualidad.

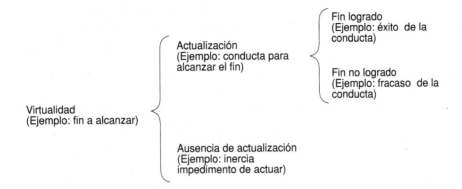

Habría, pues, dos tipos fundamentales del cuento:

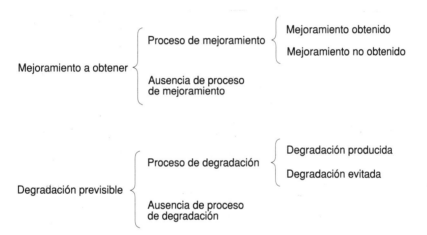

Hay tres secuencias: Degradación → Mejoramiento; Mérito → Recompensa; Demérito → Castigo. De las tres, la primera es necesaria y las restantes son optativas. El modelo que Bremond traza para el cuento popular francés —«los buenos son recompensados; los malos, castigados»— se esquematiza así:

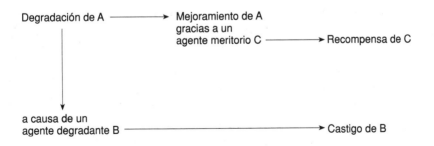

Imposible dar aquí ni siquiera una idea aproximada del ingenioso y complicadísimo código de Bremond. La verdad es que mi propósito no es exponer los aportes estructuralistas individuales, estudioso por estudioso, sino mostrar en qué caminos tra-jina el estructuralismo en general. Sus observaciones, cuando están expuestas con pa-labras, parecen obvias. Por ejemplo, cuando se dice (Todorov *et al.*) que una situación inicial de equilibrio se desarrolla de acuerdo con los dos principios de sucesión y trans-formación. Los acontecimientos se suceden uno tras otros pero en el curso de esa su-cesión se van transformando. El predicado A se transforma en el predicado no-A como consecuencia de un proceso de conflictos, oposiciones, contradicciones, inversiones, ne-gaciones. Tenemos, pues, al comienzo un equilibrio; después, pérdida del equilibrio; y por último, restablecimiento de otra clase de equilibrio. Pero estas observaciones, nada asombrosas, si no asombran por lo menos se ensombrecen cuando los estructuralistas prefieren darse a entender, no tanto con palabras, sino más bien con números de dife-rentes clases, letras de diferentes alfabetos, símbolos de diferentes ciencias, signos dia-críticos, líneas rectas y curvas en diagramas y organogramas. Asusta el sólo ver el cuento «Caperucita Roja» de Perrault, radiografiado en las esqueléticas fórmulas de Gerald Prince, en *A Crammar of Stories* (La Haya, Mouton, 1973). Explicaré las fór-mulas más esenciales de Prince adoptando sus símbolos ingleses al castellano.

En el capítulo I examina la *acción mínima* (AM) constituida por la combina-ción de unidades de contenido, básicas, separables, a las que llamaremos *sucesos* (S). Suceso en cualquier parte de una acción que puede ser expresada por una oración. Algunas palabras se encargan de juntar los sucesos: son *conjunciones* (en singular, C; en plural, CC) de significación equivalente a «y», «entonces», «después», «como resul-tado», etc. La acción mínima que vamos a examinar es ésta: «Juan era dichoso, enton-ces conoció a Ana, entonces como resultado fue desdichado.» Cada una de las tres frases juntadas representa un suceso. Tres es el número mínimo de sucesos en una acción narrada. En esa triada de funciones el primer suceso se junta con el segundo mediante una conjunción («entonces») y el segundo se junta con el tercero mediante dos conjunciones («entonces», «como resultado») de las que una («entonces») es idén-tica —si bien podría ser sinónima— a la que juntó el primer suceso con el segundo. De las dos conjunciones que juntan el segundo suceso con el tercero una («entonces») indica que los sucesos están en orden cronológico y la otra («como resultado») indica que un suceso es la causa del otro. Ahora podríamos resumir que la acción mínima consiste en tres sucesos juntados de tal manera que *a*), en la secuencia temporal, el primero precede al segundo y éste al tercero; y que *b*), en la secuencia lógica, el se-gundo suceso es la causa del tercero. En la realidad ordinaria una relación causal pre-supone una relación cronológica (la causa es siempre anterior al efecto) pero hay rela-ciones cronológicas que no implican necesariamente causalidad. En cambio, toda ac-ción mínima en un cuento debe tener por lo menos dos sucesos que ocurren en diferentes momentos y están vinculados por una relación de causa a efecto. La suce-sión cronológica y causal puede darse en discursos que no son narrativos. Para que un discurso sea narrativo se requiere que el tercer suceso sea una *inversion* ($^{-1}$) del primero. Por ejemplo, si en el *suceso inicial* (SIn.) de un cuento falta algo, tal caren-cia queda remediada al final. Y aun este requisito no basta para definir la acción mí-nima: es necesario que el primer y tercer sucesos sean *estáticos* (SE), es decir, descri-ban estados, y que el segundo sea dinámico (SD), es decir, describa una acción. «Juan era dichoso», «Juan era desdichado» son *oraciones estáticas* (OE) en el sentido de que tanto la dicha como la desdicha eran situaciones, no actividades de Juan. En cambio «Juan conoció a Ana» es *una oración dinámica* (OD) porque enuncia una acción. Repito. La acción mínima de un cuento consiste en tres sucesos conjuntos. El primer y tercer sucesos son estáticos, el segundo es dinámico. Además, el tercer suceso es el inverso del primero. La oración estática invertida del tercer suceso queda simbolizada por la fórmula (OE^{-1}) y el inicial suceso estático que ha de invertirse queda simbolizado por la fórmula $(SEIn.^{-1})$. Por último, los tres sucesos están juntados por tres conjunciones de tal manera que a), en la secuencia temporal el primer suceso precede al segundo y el segundo al tercero y que b), en la secuencia lógica el segundo suceso es causa del tercero. Para diagramar todo esto en forma de árbol faltan algunos símbolos. Se dijo que C significa «conjunción». Pues bien, Ccron. es la conjunción que indica que dos sucesos se juntan en orden cronológico de manera que el primero precede al segundo. TCcron. es la conjunción que indica que dos sucesos se juntan en orden causal de manera que el primero causa el segundo. TCcaus, es el término conjuntivo que indica el orden causal. El plural CC indica que dos sucesos son juntados por más de una conjunción. Y ahora, el árbol:

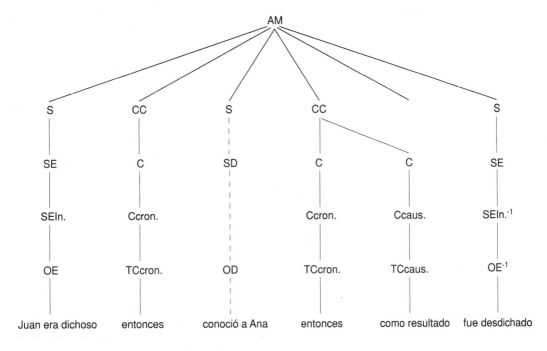

He dado solamente una muestra muy reducida de la «gramática» de Prince. El resto de su libro está dedicado a acciones más complicadas pero no dispongo de espacio para compendiarlas. El capítulo II está dedicado a acciones que conservan la estructura de los tres sucesos pero ampliándola con sucesos no narrativos. En el capítulo III se estudian acciones simples donde el orden de lo que ocurrió no coincide con el orden en que se lo narra, donde hay saltos retrospectivos y prospectivos, donde los efectos aparecen antes que las causas, donde se omiten sucesos confiando en que el lector los ha de deducir o imaginar o, por el contrario, donde se planta una clave o una información que los personajes no necesitan pero sin la cual el lector se quedaría a oscuras. Las estructuras narrativas que acabamos de mencionar se caracterizan por contener solamente una acción mínima. Ahora, en el capítulo IV, se pasa a estructuras complejas que están compuestas por más de una acción mínima. Las varias acciones mínimas —Prince las llama «componentes»— se combinan por enlaces, alternancias y encajonamientos.

Claude Chabrol ha reunido estudios de este tipo, realizados por diferentes estructuralistas, con el título de *Sémiotique narrative et textuelle* (París, Librairie Larousse, 1973), y las presenta con un estudio propio: «sobre algunos problemas de gramática narrativa y textual». Allí homologa la gramática de una oración cualquiera con lo que, según la semiótica, es la gramática de una narración; y señala dos tendencias: «Una, bien caracterizada por la posición de Claude Bremond, tiende a la constitución de una gramática narrativa independiente de la semántica ... en la tradición de Propp; la otra tendencia ... parece reunir a los investigadores [P. Maranda, S. Alexandrescu] alrededor de la hipótesis de que las reglas de la gramática narrativa son a la vez semánticas y sintácticas.»

Aunque he leído mucho de estos trabajos no los incorporo a mi estudio del cuento porque en realidad hablan de otra cosa. Sus análisis se limitan a proposiciones que no valen como cuentos («Juan era dichoso entonces conoció a Ana entonces como resultado fue desdichado»); o sus análisis se limitan a cuentos folklóricos; o a la esencia de un cuento que nadie ha escrito ni escribirá; o ejercicios de «gramática transformacional» a la manera de Noam Chomsky; o a resúmenes de cuentos de tema parecido; o a analogías entre la estructura sintáctica de una oración (sujeto, verbo, predicado, etc.) y la estructura de un cuento (personaje, acción, objeto de la acción, etc.), analogías que son inverificables, menos aún, inverosímiles; o a modelos sencillísimos escogidos estratégicamente porque se prestan para ilustrar tal o cual regla de la «gramática narrativa» (más bien «gramática parda» por la astucia y cuquería con que excluye modelos complicados de cuentos donde no progresan juntos el tiempo de la acción y el tiempo de la narración). Por lo laboriosas e ingeniosas esas investigaciones merecen ciertamente la atención de los críticos literarios, pero en lo que a mí respecta prefiero exponer mis observaciones con una normal prosa castellana y no con neologismos grecolatinos, fórmulas y gráficos.

11.3. El problema mal planteado

La primera tentación del crítico realista es buscar en las ciencias —ciencias formales o empíricas y, dentro de estas últimas, ciencias naturales o culturales— algún modelo de estructura total que sea reducible a sus componentes. El crítico espera que con tal modelo a la vista podrá fraccionar la totalidad de una trama. Desgraciadamente las ciencias de la naturaleza, por estudiar fenómenos físicos, químicos, biológicos, son un modelo inadecuado para la Estética; y la ciencias de la cultura —lingüística, antropología, lógica, etc.—, si se especializan en estructuras sin historia y sin agentes humanos tampoco enseñan al crítico a comprender una trama. El cuento se le aparece al crítico realista como si se hubiese hecho solo o lo hubiera hecho un código, en vez de aparecérsele originado en la conciencia de una persona libre. A veces el crítico toma analogías, no de las ciencias sino de las artes: dibujo, arquitectura, música, etc. Pero si es un realista ingenuo antes de tomar las artes como modelos las cosificó en formas inertes, mudas, impersonales, a-históricas y entonces de nada le vale servirse de las artes puesto que su actitud es antiartística. La trama del cuento tiene un carácter psicológico, intencional, intuitivo, expresivo, estético, artístico. Un crítico que no repare en ese carácter individual y mental de la trama —tan diferente de los objetos estables que las ciencias clasifican— planteará mal el problema de las divisiones internas de un cuento.

Si los físicos ya no creen en la posibilidad de definir el átomo porque cuanto más lo analizan más se les divide, mucho menos podrán los cuentólogos describir el «átomo narrativo». Hay cuentólogos, sin embargo, que tratan de definir, no sólo el átomo, sino sus partículas interiores. Sus métodos —científicos solamente en el aparato y en la terminología— en vez de conducirlos al examen de cuentos concretos, los alejan de ellos hacia una ciencia de formas abstractas, una «semiótica de la narratividad». Los narradores se pusieron a narrar, cada uno con su singularísima personalidad y desde su peculiar circunstancia histórica; pero muchos estructuralistas proceden como si la «narratividad» fuera una materia independiente de los narradores. Entonces los estructuralistas operan sobre esa supuesta materia con criterios no literarios. Si el modelo que eligieron es la biología nos hablan de géneros, especies, mutaciones; si es la lingüística, analizan las partes de un cuento con el criterio con que se analizan las clases de palabras en una oración gramatical.

Creo que, antes de abordar el problema de las unidades y subunidades de una trama narrativa, conviene pensar en el problema mismo de la clasificación de la realidad.

11.4. Lógica de la descripción: análisis y síntesis

Clasificamos la realidad con conceptos. Un modo de aprehender conceptualmente la realidad es pensarla en conjuntos y en elementos. Las ideas de conjunto (o clase) y elemento (o miembro de la clase) son axiomáticas. Un elemento pertenece a un conjunto porque nos da la gana de pensarlo así. Pensamos en los estudiantes (elementos) que pertenecen a un curso (conjunto) o en los cursos (elementos) que pertenecen a una universidad (conjunto). Pensamos en el tema de la licantropía que pertenece al cuento «El castillo y el lobizón» o en este cuento que pertenece al libro *Los que comimos a Solís* o en este libro que pertenece al ciclo narrativo de María Esther de Miguel. Si la noción de pertenencia queda satisfactoriamente establecida obtenemos conjuntos bien definidos, formados por elementos determinados. El conjunto es la unidad de esa multiplicidad. Podemos pensar también en subconjuntos, o sea, asociación de elementos que pertenecen al conjunto pero no lo llenan del todo: si el vínculo de los elementos con el conjunto es de pertenencia, el vínculo del subconjunto con el conjunto es de inclusión. El elemento pertenece al conjunto (o posee la propiedad del conjunto); el subconjunto es una inclusión en el conjunto (o está contenido en el conjunto).

Concebida así, la realidad entera sería clasificable en elementos y conjuntos. Pero la idea de que un elemento pertenece a un conjunto implica que la localización del elemento es simple: es decir, que el elemento es «lo-que-es» en el lugar definido que ocupa en el espacio físico; y que la relación entre un elemento y otro es extrínseca. La verdad es que el entretejido de la realidad es mucho más complejo que eso. La localización de un elemento no es simple sino múltiple. Más que pertenecer a un conjunto, el elemento está presente en él. Desde el punto de vista de la anatomía, el corazón, órgano de contornos bien limitados, pertenece al cuerpo humano en una relación externa; pero desde el punto de vista de la fisiología del sistema circulatorio, el corazón está presente en el cuerpo y, en las relaciones internas de órgano parcial a organismo total, está en todas partes y todas las partes están en él. La noción de pertenencia del elemento al conjunto es, pues, un punto de vista ordenador pero demasiado simple. En cambio la perspectiva de la localización múltiple nos muestra que cada parte está presente en un todo y el todo en cada una de sus partes. Los objetos se relacionan internamente. Si son cuentos, el crítico puede practicar en esas interrelaciones diferentes cortes y hablarnos del todo y de sus partes. Las conexiones de las partes en el todo no son materiales, sino formales.

Contra el fondo indiferenciado del universo el hombre va formando estructuras; y si quiere puede considerar una estructura como subestructura, y seguir así el proceso individualizador del conocimiento, del todo a sus partes. Porque hay tantos individuos como objetos de conocimiento; tanta individualidad tiene una célula como la raza humana. Podemos estudiar la célula como un «todo» formado por «partes»; pero también como parte de una totalidad superior, la del tejido; y el tejido, que es un «todo» con respecto a las células, puede estudiarse como parte de un órgano, y los órganos como partes del aparato y los aparatos como partes del sistema, y los sistemas como partes de la persona, que es un todo y también parte de la familia, y ésta de la sociedad, y así hasta que nuestra manía nos lleve de extremo a extremo del universo... o del caos.

Pero lo que ahora nos preocupa son las formas del cuento, y por tanto los ejemplos que he dado deben tomarse solamente como analogías didácticas. El crítico, en un cuento, que es un «todo» artístico, encuentra «partes»; estas partes son, pues, conceptos arbitrarios como todas las operaciones mentales.

Mi método para apartar las unidades constitutivas del cuento será descriptivo. Describir es transcribir lo que encuentro en las tramas escritas por los cuentistas. Pero la descripción supone un análisis, puesto que enumera y caracteriza sucesivamente los componentes del objeto descrito; y tal análisis tiende a una síntesis última, que volverá a unificar esos componentes en una comprensión final del objeto. Con el análisis, pues, voy a descomponer la trama del cuento, y con la síntesis voy a recomponer las partes abstraídas en un todo. En realidad no separaré elementos, sino que pensaré en ellos por separado. El análisis material —el químico, por ejemplo— separa materias reales; mi análisis, a diferencia del de ciertos estructuralistas, no toma por modelo ninguna ciencia fisiconatural. Desde mi perspectiva las partes del cuento suponen el todo, y el cuento total supone las partes. Un cuento no es un artefacto, en el que el todo es un mero agregado de piezas, sino una unidad organizada por un principio artístico.

11.5. Busca de unidades, de mayor a menor

Una unidad adquiere sentido cuando se integra en otra unidad. Por ejemplo, una palabra significa algo si se integra en una oración, y ésta enriquece su significado si se integra en un cuento. Las partes que constituyen un cuento cumplen su oficio en diferentes niveles. Aunque podemos aislarlas y describirlas por separado sólo las comprendemos al referirlas a su contexto: el sentido de las partes se va completando a medida que subimos de un nivel a otro hasta llegar a la totalidad del cuento. Y aun el cuento, para irradiar sus significaciones, debe integrarse en algo que está más allá: niveles antropológicos, lingüísticos, sociales, históricos, filosóficos. Un cuento es una unidad, sin duda, pero no independiente: al aparecer quedó incluido en un sistema superior, por lo pronto en un universo literario donde, por lo menos, hay cuentos clásicos que de algún modo han influido sobre él.

A fin de ser más claro, en lugar de ascender de las unidades menores a las mayores, voy a descender de las mayores a las menores. Conste que la unidad mayor será para mí la trama del cuento, pero como la trama, a su vez, ha sido elaborada en el proceso de la creación artística, comenzaré por considerar que este proceso es una totalidad.

11.6. Cuentos enlazados

Iremos, pues, de las formas complicadas, que son las que enlazan varios cuentos entre sí, a las formas simples, que se ciñen a cuentos sueltos. Si lo que nos interesa es la intención del narrador es lógico que debemos desinteresarnos de todo enlace de cuentos que no sea intencional. He aquí los enlaces que vamos a excluir:

a)   Enlaces que solamente existen en la cabeza del crítico: él, y no el narrador, junta los cuentos en su mente. Lo hace porque encuentra semejanzas en cuentos que nunca fueron editados por el autor en un mismo volumen; pero esas semejanzas bien podrían ser engañosas o casuales.

b)   Enlaces manufacturados por un editor que decide recoger en un volumen cuentos que tienen rasgos comunes —personaje, situación, tema, lugar, época, etc.— pero que el narrador no pensó en juntar. Un editor lanza antologías de cuentos «policiales», «humorísticos», «realistas». Si son de diversos autores no tienen nada que ver con lo que estamos estudiando, que es la voluntad de un narrador individual; pero aun cuando los cuentos provengan del mismo hombre tampoco el editor antólogo tiene autoridad para convencernos de que allí hay un designio unificador. Sólo la voluntad artística del narrador puede patentizar ese designio.

Quede sobreentendido, pues, que de ahora en adelante me referiré exclusivamente a cuentos agrupados de un modo explícito por el escritor o el narrador. Un aspecto del entrelazamiento de cuentos que me propongo examinar es el de los «ciclos». Forrest L. Ingram, en *Representative Short Stories Cycles of the Twentieth Century* (1991), los ha estudiado especialmente en los cuentos de Franz Kafka, William Faulkner y Sherwood Anderson. Define un «ciclo cuentístico» como un libro de cuentos que el autor vincula entre sí de tal manera que en la lectura se vea cómo la estructura dinámica interna (recurrencia y desenvolvimiento de personajes, temas, escenarios, etc.) es más significativa que la mera estructura estática externa (cuentos ligados en un volumen). Ingram distingue tres clases de ciclos cuentísticos según que los cuentos estén compuestos, arreglados o completados.

Compuestos.   El narrador muestra, ya en el primer cuento, que se trata de un todo continuo. Desarrolla su serie de acciones obedeciendo a un plan preconcebido. Ciclos compuestos así son los más unificados: v. gr., *Cuentos de Pago Chico* de Roberto J. Payró.

Arreglados. El narrador yuxtapone o asocia varios cuentos para que se iluminen unos a otros y quede bien aclarado el sentido de la colección. Lo hace repitiendo un tema único, recurriendo al mismo personaje o al mismo elenco de personajes, agrupando representantes de la misma generación, etc. Estos ciclos así arreglados son los menos firmes. Quiero decir, el enlace es tan sutil que requiere la sostenida atención de un buen lector. Cada uno de los cuentos de *El oficio de vivir*, de María Hortensia Lacau, repite, con variantes, un leitmotiv inspirado en el verso de Ricardo Molinari: «Vivir, oficio amado.»

Completados. El narrador ha comenzado escribiendo cuentos sueltos, independientes, pero mientras los escribe repara en ciertos hilos que pasan de uno a otro y paso a paso los entreteje. Cuando cobra perfecta conciencia de lo que está haciendo decide completar la tarea unificadora que había comenzado sin saberlo. Completar quiere decir aquí añadir cuentos que desarrollan e intensifican temas que dominaban en los primeros cuentos de la serie; o modificar esos primeros cuentos de modo que se ajusten mejor a la estructura total de la serie; o reagrupar y reordenar los cuentos para que se vea mejor la intención cíclica. Por ejemplo, Federico Peltzer reparó en que ciertos cuentos que había escrito tenían un fondo religioso común y entonces los enmarcó con dos parábolas sobre Dios —la del principio «El profesor de ajedrez»; y la del final, «La revancha»— y publicó el conjunto en un libro: *El silencio*.

Sugiero a Ingram una cuarta clase de ciclos cuentísticos que consistiría en la negación, precisamente, de las tres que él distingue: una clase de ciclos descompuestos, desarreglados y descompletados. Suena a broma. Y, en efecto, en broma Daniel Devoto finge desenlazar los cuentos que, sin embargo, está enlazando en *Paso del unicornio*. Es un cuentario deliberadamente caótico. Daniel Devoto juega a que se murió dejando una veintena de *Cuentos de muerte para la hija de un rey*. Ahora él, el muerto Daniel Devoto, doblado o enmascarado en un B. W. que es el editor, editor que es el autor, autor que es D. D., B. W. y D. B. W. D., publica la obra póstuma con prólogos y contraprólogos, notas y contranotas, ensayos autocríticos y glosas eruditas, todo esto distribuido bajo los signos del Zodíaco.

Útiles, las observaciones de Ingram, aunque corren el peligro de perderse en una frontera no definida entre formas de enlaces deliberadamente marcados y formas de enlaces demasiado tenues. Muy tenues parecen ser los enlaces que él ve en la unidad de «tono», «motivo», «estilo» o en los indicios de una concepción del mundo. Sin duda el escritor estampa el sello de su personalidad en todo lo que escribe y en consecuencia cada colección suya muestra cuentos que tienen mucho en común, pero yo me refiero solamente a las formas que saltan a la vista. Mi exposición del mismo asunto diferirá, pues, de la de Ingram. Y ahora paso a la clasificación de los enlaces posibles.

11.6.1. ENLACES DE ENCARGO

Un editor pide a varios escritores que desarrollen un tema. Cada cuento sale así mentalmente articulado con una idea general. El propósito del escritor es lucir la propia originalidad con un tratamiento sorprendente. En «Epistolografía en dieciocho cuentos» (B) me he referido al libro *The Fothergill's Plot* (1931). El señor Fothergill consigue que dieciocho escritores ingleses propongan separadamente desenlaces para una situación idéntica: hombre y mujer mantienen correspondencia amorosa sin saber que son... ¡esposo y esposa! El enlace de los dieciocho cuentos es de encargo: los encargó el editor.

11.6.2. CUENTOS INTERCALADOS

El enlace más débil es el que enlaza el cuento con una obra no narrativa. José Enrique Rodó insertó en *Motivos de Proteo*, que es un ensayo filosófico sobre la personalidad, parábolas y cuentos. Más pertinente a nuestro estudio es el caso de cuentos intercalados en novelas. Pero aun aquí el enlace es débil pues su función concierne más al estudio de la novela que del cuento. En las novelas, los cuentos intercalados colorean una escena, caracterizan a un personaje, refuerzan una situación, cambian el ritmo narrativo, entretienen, moralizan o, como en el caso de «El curioso impertinente», en la primera parte de *Don Quijote*, duplican interiormente la obra y, con una ficción menor dentro de la ficción mayor, crean la ilusión de que esta última se acerca más a la vida real; tanto que nosotros, lectores, nos sentimos prójimos de Don Quijote, quien también está siguiendo la lectura de «El curioso impertinente».

11.6.3. CUENTOS ASIMILADOS POR NOVELAS

De cuentos intercalados en novelas pasamos gradualmente a cuentos asimilados por novelas. Muchos cuentos en una sola novela causan una tensión que puede romper el equilibrio de la obra; y, en efecto, hay obras donde la pluralidad de los cuentos destruye la cohesión de la novela o, al revés, donde la unidad de la novela triunfa sobre los cuentos individuales. Pero en esta sección nos atañen las novelas que han crecido orgánicamente por asimilación de cuentos.

Es el caso de *La barca de hielo* de Eduardo Mallea. Son relatos que podrían leerse como independientes pero sus personajes y episodios están entretejidos en una trama novelesca. *El pentágono*, de Antonio Di Benedetto, también es una novela en forma de cuentos.

11.6.4. ARMAZÓN COMÚN DE CUENTOS COMBINADOS

La combinación es tal que un cuento modifica el sentido de todos los demás y, al mismo tiempo, es modificado por la totalidad. Lo que se narra en un cuento y se repite en otro ya no es lo mismo, pues en cada contexto adquiere una nueva significación que irradia sobre todo el libro, hacia adelante (en prospecciones), hacia atrás (en retrospecciones). Podría decirse que esta forma de reunir cuentos está entre la novela y una colección de cuentos surtidos. La obra, en conjunto, se balancea en dos platillos de la balanza: en uno, la individualidad de cada cuento; en el otro, los lazos que unifican todos los cuentos en un cuerpo singular. A veces el equilibrio se rompe porque el armazón llama la atención sobre sí y excede en importancia a los cuentos hasta que éstos resultan accesorios. La forma del armazón común de cuentos combinados se da en tres tipos:

a)   Se reúnen varios personajes y cada uno de ellos narra su propio cuento. En *Los primeros cuentos del mundo* ofrezco al lector ejemplos antiquísimos de este procedimiento pero aquí mencionaré la colección que tuvo más fortuna en el desarrollo del género, desde el Renacimiento en adelante: el *Decamerón* de Giovanni Boccaccio (1313?-1375). Diez personas —siete mujeres, tres varones—, huyendo de la gran peste que azota a la ciudad de Florencia, se retiran al campo y allí entretienen sus ocios contándose diez cuentos por día durante diez días.

b)   En el segundo tipo el mismo personaje, conversando con alguien o dirigiéndose al lector, narra varios cuentos relacionados entre sí. En *El Conde Lucanor* de Don Juan Manuel (1282-1348?) el Conde Lucanor propone a su consejero Patronio un problema moral y éste lo resuelve con un cuento; así, cincuenta veces. En *Las Mil y una Noches* (probablemente del siglo XIV) la ingeniosa Sahrazad, condenada a morir al día siguiente de su boda, comienza a contar al monarca un cuento que deja a medio terminar, y así, noche tras noche, logra que la ejecución se vaya aplazando (13.7.). Traeré a colación tres ejemplos argentinos. El primero es de Roberto J. Payró: *Charlas de un optimista*, o sea, las del doctor Jiménez Albornoz, que es quien las cuenta. El segundo, de Atilio Chiappori, es *Borderland*, colección de cuentos extraños y misteriosos. Se abre con una especie de prólogo —«La interlocutora»— en el que el narrador describe a la mujer a quien ha estado contándole los cuentos que vamos a leer; y se cierra con la última conversación que mantuvo con ella. La acción del prólogo continúa en el epílogo: ambos están ligados por el estilo (el epílogo repite, poemáticamente, parte del prólogo). Diálogos entre el narrador y la señora van hilvanando los diversos cuentos. El tercer ejemplo, de Manuel Peryrou, es superior: *El árbol de Judas*. El joven Juan Carlos conversa con el viejo Don Pablo y de esas conversaciones —sobre intrigas del pasado— surgen sucesivamente los ingeniosos cuentos de la colección.

c)   En el tercer tipo el narrador no es un personaje: desde fuera narra una serie de cuentos vinculados entre sí porque tienen comunes personajes, situaciones, temas, lugares, épocas, etc. En la Argentina hay muchos ejemplos, de los que citaré unos pocos: Leopoldo Lugones, *La guerra gaucha*; Roberto J. Payró, *Cuentos de Pago Chico*; Manuel Mujica Láinez, *Aquí vivieron*; González Carbalho, *La ventana entreabierta*; Alberto Gerchunoff, *Los gauchos judíos*; Edgardo A. Pesante, *Criaturas de la guerra*; Elvira Orphée, *La última conquista de El Angel*. En *La red*, de Eduardo Mallea, lo único común entre los cuentos es el lugar —Buenos Aires— pero la intención de enlazar historias de diferentes personajes es visible por la arquitectura del libro, extraordinariamente simétrica.

11.6.5.   MARCO INDIVIDUAL

Esta forma, en vez de combinar muchos cuentos, encuadra un solo cuento dentro de un marco. Ricardo Güiraldes en «Al rescoldo», hace que un narrador, en primera persona, presente a unos hombres de campo reunidos alrededor del fogón; en el marco inicial, reflexiona sobre la naturaleza de todo cuento oral, folklórico; después Don Segundo cuenta un cuento de duendes. Éste es uno de los tantos trucos que usa un narrador deseoso de ausentarse (5.2.). Con un marco prepara las condiciones para que otro personaje relate su historia: «Un abogado, antes de morir, me contó el siguiente caso.» En una tertulia hablan varias personas y una de ellas lee un manuscrito encontrado en un cajón o transmite la confesión oída a un suicida. Ciertas circunstancias hacen necesario publicar cartas, memorias, alegatos, testamentos, diarios íntimos, deposiciones donde oímos voces que no son las del narrador. A veces el cuento se apoya en sucesos históricos que se supone bien conocidos por el lector.

En los marcos que informan sobre el modo accidental con que se encontró un manuscrito (manuscrito que resulta ser el cuento que estamos leyendo) el lector no es el destinatario de lo que lee. Tal carta, tal diario íntimo no estaban dirigidos a él. El juego consiste en suscitar en el lector el sentimiento de que está cometiendo una indiscreción. Los papeles «encontrados» por un narrador que no parece narrar sino meramente editar cumplen funciones diferentes. Esos papeles constituyen todo el cuento (el cuento concluye con la última palabra transcripta) o bien el narrador reasume su autoría y cuenta la influencia que dichos papeles tienen en acontecimientos ulteriores.

11.6.6. CONTACTOS

Cuentos que se tocan unos a otros aun cuando no estén coleccionados en el mismo libro. Daré tres ejemplos tomados de Jorge Luis Borges. *a*) En «Hombre de la esquina rosada» (1935) un matón humilla al guapo del barrio, llamado Rosendo Suárez el Pegador; en «Historia de Rosendo Suárez» (1970) éste explica por qué en esa ocasión se dejó humillar. *b*) En «Examen de la obra de Herbert Quain», de *El jardín de senderos que se bifurcan*, se dice que uno de los libros de Quain fue *Statements*, colección de ocho relatos: «del tercero, *The rose of yesterday*, yo cometí la ingenuidad de extraer *Las ruinas circulares*, que es una de las narraciones del libro *El jardín de senderos que se bifurcan*» (donde aparece el «Examen de la obra de Herbert Quain»). *c*) En «Abencaján el Bojarí, muerto en su laberinto» uno de los personajes, el rector Allaby, predica desde el púlpito con la historia de un rey. A continuación de este cuento —en la colección *El Aleph*— hay otro, «Los dos reyes y los dos laberintos». En una nota al pie de página se indica: «Ésta es la historia que el rector divulgó desde el púlpito» (historia que, aunque no se indica, es la traducción de una página de R. F. Burton).

En los cuentos enlazados que examiné en 11.6.4. y 11.6.5. la unidad máxima es la de los armazones y marcos. Quiero decir, el *Decamerón* de Boccaccio, *Las Mil y una Noches* y todos los libros semejantes, antiguos y modernos, que se quieran dar, son unidades en sí. La unidad de una obra con armazones y marcos es la unidad de la piel que se extiende por todo el cuerpo. Armazones, marcos, constituyen la estructura total de la obra. Aunque no afecten la trama de un cuento y por consiguiente el lector pueda separar el cuento y analizarlo aisladamente, armazones y marcos están ahí, imposible no verlos, y hay que hacerlos entrar en la descripción de las unidades. En cambio, ahora pasaremos a ver el cuento autónomo, que es en sí la máxima unidad desde la que hay que buscar las unidades mínimas.

11.7. **El cuento autónomo**

La reducción del todo a sus partes es más fácil cuando se prescinde de las construcciones complejas —las de armazones y marcos— y en cambio se analiza la trama de un cuento autónomo.

El cuento nos presenta una acción. Esta acción está movida por agentes que pueden ser de diferentes clases:

Fuerzas no personificadas, sin voluntad, sin propósito.   En unos cuentos, fuerzas brutas de la naturaleza —un terremoto, una inundación, una tempestad— causan ciertos efectos a los que llamo «accidentes». En otros cuentos —en los de ciencia-ficción, por ejemplo— las fuerzas que producen accidentes son sobrenaturales o, por lo menos, escapan a nuestro conocimiento empírico. La característica de ambas fuerzas, naturales o sobrenaturales, es que no están personificadas: a diferencia de las personas, carecen de voluntad, de propósito. Si en los cuentos se supusiera que la alteración de las condiciones de vida se debe a un dios —como en «La lluvia de fuego» de Leopoldo Lugones—, este dios, explícito o implícito, y no la fuerza que él desata, sería el agente, y entonces los cuentos pertenecerían a la segunda categoría, que paso a exponer.

Fuerzas personificadas, con voluntad, con propósito.   Así como las fuerzas no personificadas producen «accidentes», esto es, una ocurrencia que sigue a una causa, las fuerzas personificadas producen «conductas», esto es, un comportamiento que obra hacia fines. Son agentes personales. No importa que en la realidad no lo sean. Basta con que, en el cuento, se conduzcan como si lo fueran. Cosas, que en la realidad son inanimadas, actúan en el cuento como si tuvieran alma: en «Cuando me pesa lo que veo» de Nicolás Cócaro hablan las montañas de los Andes. Animales aparecen con perplejidades humanas: en «El potro zaino» de Luis Gudiño Kramer el caballo no alcanza a comprender a los hombres que lo doman, montan y al final lo matan. Criaturas imaginarias —dioses, demonios, hadas, duendes *et al.*— son personajes de historia. Y, por supuesto, los seres humanos, protagonistas de la mayoría de los cuentos (18.5.1.). La presencia mayoritaria de seres humanos, y en segundo término, de agentes personificados, hace que al esquematizar la acción del género del cuento no atendamos a las fuerzas naturales o sobrenaturales que abren la situación inicial de ciertos cuentos. Estemos atentos, pues; al hecho de que, en la marcha de un cuento, suelen colaborar las fuerzas no personificadas con las personificadas. (Véase un ejemplo en 11.9.2.: una tormenta es el primer movimiento de ese cuento.)

La acción —accidentes más conductas— comienza, se desarrolla y termina pero el orden cronológico del desfile de hechos que ocurren en un cuento no coincide, necesariamente, con el orden artístico que el narrador les da. Ya me he referido a esta diferencia entre el orden tal como lo entiende nuestro conocimiento racional y el orden narrativo (10.7.) y volveré a referirme a la diferencia entre el «tiempo narrado» y «el tiempo de la narración» en 16.9. Ahora voy a proyectar, sobre un plano más o menos lógico, los modos ilógicos con que narradores de todas las épocas han entretejido sus tramas. ¿Cómo puedo justificar este método que voy a seguir? Quizá así. El narrador, cualquiera que sea su procedimiento, sabe que la acción que narra fue cronológica, y el lector también lo sabe. Ese saber opera en el acto de escribir y de leer: las características de la causalidad y la finalidad corrigen mentalmente los anacronismos, ordenan el desorden y restituyen el sentido. Una acción tiene un principio, un medio y un fin. Numeremos estas fases con 1, 2 y 3. El narrador puede contar siguiendo seis órdenes: 1, 2 y 3; 1, 3 y 2; 2, 1 y 3; 2, 3 y 1; 3, 1, y 2; 3, 2 y 1. Estas combinaciones siguen multiplicándose por dentro porque en cada una de esas fases hay varias clases de incidentes y episodios. Pero tanto el narrador como el lector, que saben que el orden lógico es 1, 2 y 3, lo tienen en cuenta. Es como un marco de referencia, como un diagrama expectante, como un recordatorio que no nos permite olvidar que en la realidad los hechos ocurrieron en una secuencia diferente de la presentada en el texto. El cuento tiene siempre un principio, un medio y un fin pero no siempre su principio es una exposición, su medio, un nudo, y su fin, un desenlace. Si todavía quedan dudas me remito a lo dicho en 10.7. Podemos reordenar la serie de acontecimientos hasta convertir el cuento en un rompecabezas pero aun así el cuento comienza con una letra y concluye con otra. Chejov dijo una vez que después de escribir un cuento había que cortarle el principio y el fin dejando solamente el medio, que para él era lo más importante del arte de narrar. Pero desde luego que eso fue un chiste porque después de tales cortes los extremos del segmento medio pasan a ser principio y fin. Tal cuento es como una lombriz que regenera la cabeza y la cola que le cercenan. Lo más que puede decirse es que ciertos cuentistas prefieren acortar el «principio» y el «fin» de modo que estén lo más cerca posible del «medio».

Hechas estas salvedades espero que mi lector no crea que si analizo tramas tradicionales es porque ignoro o desestimo las que no estructuran la acción en una línea progresiva. No. Elijo modelos clásicos porque se prestan mejor al análisis.

En vista de que la acción más frecuente es la de personajes tan voluntariosos como los seres humanos, los esquemas propuestos por los narratólogos destacan el papel de la voluntad. Voy a reproducir el más corriente, bien entendido que, según acabo de advertir, se trata de un marco de referencia, de un diagrama expectante, de un recordatorio con el que imponemos un orden lógico sobre el orden artístico del cuento:

AB.   *Exposición.*   Muestra la situación de la que surge la acción del cuento. Descripción de un espacio y un tiempo determinado. Quiénes son los personajes. Antecedentes: de dónde vienen y qué hacen allí. Interrelaciones familiares o circunstanciales. Informes que despiertan el interés y sugieren el conflicto que ha de aparecer de un momento a otro. En B, ataque, estímulo o punto incitante: es el hecho que cuando se anuncia o se produce nos revela de qué va a tratar el cuento, cuál va ser el conflicto principal. Así termina el «principio» y comienza el «medio».

CD.   *Nudo, complicación.*   Los personajes, en acción. Obstáculos contra los que chocan (el hombre contra la naturaleza, contra otros hombres o contra defectos de su propia personalidad). Progresión ascendente, rápida o lenta, de incidentes y episodios

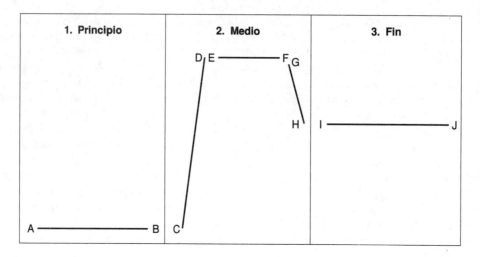

que complican la acción y, al darnos un sentido de finalidad, mantienen nuestro ánimo en suspenso. Las complicaciones se anudan en un conflicto cuya desanudadura esperamos. Una de las fuerzas que luchan se vuelve preponderante. El significado del cuento recibe un rayo de luz y entonces pasamos al momento decisivo.

EF. *Momento culminante, crisis, clímax.* El conflicto —que es lo que constituye el cuento— llega a un punto crítico de máxima concentración más allá del cual no puede intensificarse. El resultado de la lucha entre fuerzas opuestas es inminente. Los incidentes se han escalonado, crisis tras crisis, y ahora se ha subido al último peldaño de la escalera: el clímax. A veces este punto culminante o momento clave marca la conclusión del «medio» y el comienzo del «fin». A veces queda todavía un trecho por recorrer antes de terminar. Una vez revelado el triunfo o el fracaso del personaje que más nos interesa nos anticipamos a ese resultado. El estado de suspensión del lector se mantiene a lo largo de dos procesos: el del conflicto (progresión ascendente) y el de la resolución (progresión descendente).

GH. *Progresión descendente.* El conflicto, después del momento culminante, puede cesar o no. A veces la fuerza vencida no cede inmediatamente, a veces la fuerza victoriosa continúa estableciendo su supremacía. Por ejemplo, en cuentos de detectives lo que interesa es la resolución del conflicto; en cuentos psicológicos, sigue interesando el efecto que la resolución del conflicto produce en los personajes. Por lo general, la progresión descendente es más corta y rápida que la ascendente. En ciertos casos, aparecen incidentes que renuevan el interés porque abren la posibilidad de desenlaces sorpresivos.

IJ. *Conclusión desenlace.* Aquí termina el estado de suspensión del lector. Como ya dije, en algunos cuentos el punto culminante y el desenlace coinciden o se continúan sin interrupción pero en otros el punto culminante se limita a indicar que tal desenlace es probable o inevitable y sólo después de desarrollos retardantes se llega al desenlace.

La extensión de cada segmento del diagrama cambia según que el narrador haga una de estas tres cosas: *a*) reparte el tiempo de la acción equitativamente entre las dos progresiones, la ascendente y la descendente; *b*) asigna más tiempo a la descendente, o *c*) se demora con la ascendente, lo cual implica que el punto culminante está cerca de la conclusión o coincide con ella. Tampoco los segmentos son tan rectos como aparecen en el diagrama: más bien son líneas de picos y mesetas en una cordillera, pues responden a pujos irregulares. Los altos y bajos en el perfil de esa cordillera tienen nombres, recomiendo al lector que relea el «glosario sobre la trama» (10.8.).

11.8. Unidades que narran y unidades que no narran

Todo lo que entra en un cuento, no digo la conducta del personaje, que es lo más importante, pero aun las partículas gramaticales menos significativas, contribuye al desenvolvimiento del conjunto. Observemos, sin embargo, que si bien todas las partes tienen una cualidad narrativa no todas son narrantes. (Aunque *narrativo* y *narrante* son adjetivos derivados del verbo «narrar», espero que por estar el primero más desgastado por el uso, el segundo con su inusitado sufijo de participio activo de presente acabado en *ante* acentúe con más fuerza la significación de «que narra».) Si de un cuento que todavía no he leído alguien me lee esta frase suelta: «Juan salió de su casa», comprendo que se trata de una acción pero no que me están narrando algo. Si la lectura continúa así: «Juan salió de su casa; tropezó con el enemigo que venía a buscarlo y...», comprendo que la acción se está desarrollando de un modo interesante. Y si la lectura sigue así: «Juan salió de su casa, tropezó con el enemigo que venía a buscarlo y lo madrugó de un balazo», comprendo que me han narrado una acción con un principio, un medio y un final. Cada una de estas tres frases sueltas tiene un valor narrativo, pero la secuencia de las tres es lo que narra: es una secuencia narrante. En mi análisis de las partes que constituyen el todo de un cuento analizaré primero las unidades narrantes y después las no narrantes.

11.9. Unidades narrantes

Las unidades narrantes constituyen la macroestructura; las no narrantes, la microestructura. En la macroestructura voy a analizar primero la trama principal y después las secuencias secundarias.

11.9.1. LA TRAMA PRINCIPAL: MÁXIMA UNIDAD NARRANTE DE ESTRUCTURA TRIPARTITA. TRAMAS, COTRAMAS Y SUBTRAMAS

Llamo «máxima unidad narrante» a la del cuento completo. Comprende, pues, todo lo que ha entrado en él. Es un inventario indiferenciado de cuanto ocurre, desde el comienzo hasta el fin; es una superestructura en progresión lineal; es una red intrincada; es una gran cadena; es el cuento mismo.

Procediendo siempre de mayor a menor, en esta máxima unidad narrante o cuento en sí podemos encontrar —si bien raramente— dos o más cotramas de igual poder.

No confundir a estas co-tramas equivalentes que se dan dentro de un cuento simple con los cuentos enlazados que vimos antes. Aquéllos eran cuentos diferentes que se combinaban en un armazón común (11.6.4.) o cuentos individuales, cada cual encuadrado en su propio marco (11.6.5.). Ahora me refiero a un cuento que tiene múltiples cotramas. Éstas participan con igual derecho del significado total del cuento, hasta el punto de que podríamos leer cada cotrama como separable. A veces el cuento es una suma de cotramas. Ejemplo: O. Henry, en «Roads of Destiny», cuenta que David, pastor y poeta, abandona su pueblecito y marcha hacia París. De pronto llega a una encrucijada. Toma a la izquierda: al cabo de una aventura se bate a duelo y el Marqués de Beaupertuys dispara su pistola y le mete una bala en el corazón. Ahora, como si nada hubiera pasado, vemos a David que toma esta vez por el camino de la derecha: otra aventura, y al final el capitán Desrolles, con la pistola que el Marqués de Beaupertuys le ha prestado, le mete a David una bala en el corazón. Ahora David —por lo visto todavía no ha pasado nada— al llegar a la encrucijada decide regresar a su pueblecito; desilusionado porque le han dicho que sus poesías no valen, compra una pistola a un chamarillero —es la misma del Marqués de Beaupertuys— y se mete una bala en el corazón. Aquí hay tres aventuras que se tocan en el detalle de la pistola. En otros cuentos hay una sola aventura pero se ofrecen varios desenlaces posibles; o la misma acción está contada con la perspectiva de diferentes personajes; o varios lances de igual importancia —aunque con diferentes personajes— ocurren paralelamente. Este último caso podría ilustrarse con el cuento de los tres hermanos que parten sucesivamente en busca de un objeto precioso; cada uno de los viajes proporciona la base de un cuento. Coser dos tramas con un hilo tan fino que no se note la costura es más difícil. Lo intenté en «El niño inocente» (T) con la acción de la librera judía y el Judío Errante más la acción simultánea del profesor y el niño judío en una escena tomada de una comedia de Lope de Vega.

Pasemos ahora, en nuestro análisis de mayor a menor, a cuentos con una sola trama. Esta trama puede ser simple. En tal caso presenta el principio, el medio y el fin de la acción en una sola serie de accidentes y conductas (11.7.). Si la serie es de conductas, hay una voluntad que parte de un punto y no se sabe adónde llegará. Cuando el orden lógico y el orden artístico de la narración coinciden, el principio consiste en contarnos cómo una voluntad se lanza a la acción con un propósito; el medio, en contarnos cómo esa acción virtual se actualiza; y el fin en contarnos el resultado. Es decir, una secuencia de acontecimientos es inicial y otra es final; la secuencia intermedia es efecto de la anterior y causa de la posterior.

En una conversación alguien se pone a contar algo. El oyente, que no puede adivinar ni la intención del hablante ni por qué fase mental anda, se equivoca, interpreta una pausa como si fuera el fin del relato e interrumpe. Entonces el hablante protesta: «¡Un momento! Todavía no he terminado. Ahora viene lo mejor.» Y sigue. En el cuento oral se da con frecuencia este tipo de relato rapsódico cuyo caso extremo es «el cuento de nunca acabar», interrumpible en cualquier coyuntura. En cambio en el cuento escrito el lector no se equivoca de la misma manera porque tiene ante los ojos el texto desplegado en toda su extensión. Pero aun así a veces, si no da la vuelta a la página del libro, es capaz de creer que allí termina el cuento. Esto ocurre cuando cada una de las secuencias del cuento parece satisfactoria. Cuentos que transcriben tradiciones orales suelen ser así. Véase, por ejemplo, el más simple de los cien cuentos populares rusos que analizó Propp —«Los cisnes»—, constituido, según él, «por un solo movimiento» (11.2.). Mi análisis difiere del de Propp en que él desarma el cuento en segmentos tan elementales que no muestran la intención del narrador, y yo, por el contrario, tengo en cuenta esa intención: la intención de formar, con tres secuencias, una unidad artística:

I. Padres encargan a una niña que cuide a su hermanito. La niña desobedece. Unos cisnes le roban al hermanito.

(Aquí podría terminar el cuentecillo: es una acción completa. Función —dice Propp— «de la desobediencia castigada». Pero el narrador no ha concebido esa acción como un todo sino como una parte. El cuento arranca de esa acción y continúa la serie con nuevas tensiones.)

II. La niña, al ver que los cisnes han robado al hermanito, los persigue. Al fin encuentra al niño.

(Si el cuentecillo terminara aquí tendríamos una unidad. La secuencia I se continuaría en la secuencia II y, al clausurar la acción, tendríamos el cuento completo. La voluntad del narrador, sin embargo, es entretenernos y sorprendernos con los acontecimientos que vienen.)

III. La niña se apodera del hermanito: ahora es ella la perseguida por los cisnes, sólo que llega sana y salva a su casa.

(Éste es el desenlace de «Los cisnes». La unidad del cuento está constituida por las secuencias I, II y III. La intención del narrador ha sido, desde el principio, marchar hacia la solución feliz.)

Aun en la trama simple de que estoy hablando advertimos dos clases de elementos: centrales y marginales. Ambos constituyen la unidad máxima del cuento, pero los primeros son imprescindibles y los segundos son prescindibles. Es fácil distinguirlos al resumir la trama total del cuento (12.8.). Los elementos centrales se eslabonan entre sí y forman una cadena que no podríamos cortar y estrechar sin modificar la continuidad lógica de la acción. Alrededor de esos eslabones —o núcleos, o focos, o nudos, o vértebras, o narremas, o como se los quiera llamar— se agrupan elementos marginales. Su función es subsidiaria: llenan huecos, sostienen, estilizan, amplían, entretienen, enriquecen. Podríamos omitirlos sin afectar el sentido del resumen aunque sin duda tal omisión afectaría el valor estético del cuento.

Hasta aquí, al hablar del cuento antónomo (ya había dejado atrás los cuentos enlazados en armazones y marcos) me he referido a la trama principal. Dentro de un cuento, dije, puede haber varias cotramas de igual poder. Luego hablé de cuentos simples, con una sola trama. Y ahora pasaré a mostrar cuentos con subtramas o secuencias secundarias. Las cotramas de un cuento son equiparables, valen igual. Por el contrario, la subtrama secunda la acción principal, depende de la unidad del cuento, es una subunidad. La subtrama repite una situación de la trama, contrasta esa situación con otra opuesta o introduce acciones que no mantienen ningún vínculo con el resto del cuento. Las secuencias secundarias tienen las mismas características formales de principio, medio y fin pero no pueden competir, en valor, con la máxima unidad narrante.

11.9.2. Las secuencias secundarias:
subunidades narrantes integradas por tríadas de movimientos

Me serviré del cuento «Muertes y muertes» no porque valga sino porque se presta. El autor, evidentemente, quiso engañar al lector haciéndole creer que está repitiendo el tópico del «narrador muerto o del muerto vivo» en la situación muy trillada de un hombre que, después de un accidente automovilístico o ferroviario, anda por la ciudad sin darse cuenta de que dejó su cadáver entre los destrozos y ahora es una invisible alma en pena. Confiando en que el lector ha caído en ese engaño, el autor arma la sorpresa final: el hombre no está muerto; lo que está muerto es su matrimonio. Ese cuento se podría resumir así:

> Alberto regresa de un viaje, en avión. Estalla una tormenta. El avión se viene abajo. De entre muertos y heridos sale Alberto.
> Anda. Nadie parece verlo. Con la sensación de haber escapado de la muerte por un pelo, Alberto llega a su casa. Va a explicarle a su mujer lo que le ha pasado pero ella ni lo mira. Hosca, huraña, no levanta la vista de la bufanda que está tejiendo. Alberto ve a su alrededor los signos del desamor y el aborrecimiento. Piensa en su fracaso de hombre, de marido, se tira en un sofá, cierra los ojos, se sume en su soledad. Ahora sí se siente como muerto.

El cuento «Muertes y muertes» es la máxima unidad. El resumen de arriba extrae, del cuento entero, solamente la imprescindible cadena de acontecimientos centrales. Pero hay un prescindible párrafo del cuento que, por contar acontecimientos marginales, no está representado en el resumen:

> No sentía su propio cuerpo. «Señal de salud», se dijo. Ni siquiera sentía el esfuerzo de caminar pues el viento lo llevaba. Ya estaba cerca. Dobló en la esquina y divisó el zaguán iluminado de su casa. ¡Qué bueno, haber regresado a su Itaca y tener a quien contarle su odisea! Antes de entrar vio, recortadas en la cortina de la ventana de la casa contigua, las siluetas de sus dos vecinos, el viejo y la vieja. ¡Sin duda seguían allí machaconeando sobre el pleito! Se rió. ¡Qué pleito! El hijo de los viejos, un médico que había amasado una fortuna, iba a casarse con una muchachita veinte años menor. Cuando el cura le preguntó si tomaba por esposa a esa mujer contestó «sí» y ahí mismo se le paró el corazón. ¿Había muerto soltero o casado? Sus bienes ¿debían pasar a los pobres padres o a la seudo viudita? Todavía riéndose del pleito Alberto entró y...

Obsérvese que en este párrafo hay secuencias secundarias que también narran. Tales subunidades narrantes tienen idéntica estructura que la de la máxima unidad del cuento completo. Esto es, una acción con principio, medio y fin. Dentro de la acción principal —Alberto se aleja del lugar de la catástrofe, dobla en una esquina, llega a su casa— hay una subunidad: la del pleito de los padres ancianos para obtener los bienes de su hijo. Esta subunidad, por apuntar a un desenlace (¿quién heredará, los viejos o la joven?) invita a que se la desarrolle en un cuento autónomo. Los escolásticos hablaban de futuros posibles o «futuribles»; con buen humor podríamos llamar «cuentible» al cuento posible que desarrollara la situación de ese pleito. Y todavía hay otra subunidad en el párrafo transcripto: la que alude al muy conocido relato homérico de Odiseo que parte de Troya, regresa a Itaca y se presenta ante Penélope. Este esquema narrativo transpuesto de la *Odisea* duplica el esquema del regreso de Alberto: la Argentina es duplicación de Itaca, la esposa que está tejiendo una bufanda es duplicación de Penélope la tejedora. Si la alusión estuviera más elaborada podríamos decir que esa subunidad es un subcuento. No en el párrafo que acabo de analizar pero en otros cuentos, encontramos a veces acciones que han formado parte de cuentos que reconocemos con exactitud o recordamos, vagamente, haber leído. Acciones que son variantes o constantes de las de esos cuentos. Inmediatamente sentimos que tales acciones, dentro del cuento que estamos leyendo, son entidades unitarias: subcuentos, subunidades. (Véase 10.6. acerca de la intertextualidad, y 13.8. acerca del cuento, cuentoobjeto y metacuento.)

En realidad, las subunidades narrantes son como microcuentos que copian no sólo la estructura de la unidad máxima, en la forma tripartita de una acción que se abre, y se mantiene y se cierra sino también su destino, pues tanto las tramas principales de los cuentos como las secuencias secundarias de los movimientos no pueden sobrepasar de un número limitado (10.6.).

He desgajado del cuento «Muertes y muertes» un párrafo sin que por ello se alterase la unidad tripartita de la trama principal y he mostrado que cada una de sus subunidades es también una tríada. Ahora bien, de la subunidad no podríamos desgajar, sin romper la continuidad narrativa, ninguno de los tres movimientos que la componen. Un movimiento suelto es prenarrante, puede desarrollarse cronológicamente y aun coordinarse con otro, pero para constituir una unidad tiene que narrar algo, y sólo se narra algo cuando la acción termina. Se puede hablar del movimiento suelto como un arranque, un conato, un esquema dinámico, pero no de unidad. La unidad requiere tres movimientos:

Primer movimiento, de apertura. Sea un accidente —la tormenta y la caída del aeroplano—, sea una conducta —la del personaje Alberto—, el movimiento inaugura un proceso con posibles alternativas.

Segundo movimiento, de desarrollo. Mantiene la acción convirtiendo la potencia en acto, la virtualidad en actualidad.

Tercer movimiento, de clausura. El proceso que va de la incertidumbre a la certidumbre resuelve las alternativas en un resultado final.

Cada movimiento continúa la acción, pero por sí solo no narra. Sólo cuando interpretamos los tres movimientos como un conjunto cumplen con el requisito de toda narración: partir de un punto y llegar a otro. En conclusión: que la tríada de movimientos constituye la mínima subunidad narrante. Una subunidad es una narración mínima. Es —para decirlo en palabras gratas a los estructuralistas— «el átomo de la narratividad».

Los movimientos que forman una subunidad suelen ser independientes de los movimientos de la subunidad siguiente. Tomemos el caso de una subunidad que depara una sorpresa. Si sorprende es porque la acción termina de un modo satisfactorio, en el movimiento de clausura. Pero a veces el movimiento de clausura de una secuencia puede funcionar también como movimiento de apertura de otra secuencia. La doble función de ese movimiento —tercero en una secuencia de clausura, primero en la secuencia de apertura— no rompe la tríada de cada una de las dos secuencias. Ese movimiento funciona dos veces, eso es todo: una para abrir y otra para cerrar. Lo cierto es que las subunidades se imbrican, se superponen, se entrelazan. La maraña es indescriptible por lo espesa. Los enlaces entre unas partes y otras están incluidos en la próxima sección: unidades no narrantes.

11.10. **Unidades no narrantes**

Un cuento nos narra una acción cuya trama podemos resumir; y de esa trama podemos abstraer —acabamos de hacerlo— la unidad máxima y las subunidades mínimas. Además de los movimientos que se integran en subunidades y de las subunidades que se integran en unidades máximas, hay otros elementos que no narran. Podemos pensarlo como unidades pero ya no son narrantes. Me refiero a las infinitas puntadas al tejido: formas de enlace, un rasgo descriptivo, un impulso sin consecuencia, una cualidad del personaje, indicios, detalles, relieves, articulaciones, descansos, transiciones, pistas, etc. Sólo enumeraré unas pocas puntadas.

11.10.1. ARTICULACIONES

Enlazan cuentos en un armazón común (11.6.4.) y en marcos individuales (11.6.5.). Enlazan, dentro de un cuento autónomo, cotramas y subtramas, series centrales y marginales (11.9.1.). Enlazan los movimientos de cada subunidad (11.9.2.). Con microscopio podríamos ver las articulaciones en el interior de microcuentos pero prefiero mostrar las que se ven a simple vista, en el enlace de cuentos enteros. Total, son las mismas. Por comodidad, pues, describiré cómo unos cuentos se articulan con otros en un armazón común pero el lector, si quiere, puede reemplazar, en los tres incisos que siguen, la palabra «cuento» con la palabra «subtrama» o «serie central» o «serie marginal» o «secuencia principal» o «secuencia secundaria» o «subunidades tripartitas» o «movimientos». Si estas palabras le resultan pesadas, el lector puede poner, en los incisos siguientes, donde digo «cuento», una equis, la X de las magnitudes indeterminadas.

a) Formas encadenadas por el principio de la coordinación en el orden «1-2-». El encadenamiento eslabona cuentos, uno tras otro. Termina uno, comienza otro, termina éste, comienza uno nuevo. Son diferentes en lo que cuentan pero están construidos de un modo semejante. La yuxtaposición no es, pues, disparatada, sino unificadora.

b) Formas intercaladas por el principio de la subordinación en el orden «1-2-1». Puede ser una acción simple colocada entre las secciones primera y segunda de otra acción simple. O pueden ser varios cuentos que han sido incluidos en medio de otro cuento cuya situación domina la colección entera. Son como territorios enclavados en un país. La actividad del país entero se sirve de las riquezas de cada región usando a ésta como medio.

c) Formas trenzadas por el principio de la alternancia en el orden «1-2-1-2». Se comienza un cuento, se lo interrumpe para comenzar otro, también éste queda interrumpido y se retoma el primero en el punto en que se lo había dejado para después de un desarrollo continuar con el segundo y así, como en la marcha, adelantando un paso con la pierna derecha y el siguiente con la izquierda, se llega al final.

11.10.2. INDICIOS

La acción es un actuar de personajes pero éstos actúan con cosas, en medio de las cosas, desde las cosas. Por inertes que las cosas sean valen como indicios. Unos son más significativos que otros. No narran pero sostienen la narración. En el cuento de Enrique Luis Revol, «El que espera», un tal Julio visita a la señorita Úrsula pero ésta todavía no ha llegado. La mucama lo hace pasar a la sala. Julio, mientras espera, observa una a una las cosas con que Úrsula ha decorado la sala. No sabremos de Úrsula —que nunca aparece— sino lo que esas cosas dicen de ella (lo dicen a través de las impresiones del erótico Julio). En el cuento de detectives los indicios suelen ser reveladores: han sido «plantados» con claves y aun como falsas pistas. No son informaciones completas sino tenues indicios. El lector no siempre repara en ello mientras va leyendo pero después, al recordarlos, se siente satisfecho. Se los planta a lo largo del camino precisamente para que el lector, al llegar al término de una acción, no pueda quejarse de que, por falta de indicios, se han burlado torpemente de él.

11.10.3. RELIEVES

«Juan oyó que llamaban a la puerta. Vaciló y después abrió.» Entre la primera oración y la segunda se podría ampliar los informes. «Juan oyó que llamaban a la puerta [con golpes recios]. Vaciló [se miró al espejo, se pasó la mano por la barba crecida, se puso la chaqueta] y después abrió.» Lo que está entre corchetes son relieves. Entran en la acción —todo entra en la acción del cuento— pero, si son marginales, no narran. La prueba está en que, si se los quita, no alteran la narración. Un cuento está todo relevado. El ejemplo anterior es muy liso. En ejemplos más sobresalientes podríamos destacar también con corchetes otros relieves de diferentes clases: fórmulas verbales, simetrías, contrastes, accidentes, informes sobre la realidad tempoespacial, repeticiones para acentuar la significación del cuento, etc. En este «etcétera» se podrían incluir muchos de los elementos que glosé en 10.8. Estos relieves no satisfacen ninguna expectativa, no resuelven ningún problema, no descargan ninguna tensión: son unidades, pero no narrantes.

11.10.4. TRANSICIONES

Los «relieves» que acabamos de mencionar pueden servir para caracterizar a los personajes en escenas tan cortitas que no hacen avanzar la acción. Al relevar, el narrador trabaja como el repujador de una chapa de metal o de un corte de cuero, esto es, verticalmente, hundiendo y levantando trazos. Ahora, en las «transiciones», vemos al narrador trabajando horizontalmente: liga, continúa y, en este sentido, mueve la acción, sólo que sus transiciones, aunque formen parte de la cadena de acontecimientos, no terminan en ningún punto y por tanto no narran nada. En el deslizamiento de la acción las transiciones aseguran la unidad con puentes que cuelgan en el aire, entre una orilla y otra. Son frases que no narran más que los puntos suspensivos y los espacios en blanco de una página: v. gr., la frase «Dos horas más tarde los amantes entraban en la alcoba...» seguida de un discreto espacio en blanco entre esos puntos suspensivos y el comienzo de un nuevo párrafo hace que la imaginación del lector cargue de sentido erótico una transición tipográficamente insinuada.

11.10.5. DIGRESIONES

Las digresiones suelen traer al relato materiales nuevos que, a veces, sirven como contrastes pero la digresión que aquí nos concierne es la que no narra. Es una digresión intencional, como cuando Henry Fielding, en *Joseph Andrews*, está describiendo una riña y de pronto abre un capítulo con este título: «Introducido al solo efecto de retardar la acción.» Ignoro si Adolfo Bioy Casares también se propone retardar adrede la acción pero lo cierto es que abunda en digresiones que, si bien hacen más visibles a los personajes, suelen ocultar el desenvolvimiento de sus ingeniosas tramas. Tómese un ejemplo cualquiera —sea el chesterniano «El perjurio de la nieve»— y se verá que la construcción narrativa queda borrada por el estilo digresivo. Son digresiones no narrantes.

12. CONTENIDOS ABSTRAÍDOS: TEMATOLOGÍA

12.1. Introducción

Cuando la gente conversa de literatura suele hablar de «contenido» y «forma». Se hace eco, a veces sin saberlo, de voces muy antiguas en la historia de la retórica. Los retóricos utilizaban la dicotomía contenido-forma con propósitos didácticos. La gente, al conversar, usa también esa dicotomía porque con ella les es más fácil comunicar rápidamente sus observaciones sobre lo que un relato cuenta (contenido) y sobre el modo en que lo cuenta (forma). Pero no hay que confundir ni la retórica (que ofrece un repertorio de nociones empíricas) ni la conversación (que es una costumbre muy civilizada pero demasiado espontánea) con la Estética (que es una rigurosa disciplina filosófica). Atenta al proceso creador del artista y a la profunda unidad de su obra, la Estética niega la separación de contenido y forma.

Neguémosla, pues. Tal dicotomía es un error. Pero es un error muy humano y comprensible; y si sabemos rectificarlo no causará ningún daño. Para rectificar las dañosas dicotomías nada mejor que recordar cómo nacen. Nacen del modo con que formamos conceptos cada vez que nos ponemos a pensar lógicamente. Abstraemos de la realidad notas que tienen un común denominador. Sea esa realidad la del reino animal. Si el denominador común que observamos en ciertos animales es que tienen vértebras formamos el concepto de «vertebrados». Pero inmediatamente las notas que quedaron excluidas en animales que carecen de vértebras pasan a formar un concepto opuesto: «invertebrados». Un ratón no se opone a una estrella de mar —podemos pensarlos como pertenecientes a una misma clase biológica— pero el concepto de vertebrados se opone al concepto de invertebrados. Así surgen falsas oposiciones: materia y espíritu, ser y nada, cuerpo y alma, libertad y necesidad, absoluto y relativo, etc. El error de la dicotomía contenido-forma consiste en confundir el modo de ser del cuento (modus essendi) con el modo de conocerlo (modus cognoscendi). Un cuento *es* indivisible pero lo *conocemos* dividido.

12.2. Forma del contenido y contenido de la forma

En 10.4. mantuve la unidad acción-trama. En 11.4., al estudiar las relaciones internas de las partes de la trama, advertí que no me proponía separar elementos sino pensarlos por separado. Y ahora, con la misma cautela, procederé a abstraer del cuento los conceptos de «contenido» y de «forma».

La acción y la trama son una y la misma cosa (10.4.). Quienes definen la acción como contenido y la trama como forma no hacen más que agregar, a la dicotomía acción-trama, otra igualmente falaz: contenido-forma. Dentro de la indivisible unidad de un cuento, el contenido se da junto con la forma. La intuición es expresión y la expresión es, a la vez, contenido y forma. La expresión —digamos: un cuento— es una síntesis estética en la que el contenido está formado y la forma está llena de contenido. El sentimiento es sentimiento figurado y la figura es figura sentida. El escritor, al autocontemplarse, intuye que el contenido de su sentimiento se derrama en la forma de una imagen. Sin sentimiento, la forma estaría vacía, es decir, no existiría. El cuento nos da, no la suma de un contenido, de impresiones más una forma imaginativa, sino una intuición, o sea, impresiones contempladas por una mente que las conoce en su singularidad. Podemos hablar de contenido y la forma de un cuento pero esos dos conceptos ya no pertenecen al fenómeno estético, concreto y vivo. La distinción entre contenido y forma es una operación lógica extraliteraria.

12.3. El contenido separado de la forma

En un plano conceptual, mediante una operación lógica, abstraemos de un cuento particular un contenido y una forma. Una vez extraídos, el contenido y la forma se quedan sin valor estético. Nuestra lógica los sacó del arte; y fuera del arte son objeto de un estudio más o menos científico pero no de goce. Gozamos un cuento si penetramos en él y lo habitamos amorosamente mientras dura la lectura, viviendo la forma del contenido y el contenido de la forma. El buen lector sigue una dirección centrípeta. Por el contrario, dirección centrífuga es la del mal lector que, después de haberse metido en un cuento, huye robándole la forma (en cuyo caso desprecia el contenido) o robándole el contenido (en cuyo caso desprecia la forma).

En el capítulo siguiente seguiré la pista del lector que le roba al cuento su forma. En éste, voy a pisar los talones del que se roba el contenido. Antes, debo elegir los términos más adecuados para describir las materias que el ladrón abstrae del cuento, materias que entran en concepto de «contenido».

12.4. Más palabras que conceptos

De los cuentos se pueden sacar muchos contenidos. Cada lector abstrae de la materia leída lo que le interesa más. Aun en el supuesto de que varios lectores abstraigan de esa materia conceptos parecidos, al formularlos verbalmente es muy posible que usen diferentes términos. Uno llamará a tal concepto «tema»; otro lo llamará «asunto»; otro, «motivo»; otro, «leimotiv»; otro «tópico». Es natural. Cada lengua ofrece un extenso almacén de términos y los estudiosos tienen que elegir los más adecuados. Muchos de esos términos son sinónimos. Otros carecen de significación fija y se prestan a equívocos. Los hay que circulan dentro del círculo de una academia, de una escuela o de una manía personal. Es inútil que se consulten los mejores diccionarios literarios, las definiciones de los autores más autorizados o el empleo de términos en magistrales análisis de textos. Aunque un congreso internacional de eminentes especialistas llegara a proponer un unívoco lenguaje crítico —empresa improbable— y todos decidiéramos adoptarlo —consenso imposible—, el uso personal que hiciéramos de él en las cambiantes circunstancias de la vida y la historia en pocos años volvería a inutilizarlos. El problema se complica por las traducciones. Un término, por internacional que sea, adquiere matices semánticos nacionales, y al trasladarlo de una nación a otra, aunque el cambio ortográfico sea levísimo —tema, thème, théma, theme, thema— en el nuevo contexto ya no significa lo mismo. Si, por el contrario, el término es propio de una lengua —«leitmotiv» en la alemana— el usarlo con todas sus letras en otra lengua equivale a introducir en ésta un neologismo que, para ser comprendido, requeriría definiciones especiales.

En lengua castellana los términos disponibles son abundantes: contenido, tema, motivo, tópico, fondo, materia, asunto, tesis, base, idea, pensamiento, mensaje, sumario, argumento, propósito, estofa, estopa, sujeto, objeto, fábula, tipo, cosa, plataforma, campo, lema, programa, detalle, lugar común, materia prima, situaciones fundamentales, esquema, punto, orden, tela, idea fija, etc. Habiendo más términos que conceptos conviene elegir uno solo para cada concepto que abstraigamos y mantenerlo a lo largo de toda la exposición. ¿Con qué criterio elegirlo? ¿Con el de la etimología? ¿Con el del uso corriente en nuestra comunidad hispánica? ¿Con el de una escuela de crítica literaria? Cualquiera que sea el criterio, la elección del término será arbitraria. Eso sí, una vez hecha la elección la arbitrariedad debería cesar: o sea, el término debería aplicarse unívocamente al mismo concepto. Desgraciadamente no ocurre así pues los críticos se contradicen unos a otros y, lo que es peor, se contradicen a sí mismos. Asomémonos a este campo de batalla entre términos y definiciones.

12.5. Tema, motivo, leitmotiv, tópico

Para Ernst Robert Curtius los «tópicos» que él mismo ha catalogado en *Literatura Europea y Edad Media Latina* (1948) son lugares comunes que, como sedimentos de la transmisión literaria en el decurso de los siglos, se depositan en el fondo de una obra. Su Tópica se desprende de la historia: la consolación ante la muerte inevitable, la invocación de la naturaleza, el mundo al revés, el libro como símbolo, la afectación de modestia, el niño viejo como ideal humano, la consagración de una obra a Dios, el paisaje ameno, etc.

Para Lord Raglan —*The Hero* (1936)— los motivos son elementos que, al combinarse, producen un tema. El tema del héroe, por ejemplo, conglomeraría exactamente veintidós motivos (el origen misterioso, el exilio, el regreso, etc.): Edipo gana con veintiún puntos; el tema de Robin Hood pierde pues sólo obtiene un puntaje de trece motivos o crisis.

Para Elisabeth Frenzel —*Stoff-, Motiv- und Symbolforschung* (1963)— los temas constituyen la materia prima que se presta a que los escritores reelaboren, así como los motivos son situaciones fundamentales plasmadas por los escritores en el momento en que se ponen a narrar. La fidelidad, el amor, la muerte son temas abstractos, exentos de valor narrativo; el doble, el hombre entre dos mujeres, el judío errante, son motivos con unidad narrativa que pulsan un solo acorde en la melodía completa de la trama. El motivo, pues, es un componente elemental de una trama susceptible de desarrollo. Motivos en serie forman una trama. Los hay centrales (enmarcadores) y marginales (de relleno). Los motivos son de propiedad colectiva y la trama es el uso individual de ellos.

Para Wolfang Kayser —*Interpretación y análisis de la obra literaria* (1948)— «asunto» (der Stoff) es lo que el autor no inventó sino que ha tomado y adaptado de una tradición ajena a su obra. «Motivo» es el impulso de una acción. Se diferencian en que el asunto está fijado en el tiempo y en el espacio mientras el motivo es una mínima unidad narrativa que aparece en diversas obras. Daré un ejemplo. El asunto *Cendrillon* de Perrault es que una joven llamada Cenicienta, maltratada por una madrastra, tiene que limpiar la casa en tanto sus hermanastras se pasan la buena vida, hasta que un hada le permite asistir a un baile de un príncipe, quien se enamora de ella, etc. Uno de sus motivos —la heroína pierde un zapato, el príncipe busca a su dueña y al fin la encuentra— es una situación típica en la historia literaria de todas las épocas y lenguas. «Leitmotiv» es un motivo dominante, central, que al repetirse da cohesión a una obra o a la totalidad de las obras de un escritor. «Tópico» es un lugar común: se lo investiga en dos planos, en el de la tradición de clisés fijos, esqueletos de pensamiento, imágenes estereotípicas, y también en el de la tradición de modos de expresarse.

Para Eugene H. Falk —*Types of thematic structures: the nature and function of Motifs in Gide, Camus, and Sartre* (1967)— el término «tema» puede aplicarse tanto al tópico que indica los rasgos más destacados de los materiales de una narración como también a las ideas que emergen de los motivos. El tema en cuanto tópico puede ser la clase del héroe (su profesión, religión, condición social), su característica dominante (aventurero sentimental, avaro), un acontecimiento importante (guerra, delito, conspiración, amor no correspondido, lucha entre hermanos) o situaciones vinculadas con una figura notable (Edipo, Don Juan, Fausto). El tema en cuanto idea abstraída de elementos textuales junta acciones, juicios, estados de ánimo, gestos, escenarios reveladores. La diferencia entre ambas clases de temas es la siguiente. El *tema como tópico* indica materiales sin atender al texto literario en el que se manifiesta: clasifica esos materiales con generalizaciones abstraídas de motivos. En cambio el *tema que emerge de los motivos* y es acarreado por ellos es una idea que impregna las palabras del texto. Los temas pueden asociarse entre sí por similaridad o por contraste: son *temas correlativos* acarreados por *motivos componentes*. La función del *leitmotiv* es llamar la atención del lector sobre los motivos que componen los temas. Su rasgo principal es la recurrencia, gracias a la cual queda asegurada la correlación entre los temas. Falk ordena diferentes clases de leitmotiv a partir de la más simple. *Repetitious label*, o sea, el epíteto, el rótulo, la clasificación que por repetirse —con un gesto, con unas palabras, con una frase— da énfasis a un rasgo característico del personaje. Voy a dar ejemplos míos. La sonrisa sería el leitmotiv de «Tres sonrisas, una sonrisa» (B). O, en «Anclado en Brasil» (B), la referencia al «hombre de los ojos celestes». *Linking phrase*, o sea, una frase recurrente —o variante de esa frase— que eslabona situaciones que al lector distraído podrían parecer inconexas. La asociación es por similaridad o por contraste. En mi cuento «Ovidio lo contó de otra manera» (L) la protagonista, borracha, da vueltas y vueltas en torno a su fracaso como esposa, como poeta, y cada vez que piensa en quienes han arruinado su vida recurre a parecidas frases sobre la luna, Artemisa, Diana, Apolo, Orfeo, Eurídice... *Linking image*, o sea, que el eslabonamiento de situaciones aparentemente inconexas no se hace con frases sino con imágenes visuales de cosas que vuelven una y otra vez hasta llamar la atención sobre ciertas relaciones. «El viaje» (G) comienza con la imágenes de Lizárraga-terrón: «Dios había amasado a ese muchacho con la tierra de Santiago del Estero: descolorido, apocado, pequeño, con un perfil de piedra pero en el fondo blando y a punto de deshacerse como un terrón.» Desde esa primera frase se repite la imagen eslabonadora: «carnes terrosas», «montoncito del suelo al que una lluvia violenta disolvería en barro», «piel color de campo», «aguas pardas como la tierra seca de Santiago del Estero», «Lizárraga, como una veta del suelo santiagueño, muda, humilde, que surgiera en Brasil, asombrada del verde lujurioso de la vegetación y de las heridas rojas que chaparrones torrentosos habían abierto en la tierra». Y el cuento, en la escena en que el protagonista se ahoga, termina con la imagen inicial: «Y las carnes se le fueron disolviendo en el mar, como un terrón.»

Otras definiciones: véase la palabra «motif» (definida por Todorov) en Oswald Ducrot y Tzvetan Todorov, *Dittionnaire encyclopédique des sciences du langage* (París, Editions du Seuil, 1972). El *motivo* es, dentro de una oración, la mínima partícula de material temático. Hay motivos dinámicos que cambian la situación, y motivos estáticos, que no la cambian. Hay motivos asociados, que uno no podría omitir del resumen de un cuento sin destruir su significación principal, y motivos libres, cuya omisión no afecta la secuencia lógica de los acontecimientos. El motivo es una de las unidades del tema. Se diferencian por el grado de abstracción: el motivo es más concreto que el tema. Cuando el motivo se repite varias veces en el curso de una obra y desempeña un papel preciso, lo calificamos de *leitmotiv*. Cuando los motivos forman una constelación estable y se repiten, no ya en una obra singular, sino en toda la historia literaria, los llamamos *tópicos*. La mera observación de motivos y tópicos no nos da el tema: lo que nos da el *tema* es el análisis de la totalidad del texto y la reflexión sobre su significación dominante.

Algunos profesores, interpretando mal la idea de que el tema es la suma de los motivos, enseñan en las aulas operaciones aritméticas como ésta: en tal cuento figura un senador, un amante y un fraile que abusan de su poder, cada uno en su esfera de actividades. Habría, pues, tres motivos: «el poder corrompe en política», «el poder corrompe en amor», «el poder corrompe en religión». Sumándolos obtendríamos el tema del cuento: «el poder corrompe...».

12.6. Crítica a las definiciones anteriores

He elegido a unos pocos críticos: creo que sus definiciones son suficientes para mi propósito, que es fundar mi propia posición.

Distingo entre la trama —que he descrito en 10. y 11.— y los contenidos que sacamos de la trama. Sin duda hay correlaciones entre la trama (estructura de partes integradas en el todo de un cuento) y el contenido (que pescamos con una red de conceptos: tema, motivo, leitmotiv, tópico). Pero la estructura de la trama está en el texto y la conocemos estéticamente; y al revés, la red de conceptos está en nuestra cabeza y con ella pensamos lógicamente. Los *movimientos* de la acción narrada que antes, en su medio natural, coleaban vivos, ahora, en el aire mental del crítico, han pasado a ser *motivos* (11.9.2). Es la diferencia entre el pez y el pescado. Y lo mismo puede decirse de la *idea*, que era dinámica en el narrador y ahora, en el crítico, pasa a ser *tema* inerte. El pasar del goce estético de un cuento a la disección intelectual de un cuento implica un distanciamiento y un cambio de perspectiva. Si antes veíamos, con el corazón palpitante, cómo la acción corría de principio a fin, ahora, en frío, damos vueltas entre las manos las significaciones que hemos extraído.

Los procedimientos con que la inteligencia extrae de un asunto sus contenidos varían de crítico a crítico, según sus inclinaciones más o menos filosóficas. Imposible describirlos. Mucho menos darles nombres técnicos. Un crítico pesca con la mano, otro con anzuelo, otro con red, otro con arpón, otro con dinamita. Se pesca en la superficie o en la profundidad, mojarritas o ballenazos. A veces no se pesca nada, sino que se cree estar pescando mientras se sueña con una fauna submarina que no existe.

Creo que lo sensato es resignarse a la idea de que la investigación externa de los contenidos de un cuento vale menos que el análisis intrínseco de la trama. Son dos tareas diferentes y no hay que confundirlas. Una vez resignados a la tarea de pescar en un cuento todo lo que se pueda, debemos pensar cuál va a ser nuestro método de estudio. Se me ocurre que un buen método sería ir de los contenidos más pegados al texto a los más despegados, sin prepararse demasiado por cuestiones terminológicas. Después de todo los términos tema, motivo, leitmotiv, tópico no se refieren al cuento sino a los aparejos piscatorios del crítico.

12.7. Tematología

La palabra «tema» es tan conocida, tan universal, tan usada, tan cómoda que me quedaré con ella. Es la que ha permitido acuñar el nombre de una gruesa rama de la ciencia literaria: la Tematología. Los «tematólogos» o «tematistas» —que así suele llamarse a quienes se especializan en el método temático— se ocupan de todas las materias que pueden abstraerse del contenido de la literatura. Harry Levin, en su artículo «Motif» —*Dictionary of the History of Ideas* (vol. III, Nueva York, 1973)—, tras pasar revista a las definiciones, concluye con que «sería prudente reservar "motivo" para aplicaciones precisas y emplear "tema" como concepto genérico, como lema para el ataque crítico». Véase también su ensayo «Thematics and Criticism» en *Grounds for Comparison* (Harvard University Press, 1972).

En adelante, de acuerdo con lo prometido, ordenaré mis observaciones sobre el contenido yendo de las abstracciones más adheridas al cuento a las más despegadas. Las primeras no se han desprendido del todo, conservan del cuento algo concreto y vivo, aun conservan palabras del texto original: la abstracción con que resumimos un cuento, por ejemplo, no lo desfigura hasta el punto de hacérnoslo irreconocible. Por el contrario, las abstracciones más despegadas han perdido el parecido físico con el modelo y llega a un momento en que se salen del cuento y desde fuera lo clasifican con una especie o género: cuento policial, cuento fantástico, etc.

12.8. El resumen

El primer tema que abstraemos se asemeja tanto al cuento, está todavía tan pegado a él, que habrá quienes no lo consideren un tema: me refiero al resumen. Si el cuento está bien resumido, en ese resumen aparecerá bien visible el tema. Ya he señalado la diferencia entre el resumen y la trama (10.6.). Ahora quiero zanjar otras diferencias. La más ancha, la más obvia, es ésta: el cuento es un objeto verbal definitivo. Como un poema, fue concebido con palabras y nació hecho de palabras. Cambiar una sola de ellas sería adulterarlo. Pues bien: el resumen es la traducción, la muda lingüística, la adulteración del cuento. Cumple un propósito práctico, que es reducir a lenguaje lógico lo que el cuento relataba en lenguaje poético. La lógica oficia de partera: es una partera macabra que saca del cuento sólo la osamenta. El resumidor y el lector del resumen están fuera del cuento, en una posición comunicativa, no estética.

Si el resumen está bien hecho, es fiel al cuento: esto es, la acción del cuento no sufre en el traslado y mantiene la individualidad de su mensaje. Es un epítome, una sipnosis de los acontecimientos más importantes de la acción. La caracterización de los personajes, las descripciones, las reflexiones del narrador, los diálogos, etc., son reducidos a las líneas principales del argumento. Es lo que intenté hacer en *Los primeros cuentos del mundo*, 1977.

El orden del resumen es lógico y no se ciñe necesariamente al orden de la narración, que suele alterar la secuencia cronológica de los hechos. Sin duda el resumen es pedagógicamente muy útil y aun útil desde el punto de vista crítico, puesto que, en sí, implica una interpretación, pero esa materia narrativa reorganizada con criterio lógico no está ya en el cuento: es una abstracción. Una cosa es la composición artística de relato tal como los hechos aparecen en la lectura; y otra es el ordenamiento lógico, cronológico de una materia prima que abstraemos de aquella estructura artística. El cuentista nos da a conocer los acontecimientos de un modo muy personal, con un estilo propio. El resumidor no respeta ese modo único de contar: él elige un modo impersonal como si los acontecimientos pertenecieran más a la realidad que al arte.

La diferencia entre trama y resumen ha sido descrita por muchos autores pero con otros términos. (Sobre los términos opuestos «fabula-sujet», «trama-argumento», «historia-discurso» véase el comentario correspondiente en Apostillas.) Lo que importa no es el término que se usa sino la observación del fenómeno: la observación de que el cuentista ha narrado su cuento de una manera única y, por el contrario, el resumidor puede exponer de diferentes maneras los mismos hechos. El lector de un cuento goza de *cómo* se lo ha narrado; el lector de un resumen se entera de *qué* se ha narrado. El *qué* es independiente del *cómo*.

12.9. Temas propiamente dichos

El resumen es el primer tema que abstraemos: reduce y parafrasea la trama pero no se ha desprendido de ella del todo. Es una segunda operación lógica abstraemos otra clase de temas que sí empiezan a soltarse. Son los que hacen posible la interpretación filosófica de un cuento. Nos obligan a que arrojemos una doble mirada: tenemos que examinar atentamente el cuento en sí y también tenemos que apartar la vista y mirar lejos, al mundo de las ideas. Miramos el cuento para estar seguros de que los temas en que nos pusimos a pensar mientras lo leíamos —la ambición, el burlador burlado, la figura Abraham-Isaac y Dios-Jesús, etc.— fueron sugeridos por el texto y no por una caprichosa cerebración nuestra. Sabemos que un narrador interpreta con su personal concepción del mundo aun el menor incidente de su cuento, pero nos sentimos más seguros cuando él mismo se encarga de certificarnos esa concepción del mundo. Lo hace cuando afirma una idea con un juicio terminante o poniéndola en boca de uno de sus personajes; a veces la idea aparece en salpicaduras, una gotita aquí, otra allá; los nombres propios de los personajes, si son simbólicos, pueden ser una clave; a veces la idea ya está anunciada en el título como en los *Cuentos de amor, de locura y de muerte* de Horacio Quiroga. Hay que mirar bien el cuento, pues. Y también hay que echar una mirada al mundo de las ideas para reconocer las del cuento. En los cuentos de Borges reconocemos el reflejo de ideas escépticas, idealistas, solipsistas: el tema borgiano es el de Schopenhauer, «el mundo como voluntad y representación». Puestos a investigar los temas desechamos las tramas, la caracterización, la descripción, el escenario, el diálogo y nos concentramos en la relación entre el «mensaje» que deducimos del cuento y lo que dicen las filosofías corrientes. La conexión entre el texto literario y el contexto intelectual establece el significado del cuento. En otras palabras, el significado del cuento se aclara cuando las acciones de los personajes sugieren ideas generales. Bien entendido que la misión del cuento no es acarrear ideas sino inducir al lector a que asuma una actitud ante las ideas.

Unos temas se vinculan todavía en el texto: son temas parciales, incompletos, menores, marginales, accesorios, complementarios. Otros indican desde más lejos la significación del cuento: son los temas totales. En este orden los reseñaré.

12.10. Temas parciales

Están ahí, a la vista, como automóviles en la ciudad, como remolcadores en el puerto, como locomotoras en el campo. Son máquinas en un sistema de transportes. Su fuerza motriz cumple funciones de propulsión o tracción. Empujan la acción o la arrastran. De esos vehículos en disponibilidad se sirve el tema total de un cuento para viajar. Ya veremos que el tema total puede ser nuevo: los temas parciales, en cambio, son viejos, han sido usados muchas veces. Ambos están constituidos por incidentes, pero en el concepto que nos formamos de «tema parcial» entran recuerdos de incidentes que leímos en la literatura universal. Despojados de las variantes —época, lugar, personajes, profesiones, hablas, etc.— reconocemos ciertas constantes: el niño abandonado que se convertirá en héroe nacional; la avaricia castigada; el viaje a una isla encantada; el casamiento del viejo con la doncellita; la ingratitud del hijo; el paraíso perdido; el pacto con el diablo; el «doble»; el triángulo erótico y miles más que la literatura comparada nunca acaba de clasificar. Son temas —motivos, leitmotivos, tópicos o como se los quiera llamar— que están entre la tradición y la invención, pues el narrador, aunque los tome del pasado histórico, los renueva con su talento personal. Temas de cuentos de hadas transmitidos oralmente en el decurso de siglos a veces son reconocibles en cuentos que se proponen ser naturalistas. Como quiera que sea, estos temas salen del cuento para recordarnos algo que ya conocíamos. Son lugares comunes en la tradición literaria. Lugar común porque se lo usa mucho y también porque en él se concentran creencias de vastas comunidades humanas. El lugar común estaba en la cabeza del narrador, quien se lo sacó de ahí y lo elaboró artísticamente; pero ahora nosotros, lectores, críticos, sacamos de la obra de arte ese lugar común y lo usamos como clave para comprender, no sólo lo que estamos leyendo, sino también lo que hemos leído en la historia cultural. Me estoy refiriendo a temas parciales, incompletos, menores, marginales, accesorios, complementarios. Es decir, a temas que no dominan la totalidad de la narración. En tal cuento asoma el viejo tema de la mujer de Putifar o de la muerte postergada o del aprendiz de brujo, pero son temas despedazados que flotan a la deriva como témpanos sueltos. El tema parcial, aunque está ahí, cerca del texto, no siempre entra en el resumen que hacemos del cuento después de haberlo interpretado críticamente. Adolfo Bioy Casares, en «Los milagros no se recuperan», cuenta «el episodio de la multiplicación de Somerset Maugham»: se trata de dos personas no sólo idénticas sino también homónimas. Como tal episodio no tiene nada que ver con el resto del cuento ese tema del doble es parcial. En cambio, el «doble» es tema total en «El hombre repetido» de Juan Cicco, donde el personaje A piensa en millares de Aes haciendo lo mismo en el mismo instante, y de donde los lectores sacamos el tema filosófico del individuo y la especie. Hay muchos cuentos en los que relampaguea el tema de Orfeo y su vano intento de rescatar a Eurídice del infierno, pero ese tema deja de ser parcial y se hace total en «La Isla», de Luisa Mercedes Levinson: el médico Jorge va a sacar a su amada Eurídice del leprosario donde está internada mas ella prefiere su mundo de leprosos. Y con este ejemplo pasamos a la próxima sección.

12.11. Temas totales

Más distantes del texto están los temas que abstraemos cuando nos ponemos en actitud conceptual, discursiva, filosófica. El narrador ha generalizado sus experiencias y en su cuento nos las ha transmitido, explícita o implícitamente. Sus generalizaciones dieron sentido a su cuento. No digo que siempre haya filosofado con rigor pero por lo menos creemos notarle al leerlo una especie de filosofía para andar de entrecasa como esa frase tan común en las conversaciones corrientes: «¡Así es la vida!» Es lo que nos dicen Chejov, Maupassant, Pirandello: «¡Así es la vida!» Generalizaciones del narrador. Pues bien: el lector, a su vez, generaliza lo que lee, y el resultado de su generalización es el tema que saca de la lectura. El cuento tiene sentido; el tema está fuera del cuento. El sentido es artístico; el tema, lógico. Aun en el caso de que un narrador acepte del exterior un tema, en el mismo instante en que lo acepta deja de ser para él un tema: es, ya, una visión concreta, única, personal. Thema (del griego tithemi, «yo pongo») no es lo que el narrador *pone* (tesis) en su cuento, sino lo que el crítico pone en su interpretación del cuento o, si se quiere, la abstracción que el crítico saca del cuento. El narrador no pone un tema: en todo caso pone una idea (del griego «idea», «da apariencia de una cosa como opuesta a su realidad») (9.4).

El tema, pues, es un concepto abstraído del contenido de un cuento, una operación crítica exterior al cuento muy diferente de la operación artística del narrador. Una vez abstraído, el tema gravita sobre una realidad que no tiene nada que ver con el cuento. Una cosa es el pícaro concreto que nos encontramos en «El casamiento de Laucha»; otra, el tema del pícaro en la historia literaria. Roberto J. Payró vio al pícaro que le fascinaba a él, y lo metió en su cuento; y si para crear a su Laucha echó una mirada a pícaros creados por otros escritores, con sólo verlos se los apropió, no como tema, sino como presencias en su obra personal. El valor del cuento depende siempre de la visión del narrador, nunca del tema. El narrador conoce a su pícaro con esa frescura de los primeros encuentros; el crítico, al leer ese cuento, recuerda a otros pícaros y los agrupa entre sí en un concepto general. Y este tema, a diferencia de los parciales —motivos, leitmotivos, tópicos— es total, completo, mayor, central, dominante, omnipresente. Lo podemos cifrar con una sola frase: «la picardía rebajadora de valores»... De arte, de *El casamiento de Laucha*, ya no queda nada.

Los tematólogos operan por lo general en tres cuerpos. El corpus de un cuento único, el corpus formado por los cuentos del mismo escritor y el corpus de todos los cuentos, sean de una comunidad lingüística, sean de un pasado histórico. (Los tematólogos pueden aun operar en el corpus del cuento relacionado con la literatura en general y con la realidad no literaria, objeto esta última de ciencias tales como la historia, la sociología, la psicología, la antropología.)

12.11.1.   TEMA DE UN CUENTO INDIVIDUAL

Releo mi cuento «La locura juega al ajedrez» (L) —un esquizofrénico juega solo al ajedrez, se desdobla, ahora juega con su *alter ego*, al final se encarna en la personalidad del otro—, pienso en su contenido, reduzco mi juicio a un tema que me parece dominante y lo formulo en pocas palabras: es el tema del «doble».

12.11.2.   TEMA DE VARIOS CUENTOS DEL MISMO AUTOR

Ahora pienso en que he escrito otros cuentos con tema similar. Los comparo y desprendo variantes temáticas. En «La locura juega al ajedrez» se trataba de un esquizofrénico; en «Los dioscuros» (L) se trata de gemelos; en «Museo de cicatrices» (L), de dos vidas paralelas en diferentes épocas; en «Fénix de los ingenios» (B), de dos rivales iguales pero con opuestas propensiones; en «Roberto el Diablo, Hombre de Dios», del cambio de personalidad, del mal al bien; en «Un navajazo en Madrid» (E), de un lector de novela que se ve reflejado en un personaje novelesco; y así en otra veintena de cuentos con el tema del doble.

12.11.3.   TEMA DE VARIOS CUENTOS DE DIFERENTES AUTORES

Me alejo aún más del cuento «La locura juega al ajedrez» si saco de él un tema común a muchos otros cuentos, sean de la misma literatura argentina, sean de la literatura mundial. En las letras argentinas puedo estudiar el tema del «doble» en Borges, en Cortázar *et al.* En las mundiales, el tema del «doppelgänger» desde los predecesores de Hoffman hasta los sucesores de Thomas Mann, y fuera de Alemania en Poe, Stevenson, Dostoievski, Wilde, Pirandello, Conrad, Nabokov y cien más.

Tal estudio sería estrictamente literario. Es verdad que cuando abstraigo el tema del «doble» me salgo de un cuento concreto, pero nadie me acusará por eso de salirme también de la literatura. Es, después de todo, un estudio de los diversos tratamientos del mismo tema dentro de la literatura, un estudio de cómo ese tema responde contrapuntísticamente a otros o, al revés, armoniza con otros. Al emprenderlo estoy lejos de todos esos cuentos escritos por los autores que mencioné más arriba. Quiero decir, no estoy sumido en la lectura y el goce de ellos en lo que cada uno tiene de único. Ahora, desde mi posición, no de lector-gozador, sino de pesquisa-comparatista, infiero el «mensaje» de un tema general. Me interesa, claro está, el tratamiento particular del tema general, pero mi última mirada, la más larga, la más atenta, se dirige al «mensaje». Este «mensaje» no es una filosofía preconcebida por el cuentista e incorporada a su cuento —a eso he llamado «idea», 9.4. y 12.11.— sino la resultante de reflexiones que yo, lector, me hago después de haber leído. Todavía estoy en la literatura, pero pisando su frontera. Un paso más y me salgo de la literatura. Porque, según se verá en seguida, hay estudios del tema que son extraliterarios.

12.12. Temas extraliterarios

Me ocuparé ahora de temas que relacionan los cuentos con una realidad extraliteraria. Llamo realidad extraliteraria a la de la psicología del escritor, a la de la historia de la filosofía, a la de nuestras experiencias cotidianas en la cultura que nos envuelve.

12.12.1. LA PSIQUE

Ciertos temas ayudan al crítico a reconstituir la psique del cuentista. El método, pues, es abstraer temas de las obras completas de un autor individual para documentar modos de la sensibilidad y la imaginación y la inteligencia humanas. El crítico, con los temas que abstrae, trata de comprender la psicología de un narrador y aun su cosmovisión.

12.12.2. LA FILOSOFÍA

El crítico liga el cuento con la historia de la Filosofía mediante el tema de Dios, el Tiempo, el Espacio, el Valor, la Existencia, etc. Visto así, el tema es un mero auxiliar para comprender los problemas fundamentales que siempre han preocupado al hombre. El texto del cuento es un pretexto para que el tematólogo investigue las ideas que le atraen. En el mejor de los casos, ve en un cuento un síntoma de la condición humana. El tema viene a ser una generalización sobre las actividades del espíritu.

12.12.3. EXPERIENCIA COTIDIANA Y TRADICIÓN CULTURAL

A veces el crítico identifica el tema de un cuento con hechos de la experiencia cotidiana de todos los hombres o con hechos de una tradición cultural. Tal personaje concreto se convierte en el Burgués o en la encarnación de la Locura o en una variante del tipo de Don Quijote; tal episodio se convierte en la Lucha de Clases o en la Injusticia Social; tal conducta se convierte en característica de una Nación, un Período, una Ideología. El cuento es epifenómeno de algo que ya no es literatura. El tema es el punto de convergencia de fuerzas extrínsecas. Bien entendido que no apunto a las significaciones que el cuentista expresó directamente y aun intencionalmente, sino a las que el crítico resuelve sacar de la obra. Se dirá: «Si las saca es porque estaban allí.» Es posible, pero en todo caso no estaban en la forma lógica del concepto porque, aunque el cuentista haya escrito un cuento rico en conceptos, éstos, por estar estructurados en una obra de arte, quedan subordinados a la intuición estética.

12.13. Clasificación de los cuentos por su contenido

Del cuento abstraemos su contenido, del contenido abstraemos el tema; y con este tema —que es un concepto— clasificamos el cuento en un reticulado conceptual. El criterio de clasificación está ya tan alejado del cuento original que no tiene valor como crítica literaria. Las clasificaciones nos dicen muy poco sobre los cuentos que clasifican. Nos dicen, por ejemplo, que tal cuento pertenece a una o a más de una de las innumerables categorías: cuentos realistas, fantásticos, de amor, de miedo, históricos, sociológicos, psicológicos y mil más. El finlandés Antii Aarne concibió una clasificación temática de cuentos y el norteamericano Stith Thompson la perfeccionó en *Motif-Index of Folk-Literature*. Clasificó más de 40.000 cuentos, romances, mitos, fábulas, leyendas, ejemplos y otras formas narrativas sirviéndose de veintitrés letras del alfabeto latino para designar —sin intención sistemática— grupos que van de lo mitológico y sobrenatural a lo realista y humorístico. Así, la letra A agrupa narraciones relativas a dioses y a la creación cósmica; la letra X agrupa motivos de humor; y la Z es una miscelánea de todo lo que no cupo en las clases previas.

13. FORMAS ABSTRAÍDAS: MORFOLOGÍA

13.1. Introducción

Este capítulo es compañero del anterior y en vista de que hacen juego deberíamos comenzar con las mismas advertencias teóricas. Si nuestra actitud es estética, el cuento que estamos juzgando es indivisible. Pero si nuestro criterio es lógico, es posible destruir el cuento con dos conceptos que ya no tienen valor estético: el concepto de «contenido» y el concepto de «forma» (12.1.; 12.2.; 12.3.). Desde luego que no son conceptos opuestos sino correlativos. Contenido es la materia que, dentro del cuento, recibe una forma determinada. Forma es lo que da ser a la materia. Pensar esos conceptos separadamente es una conveniencia didáctica en mi exposición, no una dicotomía que separe la forma de la materia y la materia de la forma.

Examinadas ya las materias que abstraemos del contenido examinaremos ahora lo que abstraemos de la forma. Sólo examinaré unas pocas formas porque, siendo el cuento una creación artística, es todo forma, y desde los primeros capítulos no he hecho más que hablar de la forma de la intuición estética, la forma breve, la forma de la diversión dentro de una conversación, la forma de los puntos de vista, la forma del armazón de cuentos combinados y de los marcos individuales, la forma de la trama, la forma que contiene el fluir psíquico de los personajes, la forma que se transpone de un arte a otro, etc. Lo que haré, pues, en este capítulo, es mostrar unos pocos ejemplos de formas que son conceptos abstraídos de las formas del cuento.

13.2. Cuentos amorfos y polimorfos

El cuento es una de las formas del arte de contar. Siendo una forma, no puede ser amorfo. Muchos de los cuentistas contemporáneos, en su afán experimental, han roto con casi todas las estructuras narrativas pero es evidente que aun en los casos más extremos, además de ese mínimo de coherencia sin el cual la obra sería ilegible, hay una forma: ésa, precisamente, contra la que escriben. Los disolventes no serían disolventes si no hubiera algo que disolver; los subversivos no serían subversivos si no hubiera algo que subvertir. La disolución del narrador, de los personajes, de la trama, del orden tempoespacial, de la gramática, etc. tiene sentido solamente si pensamos en los cuentos indisolubles. Los experimentos experimentan con el poder de resistencia de los materiales narrativos. Paradójicamente, la negación de la historia sólo vale para quienes tienen una educación literaria basada en la historia. En cada período histórico hay desafíos a los cánones establecidos pero sin estos cánones los desafíos no tendrían razón de ser. Lo que hace hoy un narrador rabiosamente nihilista es reconcentrar en un solo cuento todos los ácidos corrosivos que durante siglos muchos narradores administraron con cautela a una gran cantidad de cuentos, no para aniquilarlos, sino para pulirlos. Desguarnecer el género cuento ha sido siempre parte de la estrategia del narrador. El porqué es claro si se piensa en que la literatura es desinteresada, libre, irónica, exploradora, consciente de los problemas de la significación y de la comunicación y sobre todo consciente de su índole ficticia. Es normal, en la historia literaria, que se juegue a violar las normas de la literatura. Se busca el cambio, la novedad, la sorpresa. Pero la literatura es una institución y tiene un estatuto.

Se comprenderá, pues, por qué en todo este estudio he concedido menos atención a los cuentos llamados «experimentales». Por lo general no cuentan o lo hacen sin tramas ni personajes ni perspectivas identificables. Aun así, tampoco son amorfos. Si lo fueran no existirían como formas de arte. No son antiformas sino formas rotas. El método morfológico da mejores resultados con la anatomía normal. Con todo, algo hay que decir de los cuentos anamórficos («anamorfosis» llamó Daniello Barbaro, en *La prattica della prospettiva*, de 1559, a esos trucos ilusionistas que consistían en pintar con tales distorsiones que la figura sólo cobraba sentido cuando se la miraba oblicuamente o desde ángulos rebuscados).

A veces el experimento es más aparente que real pues se basa en componer un cuento imitando el modo con que un mal lector lo descompone. Voy a explicarme. Lo normal es que el narrador obligue al lector a recorrer el texto linealmente, de izquierda a derecha, de arriba abajo. En ese cañamazo rectangular y mental el narrador borda figuras y las relaciona de suerte que produzcan en el lector el efecto deseado. Hay lectores que ojean (y hojean) por aquí y por allá y leen la última página antes de leer la primera. Pues bien, también hay narradores ¿experimentales? que simpatizando con esa manera anárquica de saltearse párrafos y enrevesar la historia se anticipan a lo que de todos modos sus lectores van a hacer y escriben mezclando adrede las escenas como si fueran piezas de un rompecabezas: que cada lector lo arme como quiera.

13.3. Cuentos cerrados y abiertos

Se puede decir que el cuento es una obra cerrada puesto que es un cosmos autónomo; y también que es una obra abierta.

Abierta como un tubo. Por un extremo recibe las intenciones del narrador y por otro recibe las interpretaciones del lector. Desde el punto de vista de la Teoría del Lenguaje y de la Estética las palabras, tanto las dichas a viva voz como las estampadas en un poema o en un relato, intentan comunicar conceptos y expresar intuiciones. El hablante y el escritor dan salida a su intención comunicativa y expresiva con palabras que el oyente y el lector deben comprender. El mensaje estaba encerrado en una mente emisora, se abrió en el acto de ordenar las palabras; y ahora se vuelve a cerrar en una mente receptora. Pero es inevitable que el oyente o el lector, al tratar de responder al mensaje, proyecte sobre el texto su propia personalidad y, en consecuencia, el mensaje original quede un poco abierto o no se cierre exactamente donde debía. La obra está hecha, sí, pero con una puerta semicerrada, entreabierta, entornada. El lector colabora mentalmente con el escritor, sí, pero éste impone el sentido principal. En la historia de la literatura ha habido períodos, tendencias, gustos, géneros, artistas que pusieron su empeño en dar a una obra visos de clausura o visos de apertura. Y lo que está ocurriendo en nuestro siglo XX —apunta Umberto Eco en *Opera aperta*— es que la apertura, además de ser una condición inherente a toda estructura verbal, ha pasado a ser nada menos que un nuevo programa operativo, una nueva «poética», un nuevo uso de la obra de arte. Adoptando a la literatura los paradigmas que Eco prefiere buscar en la música y las artes plásticas parecería que su tesis es ésta. El escritor, hoy, lanza obras a medio hacer precisamente para que el lector las termine de hacer. Son —para emplear palabras de Eco— *obras en movimiento*, cuyas estructuras móviles invitan a múltiples reacciones e interpretaciones. El cuento ambiguo, indeterminado, plurivalente, indefinido, abierto es un amplio campo de posibilidades de lectura; y en el taller de ciertos cuentistas es un juguete de piezas sueltas para que cada jugador arme el modelo que le plazca. El cuentista ha renunciado a ejercer control sobre su lector y su cuento no tiene una forma completa, físicamente realizada. Las observaciones de Eco son mucho menos atrevidas de lo que algunos partidarios del caos artístico esperaban (Apostillas). Sus observaciones atañen más a la Sociología que a la Estética pues trazan las relaciones entre el artista y su público y entre la forma artística y la concepción del mundo en nuestra desquiciada época.

Mi objeción al «aberturismo» —llamemos así al movimiento de las letras contemporáneas que se especializa en estructuras que se mueven de abertura en abertura— es que exagera el valor de la sugerencia en el arte. Los simbolistas —Mallarmé: «nombrar un objeto es suprimir las tres cuartas partes del goce del poema, que consiste en la felicidad de adivinarlo poco a poco»— los simbolistas, digo, llegaron al extremo de recomendar el suicidio artístico. En vez de pistola usaron la poesía pura, el silencio y la página en blanco. Después vinieron otros «ismos» desintegradores de formas: dadaísmo, superrealismo, etc. Los «aberturistas» de hoy coleccionan todas las antiformas que encuentran. Eso no reza conmigo. Creo que la recreación del cuento por parte del lector sólo es legítima cuando el narrador lo invita a que lo haga. Pero en este caso la «apertura» es, paradójicamente, una «forma»: es decir, el narrador ha terminado su cuento, sólo que el cierre consiste en producir en el lector un efecto de ambigüedad, perplejidad y libertad. En mi cuento «Las manos» (P) el narrador, después de ofrecer al lector varias hipótesis sobre el porqué de la falta de manos en el cadáver del protagonista, se abstiene de opinar con un «¡Vaya uno a saber!». En «Prólogo anamorfoscópico a los cuentos de Andy» (D) el lector queda libre para juzgar si la literatura fantástica de Andy era religiosa o no. En ambos casos el lector parece tomar la iniciativa pero es porque yo quiero que así lo crea. Por más que se altere la «situación» comunicativa entre la obra y el lector, la obra sigue siendo una obra y no un caos de elementos amorfos.

Por qué el narrador cierra el cuento de modo que parezca abierto es otra cuestión. Supongo que a veces la forma del cuento copia la forma de una concepción del mundo, sea la que el escritor se fabrica, sea una de las prefabricadas que encuentra en su cultura. Supongo que una redonda concepción del mundo redondea el cuento y que para una concepción del mundo indefinida el cuento no tiene límites. La acción de un cuento es expansiva: personajes, experiencias, emociones, sucesos, ambientes, presiones de fuera y de dentro, todo crece y cambia. En el cuento «cerrado» el narrador reprime esa expansión con una filosofía de la vida que distingue entre el bien y el mal, la verdad y el error, la salud y la enfermedad, el triunfo y la derrota, entre valores y disvalores, entre el cosmos y el caos. Sus personajes pueden estar arrebatados por confusos torbellinos pero, desde el comienzo del cuento, el narrador sabe que han de terminar en una postura significativa. Los problemas se resolverán, en un sentido u otro, porque el mundo tiene sentido. Por el contrario el final de un cuento «abierto» no es un fin. Su fin —su propósito— es el sinfín de las fuerzas operantes. El narrador no tiene una filosofía de la vida, simula no tenerla o polemiza con filosofías a las que quiere desacreditar. Que cada quien interprete como quiera. ¡Piedra libre para escepticismos, relativismos, cinismos, subjetivismos, pragmatismos, vitalismos, pesimismos, irracionalismos! Si los problemas no se resuelven, si los procesos no se cierran, ¿para qué cerrar el proceso de un cuento con una solución del problema? El narrador, pues, decide no controlar, no contener la acción expansiva que nos está relatando. El cuento concluye bruscamente porque en algún punto hay que concluir pero la acción no está agotada. A efectos de que se sepa que la acción sigue expandiéndose, el narrador borra culminaciones, esfuma desenlaces, deja que el cuento se desintegre y cree la ilusión de que está abierto.

13.4. Carrocería

Como en la fabricación de carruajes, los cuentos salen con diferentes carrocerías.

13.4.1. LA CARTA

Hay muchas clases de cuentos con forma epistolar. He aquí las más frecuentes:
a) Cuento narrado en una sola carta. Por ejemplo, en la Epístola VII, 27, que Plinio el Joven envió a Sura está el prototipo del cuento de la casa encantada. La estructura de una única carta que un único emisor dirige a un único destinatario es la misma que la del cuento que empieza con una dedicatoria: «A Fulano de Tal.» Mi minicuento «Jaula de un solo lado» (C) comienza: «Querida amiga: como sabes...» ¿Es comienzo de carta o simple dedicatoria? Carta, sí, es el cuento que Manucho dirige a Billy en «Los espías» de Manuel Mujica Láinez. Esta clase de cuento epistolar puede ser una confesión que no espera respuesta. Como quiera que sea, el lector no conoce la respuesta, aunque a veces, basándose en indicios, imagine cómo sería.
b) Ídem, con la diferencia de que el cuento no va en una sola carta sino que se arma en varias. María de «Distante amiga»; Osvaldo Fasolo, «Las cartas»; Ilka Krupkin, «Tres cartas».
c) La misma mano escribe a dos o más personas sin que el lector se entere de si obtuvo respuesta o no.
d) Cartas escritas por dos o más manos sin que tampoco se conozcan las respuestas.
e) Correspondencia en dos direcciones mantenida regularmente entre dos personas. Es como un diálogo a distancia. Se trata de una verdadera comunicación. Una

carta provoca una respuesta o es respuesta a una anterior: ambas son igualmente importantes. Horacio Quiroga, «La bella y la bestia».

f) Ídem, con la diferencia que los corresponsales son más de dos. Se dan dos casos. Primero: varias personas se intercambian cartas en múltiples direcciones. Segundo: varias personas, en una sola dirección, responden a la misma persona. Por ejemplo: varios personajes, por estar juntos, no se escriben entre sí sino que cada uno escribe sobre los otros (Henry James, «A bundle of letters»).

g) El cuento es resultante de una colección de cartas pero son cartas sueltas: sus autores no se habían escrito entre sí.

h) Dejo de lado cuentos cuya forma externa no es epistolar aun cuando en su interior contienen epístolas. Pongamos por caso: cartas intercaladas en un cuento normal o cartas que se barajan con otros documentos. En el caso de la carta intercalada el narrador la usa a veces como vehículo de informaciones que lo ayudan a narrar pero sin que la carta altere el resultado de la acción; y otras veces usa la carta como clave que revela el secreto de la trama.

Por supuesto que no se trata de cartas reales sino de movimientos de un cuento en forma de cartas. Cada carta está escrita con el pronombre de la primera persona gramatical pero lógicamente detrás de las cartas hay un narrador que las ha coleccionado, ordenado y publicado. Tal narrador está invisible pero sobreentendido o aparece, sí, pero con la máscara de un editor que se limita a dar a conocer documentos ajenos (5.3.). Este narrador que simula ser un mero compilador, objetivo y verosímil, reduce su propia subjetividad al mínimo posible (9.3.). Es un narrador en función de transcriptor que yuxtapone cartas que van y vienen entre corresponsales, cada carta escrita desde una perspectiva propia.

El cuento epistolar es, pues, una forma artística con principio, medio y fin. Para dar una rápida idea de cómo varias cartas permiten que entreveamos una acción coherente valga este chiste que titularé «Epistolario».

> 18 de julio de 1931. Querido Juan: Ahora que te han metido en la cárcel supongo que esperarás que yo me ponga a cavar la tierra y plantar las papas. *María.*
> 24 de julio de 1931. Querida María: Por lo que más quieras en el mundo, no remuevas la tierra. ¿No te das cuenta, zonza, que allí está escondido el tesoro? *Juan.*
> 15 de agosto de 1931. Querido Juan: Alguien en la cárcel debe de haber leído tu carta pues hoy vinieron de la policía y han cavado todo el campo. ¿Qué hacer, Dios mío, qué hacer? *María.*
> 21 de agosto de 1931. Querida María: Planta las papas. *Juan.*

El lector se entera de lo que uno de los corresponsales dice y al mismo tiempo quiere saber qué es lo que el destinatario ha de sentir cuando reciba la carta. Con ansia se espera esta reacción para ver si es la que uno ha presentido. El cuento tiene, pues, un «suspenso» que depende de la forma epistolar, no sólo del interés por el contenido de las cartas. La multiplicidad de puntos de vista es ya suficiente para reclamar nuestra atención.

Comparadas con las Memorias (13.4.4.) las cartas se distinguen porque su estilo es conversacional, espontáneo, digresivo; los acontecimientos que cuentan son inmediatos o están evocados en un momento de efervescencia: aunque las cartas describan un pasado muy remoto la perspectiva está abierta al futuro pues el ánimo de quien escribe cambia de día a día y sus intenciones son imprevisibles. La contestación a una carta puede alterar el curso de la correspondencia futura. Las fórmulas de la dirección postal, la fecha, el saludo, la despedida operan, no como marcos fijos, sino como cauces por donde corre el tiempo, siempre hacia adelante. Si llamamos «distancia narrativa» al intervalo entre una experiencia vivida antes y esa misma experiencia contada después —o en otras palabras, a la distancia entre el plano de la acción y el plano de la narración—, diremos que en el cuento epistolar esa distancia es mucho más corta que en el cuento con forma de Memorias. Desde el punto de vista de la «distancia narrativa» el cuento-carta se parece al cuento-Diario: la situación del narrador, en ambas formas de cuento, está próxima a los acontecimientos. Se diferencian en que el cuento-carta es un mensaje emitido a un destinatario y el cuento-Diario, en cambio, nos hace creer que el escritor escribe para sí mismo (13.4.2.). Con el método epistolar la caracterización del personaje suele ser lenta y, porque requiere más tiempo, resulta eficaz en la novela. En el siglo XVIII novelas que yuxtaponían cartas fueron muy populares: *Pamela* de Richardson, *La Nouvelle Héloïse* de Rosseau, etc. El método fue menos frecuente en el cuento, que por su brevedad y por su interés en una situación singular no se presta a coleccionar cartas. Hubo, sin embargo, buenos cuentos epistolares.

13.4.2.   EL DIARIO

El narrador asienta, en su Diario íntimo, las experiencias de cada día. Se dirige al Diario: «Querido Diario...» En verdad es como si se escribiera cartas a sí mismo. ¿Qué pasa cuando el cuento está en una sola entrada de Diario? Si tiene la forma de páginas arrancadas a un Diario da la impresión de ser un corte en el fluir del tiempo, de estar abierto por sus dos extremos. La fecha que leemos presupone una fecha anterior y una fecha posterior. Nos imaginamos a un narrador con el hábito de sentarse frente a su cuaderno y anotar las impresiones de las últimas horas. La forma de Diario, pues, basta para caracterizar a quien tiene la perseverancia de regarlo con tinta como todas las mañanas regamos una planta. Aunque no nos hable de sí lo conocemos: tiene la personalidad de un cronista. Sabemos que lo que ha escrito tal sábado o tal domingo es parte de una serie. Aquí está la diferencia entre el cuento narrado en una sola carta y el cuento narrado en una sola entrada de Diario íntimo. Los dos nos cuentan incidentes singulares pero en el primero el incidente queda suelto y en el segundo se sugiere que es uno de los tantos que mantienen ocupada la pluma de un constante espión de la vida cotidiana. (El yo del Diario es más secreto que el de la carta, pues el de ésta entabla una comunicación con alguien.) He escrito cuentos así: por ejemplo, «De mi Diario: Ann Arbor, 29 de abril de 1958» (L). Allí el narrador anota una conversación con Juan Marín sobre casos de telepatía y eidetismo. Como hice con la forma del cuento epistolar, voy a examinar, por ser más interesante, el cuento que se desarrolla, no en una, sino en sucesivas entradas de un Diario.

Hay cuentos completamente compuestos en forma de Diario. Gracias a la fragmentaria, continua y franca anotación de impresiones seguimos paso a paso un proceso que puede ser el planeamiento de un asesinato, el fracaso de un matrimonio, el deterioro de una mente, etc. Por lo general el narrador intercala extractos de un Diario. A veces lo hace por el mero gusto de variar el tono de su narración. Más habilidad requiere el uso de extractos de un Diario. A veces lo hace por el mero gusto de variar el tono de su narración. Más habilidad requiere el uso de extractos cuando cumplen una importante función orgánica en la vida del cuento. En «Un navajazo en Madrid» (E) —cuento que diagramaré en 13.5.— hay dos relatos trenzados: en una serie el protagonista relata cómo llega a Madrid, se aloja en una pensión y va a la Biblioteca a estudiar una novela; en la otra serie leemos extractos de un Diario íntimo donde el protagonista ha anotado sus observaciones sobre la rara coincidencia entre lo que pasa en la novela y lo que pasa en la pensión. El asunto principal del cuento es el contrapunto entre Literatura y Vida, y ese Diario íntimo está funcionando allí como un órgano vital. Hay, pues, una correspondencia entre el texto del Diario y el contexto del relato. Más orgánica aún es la correspondencia entre texto y contexto en «El Diario de Porfiria Bernal» de Silvina Ocampo. El cuento está dividido en dos partes: «Relato de Miss Antonia Fielding» y «El Diario de Porfiria» pero hay una extraña simbiosis entre la institutriz inglesa y la niña precoz. Otros cuentos argentinos con forma de Diario íntimo: Julio Cortázar, «Lejana»; Marco Denevi, «Fragmento de un Diario íntimo»; Delfín Leocadio Garasa, «El sueño asesino»; Juan Carlos Ghiano, «Hermana de la tarde»; «Tío Juan José»; Eugenio Julio Iglesias, «Una teoría fracasada»; Bonifacio Lastra, «El mastín de Villa Lobos»; Bernardo Schiavetta, «Gregorio Ruedas»; Fernando Sorrentino, «Libro de Daniel».

13.4.3. LA GRABADORA

Esta forma es inmediata como la carta y como el Diario pues se supone que transcribe voces espontáneas. El cuento es literario pero se pretende que está tomado directamente de una situación oral; y ya se sabe que, en las situaciones orales, la distancia narrativa suele ser mínima. Si la grabadora registra comentarios de acontecimientos que en ese mismo instante están ocurriendo, la distancia narrativa queda anulada, como en los comentarios radiales sobre un partido de fútbol o sobre un incendio. La narración del hecho es simultánea a la experiencia del hecho. Un ejemplo: Bruce Kaplan, «Talking», cinta magnetofónica grabada en la Convención Nacional del Partido Demócrata, en Chicago 1968 (*Experiments in prose*, editados por Eugene Wildman, Chicago 1969). El cuento de Silvia Guerrico, «El gordo Ambrosio y sus amigos», comienza con la larga desgrabación del monólogo del arrabalero Lonja. Luego vemos al narrador sacando su cuento de ese material grabado (de paso nos muestra su taller narrativo). El cuento de Ricardo Piglia, «Mata-hari 55», es una desgrabación dividida en «cinta A, lado I, lado II; cinta B, lado I, lado II». Julio Ardiles Gray ha usado la grabadora en *Memorial de los infiernos*.

13.4.4. LAS MEMORIAS

En la carta, en el Diario, en la grabadora vimos que el narrador estaba comprometido con fechas precisas. Ahora, en el cuento en forma de Memorias, el narrador evoca acciones pretéritas con una perspectiva más libre, holgada y comprensiva. El polvo que la agitación del vivir levantó se ha asentado y es posible ver con claridad lo ocurrido muchos años atrás. Un cuento escrito en forma de Memorias traduce en términos de «invención» la materia del muy tradicional género de las autobiografías. Éstas imponen una forma significativa a las experiencias caóticas que una persona ha vivido. Se supone que esas experiencias son dignas de contarse con tensión artística. Mientras en el Diario íntimo la relación con lo narrado es de coetaneidad, en las Memorias se ensancha la distancia tempora con lo narrado. Mientras las cartas y los Diarios íntimos cuentan desde un presente abierto a posibilidades futuras, las Memorias cuentan un pasado. Igual que en la carta y en el Diario íntimo, el pronombre es de primera persona, pero este «yo» de las Memorias sufre un curioso desdoblamiento. El «yo» de un viejo relata experiencias de un «yo» joven. Ambos «yo» pertenecen a la misma persona biológica pero no a la misma persona psicológica. Un «yo» ha vivido cierta experiencia (es un yo activo, experimentador) y otro, muchos años después, la cuenta (es un «yo» pasivo, narrador). Entre uno y otro hay tensiones y aun choques. A veces el yo adulto, desde su situación actual, ve retrospectivamente el pasado y nos lo resume; a veces el yo juvenil, desde el pasado, revive y se hace oír y ver. Dicho de otro modo, el yo juvenil que tuvo la experiencia ha sometido al yo adulto que la narra y en consecuencia las acciones pasadas del joven brillan más que las reflexiones filosóficas del viejo (7.2.7.). En los relatos de *La oscuridad es otro sol* Olga Orozco, poetisa de hoy, evoca experiencias de una niña de ayer que todo lo vivió poéticamente.

13.4.5. EL GUIÓN CINEMATOGRÁFICO

Bernardo Verbitsky, en «Nagasaki, mon amour», reproduce la conversación entre dos amigos: Bonet quiere que Miguel escriba un guión cinematográfico. «Para escribir para el cine hay que pensar en imágenes. Yo pienso con palabras», opugna Miguel. Y Bonet insiste: «Deja las imágenes al director. Tu trabajo es más simple: escribir un cuento un poco más largo, sin olvidar que es para el cine.» Y Miguel, rindiéndose: «Es cierto que un cuento puede ser comparado en cierto modo a una secuencia cinematográfica.» En efecto, hay cuentistas que ofrecen argumentos de película. Por ejemplo, Pilar de Lusarreta y Arturo Cancela, en «Carnaval de 88. Escenas cinematográficas» (*La Nación*, 15-II-1942). Jorge Luis Borges y Adolfo Bioy Casares colaboraron en dos narraciones con forma de guión cinematográfico: *Los orilleros* y *El paraíso de los creyentes* (1955).

13.4.6. EL TEXTO TEATRAL

Ya me ocuparé de los préstamos que el narrador toma del teatro (15.6.2.) y del arte del diálogo (17.4.). Ahora me limito a señalar la existencia de cuentos que tienen la forma de una comedia o de un drama. Algunos han sido construidos con vistas a un posible espectáculo: por lo menos han resuelto los problemas de la puesta en escena como si el designio del narrador fuera una representación. Otros tienen, sí, el aspecto de una obra de teatro pero por ciertos descuidos prácticos uno sospecha que el narrador sólo quiso experimentar y romper la uniformidad de sus cuentos anteriores. En un cuento enteramente dialogado los personajes están indicados con los pronombres de tercera persona: «él dijo», «ella murmuró». En un cuento con forma de texto teatral la descripción va en acotaciones escénicas y antes de cada parlamento está indicado el nombre del Personaje: «Juan», «María». Este método teatral es eficaz si la situación es de veras dramática y el valor más alto está en lo que se dice. He escrito varios cuentos con forma teatral. En 15.6.2., cuando diferencie la literatura del teatro, mostraré la versión teatral («Un santo en las Indias» G) de un cuento («El pacto», P). Otros cuentos escenificados como para el teatro son: «Los duendes deterministas», «El hijo pródigo», «Fantomas salva al hombre», «La clase» (G), «Juicios de valor» (A). Escribí «Los duendes deterministas» —«comedia existencialista para títeres de voz seria»— a pedido de Daniel Devoto, quien compuso la música para las tres escenas del ciervo de agua, la fanfarria en la corte del rey y la rebelión final de los duendes. La Agrupación Nueva Música dio la audición de «Obertura de Daniel Devoto para la obra "Los duendes deterministas" de E. A. I. en el Salón de Conciertos del Instituto Francés de Estudios Superiores, Buenos Aires, 13-VIII-1945». Al escribir «Los duendes deterministas» experimenté la diferencia entre teatro y literatura. En el cuento «El leve Pedro» yo había descrito a un hombre que sube por el aire. En «Los duendes deterministas» hay una reina que también sube por el aire. Y sentí que yo era más libre al narrar que al dramatizar: en el cuento expresé puras imágenes mentales, en la pieza teatral tuve que limitarme a las posibilidades de mover cuerpos en un escenario físico. La ilusión teatral, por estar comprometida con cosas reales que tienen que desprenderse de la realidad ante los ojos del público, es más difícil de infundir.

13.4.7. LA CONFESIÓN

Hay cuentos en forma de declaraciones: testamentos, alegatos, interrogatorios, deposiciones ante la autoridad, etc. La sorpresa final de los cuentos «El crimen perfecto» (C) y «Murder» (L) está en que terminan, respectivamente, con estas palabras: «... el resto ya lo sabe usted, señor Juez»; «y ahora dígame, señor comisario: ¿qué otra cosa podía hacer? (Firmado: Eduardo W. Martínez)». El criminal declara su delito ante la justicia: su declaración es el cuento (así en «Ramiro», de Olga Margarita Daglietto, que termina con estas palabras: «¿Cómo explicarle, señor oficial?»). Los interrogatorios pueden ser del fiscal al acusado, del psiquiatra a su paciente, y de las preguntas y respuestas sale la trama del cuento. La forma de «confesión» de María Esther Vázquez, es la de una confesión dirigida al reverendo Padre Juan Francisco —son las primeras palabras del cuento— por una devota que, en las últimas palabras, resulta ser la Reina Isabel la Católica. Agreguemos aquí cuentos que tienen forma de ensayos. Los primeros ejercicios narrativos de Borges aparecieron primero en libros de ensayos. «El acercamiento a Almotásim» se publicó entre los ensayos de *Historia de la eternidad* y sólo años después reapareció entre los cuentos de *El jardín de senderos que se bifurcan*.

13.4.8. EL «COLLAGE»

Un escritor que quiera ocultarse por completo puede hacerlo con un texto teatral, donde los personajes parecen actuar por sí solos, o enmascarándose en un narrador ficticio que habla en primera persona, sobre todo si este «yo» está muy lejos, en una carta o en un Diario íntimo. Pero el escritor también puede desaparecer de la vista del lector suprimiendo al narrador: lo consigue si el cuento es un «collage», unas páginas en las que alguien (¿quién?) ha pegoteado materiales sueltos. El lector está acostumbrado a cuentos que intercalan cartas, guías, testamentos, telegramas, recortes periodísticos, certificados médicos, tarjetas de visita, estadísticas, citas y reseñas librescas, transcripciones de leyes o de interrogatorios judiciales, listas de comidas, aun mapas, dibujos y fotografías. Un paso más, y se suprime la narración que juntaba esos documentos. Entonces el lector, ante esos documentos pegoteados uno a continuación del otro, tiene que deducir el sentido de la acción aludida por ellos. Cuentos con forma de álbum de recortes son raros. He «visto» algunos que no merecen ser recordados. En la literatura argentina, dentro de lo legible e inteligible, lo más parecido a un «collage» es el cuento «Las Memorias de Silvestre», en *Cuentos de Pago Chico* de Roberto J. Payró: son cartas, recortes periodísticos, apuntes, informaciones sueltas, fragmentos y extractos de unas Memorias que nunca se escribieron. Agrego el cuento «Las cuatro cartas de Juan Sobral», de Adolfo L. Pérez Zelaschi: esas cuatro cartas están entremezcladas con manuscritos del destinatario y referencias —en notas— a siete recortes periodísticos y un sumario policial; todo este material, a su vez, está publicado con una «noticia previa» por un editor anónimo.

13.5. Diseño

El diseño es el aspecto estético de la trama. El narrador, en tanto entreteje la trama, se complace en las bellas proporciones de su cuento. Distribuye sus materiales de acuerdo con un plan. Con repeticiones, yuxtaposiciones, simetrías, contrastes, paralelismos, concordancias, va ejecutando poco a poco una figura. Es una figura unitaria. Percibimos la geometría del cuerpo del cuento casi como se percibe la construcción de una catedral o la composición de una sonata. Aun el lector común, que lee sin actitud crítica, suele maravillarse de los contornos, y al querer describirlos apela a las analogías más a mano: nos dirá, por ejemplo, que tal cuento tiene una forma de anillo, de abanico, de trenza, de rosario, de reloj de arena, de espiral, de calidoscopio, de cajas chinas, de frisos, de surcos, de rompecabezas, de retablo tríptico, etc. (Apostillas.) Pero describir apelando a analogías no es bastante. Para disfrutar de la belleza del diseño en todos sus detalles habría que emprender delicadas operaciones críticas. Una de ellas es seguir con la vista la contigüidad de los elementos, el arreglo de qué viene antes y qué viene después. En un cuento cuya acción se desenvuelve linealmente, en orden cronológico, el diseño es simple, pero si los incidentes están adosados de tal manera que la secuencia temporal queda alterada con retrospecciones, o anticipaciones, el diseño se complica.

Sea, por ejemplo, el diseño formado por dislocaciones en el tiempo de la acción. Tomemos un cuento en el que no coincidan el «tiempo de la narración» con el «tiempo narrado» (15.9.). Nuestro conocimiento racional distingue en la acción de ese cuento entre el orden causal de los acontecimientos tal como deben de haber ocurrido y el orden que el narrador les da, sea porque en ese orden los percibió o porque prefirió ordenarlos así por razones artísticas. El primer orden es lógico; el segundo, estético. Primero deshacemos el cuento y rehacemos su materia, sin artificios narrativos, en una inartística crónica. Para ello yuxtaponemos los segmentos de la acción, uno tras otro, en un tiempo abstracto, en ese tiempo físico, astronómico que se mide con calendarios y relojes. Ya no estamos frente al cuento: estamos frente a un resumen de él (12.8.). Es un suelo llano sobre el que los acontecimientos marchan con pasos tranquilos. Sólo después de haber reducido el cuento a una línea racional estaremos en condiciones de ver cómo el narrador, con las estratagemas del arte de contar, se ha desviado de esa línea y ha diseñado su obra seleccionando los materiales, geometrizándolos. Así como el análisis estilístico estudia los desvíos del habla del escritor con respecto a la lengua de la comunidad, el análisis morfológico estudia los desvíos de la narración con respecto a lo que de veras ocurrió. Ahora veremos cómo sobre el suelo llano el narrador ha levantado su edificio, cómo los pasos de pronto se pusieron a hacer piruetas y el cuento se convirtió en danza. Ahora, y sólo ahora, podremos seguir las curvas del arte de contar, curvas ceñidas a un tiempo concreto, psicológico, vivido por el narrador o por sus personajes. Más aún: sólo ahora, porque vemos el cuento como un objeto en el espacio, sólido y contorneado, podremos proyectarlo sobre una hoja de papel y obtener diagramas críticos. Laurence Sterne, en *Tristram Shandy* (libro VI, cap. XL) dibujó la marcha de su propia novela con líneas rectas y curvas que ascendían, descendían, se echaban hacia adelante, hacia atrás, en ángulos, en arcos, ya amplios, ya estrechos. Aunque en broma, fue el primer intento formalista de diagramar una narración. Algunos intentos de los formalistas de hoy, a despecho de su seriedad, resultan aún más cómicos. Daré solamente tres ejemplos míos, muy sencillos, de diagramas narrativos. Lamento que, por falta de espacio, no pueda detallar la relación de cada línea con su respectivo pasaje textual ni explicar la significación de cada figura.

«La bala cansada» (G) es un cuento dentro de un cuento dentro de un cuento, los tres separados tipográficamente. El cuento exterior está entre paréntesis y compuesto en sangría: narra, en seis segmentos, cómo una manifestación estudiantil en las calles de Buenos Aires durante la dictadura de Perón es desbandada por la policía; hay un tiroteo; un estudiante se refugia en la Biblioteca Municipal sin advertir

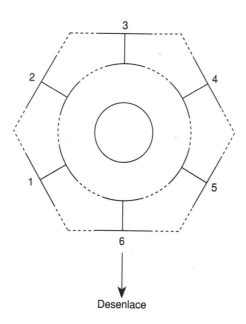

Desenlace

que lo que él cree un chichón en la frente, producido por un golpe, es una bala que se le ha incrustado bajo la piel. El cuento intermedio, también en seis segmentos, es el del bibliotecario Jorge Luis Greb quien, aficionado a la literatura policial e indiferente a la vida y a la política, al ver al muchacho con la bola escondida bajo la piel concibe un cuento de detectives. El cuento interior, desprendido del sexto segmento, en bastardilla y sangría, es el que está concibiendo Jorge Luis Greb. «La bala cansada» termina con una intervención del narrador consciente. El diseño sería así:

   «Un navajazo en Madrid» (E), bajo un epígrafe de Séneca —*Quomodo fabula, sic vita*—, cuenta cómo un profesor argentino, Arturo, llega a Madrid, se aloja en una casa de pensión y se aflige por la mala suerte de una sirvienta, Rosío, que abandonada por el novio da a luz una criatura. Esta situación de Arturo y Rosío duplica la de una novela de Ocantos que Arturo está leyendo: el personaje de la novela es un tal Don Arturo —«doble» de Arturo— que se interesa en la mala suerte de una muchacha, Purita, también abandonada cuando va a ser madre (18.5.2.). Ambas acciones avanzan en dos series de segmentos alternados. La primera, de ocho segmentos, está narrada en tercera persona por un narrador-omnisciente. La segunda, de siete segmentos, está narrada por un narrador-protagonista en forma de Diario íntimo. Las dos series se funden en un sueño. Al despertar, Arturo pide a Rosío que se case con él. El diseño sería:

   El narrador de «Museo de cicatrices» (L) es un profesor, Thistlethwayte, especialista en Sarmiento. Va a Santiago del Estero. Su amigo Corvalán lo invita a una fiesta y le presenta al asesino Cirilo Quirós. Mientras en un aparte Corvalán le cuenta la vida de Cirilo, el profesor va asociando lo que oye a páginas de la obra de Sarmiento que celebran la vida heroica del coronel Ambrosio Sandes. El cuento está dividido en secciones marcadas por asteriscos y citas de Sarmiento entre comillas, paréntesis y sangrías. Se abre con un prólogo: el profesor, al oír que alguien se refiere a las cicatrices del Amadís de Gaula, recuerda su viaje a Santiago del Estero, donde vio las cicatrices del asesino Cirilo. El cuento se cierra con un epílogo: el profesor reflexiona sobre las vidas paralelas del asesino y el héroe. Enmarcadas entre el prólogo y el epílogo hay dos secciones: la primera, el encuentro del profesor (círculo) y Corvalán (cuadrado) con Cirilo; la segunda, el relato de Corvalán. Esta segunda sección está subdividida en un contrapunto de siete pasajes del relato de Corvalán (cuadraditos en la línea superior) y siete citas de Sarmiento (circulitos en la línea inferior). El diseño puede apreciarse en la página siguiente.

   La figura física del cuento —como la de una persona— puede ser expresiva de su alma. El cuento «Dos pájaros de un tiro» (E) está construido con simetrías: un joven de Buenos Aires inicia su carrera universitaria en Tucumán y allí conoce a dos mujeres: una, linda y tonta; la otra, fea e inteligente. Relata sus relaciones con ambas en series paralelas que al final se entrecruzan de un modo sorprendente. Pero esa cons-

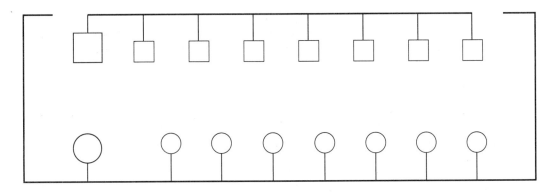

trucción, lejos de ser caprichosa, es un aspecto de la personalidad del narrador-prota-gonista: «No necesito confesar que soy un maniático: ya me lo habrán advertido por mi enfática manera de clasificarlo todo en series paralelas.»

El diseño de un cuento va apareciendo en nuestra mente en el curso de la lectura. Es, pues, una forma mental. Por ser mental solemos confundir el diseño de la trama con el diseño del tema. La trama es un objeto relativamente concreto que, por así decirlo, tenemos a la vista: podemos intentar el dibujo de sus proporciones (11.7.). En cambio es más difícil dibujar el tema, que no está en el cuento sino en un resumen que hemos abstraído (12:8.). Hay una diferencia entre la *trama* circular de un cuento cuya acción da una vuelta completa y sus últimas palabras enchufan con las primeras (*Fuga*) y el *tema* circular del eterno retorno que sacamos del resumen de un cuento que no está construido como círculo sino en una línea recta. («El Caballero, la Muerte y el Diablo», A). Pero en las páginas que sigan no voy a hacer hincapié en esta diferencia. A continuación nombraré —cediendo al lector el placer de diagramarlos— algunos de los diseños más frecuentes en la composición de cuentos. Los nombres que doy son metafóricos: el lector puede rebautizar sus diseños con las metáforas que se le ocurran: metáforas de biombos, rosarios, cajas chinas, caracolas, guirnaldas, peines, pirámides, árboles, etc.

Escalera.   Éste es el diseño más elemental pues ¿qué es el cuento clásico sino una graduación de efectos, en arquitectura de graderías? La acción sube de peldaño en peldaño hasta el punto culminante. Algunos críticos se refieren al punto culminante con el término «clímax» pero recuérdese que esta palabra griega significaba «escalera». La forma de escalera se presta especialmente para aventuras en las que el héroe debe cumplir con sucesivas tareas difíciles. Una aventura completa sigue a otra. A veces la escalera es absurda y nos hace reír —como en «La felicidad» o «La puerta en dos» de Isidoro Blaistein— por el contraste entre el ímpetu con que avanzan y suben los personajes y la futilidad de sus propósitos; de todos modos, la acción está graduada por escalones.

Empalmes.   Así como una pieza se encaja en otra y las dos juntas en una tercera hasta alargar la caña de pescar, el narrador arma su cuento con la misma aventura ocurrida a personajes de sucesivas generaciones. Azorín tiene varias composiciones de este tipo: v. gr., «Una ciudad y un balcón», *Castilla*. Jorge Luis Borges, en «El Inmortal», hace que un «yo» salte de siglo en siglo. María de Villarino tiene dos cuentos que podrían diseñarse como la historia de una persona que se prolonga en la historia de otra, muchos años más tarde: en «Pueblo en la niebla» la narradora ve en un pueblo a una muchacha sentada detrás de unas rejas y esta visión se empalma, cuando veinte años después vuelve a ese pueblo, con la de una segunda visión de una muchacha sentada detrás de las mismas rejas, en «El dedal de marfil o los espejos de la soledad» la narradora encuentra un manuscrito incompleto de su abuela, muerta al dar a luz a su madre; allí la abuela dice que compró en la India un dedal para Marcela y que luego olvidó para quién lo había comprado. La narradora, después de investigar la existencia de esa Marcela de quien nadie ha oído hablar, aclara el misterio y continúa el manuscrito con su propia letra pero como si ella fuera su abuela: ésta había inventado a una «doble» ante el espejo.

Reloj de arena. Inversión del viaje: ida y vuelta. En algunos cuentos policiales se muestra el orden en que se perpetró un asesinato: el cadáver es el punto terminal en esa primera serie; y en seguida —ahora con el cadáver como punto inicial— se muestra en una segunda serie el orden en que el detective descubrió al asesino. Así está compuesto el cuento de Adolfo L. Pérez Zelaschi «Los crímenes van sin firma». Otro ejemplo de este diseño: el mismo cuento presenta dos series de acontecimientos en sentido contrario. En «Historia del guerrero y de la cautiva», de Jorge Luis Borges, un bárbaro lombardo llega a Ravena y, deslumbrado por la civilización, cambia de bando y lucha por la causa romana; una civilizada inglesa vive entre indios de la Argentina y prefiere la barbarie del desierto.

Anillo, collar. La acción da una vuelta entera y termina donde comenzó. La forma circular, cuando es una línea continua, podría diseñarse con un anillo, que es un objeto de una sola pieza; en cambio, cuando el círculo está formado por discontinuos núcleos de acción podríamos compararlo con un collar en el que varias perlas están ensartadas por un hilo interior. Tómese como ejemplo a Bernardo Kordon, «Los tripulantes del crimen». Un narrador omnisciente cuenta, en el párrafo inicial, que tres hombres arrancan de la cama al «Rata», lo arrastran y lo apuñalan. Siguen sendas autobiografías de los tres asesinos: Callejas, Landívar y Néstor. Después Callejas observa que, en vista del silencio de los periódicos, no pueden estar seguros de la muerte del «Rata». Vuelven, pues, al hotel y encuentran al «Rata» en la cama, vivo. El párrafo final del cuento es verbalmente idéntico al inicial. Tómese otro ejemplo: Silvina Ocampo, «Autobiografía de Irene». Al final Irene dialoga ¿con una doble, con ella misma? La otra voz le dice: «Irene Andrade, yo quisiera escribir su vida.» E Irene contesta que si lo hace comenzará así... y sigue un párrafo que es, exactamente, el mismo párrafo con que se inicia el cuento «Autobiografía de Irene».

Abanico. En las formas circulares, de anillo o de collar, que acabamos de ver la última frase repite la primera porque la acción retorna al punto de partida y desde allí recomienza. No confundirlas con el recurso estilístico de repetir frases sin que ello afecte la marcha recta de la acción. En estos casos la frase inicial y la terminal se asemejan a las dos varillas mayores que desde los extremos guardan un abanico. El cuento «Sin el permiso de papá» de Fernando Sánchez Sorondo comienza y termina con oraciones idénticas, y «Un carro en la esquina» de Syria Poletti comienza con el pregón «¡Sandías!» pero el segundo término no vuelve a entrar en el primero, como una serpiente que se mordiera la cola, sino que las palabras gemelas se mantienen separadas, como las dos tapas en la encuadernación de un libro.

Repetición. Ciertos incidentes se repiten —como una figura modelo se estampa muchas veces en una tela, un papel de pared, un vaso, una alfombra, una superficie cualquiera— sólo que la trama del cuento se desenvuelve en el tiempo y por tanto los incidentes se van modificando. El personaje A está en determinada situación y reacciona de cierto modo mientras que el personaje B, en la misma situación, reacciona del modo opuesto: la variante en las reacciones confirma la invariable situación. O al revés, la reacción de ambos es igual pero un personaje toma el lugar del otro: en «Enroque al odio», de María Angélica Bosco, hay dos locos; A se prepara para asesinar a C pero B, con el mismo plan, asesina a A. Otro caso: si la repetición se da en pasajes del cuento que no están yuxtapuestos, el espacio que los separa es como un puente que, sobre el vacío, une, sin embargo las dos márgenes de un río. «El salvaje» de Horacio Quiroga es un cuento de acción repetida. En la primera parte un hombre ¿sueña? que salta a un remotísimo pasado y en el período terciario mata a un dinosaurio; en la segunda parte ese mismo hombre está de veras en el período terciario y el narrador nos cuenta sus luchas con las fieras. Las repeticiones suelen responder a números prestigiosos: el tres, por ejemplo. La frase popular «no hay dos sin tres» podría ilustrarse con numerosos cuentos de un héroe que intenta dos veces conseguir un bien y sólo a la tercera lo logra. En el movimiento de la acción —o sea, en la estructura de la trama— vemos de pronto un diseño inmóvil. Generalmente percibimos el diseño cuando nos detenemos en actitud contemplativa para ver todo el curso de la acción. Porque lo contemplamos así dije que el diseño es el aspecto estético de la trama: en vez de progresar en la lectura regresamos en sentido contrario y gozamos de sus formas fijas.

Trenza. Filamentos relatados por el mismo personaje se entretejen pasando unos por encima de otros. Seguimos dos acciones que se alternan en el mismo cuento. Podríamos usar la palabra «contrapunto» para describir cuentos en los que el narrador contrapone a personajes que no están relacionados. Después de todo así es como el músico contrapone entre sí temas separados (15.6.4.). Augusto Mario Delfino, en «La mujer más bella de su tiempo», cuenta por separado la vida de Soledad y la vida de Evaristo, un punto contra otro, a pesar de que el cuento estriba, precisamente, en que esas vidas no se encuentran. Otro ejemplo: «Más allá de la noche» de Carlos Mastrángelo. Aquí el narrador, un policía y un periodista conversan sobre las posibles causas de la extraña muerte de un pintor, en el cementerio donde descansan los restos de su mujer. Intercalados en esa conversación hay diez segmentos de un monólogo del pintor dirigido a su mujer, muerta. Otro ejemplo: «Andate paraguayo» de Bernardo Kordon.

Mecedora. Hay cuentos que han eliminado el principio y el fin. Parecen tener solamente un medio; absurdo medio puesto que nada le precede y nada le sigue pero que va y viene como un sillón hamaca y que se mece y se mece, siempre en el mismo lugar. Los personajes no actúan: no hacen más que conversar. Son cuentos diseñados como mecedoras que se mueven sin avanzar: v. gr., «Sainete» de Pedro Orgambide; «Fiesta» y «Las dos casas» de Elvira Orphée.

Mosaico y dominó. De igual manera que acoplando sobre una superficie trozos de cerámica de distintos colores se forma una figura, el cuentista puede, con escenas fragmentarias, producir un mosaico narrativo. Bernardo Verbitsky, en «Café de los Angelitos», junta una docena de breves episodios. Las junturas están indicadas con asteriscos. El lugar —el café— da unidad al cuento pero la acción no continúa de episodio en episodio. En cambio el juego de dominó —fichas que, si tienen el mismo número de puntos, se tocan por los extremos— podría servirnos para describir, por analogía, el diseño de cuentos cuyos episodios, aunque sueltos, se continúan con lógica. Adela Grondona, en «Cayena, Guayana francesa», arrima como fichas once episodios que continúan una acción lineal: la triste historia de la alcohólica Nina está contada en unidades que alternan la tercera persona con la primera.

Figuras de contradanza. Son muchas. En una de ellas los pasos vuelven al mismo sitio después de movimientos de avance y retroceso. Federico Peltzer tiene una «Ronda para un infinito» constituida por siete episodios separados tipográficamente. En el primero un hombre se suicida arrojándose al mar. Entre el segundo y el quinto episodio la acción va retrocediendo a saltos: el hombre está frente al mar; antes, el hombre sale de su cabaña para ir al mar; antes el hombre, en su cabaña, mira arder el fuego; antes el hombre tiene un diario en las manos. Ahora, en los episodios sexto y séptimo, la acción marcha hacia adelante: el hombre lee el diario, sale de la casa y se suicida. Y las últimas palabras del episodio séptimo sugieren que la ronda ha de seguir porque la acción retrocede otra vez: «El hombre se dejó caer. El hombre caminó por la escollera. El hombre atravesó la playa. El hombre salió de la cabaña. El hombre leyó el diario. El hombre fue en busca del diario a la estación. El hombre estaba solo.»

Rompecabezas.   Tacos mezclados contienen pedazos de un dibujo que sólo veremos completo si sabemos juntarlos de modo que la línea o color de un pedazo se continúa en la línea o color de otro pedazo. Cuentos, no con el tema del rompecabezas —como el mío: «Al rompecabezas le falta una pieza» (B)—, sino con forma de rompecabezas se han fabricado en estos últimos años a cual más difícil, pero daré un ejemplo sencillo. Dalmiro A. Sáenz, en «No», esconde en siete segmentos la historia de un muchacho rico que, perturbado por la separación de sus padres, se hace criminal y finge su propio secuestro: esto lo sabemos sólo al leer las últimas líneas, que repiten las primeras; entonces ordenamos las piezas y, sorprendidos, vemos que el cuento está encuadrado en el instante de un suicidio.

Dípticos, trípticos.   Pienso en esos cuadros de iglesia formados por dos tableros que se articulan entre sí: en cada tablero está pintada una escena distinta del mismo asunto. Es la forma de «Sor Guadalupe» de Inés Malinow. Este cuento de lesbianismo en un colegio de monjas está dividido en dos partes de idéntica extensión. En la primera nos asomamos a la vida interior de Sor Guadalupe, quien cuando joven amó a María y desde entonces se siente atraída por las colegialas, siendo Zulema, una niña de siete años, la que ahora la perturba; en la segunda parte oímos el monólogo interior de Zulema, que odia a Sor Guadalupe y al fin le pone una inyección fatal. La bisagra que articula ambos tableros es la palabra «nunca» con que la monja y la niña terminan sus respectivos procesos mentales. También hay diseños «trípticos», como «Tres historias con Macoco», de Martini Real.

Arabescos, espirales, laberintos.   Por consideración al espacio disponible debo reprimir mi tentación a seguir diseñando cuentos. Termino, pues, invitando al lector a que piense en las ingeniosas formas de algunos cuentos de Jorge Luis Borges y Julio Cortázar. Formas de arabescos: líneas abiertas alternan, ya hacia adentro, ya hacia afuera, interpenetrándose en fluidas combinaciones, en un ondulante e inacabable ir y venir. Formas de espirales: personajes, incidentes, situaciones retornan, recurren y se repiten en ciertos lugares mientras la acción va ascendiendo en espiras y ciclos. Formas de laberintos: la acción parece desorientarse y perderse en una embrollada red de caminos. Una de las formas laberínticas es la de la multiplicidad interior, que paso a examinar.

13.6. **Duplicación interior**

Destaco esta forma aparte por la importancia que ha adquirido en la crítica de todas las artes. La forma es tan antigua como Homero pero la crítica es reciente: véase Lucién Dällenbach, *Le récit speculaire: essai sur la mise en abyme*, 1977. La expresión poner «en abismo» es de André Gide (*Journal*, 1893) y alude a una imagen que, dentro de una obra, refleja en miniatura la obra misma. Ése es un reflejo simple, pero hay reflejos infinitos, como el de dos espejos paralelos, y reflejos paradójicos, como el del círculo vicioso que con el título «Mi mejor cuento» nos espera líneas más adelante. Para la literatura en nuestra lengua véase León Livingstone, «Interior duplication and the problem of form in the Modern Spanish Novel», PMLA, septiembre 1958.

El escritor, consciente del juego de reflejos recíprocos entre realidad y ficción, en algunas ocasiones decide intensificar esos efectos ópticos y para ello arma su cuento con espejos. Entonces se produce la forma del arte dentro del arte, que tiene muchas variantes. Un objeto entre dos espejos enfrentados se multiplica en imágenes, en reflejos de reflejos, hasta perderse en el infinito. Pues bien: es posible concebir también un abismo de cuentos dentro de cuentos. Se pone un cuentista dentro de un cuento: ese segundo cuentista cuenta algo parecido o igual a lo que está contando el cuentista primero. Y aun se puede poner un tercer cuentista dentro del cuento del segundo, y un cuarto cuentista dentro del cuento del tercero, y así por el estilo hasta que la figura se nos pierda de vista, como en esos avisos de propaganda de Puloil donde una mujer sostiene en la mano una caja de Puloil en la que hay un dibujo de la misma mujer que sostiene otra caja de Puloil, en la que... etc. Se me ocurre que un cuento, para producir ese efecto de una caja que muestra el dibujo de la caja, dibujo que a su vez muestra otro, en una perspectiva abismática, tendría que ser más o menos como el que esquematizo a continuación (su diseño sería un laberinto de cajas chinas, una metida dentro de la otra):

MI MEJOR CUENTO

En sus clases de composición el profesor Sandoval abrió un concurso con este tema: *Mi mejor cuento*. El primer premio lo ganó el estudiante Chavarría con la siguiente composición:

Mi mejor cuento

En sus clases de composición el profesor Sandoval abrió un concurso con este tema: «Mi mejor cuento.» El primer premio lo ganó el estudiante Chavarría con la siguiente composición:

«Mi mejor cuento»

En sus clases de composición el profesor Sandoval abrió un concurso con este tema: «Mi mejor cuento.» El primer premio lo ganó el estudiante Chavarría con la siguiente composición:

. . . .

Un cuento así, en que cada parte es exactamente igual al todo, sería intolerable, pero hay otros cuentos que, conservando idéntico diseño, narran episodios diferentes de la misma acción o acciones enteramente diferentes (11.6.). En estos casos es posible clasificar las interrelaciones de esos círculos concéntricos. Un narrador establece la situación inicial: es el círculo mayor, el externo. Ahora otro narrador toma la palabra: es el segundo círculo, el interno. Y luego la narración puede seguir en la boca de un tercer personaje que cuenta en un tercer capítulo, etc. Este tránsito de un círculo a otro no tiene más límite que el de la capacidad humana de atender. Para simplificar pensemos en un cuento con sólo dos círculos. Si la acción del segundo es consecuencia de la acción del primero, tal relación de causa a efecto cumple una función explicativa. Si la acción del segundo no continúa la del primero pero nos obliga a reparar en ciertas semejanzas significativas, la relación es temática. En «Patricio O'Hara, el Libertador» (G) mi narrador cuenta la fantástica aventura del irlandés O'Hara y del indio Coliqueo. Justamente en la mitad de la narración el irlandés y el indio se ponen a contarse mitos de sus respectivas culturas. Estos mitos se destacan del fondo del relato porque están impresos en otro cuerpo de letra. Sin embargo, tanto los mitos como la aventura narrada son temas cortados de la misma tela: la imaginación creadora. Un tercer tipo de relación sería el de cuentos que repiten el modelo de *Las Mil y una Noches*. Es sabido que en este libro el tránsito de un círculo narrativo a otro ocurre tantas veces que uno pierde la cuenta. En *Las Mil y una Noches* un narrador omnisciente, planeando por encima de ese mundo de ficciones, cuenta con el pronombre de tercera persona la historia del monarca Sahriyar: desengañado de las mujeres porque su propia mujer lo engañó, ha decidido desposar cada noche a una joven y hacerla decapitar a la mañana siguiente; la ingeniosa Sahrazad, cuando le llega el turno, empieza cada noche a contarle cuentos que deja a medio terminar; Sahriyar, interesado en oír el desenlace, va aplazando la muerte de la joven. Así cada cuento se intercala en otro y la serie continúa indefinidamente. Esta historia sobre Sahriyar y Sahrazad vale por sí misma, y su punto de vista, repito, es el de un narrador omnisciente que cuenta en tercera persona. Pero cuando Sahrazad toma la palabra y cuenta el primer cuento de la primera noche, esta nueva situación narrativa adquiere autonomía. Sahrazad es ahora la auténtica narradora y su cuento del mercader y el genio ha pasado a ser central. En este cuento el genio, para vengar la muerte de su hijo, causada accidentalmente por el mercader, va a decapitar a éste. Tres viejos que pasan por ahí se compadecen del mercader y proponen al genio el siguiente trato: cada uno contará un episodio de su vida; si el genio lo encuentra interesante, concederá «un tercio de la sangre del mercader». El genio acepta y, en efecto, después de oír los tres relatos perdona al mercader. Cada una de las autobiografías es independiente y cada viejo es el narrador principal. Terminadas en la tercera noche, Sahrazad sigue imbricando cuentos dentro de cuentos (por ejemplo, entre las noches vigésimo tercera y trigésimo cuarta contará el cuento del jorobado, que contiene once cuentos interiores y repite la situación de narradores que tienen que salvar sus vidas narrando historias interesantes). Los cuentos que se multiplican dentro de cuentos no tienen nada de común entre sí, como no sea que deben entretener a un perdonavidas. Pues bien: la relación de los círculos de que hablábamos antes radica en equiparar la acción pretérita que varios personajes han narrado con el acto de narrar de Sahrazad en el presente. En el presente Sahrazad está salvando su vida, amenazada por el sultán, y para salvarla tiene que mantener despierta su atención, noche tras noche, contándole cuentos en los que también hay narradores que salvan su vida del mismo modo. La multiplicación interior puede producirse en numerosas formas. He aquí unas pocas:

    a) El «doble», el gemelo, el impostor, el usurpador, el sustituto. En «El rescate» de Daniel Moyano un muchacho mata a otro en una pelea y huye; la madre de la víctima odia al asesino pero cuando éste se refugia en su casa lo adopta como hijo;

ahora el asesino sustituye al hijo, es el hijo. En «Leticia», de Angela Blanco Amores de Pagella, la narradora conoce a una jovencita, Leticia, que cambia de la alegría a la tristeza como si tuviera una doble personalidad. Leticia tenía una hermana gemela, que murió hace años, y a pesar de andar siempre sola dice sentir que la hermana muerta vive a su lado. Al final la narradora ve a la alegre Leticia en un corredor del hotel y, al asomarse a su cuarto, ve a otra Leticia, la triste. En «El niño muerto», de Abelardo Arias, un hombre cuenta cómo mató a un niño en la calle: tal niño resulta ser solamente una alucinación, una imagen de su recuerdo de sí mismo, proyectada al espacio. En «El usurpador», de Fernando Elizalde, un hombre usurpa la personalidad de un delincuente que acaba de morir en un accidente automovilístico. Simultáneamente es él y el otro. Más: asume el destino del otro. Hay un salto para atrás en el tiempo, el accidente automovilístico se repite y ahora él es quien muere.

b)   El personaje se rebela contra el narrador, se iguala con él, declara su autonomía y reclama el derecho a ser tratado con respeto. En «La condena» de Ester de Izaguirre la protagonista de un cuento, creada con amor, se dirige, enamorada, al autor de ese mismo cuento.

c)   Dentro del cuento que estamos leyendo hay un personaje que se pone a escribir un cuento muy similar, aun con el mismo título, cuando no es que escribe exactamente el mismo cuento. En el mío, «La errata» (E), un poeta se edita un libro de poemas. La edición es de 2.200 ejemplares. El Demonio de las Vocaciones Equivocadas se mete en la imprenta y desliza una errata diferente en cada uno de los ejemplares. El cuento consta de 2.200 letras, que son las de un acróstico formado por las erratas; acróstico que repite exactamente el cuento que se está leyendo.

d)   El personaje Alfa inventa o cree inventar a un personaje Beta quien de pronto cobra realidad y comparece carnal y vivo; entonces la relación de Beta con su creador Alfa es la misma que la de Alfa con el narrador del cuento. En «Las ruinas circulares», de Jorge Luis Borges, un hombre sueña a otro hombre y descubre que él, a su vez, ha sido soñado por un soñador más poderoso. Borges ha imaginado otros «dobles». El más ingenioso, en su cuento «Pierre Menard autor del Quijote».

e)   El prólogo de un cuento está firmado por alguien que resulta ser uno de los personajes del mismo cuento. Por ejemplo, en el cuento de Adolfo Bioy Casares «El perjurio de la nieve» se da a conocer la «relación» autobiográfica de un tal Villafañe prologada y epilogada por A.B.C. (iniciales que, haciéndonos creer que son del escritor Adolfo Bioy Casares pertenecen en realidad a un tal Alfonso Berger Cárdenas, también escritor) quien es mencionado dentro del texto de la «relación».

f)   Dos tramas paralelas. Julio Cortázar, en «El otro cielo», imagina que Isidore Ducasse, Comte de Lautréamont, proyecta mentalmente a la realidad (es decir, crea) dos figuras, a un asesino, Laurent, que vive en París en 1870, y a un joven argentino que vivirá en Buenos Aires en 1945; este argentino aparece como narrador protagonista de las dos vidas imaginarias.

g)   Espejos que duplican la realidad: en «El espejo», de Héctor Eandi la imagen de un suicida sale del espejo y vive emociones de hombre real.

h)   Un personaje inventa a otro y es destruido por su propia invención: «En el segundo cajón», de Zita Solari.

i)   Una situación ficticia se hace real: la realidad entra en el marco de la ficción: mi cuento «Un navajazo en Madrid» (13.5.).

j)   El narrador mira el mundo que ha creado y de súbito se ve a sí mismo reflejado con la figura de un personaje: Marta Mosquera, «La cuarta memoria».

k)   La vida como sueño y el sueño como vida: «La conferencia que no di» (B), «Oscurecimiento en Nueva York» (P).

l)   Curso paralelo de dos vidas: las dos acciones están sincronizadas gracias a la tipografía de la página, compuesta a dos columnas; se supone que deberíamos leerlas simultáneamente.

m)   El mundo dentro del mundo y la existencia dentro de la existencia con «tiempos cíclicos» y «eternos retornos». Lo que sucede ya sucedió y volverá a suceder: mi *Fuga*.

Otra de las formas de multiplicación interior —la del metacuento— será descrita en la próxima sección.

13.7.   Cuento, metacuento, cuentoobjeto

Los lógicos han acuñado los conceptos «lenguaje», «metalenguaje» y «lenguaje-objeto». Según ellos, en la oración «Los anteojos están sucios» el término «anteojos» se refiere a un instrumento óptico. En cambio en la oración «En inglés se dice "glasses", en francés "lunettes" y en castellano "anteojos", con el término "anteojos"» ya no nos referimos a un instrumento óptico, sino que estamos hablando del término mismo: «anteojos». En el primer caso se informa sobre cosas y hechos que están más allá de las palabras; en el segundo caso, digo algo de las palabras. Los lógicos, pues, llaman «lenguaje» a la referencia a objetos extralingüísticos; y, en situaciones intralingüísticas, establecen la correlación entre un «metalenguaje» que analiza y un «lenguajeobjeto» que es analizado.

Pues bien: se me ocurre que podríamos aplicar esta clasificación al estudio de las formas del cuento. Tendríamos así «cuentos» que narran una acción, real o ficticia, pero en todo caso extraliteraria. Por ejemplo, mi cuento «El beso» (G) se refiere a un sueño del protagonista. Ese sueño fue una experiencia real, sin ninguna relación con la literatura. En lo intraliterario, tenemos «metacuentos» que narran lo que ya ha sido narrado, y esto que ya ha sido narrado constituye el «cuentoobjeto». Tal procedimiento entraña una lúcida conciencia de la tradicionalidad de una materia narrativa. Por ejemplo: mi cuento «Viento Norte» (L). Se trata de un periodista argentino, bastante ignorante, que va a Londres y en una fiesta conoce a un viejo llamado William Fryer Harvey. Al enterarse de que el viejo es cuentista, el periodista le dice:

—Mire, mister Harvey, le voy a regalar una anécdota que oí en Buenos Aires para que usted la aproveche en uno de sus cuentos.

Y le relata un suceso de magia, con paisajes argentinos en circunstancias argentinas. El viejo escucha, y cuando el periodista insiste: «Diga, mister Harvey, ¿por qué no escribe un cuento sobre ese suceso?», Mr. Harvey le contesta: «No puedo, querido, no puedo porque ya lo escribí.» Es que Harvey, que es un escritor real, había escrito un cuento, «August Heat» (en *The Beast of Five Fingers*); ese cuento fue leído en Buenos Aires; alguien, impresionado por su tema fantástico, lo comentó con un amigo, éste con otro, y así, de boca en boca, el cuento se convirtió en folklórico, se hizo anónimo y colectivo, y diez años después, modificado en varias versiones, volvió al autor original, como un bumerang. El periodista se disculpa por haber cometido un plagio involuntario. Entonces W. F. Harvey le dice: «No se aflija, amigo. Todos plagiamos. Uno cree inventar un cuento, pero siempre hay alguien que lo inventó antes.» Y a continuación confiesa que, al escribir «August Heat», él mismo combinó cuentos de Nathaniel Hawthorne, Erckmann-Chatrian y Arthur Schnitzler, y que tampoco éstos inventaron nada, pues la situación fantástica de sus respectivos cuentos venía de un mito griego. En ese cuento me propuse deliberadamente repetir tramas de cuentos anteriores. A pesar de reelaborar una materia tradicional, creo que desconcerté al lector con una cascada de desenlaces inesperados dentro de la estructura que llamo «metacuento». Es un modo de hacer literatura con la literatura. «Viento Norte» es un «metacuento» cuyo «cuentoobjeto» es «August Heat» de W. F. Harvey.

Más complicado es «Homenaje a Roberto Arlt», de Ricardo Piglia: se publica «un texto inédito de Roberto Arlt» con introducción, informes, notas, documentos, escenas, todo en la forma de un relato de vertiginosas duplicaciones interiores. A veces se hace literatura narrativa con literatura ensayística. Gran parte de los cuentos de Jorge Luis Borges, Juan-Jacobo Bajarlía, Eduardo Gudino Kieffer, Marco Denevi son reelaboraciones de una materia filosófica que viene de las bibliotecas. (Cfr. Intertextualidad: véase 10.6.)

13.8. Desenlace sorpresivo

Sobre la forma del desenlace se hallarán generalidades en 10.8. y observaciones analíticas en 11.7. Su importancia requiere más espacio. La verdad es que, como dijo Victor Shklovski, «si no se nos presenta un desenlace no tenemos la impresión de encontrarnos frente a una trama» («L'architecture du récit et du roman», *Sur la Théorie de la Prose*). Un narrador vacila entre cerrar el cuento o dejarlo abierto: su decisión dependerá en gran parte del ambiente literario en medio del cual escribe. Que no se me tilde de sofista si digo que un cuento que carece de desenlace es una novedad con respecto a cuentos clásicos y, en consecuencia, ese efecto de novedad constituye el desenlace. La acción de un cuento no puede menos que comenzar y terminar. El final responde a la satisfacción del narrador: siente que ya ha mostrado lo que quería mostrar. Quiso mostrar un ordinario trozo de vida o un lance extraordinario. Quiso que la acción ascendiera a un culminante punto de interés y allí resolviera el conflicto que acarreaba. Quiso que, llegada a ese punto, la acción frenara de repente y enviara al lector, no soluciones, sino sugerencias, o, al revés, que se abriera en un dilema con dos soluciones entre las que el lector debe elegir. Quiso que el desenlace fuera inevitable, esperado o, por el contrario, contingente, sorpresivo. El primero no vale más que el segundo. He aquí una pareja. Tal como las cosas se presentan es inevitable que la mujer caiga en brazos del varón. No importa que nos anticipemos a lo que va a ocurrir si mientras leemos admiramos el modo con que el narrador describe la esperada consumación del amor. Pero, por el contrario, en «Pantalones azules», de Sara Gallardo, el lector, acostumbrado a escenas sexuales, espera que ese muchacho que se ha metido en la alcoba de una chica muy atractiva termine acostándose con ella: la sorpresa final está en que no lo hace y se va rezando por haber permanecido fiel a su novia. Releemos con fruición cuentos cuyos desenlaces no son archiconocidos; en cambio, sería aburrido releer cuentos de detectives sin más mérito que el de habernos sorprendido con la revelación de que el asesino es el personaje menos sospechoso.

Dentro del género detectivesco nos agrada que se respeten las leyes del juego —con tabúes establecidos aun por asociaciones profesionales de escritores—, pero no nos desagrada que de vez en cuando se conceda respetabilidad a un tabú. En «El crimen del desván» (P) me propuse construir un cuento precisamente con la destrucción de una fórmula genérica: esa que prohíbe que en la investigación de un asesinato irrumpa un factor sobrenatural.

Quedamos, pues, en que el desenlace contingente, sorpresivo, no vale más, necesariamente, que el desenlace inevitable, esperado. Pero hay desenlaces sorpresivos que no se gastan. La discontinuidad es una dinámica estratagema en el arte de contar. Así como la vida nos exige un constante esfuerzo de adaptación a sus cambios, el cuento cumple la función biológica de ensayarnos y entrenarnos para el enfrentamiento con lo inesperado. La forma del desenlace sorpresivo evita la rutina al modo en que la vida evita el aburrimiento. Además de agua, aire, alimento, necesitamos juegos. Pertenecemos a la especie del *Homo ludens*. El cuento es una institución deportiva en la que ingresamos cada vez que necesitamos un choque saludable que refuerce nuestra capacidad de vivir hazañosamente. Una sorpresa refuerza nuestra capacidad de apartarnos de caminos trillados y de abrir otros nuevos. A veces el prurito de sorprender lleva a la destrucción del orden: ciertos narradores quieren establecer una notable discontinuidad en el gusto dominante y para ello violan formas. Pero el desenlace sorpresivo al que me estoy refiriendo, si bien viola, en la cabeza del lector, su marco mental de expectativas, no destruye formas. Al contrario, es una forma. La sorpresa de ese desenlace tiene un valor peculiar. El lector experimenta algo que es, no sólo inesperado, sino también mejor de lo que esperaba, un emocionante golpe maestro que triunfalmente excede sus esperanzas. Maestro, en esta técnica, fue O. Henry, quien solía tirarnos de espaldas con sucesivos desenlaces sorpresivos. No había salido el lector de su sorpresa y ya se le echaba encima otra, y cuando creía que ésa era la final, venía otra... Pensando en él escribí «El estafador se jubila» (E) con varios desenlaces sorpresivos, el último de los cuales está escondido en un acróstico (última estafa, esta vez al lector, pues el acróstico dice que se ha plagiado un cuento de O. Henry... y este cuento no existe).

El mecanismo del desenlace sorpresivo es sencillísimo. Está montado en una trama construida con realidades y apariencias. El narrador conoce exactamente qué es lo real y qué es lo aparente. No se engaña a sí mismo pero se dispone a engañar a los demás. Contará una acción real pero encubriéndola con apariencias. Para él, que está en el secreto, en esa acción real no hay nada sorprendente pero piensa con ánimo travieso en lo divertido que sería conseguir que otros hombres se sorprendieran. Sabe que los hombres suelen distraerse y equivocarse, que perciben defectuosamente, que comulgan con ruedas de molino, que les falta sentido crítico, y entonces el narrador se prepara para sorprenderlos. Todavía no ha empezado a escribir. Por el momento se limita a planear, a ensayar tácticas y métodos, a repasar mentalmente las notas sobre lo real y lo aparente que tomó mientras recorría el camino de la gestación de su cuento. Ahora sí desanda el camino recorrido por su pensamiento y se pone a escribir, sólo que lo hace comenzando con las apariencias, no con las realidades, y así prosigue hasta sorprender al lector con la revelación de una verdad que estaba en potencia desde la primera palabra del cuento: la persona que aparentaba ser varón en realidad era hembra («Sabor a pintura de labios», G), la ciudad encantada que se le aparece al poeta es en realidad un espejismo («Esteco: la ciudad sumergida», B), etc.

13.9. El mecanismo de la alegoría

Dije en 13. que podríamos considerar al cuento como una forma cerrada, puesto que no se deja penetrar por la realidad exterior y sus elementos interiores funcionan con perfecta autonomía, pero que también podríamos considerarlo como una forma abierta, puesto que por uno de sus lados entran las intenciones del narrador y por el otro entran las interpretaciones del lector. Forma de cilindro sólido pero también forma de tubo cilíndrico. Sí. Aun podríamos forjar un oximoron y, haciéndonos los tontos, hablar de las abiertas clausuras y las cerradas aperturas del cuento. Lo cierto es que ese lenguaje figurado se ajusta bastante bien al tipo especial de cuento del que ahora voy a ocuparme. Imaginémonos un cuento de orgánica unidad que, sin embargo, tenga su principio unificador fuera de su propio cuerpo y haya que buscarlo en un contexto; un cuento que envíe mensajes crípticos que el lector debe descifrar desde lejos con un código extraliterario; un cuento con forma de máquina de traducir que, mediante movimientos cibernéticos, transforma imágenes estéticas en conceptos lógicos. Tal cuento es una alegoría.

La palabra «alegoría» es griega: «allá», «otras cosas», y «agoréuo», «yo hablo». Se dice algo con una segunda intención. Un cuento tiene forma alegórica cuando sus personajes, acciones y descripciones están simbolizando aspectos de un sistema intelectual. Este personaje representa el Progreso o la Maldad o la Argentina; esta acción representa las intrigas de la Envidia, la crueldad de tal o cual Civilización o la ceguera de las Fuerzas Naturales; esta descripción de una fuente o de un bosque representa la Sabiduría o el Peligro, y así por el estilo. En «Las invitadas» de Silvina Ocampo las niñas invitadas a una fiesta infantil simbolizan los siete pecados capitales. El narrador de una alegoría quiere comunicarnos sus ideas sobre el mundo pero en vez de formularlas con un lenguaje discursivo lo hace con un lenguaje imaginativo. Hay, pues, dos mensajes paralelos: uno implícito, otro explícito. Desde abajo, el primero domina al segundo. El cuento alegórico debe descifrarse, pues, como una criptografía. Su significación aparece solamente después de traducir las imágenes en conceptos. Si clasificamos los estilos en impresionistas (la realidad tal como la percibimos) y expresionistas (la realidad tal como la pensamos), la alegoría es expresionista, y en los géneros narrativos de la antigüedad se dio en fábulas, parábolas, apólogos, «ejemplos» didácticos y morales (4.2.6.). La personificación de ideas es a veces evidente, no sólo porque los personajes llevan nombres verdaderos —Cristián, Eva, Victoria— sino también porque las costillas filosóficas marcan desde dentro la piel flaca del relato: así en los cuentos de Nathaniel Hawthorne. Pero a veces se pierden las claves de la alegoría y el lector no está seguro de cuál es la idea personificada: así en los cuentos de Franz Kafka. Adivinamos que la intención es instalar correspondencias y analogías entre dos estratos de significación pero no sabemos cómo interpretarlas.

14. CUENTOS REALISTAS Y NO REALISTAS

14.1. Introducción

Algunos críticos hablan de literaturas realistas y no realistas pero ¿a qué realidad se refieren? Porque el concepto de «realidad» tiene muchos referentes. Una cosa es la realidad físiconatural que percibimos con los órganos de nuestro sistema nervioso y otra muy diferente la realidad que, a través de la imaginación de un narrador, ha pasado al texto de un cuento. La realidad representada en un cuento está hecha, no de átomos y células, sino de palabras. El narrador ha transformado la realidad en símbolos verbales que crean el espejismo de una realidad virtual, ilusoria. Esta realidad imaginaria es la que vale estéticamente. Los críticos a que aludí al comienzo prefieren abstraer del cuento sus contenidos —circunstancias, cosas, hechos, paisajes, personajes— para examinarlos con el mismo criterio con que los hombres de ciencia examinan la realidad físiconatural. De ahí deducen que un cuento es realista si reproduce fielmente el mundo real en que vivimos prácticamente, y no realista si se aparta de las leyes de la naturaleza y las normas de la lógica. Quieren medir los grados de aproximación de la literatura a una realidad extraliteraria. Veamos qué consiguen

14.2. La literatura como conocimiento de la realidad

Un cuento ha surgido de una realidad: por lo pronto, de una persona de carne y hueso que vivía en una circunstancia determinada y se comunicaba con sus prójimos gracias a una lengua social. Convoquemos a esa persona real. Se llama Maupassant, Chejov, Kafka, Pirandello, Katherine Mansfield, Isak Dinesen o —visto con el telescopio al revés— Anderson Imbert. Reaccionando a los estímulos que recibe de su ámbito esa persona siente, quiere, recuerda, imagina, piensa, habla y un buen día resuelve escribir un cuento. Para escribirlo se proyecta en un «doble», un narrador ficticio (5.2.; 5.3.). Este narrador se pone a contar. Sus palabras se refieren a lugares, épocas, situaciones, hombres, hechos y cosas, pero después de todo las palabras son nada más que palabras. Con artificios lingüísticos, pues, se refiere a una realidad que, esencialmente, es alingüística. La realidad queda transformada en símbolos. Es una realidad representada en el texto, interior al texto. Una vez escrito, el cuento ya no se relaciona con una realidad extraliteraria. Es una creación artística que agota su significación en sí misma. Es una ficción, una ilusión, una aparición. El lector acepta las convenciones del juego literario y actualiza, en su propia fantasía, la realidad virtual que el narrador le ofrece en forma de cuento.

Sería inútil interrogar a un cuento sobre sus derechos a la existencia. Está allí, como el universo, que tampoco responde a nuestra pregunta sobre cómo y por qué se originó. Si no un universo, el cuento es una de esas mónadas que imaginó Leibniz: un alma que refleja el universo sin que las cosas del universo la puedan destruir.

Estas actividades que se concentran en un cuento presuponen un conocimiento de la realidad: el escritor, el narrador, el personaje, el lector, todos la conocen. Pero hay varios modos de conocer. El problema está en especificar el conocimiento literario, tan diferente del conocimiento científico. En un cuento ¿quién conoce?, ¿cómo conoce?, ¿qué conoce? Y todavía una pregunta más: en este capítulo que se propone diferenciar entre cuentos realistas y no realistas ¿cuál ha de ser la piedra de toque que permita probar, exactamente, si lo conocido es real o irreal? Para evitar malentendidos me apresuro a anticipar que, en este capítulo, la clave que diferencia el cuento realista del no realista está en la índole natural o sobrenatural de los agentes de la acción. Por el momento asumo el papel de Abogado del Diablo y razono como los críticos a quienes reproché antes porque miran las exterioridades de la literatura. Voy, pues, a tomar a los agentes de la acción de un cuento al pie de la letra; es decir, que calificaré las acciones del animal o del hombre en un cuento con el mismo criterio con que califico las acciones de un animal en la zoología y de un hombre en la sociología. Las fábulas zoomórficas de Esopo revelan un conocimiento de la psicología humana mucho más acertado que el de la idealización de héroes en las leyendas románticas, pero la piedra de toque, la clave que voy a usar, probará que los animales de Esopo, a pesar de su sabiduría, por ser parlantes son sobrenaturales, y que los héroes de los románticos, a pesar de sus falsedades, son naturales precisamente porque hablan. Una alegoría, un cuento de hadas, un pacto con el diablo, un viaje por el tiempo en busca de la inmortalidad pueden darnos un cuadro convincente de las fuerzas íntimas que mueven al hombre pero, interpretados al pie de la letra, son sobrenaturales. En cambio las reproducciones, exactas como fotografías, de asesinos increíblemente perversos perseguidos por detectives increíblemente astutos, aunque no nos convencen, son naturales. Hecha la advertencia, sigo.

En el interior de un cuento quien conoce es el narrador. Dejemos de lado por el momento al escritor y al lector, que no figuran en el cuento (5.2.; 5.4.). Pues bien: el conocimiento del narrador no es lógico, conceptual, filosófico, científico. Conoce intuitivamente. El narrador —como todo poeta, como todo artista— percibe e imagina individuos, sin generalizar. Si intenta generalizar, sus generalizaciones —a menos que irrumpan en el texto como comentarios impertinentes— resultan ser también creaciones imaginativas. Conste que estamos hablando de narradores con genio poético, con genio artístico, esencialmente intuitivos. Pensando en ellos digo: una idea filosófica, una referencia científica, una cita tomada de un tratado de moral serían, dentro del cuento, visiones concretas, como las de una estrella, una niña o una hormiga. El narrador no duplica el esfuerzo del intelectual que discurre racionalmente y clasifica la realidad con criterio objetivo, sino que se atiene a su íntimo gozo, que es el de la contemplación. Contempla el mundo y se contempla a sí mismo en el acto de contemplarlo (3.6.). Ve, en su espíritu, una acción humana que le interesa por su sorprendente peculiaridad, y decide contarla. Esa visión es una síntesis estética de las formas espirituales del narrador y de los materiales percibidos. Gracias a la intuición su sentimiento se eleva al plano de la fantasía. Su intuición de la vida y del cosmos es inmediata, espontánea, pero el poder cognoscitivo de la intuición original se ensancha a medida que va elaborando su cuento. En este proceso la intuición se renueva y despierta a otras intuiciones afines. Intervienen impulsos veleidosos, deseos de entender, recuerdos de experiencias anteriores, simpatías y antipatías, curiosidad por la diversidad humana, descubrimientos y enigmas intelectuales, pero siempre su conocimiento de la realidad es singular, subjetivo, individual, concreto. Su cuento es un microcosmos minuciosamente circunscripto y particularizado. El narrador ha sido concebido a su imagen y semejanza por un hombre que vivía y operaba en el mundo: con ojos humanos, pues, el narrador ve ese mismo mundo en que el hombre vive y opera. El narrador es un personaje creado por un hombre y, a su vez, es capaz de crear a otros personajes.

El cuento no es una cabeza pensante (aunque su redonda autonomía se presta a que lo comparemos con una cabeza) pero contiene un pensamiento. Al pronto, el de su narrador. Lo que este narrador piensa no es ni lógico ni discursivo. Su cuento no es un ensayo que pretenda valer filosóficamente. Sin embargo, entraña una concepción del mundo. Si esa concepción del mundo es congruente con el tipo mental del narrador no es menos verdadera que la concordancia, descrita por los gnoseólogos, de un sujeto que conoce con un objeto conocido. Las intuiciones, visiones, imágenes que expresa están configuradas por las formas de sentimientos vividos y autocontemplados. El punto de vista del narrador y de sus personajes enriquece las perspectivas interiores del cuento. Cuando entre el narrador y sus personajes estalla un conflicto en el modo de entender la realidad, en sus respectivos juicios aparecen grados de objetividad y subjetividad. Todo se hace relativo y ya no sabemos cuál es el criterio de la verdad. Pero qué importa la verdad: el relativismo del cuento es uno de sus valores estéticos. Lo que importa no es la verdad sino el quehacer del narrador, sus actitudes, intenciones, ironías, perplejidades, procedimientos estilísticos y su respeto o falta de respeto a las normas del género literario que ha elegido. El cuento no nos da un conocimiento verídico de la realidad pero imita una realidad: ¿cuál?, ¿cómo? De esta «mimesis» paso a hablar en seguida.

14.3. Mimesis

Aristóteles definió el arte como «mimesis» («representación», «imitación») y a pesar del daño que este término ha causado en la historia de la crítica voy a usarlo. Eso sí: lo usaré con reservas (10.2.). En un cuento hay, sin duda, aspectos miméticos: ¿pero qué es lo que se mimetiza?

El narrador, con sus palabras, da por sentada la existencia de un mundo. Ese mundo puede ser verdadero o falso, real o irreal, observado o imaginado, pero está ahí, en el cuento, y tenemos que aceptarlo si es que queremos entrar en el juego culto de la literatura. El relato de ciertas acciones y la desaparición que las hace visibles presuponen que el narrador está afirmando juicios sobre personajes y cosas en una circunstancia determinada. En este sentido podemos decir que las palabras del narrador son miméticas: con ellas imita, representa un mundo. Las consideramos verdaderas (aunque sepamos que, fuera del arte, analizadas con criterio extraestético, no lo son).

14.4. El crítico y su criterio de la verdad

Ahora repito la pregunta con que comencé este capítulo: cuando el crítico habla de cuentos realistas y no realistas ¿de qué realidad está hablando? ¿De la extraordinaria realidad creada por un cuento? Si habla de ésta, lo que tiene que hacer es comprender las intuiciones del narrador. Con ellas el narrador conoce, sí, pero no conceptualmente. ¿Habla el crítico de la realidad ordinaria que conoce fuera del cuento? Entonces lo que hace es clasificar materiales extraídos de los cuentos pero los cuentos quedan deshechos. Detengámonos por un momento en la segunda cuestión.

El crítico observa en un cuento la situación objetiva, la acción objetiva. El cuento es para él un mundo de objetos y quiere conocerlos del mismo modo en que conoce los objetos no literarios. Pero ¿qué es lo que al fin y al cabo conoce? Como no está interesado en la subjetividad del narrador y de los personajes, se sale de la literatura y se empeña en juzgar si la realidad virtual que se daba dentro del cuento corresponde a una realidad verificable fuera del cuento. Extrae del cuento hechos que allí transcurren y los compara con los de sus experiencias cotidianas. Es decir, clasifica su conocimiento de los hechos, no el que el narrador tenía de ellos. En el Exemplo XLV de *El Conde Lucanor*, de Don Juan Manuel, se cuenta un pacto con el diablo. Lo cuenta Patronio. Quizá Patronio creía en el diablo. Si creía, para él ese cuento era realista, pero el crítico que no cree en la existencia del diablo dirá que tal pacto, por ser sobrenatural, es objeto de fe o de fantasía, no de conocimiento, y que por tanto ese cuento no es «realista». Es evidente, pues, que la clasificación de cuentos en realistas o no realistas depende del criterio de la verdad que ejercite el crítico. De ahora en adelante voy a imaginarme a un crítico cuyo criterio de la verdad sea el siguiente:

En el conocimiento —diría ese crítico— rigen los principios ontológicos de identidad («todo objeto es idéntico a sí mismo»), de no contradicción («es inadmisible que una cosa sea y no sea al mismo tiempo bajo el mismo respecto») y del tercero excluido («una cosa o bien tiene una propiedad o bien no la tiene y no hay una tercera posibilidad»). Los objetos, sean del mundo exterior (una manzana) o interior (un sentimiento) tienen que presentarse de un modo inmediato y relacionarse con una red de pruebas racionales que se corrigen unas a otras y acaban por ser verificables. Los juicios sobre la realidad inmediata del objeto pensado deben pretender la validez universal, a la manera del conocimiento científico; tal validez se funda no sólo en pruebas sino también en las leyes del pensamiento lógico y en la regularidad de las experiencias de la especie humana. En consecuencia, no entran en el criterio de la verdad la fe, el éxtasis místico, las intuiciones estéticas, los impulsos de la voluntad, las emociones, las revelaciones tradicionales, la autoridad ajena a la de nuestra conciencia, el sueño, la locura, la alucinación...

Supongamos, repito, que el crítico use el criterio de la verdad que acabo de bosquejar, ¿cómo clasificaría los hechos que extrae de un cuento? Imaginémonos ahora su proceder.

En la superficie del cuento ese crítico mira los reflejos de una realidad que juzga exterior: lugares, épocas, situaciones, personas, cosas, hechos. En seguida descarta el cuento y se queda frente a esos reflejos. Sólo que, desvanecido el cuento, los reflejos adquieren propiedades de objetos. (Para la Lógica formal objeto del pensamiento es todo lo que admite un predicado cualquiera.) Lugares, épocas, situaciones, personas, cosas, hechos que antes estaban simbolizados en el cuento, ahora son los objetos del conocimiento del crítico. Si las imágenes que se forma de esos objetos concuerdan con los objetos mismos, el crítico concluye que su conocimiento es verdadero. Conoce verdaderamente muchas clases de objetos: reales, ideales, metafísicos, axiológicos, ficticios, etc. Consideremos por el momento dos de esas clases: objetos reales (físicos si los aprehendemos por percepción externa, psíquicos si los aprehendemos por percepción interna) y objetos ficticios (seres creados por la fantasía poética). El crítico conoce verdaderamente, pues, si esos lugares, épocas, situaciones, personas, cosas, hechos son reales o ficticios. Ya está seguro: esto es real, aquello es ficticio. Seguro de su juicio, el crítico vuelve al cuento. O, mejor dicho, devuelve al cuento los objetos que le sacó cuando quiso examinarlos a la luz de la vida ordinaria. Los juzgó reales o ficticios según que concordaran o no con la imagen que él se había forjado de ellos. Su clasificación de los objetos en reales o ficticios era legítima solamente fuera del cuento. Sin reparar en que ahora está dentro del cuento el crítico proyecta su juicio sobre el cuento mismo y se pronuncia: un cuento cuyos objetos son ficticios, sobrenaturales, no es realista... Tal acontecimiento —se pregunta el crítico refiriéndose a un cuento que acaba de leer— ¿podría ocurrir en la realidad de todos los días? ¿Es probable que ocurra? ¿Es improbable? ¿Es posible? ¿Es imposible? Y de las respuestas que dé sale una clasificación cuatripartita.

14.5. Hacia una clasificación

Dicha clasificación, desde el ángulo de la Estética es insatisfactoria porque clasifica los hechos, no tal como han sido artísticamente simbolizados en los cuentos, sino tal como el crítico los conoce en la realidad extraliteraria. Pero, desde el ángulo de la Pedagogía, puede ser útil para la enseñanza de la literatura. Oigamos, pues, lo que el crítico, no teórico sino práctico, nos tiene que decir. Al clasificar los cuentos se basa en la graduación que va de lo probable a lo improbable, de lo improbable a lo posible, de lo posible a lo imposible. Cuatro clases: cuentos cuyos sucesos son ordinarios (probables); cuentos cuyos sucesos son extraordinarios (improbables); cuentos cuyos sucesos son extraños (posibles); y cuentos con sucesos sobrenaturales (imposibles).

14.5.1. CUENTOS REALISTAS: LO ORDINARIO, PROBABLE, VEROSÍMIL

Hechos ordinarios pueden darse en géneros muy diversos, aun en los menos realistas como, por ejemplo, el de las leyendas. Pueden darse en tendencias muy diversas, aun en las menos realistas como, por ejemplo, el romanticismo, el parnasianismo, el impresionismo. Pero el medio propio de los hechos ordinarios es el de las narraciones llamadas «realistas».

El crítico reconoce en el cuento «realista» los reinos de la naturaleza porque sus datos coinciden con los de la Física y la Biología. Reconoce las costumbres porque son las descritas por la Etnografía, la Sociología, la Historia, la Lingüística. Reconoce, porque la Psicología ya las ha estudiado, las distorsiones de la realidad producidas por la pesadilla, la superstición, la mentira, la locura, la fantasía, las intoxicaciones y la alucinación. Cuando duda de si los hechos de un cuento son o no son realistas es porque las ciencias todavía dudan: por ejemplo, los casos de Parapsicología (telepatías, premoniciones, etc.).

Un cuento realista es el resultado de la voluntad de reproducir, lo más exactamente posible, las percepciones del No-yo (naturaleza, sociedad) y del Yo (sentimiento, pensamientos). Su fórmula estética podría ser: el mundo tal como es. La voluntad de describir de manera que cualquier hijo de vecino reconozca lo descrito lleva a elegir perspectivas ordinarias desde las que se vean objetos también ordinarios. El narrador con aspiraciones al realismo se planta en medio de la vida cotidiana y observa con ojos normales desde la altura de un hombre del montón. Su gusto está en que lo tomen por un testigo prescindible. Presume al revés, despersonalizándose. Nos hace creer que todos vemos lo que él y, por tanto, que cualquiera, con un poco de oficio, podría escribir así. Más: quiere hacernos creer que su única fuerza creadora consiste en la capacidad de duplicar (¿superfluamente?) la imagen del mundo. De aquí que, cada vez que se define la narración realista, se recurre a la misma metáfora: es un espejo liso en el que se refleja el paisaje natural, social y humano. Esta metáfora es equívoca. El espejo más liso es deformante, comenzando con que lo que está a la derecha aparece a la izquierda y viceversa. Pero no es equívoca solamente por eso. Después de todo, expresa bien la calidad deformante de la conciencia, que modifica las sensaciones que recibe. La metáfora stendhaliana del «miroir qu'on promène au long d'un chemin» es equívoca porque también sugiere que la realidad que refleja es siempre exterior, y no es así. Reales son la naturaleza y la sociedad, pero no menos reales son las experiencias del sueño y la locura. Un cuento psicológico es realista cuando confirma el concepto de «normalidad» que nos hemos formado atendiendo a la uniformidad y frecuencia de rasgos del carácter humano.

Lo común de las subclases del realismo literario —románticas, parnasianas, impresionistas, naturalistas— es que todas ellas nos muestran acontecimientos ordinarios. Los reconocemos inmediatamente porque hemos visto otros semejantes o esperamos verlos en cualquier momento. Son probables. El romántico los cuenta con el ánimo sacudido por fuertes sentimientos. El parnasiano los ornamenta transponiendo lujosas reminiscencias de museos de arte. El impresionista, para describirlos, analiza las reacciones de su propia sensibilidad. El naturalista, para corroborar su tesis de que el hombre es un producto determinado por las mismas leyes que determinan la vida de los animales, los rebaja y afea. Y así podríamos seguir con otras subclases del realismo. En todas ellas, los acontecimientos son ordinarios y probables. (Véase mi ensayo «El realismo en la novela», *Los domingos del profesor*.)

14.5.2. Cuentos lúdicos: lo extraordinario, improbable, sorprendente

Hechos extraordinarios ocurren en la vida. Es improbable que ocurran, pero ocurren. Un cuento se aleja de la realidad si los acontecimientos que narra son extraordinarios e improbables. El narrador no llega a violar las leyes ni de la naturaleza ni de la lógica pero se le ve el deseo de violarlas. En todo caso, se especializa en excepciones. Exagera. Acumula coincidencias. Permite que el azar maneje a los hombres. Con subterfugios nos hace creer que estamos ante un prodigio; prodigio que luego resulta tener una explicación nada prodigiosa. Busca y rebusca. Busca climas exóticos, personajes excéntricos, situaciones excepcionales y rebusca explicaciones de lo que a primera vista parecía increíble. Rebuscada es la explicación de «Esteco: ciudad sumergida» (K): la extraordinaria visión del poeta Duffy resulta ser un espejismo producido por los cambios de la atmósfera después de una lluvia en el norte argentino. El protagonista de «Luna de la ceniza» (M) ve los efectos de una extraordinaria erupción volcánica y se imagina un fin del mundo. A veces lo extraordinario responde a una intención lúdica. Es el caso de los cuentos de detectives. Todo es real: la víctima, el asesino, el arma, el investigador; los motivos y circunstancias del asesinato; el orden de la consumación y el orden del descubrimiento; pero en «El general hace un lindo cadáver» (G) la revelación final es extraordinariamente sorprendente: en una fiesta política los correligionarios del caudillo, sin saberlo, se comen su cadáver en empanadas.

14.5.3. CUENTOS MISTERIOSOS: LO EXTRAÑO, POSIBLE, DUDOSO

Los acontecimientos en este tipo de cuento son posibles pero dudamos de cómo interpretarlos. Es decir, son ambiguos, problemáticos. El narrador, para hacernos dudar o para crearnos la ilusión de irrealidad, finge escaparse de la naturaleza y nos cuenta una acción que por muy explicable que sea nos perturba como extraña. En vez de presentar la magia como si fuera real, presenta la realidad como si fuera mágica. «Realismo mágico», se ha llamado a este estilo de narrar. Personajes, cosas, acontecimientos son reconocibles y razonables pero como el narrador se propone provocar sentimientos de extrañeza desconoce lo que ve y se abstiene de aclaraciones racionales. Hace que su cuento eche sus raíces en el Ser, pero describe el Ser como problemático. Las cosas existen, sí, y qué placer nos da el verlas emerger del fluir de la fantasía, pero ahora penetramos en ellas y en sus fondos volvemos a tocar el enigma. El narrador se asombra como si asistiera al espectáculo de una segunda Creación. Visto con ojos nuevos a la luz de una nueva mañana, el mundo es, si no maravilloso, al menos sobrecogedor. En esta clase de narraciones los sucesos, siendo reales, producen la ilusión de irrealidad. La estrategia del narrador consiste en sugerir un clima sobrenatural sin apartarse de la naturaleza y su táctica es deformar la realidad en el magín de personajes neuróticos. Estos personajes, por ser neuróticos, suelen asociar sensaciones e ideas disparatadas y comunicarnos una versión extraordinaria de eventos ordinarios. Desconocemos la realidad cuando narradores y personajes la envuelven con sus túnicas nerviosas: esquizofrenias, paramnesias, ideas fijas, sonambulismos, etc. Si la personalidad del narrador es rara, encontrará extrañas aun las cosas más familiares. A veces nos comunica su sentimiento de extrañeza con engaños estilísticos. Por ejemplo, acumula imágenes para dificultar la percepción directa de algo muy común. Nada más común que la pareja que se hace el amor. Pues bien: el narrador, en lugar de referirse a ese hecho muy natural con la palabra «sexo», lo describe con asombro, como si lo descubriese por primera vez, como si fuera excepcional en la historia de los hombres, como si no hubiera palabras para indicarlo. Borges, en «La secta del Fénix», describe el rito secreto de unos sectarios. La descripción es extraña, sorprendente. La única palabra que no se pronuncia jamás es: «sexo». (Véase el ensayo que da el título a mi libro *El realismo mágico y otros ensayos*, 1977.)

14.5.4. Cuentos fantásticos: lo sobrenatural, imposible, absurdo

Distingo entre lo sobrenatural parcial (cuento de apariciones) y lo sobrenatural total (cuento de maravillas). En un *cuento parcialmente fantástico* la realidad cotidiana se ve alterada por la aparición de un factor sobrenatural. La primera escena de «Un santo en las Indias» (G) parece realista: los personajes del siglo XVI son un conquistador español, un fraile y un indio. Sólo que la situación en que esos tres personajes están metidos de repente sufre un insólito trastorno: ¡se ha entrometido Satanás! En otros cuentos el perturbador del orden es una criatura mítica o un monstruo. La regularidad de la naturaleza queda violada por la irrupción de agentes extraterrestres y fuerzas extranaturales provocadoras de violentos desarreglos. La ley de la gravedad cesa de actuar en un pobre hombre, con la consecuencia de que éste se desprende de la tierra y «cae» al cielo («El leve Pedro», M). Otro hombre, arrancado de su época, se encuentra trasplantado en una época anterior a su nacimiento («Alejo Zaro se perdió en el tiempo», P). Los sucesos de un cuento fantástico transcurren en este mundo: una parcela, únicamente una parcela de nuestro mundo normal se ve amenazada o afectada por el golpe que recibimos de un mundo desconocido. En cambio, en un *cuento totalmente fantástico,* las maravillas transcurren en un mundo tan anormal (anormal desde el punto de vista humano) que nada de lo que allí ocurre amenaza o afecta nuestras vidas. Lo sobrenatural domina la totalidad de ese mundo. Ni siquiera es necesario que existamos nosotros, los hombres. Puede ser un cuento poblado de hadas; o un cuento cuya acción suceda antes de la creación del universo («Los cuentos de Satán», P). En el *cuento de apariciones* sentimos un choque entre dos mundos de leyes diferentes. En él *un mundo remoto se* acerca al nuestro lo bastante para hacerse visible pero no lo bastante para alarmarnos. (Roger Caillois, *Images, images,* 1966.)

El narrador de lo sobrenatural prescinde de leyes de la lógica y del mundo físico y sin darnos más explicaciones que la de su propio capricho cuenta una acción absurda, imposible. Permite que en la acción que narra irrumpa de pronto un prodigio. Se regocija renunciando a los principios de la lógica y simulando milagros que trastornan las leyes de la naturaleza. Gracias a su libertad imaginativa lo imposible en el orden físico se hace posible en el orden fantástico. No hay más explicación que la de su capricho. Ese narrador finge, como explicación de lo inexplicable, la intervención de agentes misteriosos. A veces lo sobrenatural aparece, no personificado en agentes, sino en un vuelco cósmico que, sin que nadie sepa cómo, obliga a los hombres a posturas grotescas. En las narraciones sobrenaturales el mundo queda patas arriba. La realidad se desvanece en los meandros del fantasear. Es —como la magia— una violenta fuga a la Nada.

Las maravillas que los cuentos fantásticos describen existen solamente en esa descripción. La realidad en sí es incognoscible: sólo conocemos fenómenos naturales. Lo sobrenatural es una dimensión de la literatura, no de la realidad. Que un narrador irracionalista se convenza a sí mismo de que los portentos que describe descorren velos y muestran el gran secreto no tiene nada que ver con el conocimiento de la realidad. En estos últimos años los irracionalismos han vuelto a ponerse de moda (Apostillas). Coincidente con esta boga han proliferado las teorías sobre la literatura fantástica, de las que resumiré unas pocas.

14.6. Otras teorías de lo fantástico

Algunos autores definen «lo fantástico» por el efecto psicológico que el cuento produce en los lectores: Marcel Schneider, «Discours du fantastique», *Déjà la neige* (1974); Peter Penzoldt, *The Supernatural in Fiction* (1952) y muchos más. El más enfático, el más categórico en hacer entrar la psicología del lector en la definición de lo fantástico es H. P. Lovecraft, en *Supernatural Horror in Literature* (1945): «Un cuento es fantástico simplemente si el lector experimenta en forma profunda un sentimiento de temor y terror, la presencia de mundos y de poderes insólitos.» Pero la reacción del lector es imprevisible. Sólo excepcionalmente el narrador espera esa reacción: por ejemplo, cuando termina su cuento con un dilema o una ambigüedad para que el lector elija la solución. Ante el mismo cuento unos lectores se asustan, se angustian; otros se regocijan, se ríen. Hay que desconfiar de las emociones no expresadas artísticamente dentro del cuento. Dentro del cuento es donde ocurren las cosas. Allí el narrador se sobresalta o no ante la intrusión de criaturas sobrenaturales en la sociedad humana. Allí el narrador presenta un mundo donde todas las criaturas son sobrenaturales y por tanto nadie se sobresalta ante nadie o, al revés, en ese mundo sobrenatural de súbito se aparece un hombre y entonces es el hombre el que viene a romper el orden de los duendes; o... Pero ¿para qué seguir? Lo cierto es que la definición de cuento fantástico no depende del temple sentimental del lector sino del predicado que demos a la acción narrada: ¿es imposible, es sobrenatural? Veamos algunas teorías sobre la literatura fantástica.

Louis Vax, en *La séduction de l'étrange. Étude sur la littérature fantastique* (1970), ha estudiado, sí, la literatura fantástica pero su libro, pletórico de ejemplos, digresiones, problemas, tesis y antitesis, rehúsa definirla. Señala hechos que, por violar la regularidad de la naturaleza, nos amenazan. De ahí, el miedo. Mas el sentimiento de extrañeza ante lo insólito tiene también cierto poder de seducción. Quienes sienten su encanto estético son, precisamente, los incrédulos. «La literatura fantástica moderna está edificada sobre las ruinas de la vieja credulidad.» El hombre la escribió cuando en vez de tomar en serio las supersticiones las usó como materia de creación artística. Su desarrollo histórico acompaña al desvanecimiento de la creencia en lo maravilloso. No son los temas sobrenaturales los que convierten a un cuento en fantástico, sino la intención con que el narrador los concierta en un juego refinado. Sano de espíritu, el narrador compone, para un público también sano, una narración mórbida: el juego consiste en no creer en lo que se lee. «Jugar con el miedo supone a la vez una sutil cultura mental y un sólido fondo de incredulidad.» Hay una gran «distancia psíquica» entre el mundo donde vivimos inquietos por las amenazas de hechos imposibles de explicar y el mundo artístico de un cuento que estiliza esa inquietud. La ambigüedad del cuento fantástico simula cubrir esa distancia. A veces la cubre con buen humor, aunque el asunto sea terrorífico. La fórmula retórica del cuento fantástico podría ser la de «l'imaginaire invraisemblable»; sin embargo, a pesar de ser al mismo tiempo imaginario e inverosímil, logra conmover al lector.

Para Tzvetan Todorov —*Introduction à la littérature fantastique* (1970)— el cuento fantástico describe un mundo muy semejante al mundo ordinario en que vivimos todos pero de pronto nos sobresalta allí el espectáculo de una transgresión a las leyes de la lógica y la naturaleza. ¿Cómo explicar esa ruptura del orden conocido? Dudamos entre dos soluciones: primera, se trata de una alucinación, en cuyo caso las leyes de la lógica y la naturaleza siguen vigentes; segunda, esa irrupción ilógica y sobrenatural ha ocurrido de verdad, en cuyo caso debemos admitir que en el mundo operan fuerzas misteriosas. «O bien el diablo es una ilusión, un ser imaginario; o existe realmente, como cualquier otro ser vivo... Lo fantástico es la vacilación experimentada por una persona que sólo conoce las leyes naturales ante un suceso aparentemente sobrenatural.» Tal duda —en el ánimo sea del narrador, de uno de sus personajes o de un lector identificado con ellos— es el rasgo esencial del cuento fantástico. Cuando la duda se disipa, el cuento deja de ser fantástico y cambia de género. Si el quebrantamiento del orden lógico y natural es ilusorio, el cuento entra en el género de «lo extraño»: sus acciones, aunque insólitas, absurdas, extraordinarias, escandalosas, únicas, perturbadoras, pueden ser explicadas. Si por el contrario se decide que la intervención de lo sobrenatural es una prueba efectiva de la existencia de leyes desconocidas por el hombre, el cuento pertenece al género de «lo maravilloso»: se despega de nuestro mundo habitual y va al encuentro de un universo donde lo que creíamos imposible es posible, aunque no podamos explicar su naturaleza portentosa. Lo fantástico, pues, es la línea divisoria entre lo extraño y lo maravilloso. La incredulidad total y la fe absoluta nos sacan de lo fantástico. Sólo la duda nos mantiene en lo fantástico.

14.7. Temas fantásticos

Las teorías que he resumido —y otras que por no extenderme dejo fuera— suelen intentar una clasificación de temas fantásticos. Algunas clasificaciones son demasiado abstractas. Roger Caillois ha propuesto que se prepare una tabla teórica y de ahí se deduzcan y prevean los temas actuales y posibles, de la misma manera que de la tabla de propiedades químicas de Mendeliev se pudieron predecir elementos hasta entonces desconocidos. Otras clasificaciones son demasiado concretas. Enumeran todas las variantes temáticas que les vienen a las mientes. Si en la tabla general se habla de «seres inexistentes», en la enumeración concreta se habla de dioses, ángeles, hadas, duendes, gigantes, monstruos, brujas, fantasmas, vampiros, licántropos, esqueletos, larvas y así *ad nauseam*.

Después de leer varias listas se me despertó la curiosidad (vanidosa, confieso) de pasar revista a mis propios cuentos fantásticos para clasificarlos por temas. Éstos son los más frecuentes: Metamorfosis. Invisibilidad. Solipsismo. Desdoblamientos de la personalidad. Deformaciones del Tiempo y del Espacio. Interpenetración de sueño y realidad. El más allá de la muerte. Leyes y cualidades abolidas. Personificación de ideas. Utopías y ucronias. Zoología fantástica. Desacralización de mitos. Reducción al absurdo de situaciones de la literatura mundial...

Por prolijas que sean las listas de temas siempre quedan cuentos que no se dejan clasificar. Los del subgénero de la ciencia-ficción son los que más se resisten. No me refiero a los cuentos que se limitan a transportar al futuro acciones sobrenaturales muy manoseadas en el pasado, disfrazándolas con tecnicismos, pues ésos siguen siendo fantásticos No deja de ser fantástico un cuento porque en lugar de decir «Había una vez en un reino de España una bruja...» diga «Habrá una vez en Alpha de Centauro un super-robot...» No. Me refiero a los cuentos lucumbrados por científicos serios que parten de premisas verosímiles y las desarrollan con toda lógica. Hay cuentos utópicos que pueden aceptarse provisionalmente como hipótesis para el trabajo intelectual. Sus acciones no son sobrenaturales sino de una naturaleza que nos obliga a pensarla con una nueva lógica. Hay una realidad física ultramicroscópica y una realidad física macroscópica. El narrador de un cuento de ciencia-ficción que proyecte leyes de la realidad subatómica a la realidad en que los hombres nos vemos las caras, obtendrá efectos aparentemente sobrenaturales pero explicables por la lógica.

Y también son lógicos los hechos de otros cuentos de ciencia-ficción que no cambian la naturaleza humana sino que la encuadran en un planeta de otra galaxia. Difíciles de clasificar como fantásticos son los sueños. ¿Es fantástico el cuento de Lewis Carroll, *Alicia en el País de las Maravillas*, siendo que sus maravillas se explican lógicamente como ocurridas en el ensueño de una niña dormida? Cuentos con fenómenos parapsicológicos no son fantásticos para quienes creen en la parapsicología. ¿Y qué decir de esos cuentos donde transcurren milagros que pueden ser interpretados como reales por un religioso y como fantásticos por un ateo? Ya mencioné el Ejemplo XLV de *El Conde Lucanor*, de Don Juan Manuel: Patronio, y sin duda Don Juan Manuel y sus lectores, sumergidos todos en la credulidad de la Edad Media, creían en la posibilidad de un pacto con el diablo. Hoy, un lector calificaría a ese cuento como fantástico. Estos cambios de interpretación merecen un comentario aparte. Paso, pues, al problema de si la «realidad» de un cuento se modifica en la lectura de sucesivas generaciones.

14.8. Estructura dinámica de la realidad representada en un cuento

Una dificultad en la definición de la literatura fantástica radica en el hecho de que los hombres han reaccionado de modo diferente ante lo maravilloso. Pierre-Maxime Schuhl, en *L'imagination et le merveilleux*, ha probado que, paradójicamente, lo maravilloso cristaliza en géneros literarios cuando la fe desaparece ante las tendencias del espíritu positivo. Habría una ley de alternancias, de un doble frenesí: a lo largo de los siglos se suceden períodos de creación en los que lo maravilloso tiene libre curso, y otros períodos cuando los temas fabulosos son racionalizados y aparecen como mitos y símbolos poéticos. En el período más remoto de Grecia —hoy inaccesible— se crearon leyendas mitológicas; y en el período que conocemos esas leyendas fueron elaboradas, dulcificadas, por poetas que no creían en ellas. Aristófanes y Eurípides ya se sonríen escépticamente de la aparición de dioses en escena. Ovidio no cree en las metamorfosis que narra. La exclusión de lo maravilloso en la historia dura poco. La constante resurrección de lo maravilloso —que jamás desaparece por mucho tiempo pues expulsado por la puerta reentra por la ventana— desafía el carácter racional de la civilización que la antigüedad clásica ha establecido y nos ha legado. La realidad ha sido sometida a las leyes de la naturaleza y del pensamiento lógico. Todo lo que escapa al pensamiento lógico lo juzgamos como no real. Pero esta exclusión —sigue Schuhl— no es ni universal ni inquebrantable. Hay retrocesos y con gusto la gente abandona las exigencias de la actitud intelectual. En el folklore sentimos el encanto de cuentos maravillosos que, rechazados por la ciencia, vuelven a ganar terreno. El racionalismo se mantiene al precio de un esfuerzo constante. La llamada «mentalidad primitiva» se da, no sólo en los niños y en los salvajes, sino en los adultos cultos. Deseos maravillosos —rejuvenecerse, volverse invisible, viajar al más allá, volar libre por el espacio, actuar a la distancia, disponer de genios serviciales, alternar con estatuas movientes, regresar a paraísos perdidos, etc.— prueban que, como los pueblos de «mentalidad primitiva», aun en el seno de la civilización racionalista nos sentimos indiferentes a la contradicción, a la causalidad, a las lecciones de la experiencia, y preferimos creer en la eficacia de fuerzas mágicas. En el fondo, inmanente a nuestra naturaleza, llevamos la locura: se infiltra en nuestro sueño, irrumpe en pasiones, inspira una literatura fantástica.

El estudio de tal o cual cuento fantástico nos plantea la duda de si el narrador se niega a dejarse frenar por la razón y la experiencia o si, por el contrario, juega irónicamente con ideas en las que no cree. Como también las convenciones literarias del público lector cambian, la duda de cómo debe leerse un cuento se complica. Surge, pues, el problema de si la estructura de la realidad en un cuento se transforma con el correr de los años o permanece fija.

Juan Mukarovsky, fundador de la escuela estructuralista de Praga, definió la estructura de una obra literaria como un «equilibrio inestable de relaciones» (*Studie z estetiky*, 1966; sigo la exposición de Oldrich Belic en *La obra literaria como estructura*). Téngase presente que Mukarovsky es marxista y por consecuencia ve la literatura como un proceso dialéctico. «Siendo que las relaciones que mantienen la unidad de la estructura son de orden dialéctico, la estructura se caracteriza por un incesante movimiento y por incesantes transformaciones.» Transformaciones en la historia, pues para Mukarovsky la estructura literaria es diacrónica, además de sincrónica. Las obras, como no tienen un sentido único, permiten varias interpretaciones, a veces irreconciliablemente contradictorias. Un cuento —pongamos por caso— es un objeto fijado por una escritura que no cambia; pero es también un símbolo y la significación del símbolo sí cambia y se completa con la respuesta que le da la conciencia colectiva de lectores de sucesivas generaciones. Los elementos del cuento permanecen pero sus relaciones se alteran por las fuerzas motrices de la sociedad: cambios de las circunstancias históricas que se manifiestan en el gusto, la ideología, la moral, la política, etc.

Es evidente que Mukarovsky desintegra la estructura de la obra para integrarla en una estructura que está fuera de ella y aun fuera de la literatura. La inestabilidad de la que habla no está en la obra sino en la sociedad. La obra, en su interior, es estable; y, si no lo es, se debe a que el escritor, deliberadamente o no, la dejó abierta a múltiples interpretaciones. Sólo después de haber agotado el análisis de la estabilidad de una estructura sería lícito buscar inestabilidades en la historia del público lector. Es verdad que la interpretación de una obra cambia pero es un error deducir de ese hecho que el cambio es una característica de la estructura de la obra. El crítico, al examinar qué es lo real y qué es lo fantástico de un cuento, debe esforzarse en comprender las intenciones del narrador. El andamiaje semántico de un cuento está construido con estratos superpuestos de abajo arriba en una jerarquía que va de significaciones fundamentales de firme y permanente concepción del mundo a superficiales significaciones de estilo que, por ser meramente sugeridoras, giran como molinillos a los vientos de la historia.

El cuentista es el perfecto lector del cuento que escribió. Al escribirlo le dio un sentido y él mismo lo confirma al leerse. Puede ocurrir que lectores menos privilegiados no descubran en el cuento ese sentido o le encuentren otros. ¿Quién tiene más autoridad? El autor, lógicamente. Sin embargo, algunos especialistas en Semiótica creen que son muy científicos cuando disminuyen la importancia al autor —Roland Barthes ha declarado «la muerte del autor»— y en cambio aumenta la del lector, que vendría a convertirse en el centro virtual de todos los códigos literarios, con la función de probar con esos códigos la inteligibilidad de una obra como quien prueba que una cerradura se deja abrir con muchas llaves diferentes. No es ése, ciertamente, el modo de proceder de la ciencia. La ciencia que establece que X es la causa de A no puede al mismo tiempo decir que la causa no es X sino Y y Z. Mal semiólogo sería quien, por suponer que un cuento puede tener múltiples sentidos, algunos no intencionales, dijera que antes la causa de A era X pero que ahora es Y y Z. Un buen especialista en Semiótica tendrá que admitir que la causa de A sigue siendo X, y que es legítimo pensar además en las causas Y y Z si es que éstas han estado también en la mente del narrador. Si no, Y, Z y todo el resto del alfabeto sería un despliegue de arbitrarias e inverificables explicaciones. La coincidencia del lector con el narrador nunca es completa pero sus círculos mentales deben interseccionarse por lo menos en un área común.

14.9. Posición propia

A lo largo de este capítulo me he imaginado a un crítico que diferencia el cuento realista del no realista con un criterio más gnoseológico que estético. Al exponer su modo de clasificar los cuentos anticipé mis reservas pero ahora quiero resumirlas.

Creo que la dicotomía sujeto-objeto, pensamiento-realidad, posibilidad-imposibilidad, lo natural conocido-lo sobrenatural desconocido y así por el estilo no vale para clasificar cuentos. Los cuentos, por ser poéticos, escapan a toda clasificación lógica. El conocimiento que entra en la creación de un cuento es intuitivo, concreto, singular, no conceptual, abstracto, general. Lugares, épocas, situaciones, personas, hechos y cosas cobran existencia en la conciencia del narrador pero éste, arrebatado por su entusiasmo artístico, no pierde su precioso tiempo con escrúpulos epistemológicos sobre si esto es verdadero o erróneo.

La abundancia de cuentos fantásticos en mi obra despistó a algunos de mis comentadores. Me adjudicaron creencias religiosas, místicas, metafísicas, parapsicológicas. A fin de deshacer el equívoco les dediqué dos cuentos: «Prólogo anamorfoscópico a los cuentos de Andy» (D) y «El juguete» (A). En el primero dos lectores de los cuentos fantásticos de Andy discuten sobre si Andy creía o no en lo sobrenatural. Uno de ellos lo juzga así: «Era un sofista. Coleccionaba cosmogonías y las reducía al absurdo.» En el segundo cuento el narrador, que se llama como yo, se confiesa así: «Metáforas. La estúpida inmensidad se llena con la belleza que yo le derramo y la belleza refluye hacia mí y me inunda con la violencia de una visión sobrenatural. En cuentos fantásticos canto a metafísicas en las que no puedo creer, canto a una libertad que la naturaleza no me consiente, y me canto a mí mismo, a mí, que no soy nadie. ¡Qué alegría, qué alegría, sentir que gracias a mi cerebro un cuento mío es un objeto nuevo, autónomo y aleatorio que yo le regalo a la realidad! Con mi cerebro juego a construir un mundo de cuentos dentro del mundo del lenguaje.»

15. TIEMPO Y LITERATURA

15.1. Introducción

Cualquiera que sea el estudio que emprendamos, sobre todo si es un estudio humanístico, acabaremos por toparnos con el problema del tiempo. Es natural. El hombre ha salido del proceso de la vida y su conciencia entiende la realidad también como proceso. Su naturaleza es temporal y la cultura que crea —lenguaje, mito, historia, filosofía, ciencia, arte— se desenvuelve en el tiempo. Pero ¿qué es el Tiempo? ¿Y cómo se manifiesta en la Literatura?

15.2. Filosofía del Tiempo

En castellano usamos la misma palabra, «tiempo», para referirnos tanto a los procesos físicos cuanto a los procesos psíquicos. Yo preferiría distinguir entre el «tiempo» de las cosas y la «temporalidad» de los hombres, pero no soy quién para romper con el uso corriente. Eso sí, entiéndase que en todo momento mi interés está en la temporalidad humana, que es la que deja su impronta en el cuento.

En la historia de la filosofía, Kant, con sus *Críticas,* fue el primero en arrojar luz sobre el problema del Tiempo en su relación con la Estética. El Tiempo, para él, no deriva ni de la realidad en sí ni de la experiencia: es una forma de la sensibilidad. Kant abandona la Metafísica: del nóumeno o realidad en sí no sabemos nada. Sólo conocemos fenómenos. Imposible predicar algo que esté fuera de la conciencia. En el conocimiento hay una Materia y una Forma. La materia nos es dada, versátil e inestable. Nuestro «yo» le imprime formas a priori, constantes y forzosas. Lo que Kant llama «a priori» se refiere a la condición que, sin derivarse de la experiencia, hace posible la experiencia: es «a priori» no lo que antecede a la experiencia sino lo que la configura. El conocimiento no es una simple recepción pasiva sino una construcción activa por parte del sujeto. Las percepciones se hallan supeditadas a dos formas de la intuición pura: el Espacio y el Tiempo. Si percibimos en el espacio y en el tiempo es porque ya disponemos de antemano la visión del espacio y del tiempo. El espacio es la forma de la intuición de objetos externos que conceptuamos opuestos al «yo». El tiempo es la forma de la intuición de los hechos subjetivos, pero también de los objetivos. ¿Por qué «también de los objetivos»?

Porque la percepción de los objetos exteriores a nosotros (ordenados con la forma del espacio) ocurre en nuestra intimidad (que se ordena con la forma del tiempo). El Tiempo, pues, comprende al Espacio. La forma del tiempo relaciona una multiplicidad de percepciones, las ordena y afirma la unidad del espíritu humano.

En el siglo XX los filósofos del Tiempo han proliferado tanto que es difícil señalar quiénes son los más ilustres. Unos conceden la primacía al tiempo físico; otros subordinan el tiempo a la conciencia. Me apresuro a poner de lado a los filósofos —metafísicos o científicos— que afirman que el tiempo real es el vinculado al espacio y la materia: por ejemplo, Hans Reichenbach y Bertrand Russell. Para ellos el marco de referencia es el universo físico, no el hombre, y después de todo el tema de este libro es el *Homo loquens,* o mejor dicho, una de las formas de su elocuencia: el arte de contar. Me quedo, pues, con los filósofos que encuadran el problema del tiempo en el marco de la vida, la conciencia y la existencia. Aunque polemicen con Kant se internan por el camino que él abrió. Reconocen que la condición íntima del hombre es la de percibir la realidad en una sucesión, si bien cada filósofo corre los acentos a su manera: Wilhelm Dilthey, Henri Bergson, Edmund Husserl, José Ortega y Gasset... Que cada lector, después de leerlos, saque sus propias conclusiones. Las mías son las siguientes.

La idea de Tiempo ha surgido de la conciencia humana pero antes la conciencia humana había surgido de la naturaleza. Es natural, pues, que la idea de Tiempo, en nuestra conciencia, esté vinculada con observaciones de la naturaleza. Debe de haber, en la realidad exterior al hombre, algo que podemos percibir y pensar como sucesivo, algo que se nos ha estampado en la conciencia. Las ciencias de la naturaleza operan con el axioma de que hay un tiempo objetivo (el que medimos con relojes y calendarios) y, en efecto, en el mundo del «no yo» comprobamos direcciones y cambios; pero el conocimiento de ese tiempo físico, por ser conocimiento, es un fenómeno psicológico. Quizá la dicotomía entre un tiempo físico y un tiempo psíquico sea falsa. Aunque así fuera, no me conviene mezclar los métodos que llevan, unos al cosmos, otros a la vida.

Mi campo es la literatura, no la metafísica. Me atengo, pues, a lo poco que creo saber. El hombre es un animal consciente de sí mismo. Su conciencia, llevando recuerdos a cuestas, se lanza al futuro. Elige entre esta o aquella opción cumpliendo así un programa personal. Esa conciencia es tan dinámica que transforma la realidad en símbolos. Toda la cultura es la manifestación simbólica de la profunda duración de nuestro ser. Y dentro de esa actividad cultural la literatura se ha especializado siempre en analizar la temporalidad humana. La religión, la filosofía, la ciencia, la historia se construyen con conceptos abstraídos de nuestra experiencia de la realidad, pero las ficciones literarias expresan la plenitud de nuestra vida interior, o sea, nuestro tiempo vivido (1.3.).

15.3. Artes del Espacio y del Tiempo

Mi examen del problema del Tiempo está guiado por mi interés en la temporalidad del cuento; por eso descarté las soluciones filosóficas que insisten en la exclusividad o primado del tiempo físico y en cambio destaqué las soluciones filosóficas que conceden más atención al tiempo personal, vivido por el cuentista y revivido por el lector.

Esta temporalidad del cuento es un rasgo común a todas las creaciones de la cultura humana. Recordemos el planteo de Kant. El Espacio y el Tiempo son dos formas de la sensibilidad. El Espacio es la forma de la intuición del No-Yo (experiencia externa). El Tiempo es la forma de la intuición del Yo (experiencia interna). Puesto que la intuición del No-Yo se da en un Yo, el Tiempo comprende también al Espacio. Percibimos la yuxtaposición espacial de las cosas pero la percibimos en una sucesión temporal que fluye en la conciencia. Si aplicamos esta filosofía kantiana a las Artes tenemos que aun las llamadas artes espaciales son contempladas en el tiempo personal del contemplador. Todas las Artes, pues, son temporales. Con los conceptos de «espacio» y «tiempo» podemos agrupar sólo las exterioridades de una obra de arte (materiales, técnicas, asuntos) pero la experiencia artística, tanto del productor como del consumidor, es interna, subjetiva, y se desenvuelve en el tiempo. Cuando la mente se contempla a sí misma, en la creación artística, no se ve moldeada en una doble forma de «espacio» y «tiempo», sino fluyendo en un impulso unitario y continuo de vida íntima. Todas las artes, aun las que fijan figuras inmóviles, están expresando impresiones y, por consiguiente, se desenvuelven en un proceso psicológico.

Una obra de arte, cualquiera que sea, es siempre ideal. Una conciencia la crea, otra conciencia la recrea. Fuera de la conciencia no existe como obra de arte. Y puesto que la conciencia es pura duración, todas las artes —por ser contenidos de la conciencia— son temporales. A la postre, todo se corresponde: se corresponden los estímulos que nos llegan por los distintos órganos sensoriales —«...arpegios de luz...», «...grito perfumado...»— y se corresponden las artes que creemos diferenciadas (en la ópera se corresponden la música, la literatura, la danza, la pintura, la escultura, la arquitectura...). En «Historia de una canción» (A), al contar la carrera de una artista, se distinguen las «ilusiones» de las diferentes artes que ella representa.

15.4. La literatura

Si aun las artes llamadas del Espacio existen como experiencia de quien las produce o las mira, nadie va a disputar el carácter temporal de la Literatura y, dentro de ella, el género que estamos estudiando: el cuento. Aun los teóricos que se refieren a la «forma espacial» de una narración dan por sobreentendido que en el término «espacial» late una connotación de temporalidad: lo que nos quieren decir es que unas formas se nos antojan menos temporales que otras (Apostillas). Sin duda hay narradores que intentan espacializar sus cuentos. Hablaré de ellos en el Capítulo 16. Para dar la apariencia de que su cuento es espacial esos cuentistas lo componen en varias direcciones y con varias velocidades. Simulan que están mirando la acción como se mira una arquitectura o un grupo escultórico a fin de que el lector crea que su percepción del cuento es tan reversible como la del arte plástico. Pero aun en estos casos, por mucho que se finja que se da al lector la libertad de leer a saltos, lo cierto es que el cuento se desenvuelve palabra a palabra en el orden en que está impreso. En el cuento más caprichoso el desorden es un orden. El cuento no está obligado a presentar una secuencia de acontecimientos en una línea progresiva, pero cada unidad —parte, sección, párrafo— sigue ciertas convenciones de sucesión, no sólo en la sintaxis de las palabras, sino también en el arreglo de incidentes, sentimientos, pensamientos. Los saltos de la acción para adelante, para atrás, para los costados pueden producir en el lector la ilusión de una coexistencia espacial pero son saltos en el tiempo.

16. EL TIEMPO EN EL CUENTO

16.1. Introducción

El cuento, como cualquier otra creación humana, cobra sentido en el tiempo. Es tiempo concentrado. Sus palabras se suceden una tras otra: tiempo. Sus personajes sienten, piensan, quieren, se lanzan al porvenir, recuerdan el pasado: tiempo. La acción está entramada en la historia: tiempo. La acción está entramada en un proceso mental: tiempo. Se describe un paisaje como estado de ánimo: tiempo. Tiempo, tiempo, tiempo. Por donde lo analicemos, el cuento es tiempo. Lo que hemos visto en capítulos anteriores y lo que veremos en los capítulos siguientes —puntos de vista, tramas, materias, formas, secuencias narrativas, caracterización de personajes, técnicas del fluir psíquico, todo en fin— podría traerse aquí porque son expresiones del tiempo. El narrador está siempre ocupado con el tiempo; y a veces, preocupado, según se verá a continuación.

16.2. El Tiempo como asunto y como problema

El narrador está tan preocupado por el Tiempo que lo suele elegir como asunto para su cuento. Sin dejar de vivir su duración personal, reflexiona sobre qué es esta temporalidad que siente correr por su conciencia, se forma un concepto lógico al que denomina «Tiempo», imagina que el Tiempo así concebido tiene sustancia y después de hipostasiarlo lo convierte en agente de la acción de su cuento como si el Tiempo fuera un personaje más. Ya se sabe que siempre es peligroso para un artista intelectualizar sus experiencias, someterlas a nociones filosóficas. Digo: para un artista que quiere expresar el amor a una mujer concreta es peligroso ponerse a filosofar sobre el Amor. Del mismo modo, convertir el tiempo en hipóstasis y discurrir sobre él como si fuera un ente objetivo empobrece la experiencia concreta del tiempo personalmente vivido. Pero un artista, Proust pongamos por caso, después de evocar los cambios en el amor a Albertina o en los sucesivos amores a Gilberta, Albertina, Andrea *et alii* puede llegar a percibir concretamente la esencia misma de la idea de Amor. La suya es una percepción concreta de la abstracción Amor. Pues bien: un artista así dotado puede percibir la noción filosófica de Tiempo de un modo concreto y entonces la noción se revierte en experiencia. De la experiencia de la temporalidad salió el concepto lógico de Tiempo, pero ahora este concepto lógico, intuido como si fuera un objeto estético, vuelve a entrar en la experiencia del artista. Claro que hay autores de alegorías que primero discurren filosóficamente sobre qué es el Tiempo y luego disfrazan su discurso lógico con ropas literarias, pero ahora no me refiero a ellos, sino a un artista que, preocupado por el problema del Tiempo, cuando escribe un cuento sobre ese problema se pone en la actitud, no del estudioso, sino del poeta. En todo caso, en la de un poeta estudioso que goza un problema como goza a una mujer. Su visión del Tiempo es concreta, inmediata, única. Ve el problema que plantea el Tiempo como ve el problema que plantea una persona real o una situación vital. Su sentimiento del Tiempo es tan vivo como el sentimiento del amor, contempla su temporalidad como el enamorado contempla su enamoramiento, saca de su conciencia el Tiempo como puede sacar la imagen de la amada y objetiva su intuición, no es un discurso racional, sino en un poema. Su sensibilidad artística reacciona ante los conceptos filosóficos y éstos son reabsorbidos por las imágenes: en un proceso metafórico los conceptos se transmutan en figuras.

En *El gato de Cheshire* he recogido varios cuentecillos de ese tipo. Cuentecillos que proponen conjeturas sobre la índole del Tiempo; que contrastan diferentes tiempos; que fabulan viajes en el Tiempo, ya hacia el futuro, ya hacia el pasado; que analizan el sentimiento de que el tiempo se contrae (horas en minutos) o se dilata (minutos en horas); que acentúan la experiencia del tiempo con imágenes de fluidez; que continúan las impresiones en metáforas y las metáforas en alegorías... En algunos de esos cuentecillos el Tiempo es un personaje. Véanse dos ejemplos, ambos bajo el título común «Tiempo», que reproduzco por ser lo más breves no los mejores:

El Tiempo sintió remordimientos al ver lo que había hecho con ese pobre hombre: cargado de arrugas, blanco el pelo, sin dientes, encorvado, artrítico. Decidió ayudarlo de algún modo. Pasó la mano sobre todo lo que había en la casa: muebles, libros, cuadros, vajillas... Desde entonces el viejo pudo vivir (lo que le quedaba de vida) vendiendo a alto precio sus cosas, que ahora eran piezas de anticuario.

* * *

El Tiempo solía entrar en las casas (al entrar, cada reloj lo saludaba irónicamente haciendo sonar la hora) y en las conciencias de los hombres se bañaba. Cuando desaparecieron los hombres el Tiempo comprendió que, no habiendo ya conciencias, tendría que correr para siempre como un río sucio, con todos los recuerdos ajenos que le habían dejado. Entonces torció hacia el río Leteo para confluir con sus aguas y olvidarse de sí mismo.

El Tiempo se transforma así en asunto intelectual, lo cual (creo) no le quita valor estético. ¿No hay pasiones intelectuales tan ardientes como las del amor a una mujer o a un paisaje? Ya me referiré a «Don Juan y el Tiempo», donde narro una sobrenatural regresión al pasado. En otro cuento, «En el país de los efímeros», unos hombres no envejecen nunca, otros envejecen demasiado pronto. En «Vértigos» dos monjes viajan con distinta velocidad por diferentes dimensiones del Tiempo. En «La duración y las horas» el personaje pierde a dos mujeres por el impacto de su tiempo psicológico sobre la realidad (Ch). En «Sólo un instante, un instante solo» (L) he expresado la expansión creadora de un momento presente: el de la intuición de Ricardo,

Güiraldes que concibe su novela *Don Segundo Sombra*. El Tiempo es el asunto de la mayoría de mis cuentos: «Alejo Zaro se perdió en el Tiempo», «El grimorio» (G), «Qué voy a hacer yo con una guitarra», «Viento Norte» (L) y cincuenta más. Quizá sea *Evocación de sombras en la ciudad geométrica* mi mayor esfuerzo para narrar el Tiempo.

Abundan en la literatura cuentos que expresan la duración del narrador y presentan el tiempo como asunto central. En los últimos años ha surgido una escuela narrativa que experimenta para ver si es posible destemporalizarlo, espacializarlo, despojarlo de sus atributos de continuidad, transitividad, irreversibilidad, sucesión, dirección, duración. (Véase Joseph A. Kestner, *The spatiality of the Novel*, 1978.)

Un narrador de esta escuela juega sofísticamente con el problema del Tiempo. Saca de la vida a este tiempo problematizado y lo obliga a contorsiones fantásticas. O se imagina que él mismo, el narrador, se ha proyectado fuera del Tiempo. Sea lo que fuere, estos cuentos mezclan el Tiempo vivido por los hombres con el Tiempo tal como lo concibe la ciencia o la metafísica. Nos hablan de la Eternidad, del Eterno Retorno, de Tiempos cíclicos, de Tiempos múltiples, de Tiempos macrocósmicos y microcósmicos, simétricos y asimétricos. Son cuentos de parapsicología, de magia o de ciencia-ficción. Es posible, por ejemplo, imaginar que un personaje que viaje más rápido que la luz llegue a un punto antes de haber partido y que al llegar decida no partir; es posible recibir un mensaje que nadie ha enviado todavía; es posible no envejecer; es posible ser Dios. Las metáforas que rinden la temporalidad de la existencia humana —siempre prospectiva, programática, trascendente, teleológica— se invierten y sugieren, no sucesiones, sino coexistencias. El Tiempo aparece cristalizado. Los acontecimientos se repiten o dan marcha atrás como en una película cómica pasada al revés. El curso de la acción queda geometrizado en líneas paralelas o entrecruzadas. La composición del cuento refuta el tiempo con ecos, estribillos, símbolos, ambigüedades. El desenlace coincide con el principio y de esta manera el cuento dibuja un círculo. Los personajes, en vez de hombres salidos de la vida, son prototipos —Prometeo, Odiseo, Teseo y cien más— que simbolizan rasgos abstractos y fijos, no existencias concretas y libres para cambiar. Algunos narradores, armados con un microscopio intelectualizante, observan la complexión granular del tiempo —entre grano y grano, intervalos, vacíos— y luego lo pintan con técnicas de pintura puntillista.

En el extremo de esta escuela de negadores del tiempo psicológico están los negadores del «yo». Diríase que combinan el empirismo de Hume —el «yo» es una mera yuxtaposición de instantes— con la disolución del «yo» en irracionales sectas budistas. Se consideran, no ya un Dios, como los que vimos antes, sino un trozo indiferenciado de materia, una piedra o un musgo. No pueden mutilarse la conciencia pero escriben como si su conciencia fuera intemporal. Renuncian a su autoridad y entregan composiciones sin movimiento, sin tramas, sin personajes, sin propósitos, sin sintaxis. Es un arte antiteológico, aleatorio, inmovilizado a golpes del azar. No faltan cuentos fabricados por máquinas computadoras.

Paradójicamente, cuanto más se hace para no describir la continuidad del tiempo, mejor se prueba su fluidez. Si el narrador elige un presente tiene que inflarlo como a un globo. Si aprieta el cuento entre varillas simultáneas éstas se le abren y se despliega un dinámico abanico. Hasta en un cuento «sin acción» se ve correr la inacción pues, aunque «no pasa nada», pasan las palabras con garbo de personajes. Ningún cuentista puede destruir el tiempo con que construyó su cuento. Los experimentos para espacializar el tiempo fallan porque el lenguaje con que se finge la simultaneidad es sucesivo. Además, aunque el narrador pretenda endurecer el fluir de su conciencia en una forma geométrica, el lector recuerda en qué instantes de la lectura aparecieron los puntos de esa forma geométrica y así el cuento vuelve a fluidificarse en el tiempo. El narrador toma el tiempo como asunto y lo problematiza pero haga lo que hiciere no puede eludir dos rasgos esenciales: *a*) la prosa corre linealmente, de la primera palabra a la última; y *b*) la acción del cuento está en un pasado puesto que la lectura es posterior a la escritura. Daré sendos ejemplos tomados de mi propia obra.

a)   En «Don Juan y el Tiempo» (C) el cincuentón y seductor Don Juan, para poseer a una mujer, empieza a rejuvenecerse, regresa a la adolescencia, a la niñez, ya es un crío, un feto y acaba en un óvulo. Es un viaje imaginado como reversible en un tiempo que sabemos irreversible. Puesto que Don Juan anda a redrotiempo, su dirección está invertida: su futuro no es la vejez sino la mocedad. Pero la lengua, moldeada por nuestros hábitos intelectuales, se resiste a esa inversión. Don Juan salta hacia atrás y cae en un segmento del pasado. Apenas cae ahí, las frases del narrador siguen hablándonos de las acciones de Don Juan en una dirección prospectiva. El asunto del cuento es la reversibilidad; sin embargo, la realidad contada no es continuamente reversible sino que en cada etapa del rejuvenecimiento de Don Juan el discurso narrativo vuelve a reemprender la marcha hacia adelante. (Lo mismo podría decirse de «Regresión», de Victoria Pueyrredón.)

b)   En «El cuento es éste» (B) el alma en pena de una suicida, con los tiempos verbales del indicativo presente, trata de influir para que lo que su marido está escribiendo en ese mismo momento se transforme en un cuento. Las últimas palabras son: «sigue, sigue... Te va saliendo bien... Un cuento...». La acción está entretejida, pues, no con un pasado, sino con un presente abierto al futuro. El cuento del marido no parece terminado pero sí lo está pues es, precisamente, el cuento que acabamos de leer. El narrador parece estar escribiendo sin tener todavía una idea clara de cómo va a terminar —es como si marchara hacia el futuro, palabra tras palabra— pero lo cierto es que su cuento inexistente adquiere existencia por el simple detalle de que lo estamos leyendo: el acto de leerlo le da cuerpo y lo remite al pasado.

16.3.   El Tiempo fuera del cuento

Intuimos la realidad —interna y externa— como un proceso. Quien escribe un cuento aísla en su conciencia una particular visión de esa realidad y le da forma lingüística. La subjetividad se objetiva en un cuento que, después, estimula la subjetividad del lector. El cuento es, pues, una isla de tiempo rodeada por la temporalidad del escritor y del lector. Lo importante para el crítico literario es el tiempo objetivado, cristalizado, encapsulado en el cuento, pero antes de explorar esa isla diré unas palabras no importantes sobre el sentido del tiempo en el escritor y en el lector. El tiempo que el escritor y el lector miden con sus relojes, habiendo quedado fuera del cuento, sin expresarse, carece de valor artístico.

16.3.1. DURACIÓN DEL ACTO DE ESCRIBIR

¿Cuánto tiempo lleva la gestación de un cuento? El hecho de que Dalmiro A. Sáenz haya dicho en *El oficio de escribir cuentos* que tardó treinta días en terminar «Cabo Manila» no nos ayuda a juzgar si su cuento vale o no. Otra cosa fuera si ese dato apareciese dentro del cuento, con la intención de dar significado artístico a la diferencia entre el tiempo insumido por las acciones «reales» y el tiempo que se puso en narrarlo. Compárese aquel dato suelto de Sáenz —«tardé treinta días en terminarlo»— con esta revelación del narrador de «Misión cumplida», de Alberto Girri: «Son las diez de la noche, hace más de una hora que estoy escribiendo.» También en «El dueño», de Juan Carlos Ghiano, el tiempo del acto de escribir se hace literatura porque el narrador se refiere a él dentro de su narración: «He escrito hasta que el cansancio me ha ido endureciendo los dedos. No puedo seguir... Con esfuerzo continúo escribiendo.»

16.3.2. DURACIÓN DEL ACTO DE LEER

La duración del acto de leer adquiere significación literaria sólo en el caso de que el tiempo de la lectura coincida exactamente con el tiempo de la acción narrada. Por ejemplo, el narrador dice «son las once menos diez», después dice «son las once menos cinco» y, en efecto, al lector le lleva exactamente cinco minutos leer entre una y otra frase. Es evidente que ahí la coincidencia entre los dos tiempos es intencional y, por tanto, artística. En «Los ojos del dragón» (B) doy esas horas pero entonces no se me ocurrió jugar con el tiempo ficticio de la narración y el tiempo real de la lectura. El lector no presta atención al tiempo que pone en leer, sino que espontáneamente se ajusta al tiempo ficticio del cuento. Que al leer sienta que la hora vuela si está interesado o, al revés, se arrastra si está aburrido, es asunto para la Psicología de la Atención, no para la crítica. Para la crítica, el asunto es el Tiempo dentro del cuento.

16.4. El Tiempo dentro del cuento

Dentro del cuento, el Tiempo es siempre ficticio. Tiempo real es el que el hombre vive en el mundo de todos los días. Por mucho que el cuento refleje la vida no puede menos de reflejarla como pura virtualidad. El hombre que lucha efectivamente en un lugar real se transforma en el cuento en un personaje que parece luchar pero no lucha en un lugar que parece real pero no lo es. En el cuento, lo real deviene irreal. El cuentista, para largárselas de realista, fecha los acontecimientos que cuenta, pero esas fechas estampadas en el texto narrativo no significan lo mismo que las fechas estampadas en los calendarios. En 1969 escribí «La piedra» (E), cuyo acontecimiento está fechado en 1912. Acción creíble, por ser pretérita. En 1977 escribí «Cassette», cuyo acontecimiento está fechado en 2132. Acción increíble, por ser futura. Pero la verdad es que lo que «ocurrió» en el año 1912 es tan ficticio como lo que «ocurrirá» en el año 2132. Las fechas, en un cuento, valen únicamente dentro del cuento. Significan algo para los personajes verbales, no para personas carnales. Igual que las personas, los personajes se refieren a un tiempo físico (atardeceres, primaveras, semanas) y a un tiempo psicológico («¡la hora de esta conferencia latosa no acaba nunca!») pero ambas experiencias temporales existen solamente en el lenguaje unilineal del narrador. El Tiempo es un factor condicionante en la técnica narrativa. Su fuerza plasmadora opera en todas las fases de la creación artística.

16.5. Procedimientos para captar el Tiempo

El narrador, para captar su propia temporalidad y la de sus personajes, recurre a procedimientos complejos. A veces esos procedimientos son extraliterarios o, mejor dicho, literaturizan lo que no es literario. Lo normal, sin embargo, es que sean intraliterarios. En este orden, de extra a intra, los examinaré.

16.6. Procedimientos extraliterarios

El narrador suele pedir prestados ciertos procedimientos a artes no literarias. Ya vimos (15.3.) que estas artes, las llamadas del «espacio» no menos que las llamadas del «tiempo», son formas creadas por la mente del artista; es decir, formas que expresan la cualidad temporal de la existencia humana. Al inspirarse en esas artes no literarias, en cualquiera de ellas, aun en la arquitectura, el narrador no hace más que acentuar el tiempo en una especie de sinestesia. Una imagen sinestésica —sea la de Leopoldo Lugones en su cuento «La metamúsica»: «los colores de la música»— mezcla estímulos que llegan por diferentes órganos sensoriales. Tal correspondencia de sensaciones revela la unidad continua y armónica de la vida interna, o sea, su duración. Pues bien, de igual manera el narrador acentúa el tiempo con una especie de sinestesia en gran escala cuando mezcla en su cuento estímulos que le llegan por diferentes órganos artísticos. Claro que siempre, en la colaboración entre las artes, la forma esencial de una domina sobre las otras. Bernini esculpe en «Apolo y Dafne» la metamorfosis poetizada por Ovidio, pero la visualidad de la escultura domina sobre la idea del mito. Schubert musica el poema «Erlköng» pero su melodía domina las palabras de Goethe. Y, al revés, cuando un narrador asimila la música, la pintura o el cine, lo que domina es la forma lingüística de una serie de acontecimientos pretéritos. La literatura literaturiza todo lo que entra en ella.

No siempre es fácil saber si el narrador, con toda conciencia, está viviendo de prestado o si sus recursos coinciden por casualidad con los de artes no literarias. El préstamo sí es evidente cuando usa términos de la crítica plástica («escorzo»), dramática («mutis»), cinematográfica («cámara lenta») o musical («arpegio»).

16.6.1. PRÉSTAMOS DE LAS ARTES PLÁSTICAS

La frase de Cervantes, «pintor o escritor, todo es uno», fue eco de la de Horacio: *Ut pictura poesis.* No sería menos antojadizo decir que, en su medio de comunicación lingüística, el escritor, además de pintor, es escultor, arquitecto, decorador. Sería, además de antojadizo, falso, pues lo único común entre la poesía y las artes plásticas está en la creación de formas que expresan sentimientos, no espontáneos sino objetivados; creación de formas en las que los sentimientos se aparecen como en un espejo, virtuales, no reales, con una vida independiente, ilusoria y por eso bella. Mas lo cierto es que los cuentistas suelen contar con la colaboración de las artes. A veces miran una pintura, una estatua, un palacio y de ahí sacan un cuento. Marco Denevi miró el grabado de Durero, *El Caballero, la Muerte y el Diablo*, y escribió «Variación del perro», notable por el contraste entre las estáticas figuras alegóricas de Durero y las dinámicas imágenes y reflexiones que corren libres en un monólogo delirante y, sin embargo, también alegórico, pues Denevi está denunciando la estupidez de las guerras. A veces un cuadro entra en la acción de un cuento: en «Al rompecabezas le falta una pieza» (B) *Las Meninas* de Velázquez da la solución al problema detectivesco de un asesinato. En las «transposiciones de arte», frecuentísimas desde el parnasianismo del siglo XIX, los personajes de cuentos se ennoblecen al ser comparados con bellezas de museo. Las artes plásticas han inspirado tópicos literarios tan fértiles como el del «retrato viviente», con figuras que bajan de los marcos o de personas que suben a ellos.

La composición de un cuento puede tener la forma de cuadros dentro de cuadros; o de retablos y vitrales de iglesia con una historia repartida en serie de cuadros (13.5.) Otros artificios: el narrador no sólo ilustra su manuscrito con dibujos sino también arregla las letras de manera que ilustren la figura del objeto de que está hablando. El espacio en blanco de la página adquiere función de «significante», como lo son las palabras mismas. La costumbre de componer textos visuales es antiquísima. Poetas de la época alejandrina compusieron poemas con forma de siringas, huevos, hachas, alas, altares. Nunca se ha dejado de hacerlo en el arte narrativo: Rabelais y la botella en *Pantagruel*, Lewis Carroll y la cola del ratón en *Alicia en el País de las Maravillas*, la espacialización del poema en Mallarmé, los caligramas de Apollinaire y mil ingeniosidades más. Algunas veces el efecto visual se consigue con anagramas, palíndromos y acrósticos.

Las artes gráficas hacen visible la plasticidad de una trama. En 17.12. se verá cómo los signos de puntuación, los tipos de imprenta y la administración de espacios en blanco son útiles en la simulación del fluir psíquico de los personajes. Pues bien: también con recursos tipográficos se presenta al ojo la urdimbre de un cuento. Letras de diferentes estilos y tamaños pueden indicar, a guisa de símbolos pictóricos, los varios planos por donde corre la acción. Un tipo para el comentario, otro para el diálogo, otro para la descripción, otro para el protagonista, otro para el deuteroagonista, otro para estados de ánimo, otro para un ritmo poemático, otro para la aventura... La narración no se interrumpiría, de manera que el espacio impreso tendría una función temporal. ¿Disparate? No en comparación con las disparatadas «narraciones» que no narran y se reducen a letras, signos, caligramas y dibujos. En cuanto a las metáforas plásticas y las terminologías de la crítica plástica que el narrador desliza en sus cuentos, el ponerme aquí a recogerlas sería tarea de nunca acabar (Apostillas).

16.6.2. Préstamos del teatro

He publicado un cuento, «El pacto», y su versión dramática, «Un santo en las Indias». Quien lea esa obra narrativa y vea esa obra teatral, tan similares en su contenido, notará la gran diferencia entre ambos géneros de actividad artística. En «El pacto» un narrador nos dice qué le ocurrió, en un pasado muy lejano, a un fraile que para ser santo pactó con el Diablo. En «Un santo en las Indias» el fraile, el Diablo y otros personajes —representados por actores en un escenario, ante un público— dialogan como si desde esa situación presente se estuvieran jugando su futuro. Lo normal en el teatro es que el dramaturgo no aparezca en escena: el espectador ve solamente a personajes que, como si fueran personas reales, están comunicándose entre sí, con gestos y palabras, en una acción que parece desenvolverse desde el presente hacia el futuro. En cambio al narrador le cuesta un gran esfuerzo tanto el desaparecer de su cuento como el crearle al lector la ilusión de que los personajes actúan en el presente: lo normal es que nos cuente sin disimulos una acción pretérita. El dramaturgo da la palabra a los personajes. El narrador da su versión personal de las acciones de sus personajes. La conciencia del narrador permanece vigilante y artísticamente activa por más que trate de impersonalizarse. Un modo de impersonalizarse es reproducir los diálogos que los personajes mantienen entre sí y hacerlo de tal manera que cada voz suene inconfundible (18.4.). De aquí que el narrador, en ciertas ocasiones, escriba cuentos con forma teatral y aun representables en cualquier escenario. De esto he hablado ya (13.4.6.). Ahora estoy hablando de cuentos que no son teatrales sino que se asimilan ventajas del teatro. En éstos el narrador no abdica del todo su propio poder, que es el de ponerse en contacto directo con el lector mediante una serie de palabras que evocan una acción pretérita. Lo que hace, para beneficiarse de la ilusión de inmediatez y de destinos abiertos al porvenir que da el teatro, es construir su cuento con escenas dialogadas, aludir a obras dramáticas, situar la acción en un escenario o entreverar sus personajes con actores.

16.6.3. PRÉSTAMOS DEL CINE

El arte cinematográfico y el arte narrativo difieren en el medio usado. El lenguaje narrativo opera con palabras: «retrata lo que no se ve», decía Proust. El del cine, con fotografías: «no nos muestra el pensamiento silencioso sino sólo lo que se ve», decía Malraux. Como las palabras son símbolos con múltiples posibilidades de significación la respuesta del lector es rica en interpretaciones imaginativas. El espectador de cine, en cambio, reacciona a lo que ve, que son fotografías proyectadas con tal velocidad que producen la ilusión del movimiento. Pero tanto una película como un cuento narran. La película, con un montaje de tiras de celuloide. El cuento, con una sintaxis verbal. El montaje de la película equivale a la sintaxis del cuento. El director de cine, en su mente, selecciona y arregla el orden de las fotografías con la misma libertad gramatical del narrador. En ambos casos, los ojos del espectador y del lector siguen una serie de sucesos. A veces el narrador confiesa que está escribiendo bajo la influencia del cine, como en este monólogo interior indirecto de mi *Vigilia:*

> Beltrán buscó con la frente el fresco del cristal. ¿Qué estaría haciendo Beatriz, en ese mismo momento? ¿Estaría, como él, asomada a la ventana? ¿Y en qué pensaría? ¿Pensaría en él, como él estaba pensando en ella? Las dos caras, pegadas al cristal. Una, a este lado de la calle 7; la otra, al otro lado de la calle 7. Pero una cámara subiría, bajaría, se alejaría, se acercaría. Después vendría el montaje. Habría cortes, y superposiciones, y movimientos ya acelerados, ya retardados, y cambios de distancia focal, y se combinarían tomas de la ciudad con tomas de las dos caras, y finalmente

las dos caras, en un primer plano, y en toda la extensión de la pantalla, se fundirían en una sola imagen que se desvanecería poco a poco en una noche vacía, y... «Fin». Así era el cine. ¡Qué gran director de cine se estaba perdiendo el mundo, por no llamarlo!

No siempre los préstamos están declarados con tanta puntualidad pero bastan unas pocas alusiones para que sepamos que el narrador ha pensado en el cine. A veces el narrador, más que pensar en el cine, lo usa para construir su cuento. Carlos Arcidiacono, en «Él no era el primer actor», absorbe y refunde en su cuento dos órdenes de realidad: las escenas sucesivas de una película y las impresiones del espectador, que es nada menos que uno de los actores de la misma película. El cuento, como si fuera una móvil cámara cinematográfica, nos muestra ya el mundo ilusorio de la pantalla, ya la real sala del cine, ya las reacciones del hombre que tan pronto es actor como espectador. Como era de esperar, en escritores aficionados al cine encontramos cuentos inspirados en el cine: tal es el caso de Horacio Quiroga, sólo que él no conoció el mundo del cine por dentro. Beatriz Guido, en cambio, tiene una experiencia mucho más completa: algunos de sus cuentos influyeron sobre el cine en el sentido de que fueron filmados (v. gr. «La mano en la trampa») y otros recibieron la influencia del cine y contaron como si con las palabras estuvieran filmando (v. gr. «Cine mudo»).

El cine ha influido sobre la educación visual de los narradores de nuestro siglo; educación que suele traslucirse en el lenguaje, la composición y el estilo de sus cuentos. Hemos aprendido del montaje cinematográfico, modos de ver, de cortar las escenas, de ligarlas, de superponerlas. Así, con el cine a la vista como modelo, el narrador refuerza y extrema sus propios procedimientos narrativos: el ritmo, el don de la ubicuidad, la simultaneidad de imágenes, la agilidad para analizar un detalle desde muy cerca (13.4.5.). Palabras usuales en la crítica cinemática se usan también en crítica literaria: cortes, primeros planos, fundidos, imágenes múltiples, panoramas, campo de vista, campo límite, perspectiva del personaje, toma de vista, iluminación, cuadro, cono o ángulo intencional, centro de visión, coordenadas de posición del objetivo registrador, cambio del color al blanquinegro y viceversa, cámara lenta, *flash-back*, etc.

16.6.4. PRÉSTAMOS DE LA MÚSICA

La música sobrepasa al arte narrativo —y a todas las demás artes— en la expresión del tiempo vivido por una persona. Su medida progresión de sones y silencios nos da la ilusión de que estamos oyendo los pasos del tiempo subjetivo, el fluir mismo de la vida. La forma de la música es análoga a la forma de un sentimiento creciente. Es natural, pues, que los narradores que se esfuerzan en expresar su duración personal envidien a la música y la tomen como modelo. Simbolizan con palabras la forma de su propia sensibilidad temporal pero los recursos lingüísticos no les bastan y entonces, para reforzar la forma del tiempo vivido, aprovechan la forma musical, sea imitándola o aludiendo a ella. Con el orgullo con que se exhiben los buenos parentescos, muchos narradores estampan en sus construcciones lingüísticas ejecutorias nobiliarias de construcciones sonoras. Abundan, pues, las narraciones organizadas con formas musicales. Mi *Vigilia* —cuyo protagonista es un adolescente que toca el piano y se expresa con términos musicales— está dividida en cuatro «nocturnos»; mi *Fuga*, en un «Primer movimiento: Andante», un «Segundo movimiento: Fugato» y un «Tercer movimiento: Andante sostenuto» (Apostillas). En «Dodecafonía» (C) el diálogo de la Hidra y un héroe que la visita tiene un sobreentendido musical. La Hidra se lamenta de que ya no haya héroes que vengan a decapitarla, descorazonados porque apenas caía una cabeza salía otra:

> —Yo esperaba, más o menos tensa, el mandoble, que a veces se demoraba o se precipitaba; y en seguida sentía que la nueva cabeza que me brotaba era como un súbito cambio en mi vida, o que esa cabeza continuaba la expresión de la anterior, o que la repetía exactamente. Gracias a esta expectativa mía, en que el retoño de cada cabeza era inevitable y, sin embargo, sorprendente, yo me gozaba a mí misma como si oyera música. Tiempo. Puro tiempo. Ahora me aburro; y estas doce cabezas que ves ya no suenan como notas de una melodía sino como bostezos en el vacío.
> —Has hablado —dijo el visitante— de tu expectativa de cambio, de continuidad y de repetición. Verás que te faltaba aprender lo mejor de tu melodía, que es la conclusión. ¿Quieres jugar una vez más?
> Y, poniéndose de pie, Heracles blandió su espada.

No hice mención de la música en otros cuentos míos pero puedo asegurar que al escribir «La bala cansada» (G), «Un navajazo en Madrid» (E) y «Museo de cicatrices» (L) pensé en el contrapunto musical, y por eso les di una composición tipográfica que contrapone, en diferentes tipos de imprenta, dos o tres temas (13.5.). Préstamos tomados de la música son los títulos o subtítulos que el narrador da a sus composiciones: «fuga», «sonata», «sinfonía»; a las divisiones en partes como «presto», «adagio», «preludio», «overtura», «finale». A veces los préstamos no están declarados tan explícitamente pero son reconocibles. El más fácil y fértil es la transposición literaria del leitmotiv, gracias a la influencia de Wagner (12.7.). Es una recurrencia de motivos. En el monólogo interior directo el leitmotiv suele estar constituido por palabras repetidas, breves agrupamientos verbales que fuera de su contexto no tienen significación pero que al reaparecer una y otra vez activan la memoria del lector y le indican cierta dirección en lo que de otro modo sería una pura fluidez sin lógica y sin gramática (17.10.2.).

16.7. Procedimientos intraliterarios

Habiendo dedicado tantas páginas a los procedimientos no literarios en la captación del tiempo se esperará que yo redoble mi atención al estudiar los procedimientos estrictamente literarios. No obstante, pese a su asunto, esta sección será la más mezquina y negligente. ¿Por qué? Porque estos procedimientos son estilísticos, y el estudio del estilo exige análisis textuales que no caben en un libro teórico como éste. Estilo es el modo personalísimo con que un narrador expresa sus intuiciones estéticas en cada uno de sus textos. El presente libro es una vivisección del género Cuento, no un análisis de cuentos individuales. Me ocupo de generalidades, y la Estilística es un método que consiste en analizar particularidades: una imagen, un sintagma, un ritmo, una figura, una personal correlación entre formas lingüísticas y formas mentales. Además, las observaciones generales sobre rasgos estilísticos, en la medida en que son posibles, ya están repartidas por otros capítulos. Me limitaré, pues, a indicar unos pocos puntos remitiéndolos a los capítulos donde los trato con más extensión.

Ante todo, recuérdese lo que dije sobre el principio de selectividad (9.2.). El narrador, para dar expresión artística al tiempo, selecciona de su experiencia (incluyendo la experiencia de la lengua) lo que más le conviene. Ya esta selección es un acto intensamente temporal. Su conciencia es un campo recorrido por recuerdos del pasado, impresiones del presente, presentimientos del futuro —todo esto en una libre y desordenada unidad dinámica—, y de las muchas opciones que allí encuentra elige unas pocas. La selección de lo que ha de entrar en su cuento es, pues, una actividad de su conciencia, programática, proyectada hacia fines. Que nada falte ni sobre, que todo cumpla un propósito y se desarrolle de acuerdo con un plan.

Sería falso dividir el proceso unitario de la creación de un cuento en «materia» y «forma» (12.2.), y aun más falso el tratar por separado el medium lingüístico en el que aquéllas se fusionan. No obstante, como por algún aspecto hay que empezar si quiero exponer la representación del tiempo en un cuento, seguiré el orden que va de lo que parece más externo, el tema, a lo que parece más interno, el estilo, pasando por lo que parece intermedio, la estructura.

16.7.1. TEMAS TEMPORALES

El cuento ofrece una materia de la que abstraemos un tema (12.7.). Por tenue que sea, ese tema está vinculado con el mundo en que vivimos y que conocemos a través de nuestros sentidos. Es el tema de seres humanos que actúan, sienten y piensan en el transcurso del tiempo. Todos los temas tienen algo que ver con el tiempo pero en algunos el énfasis temporal es más fuerte. Pensemos en un cuento cualquiera. Un personaje llega a un lugar a tal hora, recuerda, espera. Todo eso entraña una duración. Si el cuento es psicológico su tema será la caracterización de ese personaje, con finos análisis de sus procesos mentales más profundos (17). Si el cuento es de tema histórico el tiempo personal de ese personaje y el tiempo colectivo de la comunidad convergerán en una heroica historia o en una anónima intrahistoria. Y así el tema sacado de la acción de ese personaje variará según el cuento nos presente ciclos generacionales, vidas familiares, una edad, un instante, pero siempre será un tema bordado en el tiempo.

16.7.2. ESTRUCTURAS TEMPORALES

El más amorfo de los cuentos está moldeado por estructuras temporales. Son tantas que sería inútil intentar describirlas todas. Sólo apuntaré unas pocas.

El cuento está estructurado por el punto de vista del narrador, o sea, por una conciencia que, desde fuera o desde dentro de la acción, madura en el tiempo. La temporalidad de este narrador controla la temporalidad del lector: entre ambas temporalidades cada partícula lingüística se carga de dinamismo y el cuento, como ente animado, también vive en el tiempo. El carácter subjetivo del tiempo se manifiesta apenas el narrador (o uno de sus personajes) abre la boca: la descripción de cortos e intensos minutos se alarga y en cambio la descripción de largas y aburridas horas se acorta. Cualquiera que sea su materia —fluida o rígida— el cuento se desenvuelve en una sucesión de instantes. En un extremo tenemos el cuento del fluir psíquico: emociones, imágenes e ideas se asocian caóticamente, como en un delirio. Obsérvese que aun en ese cuento hay un cauce que ordena la corriente de emociones, imágenes e ideas: ese cauce es la forma del tiempo vivido por el narrador o por uno de sus personajes. En el otro extremo tenemos el cuento construido con rigidez, con rigor. Este cuento es tan claro, tan discursivo, tan congruente que no parece reflejar la irracionalidad de la vida. Obsérvese mejor. El narrador que lo quiere gobernar con principios lógicos no puede menos de imponer convenciones que proceden de la vida y traen su irracional marca: el tiempo de la historia, de la lengua, de la conciencia. El narrador planea su trama. Ese plan es un cañamazo de tiempo. Mirémoslo. Todos sus puntos son temporales. A saber. El ajuste de los acontecimientos a la cronología de los relojes o a las solicitaciones de la duración psicológica. La distribución de focos que iluminan los pasajes decisivos y muestran así la dirección cronológica del argumento. La edificación del momento culminante y, más arriba todavía, la sorpresiva torre final desde la cual se empuja al lector y se lo hace caer con un paracaídas de juguete. Las pistas, claras o borrosas, que mantienen despierta la atención de quien las va siguiendo, anhelante de saber cómo ha de terminar todo. Los conflictos —entre hombre y hombre, entre hombre y sociedad, entre hombre y naturaleza— que a través de un proceso de tensiones y distensiones van unificando la compleja realidad contada hasta aguzarla en un punto de extrema simplicidad. Otro aspecto de la estructura temporal de la trama es la secuencia narrativa. El modo de abrir y cerrar la retahíla de sucesos. El clímax al principio y después una retrospección que llega hasta la crisis o una exposición que termina en clímax. La distancia entre el tiempo en que vive el narrador y el tiempo de la acción que narra, y si la acción tiende hacia el pasado (cuentos históricos) o hacia el futuro (cuentos ucrónicos). La dirección del relato desde el pasado hacia adelante (cuentos en tercera persona) o desde el presente hacia atrás (cuentos en primera persona). La ilusión de que la acción está ocurriendo o de que ya ha ocurrido. Pero basta ya.

16.7.3. ESTILOS TEMPORALES

Percibimos inmediatamente un cuadro, una sonata. Sus colores y sonidos no significan nada lógico. No se refieren a ninguna realidad exterior. Las palabras, en cambio significan algo dentro de un sistema convencional de símbolos usado por una nación. Un cuadro en un museo florentino, una sonata en un auditorio vienés no nos hacen sentir extranjeros, a pesar de que somos argentinos. Por el contrario, un cuento que esté escrito en italiano o en alemán, si ignoramos estas lenguas, no existe para nosotros. El cuento es una habitación lingüística: sólo los lectores que entendemos sus palabras podemos habitarlo. Y al entrar en esa vivienda vivimos el tiempo de nuestra comunidad, el tiempo del narrador, el tiempo de la acción, nuestro propio tiempo.

Comprender un cuento es comprender el sistema total del idioma del narrador, esto es, el *estilo* estéticamente valioso con que el narrador usa su *habla*; habla que, a su vez, es el uso personal de la *lengua* en que escribe. Lengua, habla, estilo que hay que analizar en el vocabulario, sintaxis y fonología de la prosa de cada cuento. El mensaje del cuento es su estilo mismo. El *medium* lingüístico no es un medio sino un fin. Con su prosa —lograda con una hábil selección de palabras—, el narrador rinde su visión personal de la realidad. El lenguaje tiene un orden sintáctico: está constituido por unidades consecutivas que se mueven hacia delante, en una dirección única. Es una forma de expresión sometida a las tres características del Tiempo: trascendencia, secuencia e irreversibilidad. El narrador y el lector se ponen de acuerdo para jugar un juego de fingimientos: la literatura sólo nos da versiones verbales de la realidad pero fingimos creer en la realidad de esas irreales versiones. Gracias a tales convenios el narrador, trabajando con un lenguaje sucesivo, podrá dar la impresión de movimientos simultáneos, retrospectivos y prospectivos. El «qué se cuenta» y el «cómo se cuenta» están coloreados por el tiempo personal vivido por el narrador.

16.8. Estilo y lengua

Repito. Lengua es un sistema social de símbolos. Habla es el uso individual de esa lengua. Estilo es el modo estéticamente valioso con que el narrador se expresa. Las diferencias entre lengua y estilo pueden estudiarse en todos los aspectos de un cuento pero voy a detenerme —puesto que en este capítulo nos ocupamos del Tiempo— solamente en uno de ellos: el uso de los tiempos verbales.

16.8.1. GRAMÁTICA DE LOS TIEMPOS VERBALES

Quien escribe una gramática parte de ciertas ideas filosóficas. Por lo pronto, de ciertas ideas sobre el lenguaje. Una historia de la Gramática refleja la historia de la Filosofía. En 15.2. me referí, muy sucintamente, a soluciones al problema del Tiempo. Ahora voy a referirme al tratamiento gramatical de los tiempos verbales influido por el racionalismo y el idealismo. Sigo a mi maestro Amado Alonso, «Introducción a los estudios gramaticales de Andrés Bello», prólogo a la *Gramática,* tomo IV de *Obras completas* de Bello, (Caracas 1951). Aprovecho sus observaciones —a veces con sus mismas palabras, a veces parafraseándolas— pero debo advertir que mi plan es distinto. Alonso exponía el pensamiento de Bello; yo, en cambio, expongo nuestro sistema de tiempos verbales para que sirva de marco de referencia al uso que de él hacen los narradores. Como Alonso, conservo la terminología de Bello, que es clarísima. Véase mi artículo «La filosofía del tiempo en Andrés Bello», *Nuevos estudios sobre letras hispanas,* Buenos Aires, 1986.

La filosofía racionalista tomaba vistas instantáneas sobre la duración vivida por una persona individual, de carne y hueso, y reducía el tiempo a una trayectoria de puntos: el pasado, el presente, el futuro. La gramática racionalista, por ende, concibió los tiempos verbales como fechas en relación con esa línea. A un tiempo con pasado, presente y futuro debían corresponder, lógicamente, formas lingüísticas que apuntaran a ese pasado, a ese presente y a ese futuro. El punto de referencia era el instante de la palabra. La filosofía implícita en tales gramáticas afirmaba:

a) la existencia objetiva del Tiempo como dirección lineal;
b) el punto-instante del ahora que divide el Tiempo en pasado y futuro;
c) la significación exclusivamente fechadora de los tiempos verbales.

O sea, que para los racionalistas los tiempos verbales fechan la acción del verbo en la línea infinita del tiempo en relación con tres puntos de referencia conjugados entre sí. Sólo expongo las formas del indicativo:

Primer punto de referencia es el instante mismo de hablar que llamamos Presente (vivo). Lo anterior es Pretérito (viví). Lo posterior es Futuro (viviré). Estos tiempos verbales son absolutos.

Segundo punto de referencia es uno de los tres tiempos arriba mencionados, respecto del cual el nuevo tiempo puede significar anterioridad, coexistencia o posterioridad: Antepretérito (hube vivido), Copretérito (vivía), Pospretérito (viviría), Antepresente (he vivido) y Antepospretérito (habría vivido).

Aunque los gramáticos racionalistas, llevados por su afán de simetría, solían ensartar en su sistema formas desusadas y aun inexistentes, no pudieron menos de reconocer las peculiaridades no siempre racionales de la lengua y entonces corrigieron sus gramáticas con tiempos verbales que no obedecen a la lógica. Solamente los gramáticos inspirados en el idealismo afirmaron sin vacilar que los tiempos verbales son convencionales, arbitrarios, ilógicos, impresionistas, metafóricos.

La filosofía idealista instaló el tiempo en la conciencia humana; en esa dirección también la gramática definió los tiempos verbales, no como funciones fechadoras en la línea de un tiempo objetivo, sino como expresiones de la manera que el hablante tiene de enfrentarse a las cosas. La misma concepción del verbo cambió. Los racionalistas habían identificado la lengua con la lógica. Sostenían que las partes de la oración se ajustaban a partes de la realidad. Así, el sustantivo correspondía a seres vivos y cosas; el adjetivo, a sus cualidades; el verbo, a sus acciones. Por el contrario, los idealistas observaron que los oficios de las palabras dependen de nuestra personal postura ante la vida en el momento de hablar y que el acto de hablar es manifestación de la temporalidad de nuestra existencia. El sustantivo representa la realidad como un «objeto» capaz de comportarse, de tener cualidades o de ser clasificado. Es, pues, un concepto con el que designamos un objeto como si fuera independiente. El adjetivo, en cambio, es un concepto dependiente: si digo *verde* ha de haber algo que sea verde. Y el verbo es una forma especial del lenguaje con la que pensamos la realidad como un comportamiento del sujeto de la oración. En la frase «el cadáver yacía sobre la hierba» el verbo «yacer» no apunta a una acción pero con él pensamos en que el cadáver está haciendo algo, pese a que, lógicamente, un hacer inactivo no tiene sentido. Los conceptos verbales son dependientes de un sustantivo puesto que lo que dice el verbo siempre lo dice de un sujeto y el núcleo del sujeto es un sustantivo. Todas las clases de palabras sirven para que el escritor exprese su experiencia del tiempo pero sin duda el verbo es la palabra que, por pensar la realidad como comportamiento del sujeto, tiene una fuerte referencia temporal. Si el verbo es un concepto mediante el cual pensamos la realidad como comportamiento del sujeto, tiene una fuerte referencia temporal. Si el verbo es un concepto mediante el cual pensamos la realidad es evidente que cuando decimos que es temporal no nos referimos al tiempo físico sino al tiempo psíquico de quien habla. El hablante asume una actitud ante la realidad; y el estudio de la temporalidad del verbo es en el fondo el estudio de la actitud del hablante.

El idealismo ya no concibe el Tiempo como una línea generada por un punto-instante que corre en una dirección uniforme, del pasado al porvenir, sino como duración percibida y vivida por una persona de carne y hueso. A esa duración la aprehendemos de una sola vez, en una estructura tan unitaria como las notas sucesivas de una melodía. El presente de nuestra conciencia puede dilatarse, abrazar todo el pasado —personal, histórico— y lanzarse hacia lo desconocido con energía creadora. Es un presente en expansión, para atrás, para adelante, que tan pronto recuerda como profetiza. Llamamos «campo temporal» a esa red de intenciones entrecruzadas. El campo temporal puede vincularse al tiempo de la acción: es decir, a un ahora (el momento en que se habla), a un antes (la época ya cumplida) y a un después (toda época que está por venir). Este tiempo de la acción, cuando se indica, se indica con fechas, cifras, frases adverbiales, contextos. Si está indicado, el tiempo del verbo, en castellano, tiene que corresponderle de acuerdo con la secuencia regulada por el idioma. Si, como sucede las más de las veces, el tiempo de la acción no está indicado, el campo temporal se forma por nuestro modo de asomarnos a un redondo horizonte de posibilidades. Los ojos de nuestra mente se acomodan al campo temporal con la misma volubilidad con que los ojos de la cara se acomodan al campo visual. Con esta diferencia: los ojos de la cara tienen más libertad de elección en sus enfoques que los ojos de la mente, ya habituados a ciertas posturas y movimientos por los músculos del idioma. Si hablamos en castellano, tenemos necesidad por ejemplo, de enfocar una acción pasada en una de las dos maneras impuestas por nuestro sistema de tiempos verbales: vemos la acción con sentido histórico, en una época que ya no nos agita, ajena a nuestra urgencia existencial o la miramos con pensamiento subjetivo como formando parte de la unidad de nuestra vida presente. Es la diferencia entre *viví* y *he vivido*, diferencia que podría encontrarse en toda la conjugación castellana. Tendríamos tiempos de la acción vista de frente, en su arrebato. Los tiempos verbales, aunque articulados con formas mentales, se han constituido en la historia de nuestra lengua y por ser históricos caen en desuso (*hube vivido*) o responden a cambiantes peculiaridades regionales (*he vivido* por *viví*, en Madrid; *viví* por *he vivido*, en Buenos Aires).

16.8.2. LOS TIEMPOS VERBALES Y EL CUENTO

En octubre de 1963, en la Universidad de Michigan, Harald Weinrich y yo solíamos reunirnos para conversar sobre la relación entre el Tiempo, tal como lo problematizan los filósofos, y los tiempos verbales, tal como los sistematizan los gramáticos. Weinrich no había publicado aún su libro: *Tempus. Besprochene und Erzählte Welt* (Stuggart 1964). Yo no conocía, pues, el vasto, rico y bien tejido tapiz de su pensamiento. Apenas entreveía lo que se transparentaba en nuestras conversaciones. Noté, sin embargo, que Weinrich coincidía con Amado Alonso en que los tiempos verbales no expresan el tiempo sino que indican la orientación lingüística del hablante ante el mundo, sólo que Alonso procedía de Croce y Vossler mientras Weinrich procedía de Heidegger y Sartre. Yo estaba de acuerdo con las ideas generales de Weinrich, ideas que resumí en un ensayo de 1965, demasiado prematuro porque, repito, aún no conocía su libro: «El Tiempo y los tiempos», recogido en *Los domingos del profesor*. Ahora resumo ese resumen:

Hay que diferenciar el tiempo físico, que medimos con calendarios y relojes, de la Temporalidad que caracteriza la existencia humana. Los tiempos verbales de las lenguas no tienen nada, absolutamente nada que ver con el tiempo físico. Cuando de veras queremos indicar el tiempo de una acción recurrimos a cifras y frases adverbiales. Comparados con estos procedimientos, los tiempos verbales resultan inadecuados. Obras enteras se componen con tiempos de significación alterada: baste señalar las novelas utópicas que vaticinan el futuro con tiempos pretéritos y las historias que evocan el pasado con tiempos presentes. En suma, que los tiempos verbales que llama-

mos pretérito, presente, futuro no concuerdan con acontecimientos que ocurrieron, ocurren u ocurrirán, sino con actitudes mentales del hablante. Pero los tiempos verbales,
si bien no se identifican con el tiempo, por lo menos indican dos géneros diferentes de
Temporalidad: una situación lingüística discursiva y una situación lingüística narrativa. Existencial es esa tensa situación comunicativa en la que todo lo mentado nos
toca de cerca y nos exige acciones y reacciones inmediatas. El comentario existencial
implica un comportamiento subjetivo ante un mundo abierto que nos compromete. Es
el mundo cotidiano donde agonizamos. Narrativa, por el contrario, es esa situación
comunicativa de descanso y distancia desde la que se relatan episodios que no afectan
prácticamente ni al hablante ni al oyente. La narración implica un comportamiento
objetivo ante un mundo cerrado donde no hay que jugarse la vida. Es un mundo fuera
de mi alcance: ya no puedo intervenir en él. La narración presenta vidas pero a esas
vidas les falta algo precisamente la posibilidad de que podamos influir sobre ellas.

(Antes de seguir aclaro que para Weinrich «mundo» significa «contenido de una
comunicación lingüística». Al mundo comentado pertenecen la lírica, el drama, la biografía, la crítica, el ensayo filosófico; al mundo narrado, el cuento y la novela, excepto
en las partes dialogadas. La historiografía es a la vez comentario y narración: un marco
comentador encuadra una narración. Y ahora sigo.)

Ahora bien, la lengua nos informa sobre esos tipos de conducta mediante dos
grupos de tiempos verbales.

1) El grupo referido al mundo discursivo, comentado (tratativo porque trata
de la realidad en que vivimos) con tiempos existenciales como vivo, he vivido, viviré,
habré vivido, voy a vivir, acabo de vivir, estoy viviendo;

2) y el grupo referido al mundo narrado, con tiempos no existenciales como
vivió, vivía, había vivido, hubo vivido, habría vivido, viviría, iba a vivir, acababa de
vivir, estaba viviendo. Los tiempos verbales surgen, pues, de nuestra voluntad de cur-
sar la corriente de la vida o de narrar desde la orilla: o nos zambullimos o miramos
nadar. Sólo que se nos mezclan constantemente. Cuando el historiador dice «San Martín cruza los Andes» (en vez de «cruzó») está narrando con el «presente histórico», o
sea, con un tiempo existencial en función narrativa. Cuando el vendedor y el comprador se dicen en una tienda: «¿Qué deseaba usted?», «Quería un sombrero» (en vez de
«desea» y «quiero») están tratándose con el «imperfecto de cortesía» (co-pretérito, en
la nomenclatura de Bello), o sea, con un tiempo narrativo en una situación donde se
comenta la existencia. Estos tiempos entresacados de sus situaciones normales, dice
Weinrich, son metáforas y tienen la propiedad fundamental de las metáforas, que es
la de ser dos cosas a la vez. Metáfora es el presente histórico en una narración: es
tiempo narrativo puesto que apunta a un acontecimiento tan remoto que ya no nos
concierne, pero también es tiempo existencial porque ese «cruza» carga la frase de
expectativa, arranca al lector de su sitio y lo planta en 1817 obligándolo a revivir la
hazaña de San Martín y a tomar partido a favor o en contra de la Independencia.
Metáfora es el pretérito imperfecto en una situación presente: es en parte tiempo existencial porque está en el contexto de una acción abierta pero en parte es tiempo narrativo porque, por cortesía, el ánimo del vendedor y del comprador se relaja y con ese
«deseaba» y «quería» ambos quitan al diálogo su inmediatez. La clasificación de los
tiempos verbales de Weinrich en dos grupos según que el hablante se encare con la
realidad en actitud comprometida (el mundo comentado) o gratuita (el mundo narrado) me satisfacía pero yo dudaba que pudiera explicar el uso de los tiempos verbales

en la escritura de un cuento. El narrador —le argüía yo—, si le da la gana, puede narrar con tiempos no narrativos o mezclados todos a su gusto y paladar. Y a fin de probárselo escribí, especialmente para Weinrich, un cuento: «Los cantares de antaño son los de hogaño» (C). Inventé a un personaje del siglo XX que salta al siglo XVII y describí esa mágica aventura desplegando el cuadro completo de todos los tiempos verbales del castellano. Weinrich lo leyó y me dijo que eso era un *tour de force* y que mi propósito de contrariar normas era una prueba de que las normas existían. Poco después publicó su libro. Lo he leído. Me alegra comprobar que también él cree en la libertad del escritor. El capítulo VIII de su libro versa sobre «los tiempos y el relieve en el cuento». Lo resumiré.

Weinrich distingue en un cuento acciones principales y acciones secundarias. Las principales están en un primer plano: son las acciones miradas. Las secundarias están en un plano de fondo: son las acciones comentadas. El narrador usa los tiempos verbales para poner en relieve esos dos planos. Puede contar arreglando sus fechas para atrás o para adelante. Estas direcciones hacia la anterioridad, hacia la posteridad no apuntan a nada real que dure (la vida, la conciencia). Son diferencias solamente en el acto de narrar, poniendo los acontecimientos hacia atrás o hacia adelante. Este ordenamiento se hace, no sólo en la organización de todo el cuento, sino también en el interior de cada oración. Si estudiamos el microcosmos de una oración encontramos proposiciones subordinadas y proposiciones principales. En las subordinadas hay, por ejemplo, imperfectos (vivía). Esto demuestra que la existencia de dos planos narrativos es verificable no sólo en la composición total del cuento sino también en la sintaxis. Ahora bien: tal división de tiempos según que se trate de proposiciones subordinadas o principales se da únicamente en el sistema narrativo, no en el discursivo. En el discursivo la distinción no es necesaria porque las cosas están presentes, podemos vivirlas, actuar con ellas, influir sobre ellas. En el sistema narrativo, en cambio, nada está presente: distinguir proposiciones subordinadas o principales es cosa literaria y nada más. En suma, que el primer plano de las acciones principales tiene oraciones con perfecto simple y el plano de fondo de las acciones secundarias tiene oraciones subordinadas, con imperfectos.

Weinrich analiza cuentos en francés, italiano, inglés y castellano. Sólo me ocuparé de sus ejemplos castellanos. Para apreciar el análisis de Weinrich recuérdese que las gramáticas corrientes dicen que el perfecto simple (viví) se refiere a hechos ya ocurridos en el pasado y que el imperfecto (vivía) se refiere a hechos que están ocurriendo en el pasado. El imperfecto sería una especie de «presente en el pasado»; a veces indica un hecho como coincidiendo con otro («cuando naciste yo vivía en Buenos Aires»). La gramática habla también de los modos de acción del verbo (aspectos): verbos *perfectivos* (cuya acción no es completa si no se termina: saltar, salir, nacer, morir) e *imperfectivos* (cuya acción se mantiene y no necesita terminar para ser completa: brillar, saber, oír, ver); verbos *incoativos* (son los que significan que la acción o estado comienza: amanecer, oscurecer); verbos *frecuentativos* (que expresan una acción frecuente o habitual: tutear, cortejar) y verbos *iterativos* (que expresan una acción que se compone de movimientos repetidos: golpear, tartamudear). Después de estas aclaraciones será más fácil seguir a Weinrich en su análisis de algunos cuentos castellanos. Va a analizar, por ejemplo, el final del cuento «La sangre de Aitor», de Unamuno:

Más tarde, en época de elecciones, hizo Lope de muñidor electoral. Cuando llegaban éstas el santo fuego le inflamaba, evocaba a Aitor, a Lacobide, a los héroes del Irnio y se despepitaba para sacar triunfante con apoyo del primero que llegara a ser candidato unido a un blanco, negro, rojo o azul, y aquí paz y después gloria.

Weinrich observa que el uso del imperfecto se debe a que Unamuno refrena la acción del cuento y la desplaza del primer plano al segundo. El imperfecto indica en este caso que la acción principal ha terminado: frena la historia. El imperfecto es también el tiempo de la conclusión —el protagonista muere— en el cuento de Unamuno «Redondo, el contertulio»:

> Su fortuna se la legó a la tertulia, repartiéndola entre los contertulios todos, con la obligación de celebrar un cierto número de banquetes al año y rogando se dedicara un recuerdo a los gloriosos fundadores de la patria. En el testamento ológrafo, curiosísimo documento, acababa diciendo:...

En «El padrino Antonio», también de Unamuno, el leitmotiv es el ir a rezar un avemaría ante la imagen de una iglesita:

> Antonio solía irse solo, de tiempo en tiempo, a una iglesia perdida en los arrabales a pasarse largos ratos delante del altar de una Piedad bebiendo con los ojos las lágrimas de aquella cara macilenta y lustrosa.

Según Weinrich el imperfecto *solía* está ahí, no porque se trata de una acción habitual, sino porque la acción principal, es decir, la boda del protagonista en circunstancias adversas, todavía no se ha destacado del fondo. La acción principal está constituida por la promesa de matrimonio que los amantes se han dado precisamente en esa iglesia:

> Al día siguiente llevó a su ahijada y ya novia a aquella iglesiuca perdida en los arrabales e hizo que allí, adelante de la Piedad de cara macilenta y lustrosa, mezclase con él un avemaría.

El perfecto simple —sostiene Weinrich— no está ahí por el aspecto único y puntual de la acción, sino porque esa oración constituye el centro de la acción principal del cuento y el tiempo elegido por Unamuno indica un primer plano. Más adelante los protagonistas se vuelven a reunir en la iglesia. Es la oración concluyente del cuento:

> De tiempo en tiempo visitaban marido y mujer a la macilenta y lustrosa Piedad de la iglesiuca del arrabal y allí mezclaban, con sus almas, sus avemarías.

Niega otra vez Weinrich que el imperfecto esté ahí porque el matrimonio va a la iglesia repetidamente (modo frecuentativo o iterativo de la acción) sino porque indica el tiempo de un final de relato. Es un imperfecto de ruptura. Imperfecto de ruptura (imparfait de rupture, imperfetto di rottura) es el nombre que filólogos han dado a un rasgo estilístico que aparece sistemáticamente en la primera mitad del siglo XIX. Este «imperfecto de ruptura» se desvía de manera chocante del uso normal del imperfecto. Aparece en oraciones que, por el modo puntual de la acción, reclaman más bien el perfecto simple:

Esa mañana, justamente a la una de la tarde, Mario entregaba la cartera a su dueño.

¿Por qué no *entregó*, puesto que es un hecho único, señalado aun por la campanada de un reloj? Weinrich insiste en que «el tiempo verbal es absolutamente independiente del aspecto durativo o puntual del proceso y depende exclusivamente del valor que la técnica narrativa confiere al lugar que ocupa la oración en la totalidad del relato». El modo de la acción o aspecto verbal de oraciones que podrían calificarse como durativas, frecuentativas, iterativas no nos ayuda: lo que monta es si tal oración corresponde a la acción principal, en un primer plano, o a la secundaria, en plano de fondo.

Se ha intentado explicar el «imperfecto de ruptura» por el hecho de que generalmente aparece después de un perfecto simple: de ahí la denominación «de ruptura». Pero lo cierto es que aparece, no sólo después de un perfecto simple, sino también al final de un cuento o de un episodio del cuento. Se lo podría llamar, no «imperfecto de ruptura» sino «imperfecto de clausura», que hace sonar una nota de conclusión en el cuento; o «imperfecto de apertura», si su función es introducir una acción principal. Llámeselo como se quiera, hace resaltar la diferencia entre el mundo comentado y el mundo narrado, entre el fondo y el primer plano. La acción secundaria está en oraciones en imperfecto; el perfecto simple designa puntos críticos de la acción principal. Con el perfecto simple se arranca la acción del fondo y se la pone en un primer plano. El narrador es el único juez de qué es lo principal y qué lo secundario: los tiempos verbales que use revelarán su voluntad. El lector advierte los desplazamientos del interés del narrador: aquí arranca la acción del primer plano, aquí se interrumpe, aquí termina. «Lo digno de ser narrado —continúa Weinrich— no es lo cotidiano, constante y permanente, sino lo que por insólito se sale fuera de la monotonía de lo habitual.» «Por razón de lo inhabitual se cuenta la historia. Por tanto lo inhabitual forma como espontáneamente la acción del primer plano, y lo habitual, del que lo inhabitual se destaca, forma también como de por sí el fondo de la historia, el segundo plano. Ésta es la estructura fundamental de toda narración de la que, en algún caso, el narrador puede desviarse pero que, casi siempre, procura seguir. Así, en el relato de fondo aparecen más bien cosas habituales y corrientes, y en el relato del primer plano las cosas extraordinarias e insólitas.» «Sin embargo, en el momento de dar relieve a una narración, el autor es fundamentalmente libre.» Para probar la libertad del narrador Weinrich da otro ejemplo de Unamuno, en «El semejante». Un grupo de chicuelos acosa en la calle al tonto Celestino:

Al salir le rodeó una tropa de chicuelos: uno le tiraba de la chaqueta, otro le derribó el sombrero, alguno le escupió y le preguntaban: «¿Y el tonto?»

No hay razón objetiva —comenta Weinrich— que pueda explicar el imperfecto de *le tiraba de la chaqueta* o el perfecto simple de *le derribó el sombrero*. La elección del tiempo depende del narrador, quien por medio de los tiempos elegidos presta relieve a la escena. «El que tira la chaqueta pasa al segundo plano (quizá es que tire por detrás); el que derriba el sombrero permanece en primer plano.» Creo que la explicación de Weinrich es rebuscada. Como se empeña en descartar los «aspectos», no admite una explicación más sencilla. «Uno le tiraba de la chaqueta» es una acción imperfectiva, que se mantiene y no necesita terminar para ser completa; y también es itera-tiva, compuesta de momentos repetidos. En cambio «otro le derribó el sombrero, alguno le escupió» son acciones perfectivas: esto es, son completas puesto que terminan de una vez.

Yo podría discutir otros ejemplos que Weinrich toma de Rubén Darío, José Eche-garay y Emilia Pardo Bazán pero no quiero dar la impresión de que impugno su teo-ría. La verdad es que estoy de acuerdo con él en los puntos más importantes, a saber: a) el contraste entre el imperfecto y el perfecto simple produce un efecto de relieve; b) el narrador, al elegir los tiempos, puede mostrarse indiferente a los modos de acción (aspectos verbales perfectivos, imperfectivos, iterativos, etc.) y a las normas tradicio-nales de la gramática; c) el análisis estilístico de los tiempos verbales de un cuento revela una técnica narrativa que concilia la libertad del narrador con las limitaciones que le impone el idioma. También es libre el narrador si decide usar el imperfecto y el perfecto simple según los modos de la acción, o sea, los aspectos verbales. No hay un código que determine la correspondencia entre acción secundaria e imperfecto, entre acción principal y perfecto simple. En todo caso, el narrador es quien resuelve qué es lo secundario y qué lo principal. Weinrich es muy consciente de la libertad del narra-dor. Por ahí cita la última oración de un cuento de Maupassant y comenta así: «"Le lendemain, il a pprit qu'elle était morte". En este lugar yo hubiera esperado un imper-fecto de ruptura. Maupassant no lo ha empleado y está en su derecho. Puede marcar el final del relato con un ritmo conclusivo y puede también no hacerlo.» Sin embargo, Weinrich tiende a codificar los usos de esos dos tiempos verbales y aun a servirse de tal código para explicar la historia del género cuento, desde sus orígenes. Nos dice que los resultados obtenidos por su investigación sólo son válidos para el cuento mo-derno. En las obras europeas más antiguas la técnica es distinta. El imperfecto es menos frecuente que el perfecto simple. Lo echamos de menos en los comienzos y finales del cuento. Weinrich termina su capítulo VIII aplicando su teoría a las obras modernas con armazones que combinan varios cuentos y con marcos de cuentos autó-nomos.

La investigación de Weinrich podría extenderse del imperfecto (vivía) y el per-fecto simple (viví) a otros tiempos verbales: él mismo nos señala el camino. Es cosa de analizar, en el estilo de los cuentos, la intención personal del narrador cuando elige los tiempos verbales. De tal estudio podríamos obtener listas de unos usos más fre-cuentes que otros pero nunca reglas. Entre los tiempos «comentados» y los «narrados» no hay fronteras fijas. No las hay para el narrador, que vuela con «tiempos metafóri-cos» y cambia de «situación comunicativa» fingiendo aun en el mismo párrafo estar tan pronto en un «mundo narrado» como en un «mundo comentado». Algo de esto hemos visto al estudiar los puntos de vista (6 y 7) y las técnicas para describir los procesos mentales (17). Cf. W. J. M. Bronzwear, *Tense in the Novel*, Groningen 1970; y C. P. Casparis, *Tense without Time*, Bern 1975.

16.9. Tiempo del narrador

Apenas el narrador escribe su primera frase ya está indicando, con los tiempos verbales que usa, el lapso transcurrido entre la acción que se propone narrar y el acto de ponerse a narrarla. Este acto de narrar es el presente del narrador, y en relación con él los verbos sitúan el cuento en el presente, el pasado o el futuro. Adapto, de G. Genette (*Figures III*) los cuatro tipos de relación entre el tiempo del narrador y el tiempo de la acción narrada:

a) Narración ulterior. Tiempos verbales del pasado indican que la narración es posterior a la acción. La distancia entre el presente del narrador y la acción pretérita puede estar determinada con fechas o no; algunas veces una fecha determina solamente la acción o solamente la narración. La distancia entre una y otra puede disminuir y aun ocurre en ciertas narraciones —sobre todo en las escritas en primera persona— que el pasado alcanza el presente en una especie de convergencia final: por ejemplo, el protagonista cuenta una aventura y de golpe, después de muchos años, mientras está contando recibe de aquel pasado un imprevisto coletazo. Daré como ejemplo el cuento «La cruz de Salomón» de Baldomero Lillo. En una fiesta de hombres el Cuyanito relata cómo, en un duelo a cuchillo, mató a un rival: ese cuchillo, que se lo habían prestado, tenía marcada la cruz de Salomón, es decir, dos H mayúsculas muy juntas. Ahora el Cuyanito muestra el cuchillo a quienes lo acaban de escuchar. El cuchillo pasa de mano en mano hasta que llega a un muchacho que lo reconoce y exclama: «Esto que a usted le parece la cruz de Salomón son las iniciales del nombre de mi padre: Honorio Henríquez... ¡a quien mataste a traición, cobarde!» Y el muchacho clava el cuchillo en el corazón del Cuyanito. De la evocación de un pasado, pues, ha salido un hecho que precipita una acción en el presente.

b) Narración anterior. Un cuento, con tiempos verbales del futuro, finge ser la profecía de una guerra. El lector sabe que se trata de una guerra pasada, perfectamente conocida en la historia, pero el efecto es como si la narración precediera la acción. Imaginémonos que Victoria Pueyrredón hubiera escrito todo su cuento «El Jefe» con tiempos del futuro. Aunque ella no lo dice, el Jefe es Perón, quien, después de haberse refugiado en España durante dieciocho años, volvió a la Argentina para ocupar otra vez la presidencia. Pues bien, en el cuento un pobre chico llega al aeropuerto de Buenos Aires para ver al mítico Jefe cuando descienda del avión. De pronto, el tiroteo. El chico, que vive hacia el futuro, no sabe qué ocurre. Para el lector, el futuro del chico —«lo veré», dice— es un hecho histórico: la matanza del 21 de junio de 1973. Otro ejemplo: «El presentimiento» de María Esther Vázquez. El protagonista cuenta con el pronombre de primera persona y con los tiempos verbales del presente. Se está dirigiendo a un doctor Ortiz que nunca interrumpe su monólogo. El narrador protagonista evoca violencias y confiesa presentimientos de muerte. No sabemos cuándo transcurre la acción —es el año 35 pero ¿de qué siglo?— ni cómo se llama el narrador pero cuando nos dice: «mañana saldremos a las cinco... Y recuérdeme que pasando por Barranca Yaco... quiero detenerme; allí me espera alguien» inmediatamente vemos la escena que describió Sarmiento: el innominado es Facundo Quiroga, y sabemos —porque es un hecho real y legendario— que en Barranca Yaco lo asesinarán. El futuro narrativo «mañana saldremos» precede al pasado histórico («Facundo fue asesinado»). Un futuro gramatical es anterior al pasado de la Argentina.

c) Narración simultánea. El presente de la narración es contemporáneo del presente de la acción. El narrador protagonista de «Como un león», de Haroldo Conti, es un niño que mantiene en presente toda su introspección, desde que despierta por la mañana hasta las últimas horas de la tarde. Indiscutiblemente ese tiempo verbal es artificioso pues no matiza el pasar de las horas desde que el niño despertó hasta el momento en que se puso a hacer el balance de su vida ordinaria. Menos artificiosa es la simultaneidad de un cuento que, a la manera de las crónicas deportivas de la radio o la televisión, va siguiendo la acción muy de cerca: apenas ocurre un hecho se lo transmite en una frase; sigue otro hecho, y seguidamente va la frase que lo describe; un tercer hecho es comentado por una tercera frase, y así. Los cuentos con forma de carta y de diario íntimo suelen producir también este efecto de inmediatez.

d) *Narración intercalada entre los momentos de la acción.* Como se narra desde situaciones heterogéneas la acción y la narración se embrollan de modo que la segunda, por ejemplo, reactúa sobre la primera (cosa frecuente en un cuento epistolar que compila cartas de varios corresponsales: una carta cuenta una anécdota que viene a cambiar la voluntad del destinatario y, en consecuencia, el rumbo de la acción).

16.10. Secuencia narrativa

El Tiempo es una forma de la sensibilidad. Lo que intuimos queda configurado por el orden interno de la sucesión. Es natural, pues, que pensemos el universo como un proceso. Todo nos parece tener un principio, sea Dios, sea la Materia. Todo parece desenvolverse hacia un desenlace, sea el Fin del Mundo con un Juicio Final, sea un cataclismo cósmico con la liquidación de la especie humana. En este marco mental insertamos la serie de acontecimientos que conocemos. Pues bien: un narrador hace lo que los demás hombres, sólo que él, por estar inventando un mundo propio, es libre para arreglar los acontecimientos. Con desenfadada arbitrariedad elige entre un principio y un final. Su cosmos narrativo es completamente mental. En 10.7. —en realidad en todos los capítulos donde hablo de la trama— he examinado la secuencia narrativa. Recuerde el lector esas páginas y complételas con éstas.

16.10.1. TIEMPO DE LA ACCIÓN Y TIEMPO DE LA NARRACIÓN

Un cuento es la narración de una acción. Podemos descomponerlo —nada más que por conveniencia didáctica— en una *acción* y una *narración*. Prefiero estos términos a los de otros críticos: véase la Apostilla 12.8. El cuento presenta, en la interioridad de su lenguaje, una serie de hechos: se supone que estos hechos verbalizados evocan hechos reales transcurridos en la exterioridad del mundo. Hay, pues, dos tiempos. Un tiempo de la acción y un tiempo de la narración. Gunther Müller propone «Erzählzeit und erzählt Zeit», *Morphologische Poetik* (Tübingen 1968). «Erzählte Zeit» es el «tiempo narrado», tiempo exterior en que transcurren los hechos presentados por la narración; y «Erzählzeit» es el «tiempo de la narración», tiempo interior del texto tal como se nos da en el acto de la lectura. Otros críticos ponen, en un extremo, el «tiempo genuino», que es el tiempo de «lo significado», el «tiempo de la sucesión diegética», el «tiempo narrado o de la cosa contada»; y, en el otro extremo, el «seudo tiempo», tiempo del «significante», tiempo de «la sucesión narrativa», «tiempo de la narración». Veré si me las arreglo con términos más simples: acción y narración.

Acción. La acción transcurrió en una realidad que, gracias a la forma interior del Tiempo, se nos aparece como una sucesión de acontecimientos. Esa sucesión pudo haber sido comunicada con símbolos no verbales (por ejemplo, con los símbolos plásticos de los bajorrelieves que esculpió Ghiberti en las puertas del Baptisterio de Florencia, donde se cuenta la historia bíblica desde Adán hasta Salomón) pero en un cuento los símbolos son verbales. Sólo que, con el concepto «acción», pensamos, no en las palabras con que se narra la acción, sino en la acción misma, abstraída de ellas como se abstrae una figura de un fondo.

Narración. Es la forma lingüística que el narrador da a su cuento y el modo con que nos hace conocer la acción; es la presentación de los sucesos en un orden que, por ser artístico, es inalterable. Con el concepto «narración» pensamos en los hechos, no como nuestra inteligencia entiende que debieron de haber ocurrido en una realidad extraliteraria, sino como los encontramos en la lectura.

Podemos estudiar el Tiempo en cada uno de esos dos niveles de abstracción. O sea, el Tiempo de la acción y el Tiempo de la narración. Ambos corren dentro del cuento y, por tanto, son igualmente ficticios. Nos consta que el Tiempo de la narración es psíquico y fingimos que el Tiempo de la acción es físico, aunque sabemos que es imposible medir esta acción con relojes y calendarios. Aceptemos por el momento, sin embargo, el juego de la ficción y digamos que hay cuentos en los que el tiempo de la acción y el tiempo de la narración corren parejos por la misma pista y hay otros cuentos en los que corren carreras separadas. En la primera clase ambos tiempos pueden estar sincronizados en idéntica dirección (el personaje hizo, sucesivamente, a, b... n, el narrador contó eso en el mismo orden a, b...n) y sería excepcional que los hechos ocurridos y los hechos narrados se correspondiesen con exacta simultaneidad (que la aventura del personaje durase media hora y también la lectura del cuento durase media hora). La coincidencia, tal como se da en esta primera clase de cuentos, entre los dos tiempos podría servir como «grado cero» para medir las divergencias de los tiempos en los cuentos de la segunda clase, según se verá en la próxima sección.

Antes, permítaseme insistir. El tiempo de la acción narrada, que corresponde al tiempo físico en que la acción ocurrió, y el tiempo de la narración, que corresponde al tiempo psíquico de la escritura y la lectura, pueden coincidir en la misma dirección. Es decir, coinciden cuando ambos tiempos corren en idéntico orden cronológico. Sin embargo, rara vez los hechos narrados y los hechos ocurridos coinciden en una perfecta simultaneidad. Ni siquiera en el diálogo de un cuento. Si suponemos que tal diálogo está entero, sin omisiones, y si el narrador no interviene con acotaciones escénicas, se podría creer que el tiempo de la acción y el tiempo de la narración son iguales; pero esa isocronía es ilusoria pues en un diálogo real cada interlocutor habla con una rapidez propia y además se producen largos silencios que el texto no registra. Decía, por todo esto, que los hechos narrados (tiempo de la narración) y los hechos ocurridos (tiempo de la acción) rara vez coinciden. Empeñarse en hacerlos coincidir es un malabarismo. Aristóteles (*Poética*, V) consignó que la tragedia «procura circunscribirse, en cuanto es posible, en el tiempo de una sola revolución astronómica del sol o no sobrepasarla sino en muy poco». No así la épica, que cuenta «en un tiempo indefinido». Malinterpretándolo, humanistas italianos del siglo XVI y clasicistas franceses del siglo XVII legislaron que las piezas de teatro debían construirse con arreglo a la «unidad de tiempo». Aparecieron obras en las que el tiempo poético simbolizado en la acción era igual al tiempo práctico que duraba la representación teatral (sobre un efecto imprevisto de esa unidad de tiempo escribí «El sí de las niñas», A). Pronto se quiso aplicar la «unidad de tiempo» también a la novela y al cuento; los narradores, sin embargo, no se sometieron a la regla. Sin duda hay unas pocas narraciones en las que coinciden el «tiempo de la narración» con el «tiempo de la acción narrada» mas responden a intenciones artísticas, no a preceptos retóricos. En «El cuento es éste» (B) me propuse un juego de simultaneidades: el alma en pena de una suicida lee el cuento que sobre ella está escribiendo su marido. En «Ojos (los míos, espiando desde el sótano)» (B), la lectura del cuento dura lo que, en la acción narrada, tarda en llegar el tranvía que ha de tomar uno de los personajes. Pero por lo general el «tiempo de la acción narrada» es más extenso que «el tiempo de la narración».

En algunos cuentos las fechas están indicadas con exactitud o pueden averiguarse por la alusión a un hecho histórico, a un personaje real, a una coyuntura verificable. Como quiera que sea, sabemos si la acción se extiende por varias generaciones o se comprime en un instante. En un cuento cuya acción transcurre en un tiempo muy largo el narrador nos da una perspectiva de la época destacando qué es lo permanente y qué lo transitorio. Por el contrario, en un cuento cuya acción se encuentra en un tiempo muy corto, el narrador recurre a lo psicológico y suele expandir el instante con retrospecciones. Arturo Cancela, en las cinco páginas de «Las últimas hamadríades», cuenta toda la vida de Don Bartolomé Gordillo, desde el día de su nacimiento, en 1862, hasta el día de su muerte, en ¿1922? La marcha del tiempo se hace visible en una parra y una higuera, lozanas en el patio bien soleado de una casona de Buenos Aires pero que, ahogadas por el crecimiento de la ciudad que con sus altos edificios les quita aire y luz, mueren junto con el viejo Gordillo. Por el contrario, Abelardo Castillo cuenta en «Macabeo» el despertar del judío Milman pero ese instante en una noche de 1960 se dilata con una sostenida retrospección: el narrador cuenta ahora seis años de la vida del hijo de Milman, desde sus primeros sufrimientos como niño judío hasta que, al enterarse de que su padre fue en Alemania un renegado al servicio de Hitler, lo despierta a golpes.

Sea que comprima o expanda el tiempo, el narrador selecciona libremente las escenas y panoramas con cortes a lo ancho o a lo largo. La diferencia entre la duración de lo que de veras pasó (tiempo de la acción) y la duración de la lectura (tiempo de la narración), descubre los procedimientos que el narrador usa para contraer o estirar su relato.

16.10.2. Retrospección y prospección

Decíamos que hay cuentos en los que el tiempo de la acción y el tiempo de la narración corren parejos por la misma pista y hay otros cuentos en los que corren carreras separadas. Vistas las coincidencias de tiempos en la primera clase de cuentos, veamos ahora las divergencias de los tiempos en los cuentos de la segunda clase. Estas divergencias, en un cuento, entre el tiempo de la acción y el tiempo de la narración, se dan en forma de retrospecciones y prospecciones. (Gérard Genette, en *Figures III*, las ha analizado en textos de Proust: llama «analepse» a la retrospección y «prolepse» a la prospección.) El narrador interrumpe la marcha de su narración y desde ese punto presente echa una mirada al pasado (retrospección) y al futuro (prospección). El ángulo de divergencia que va del tiempo de la acción al tiempo de la narración puede medirse de dos maneras: según el intervalo (tal suceso ha transcurrido o va a transcurrir una semana, un mes, un año atrás o adelante) y según la durabilidad (el suceso evocado o anticipado transcurrió o va a transcurrir durante varias horas, varios días, meses, años).

Retrospecciones.   A veces una retrospección trae del pasado un dato aislado que ayuda para comprender cierto incidente de la acción. A veces, si el cuento ha comenzado en el medio de la acción, la retrospección, en un vuelo más sostenido y amplio, recupera la totalidad del pasado: se combinan así los dos modos de abrir la narración que Horacio distinguió como *in medias res* y *ad ovo*. Pongamos el caso de un cuento cuya acción empieza tan cerca del desenlace que se hace necesario informar sobre lo que pasó antes de que empezara. El narrador, con miradas retrospectivas, puede explicar los antecedentes o transportar la acción al pasado. Hay cuentos que son una larga retrospección intercalada entre la primera y la última frase. Abelardo Castillo, en «El hacha pequeña de los indios», hace que el narrador, en un monólogo interior narrado (17.10.1.), dé a su relato entero la forma de una introspección. Se trata de una pareja. Ella acaba de anunciarle: «Vamos a tener un hijo.» Él agarra un hacha y cruza la habitación para castigar con un hachazo su infidelidad. (Este resumen mío da el orden de la acción, no el orden de la narración.) En los minutos entre esos dos hechos el hombre recuerda cómo se casaron, un año atrás. Ella quería tener un hijo; él le ocultó que no podía dárselo porque el médico, después de analizar su espermograma, le había diagnosticado esterilidad. El desenlace es sorpresivo porque la frase «Vamos a tener un hijo», aunque se nos dice que fue pronunciada al principio del cuento, sólo la conocemos al final. En otros cuentos los recursos retrospectivos más usados son: *a)* recuerdos voluntarios o involuntarios; *b)* el soñar despierto, los efectos de la droga o de un súbito terror, el delirio de la fiebre o la locura); *c)* cartas, documentos, confesiones; *d)* resúmenes con preferencia a escenas.

Prospecciones.   Son mucho menos frecuentes que las retrospecciones. El narrador, en tercera persona, tranquiliza o, al revés, inquieta al lector avisándole que va a pasar algo: «ya se verá más tarde que...», Alicia Jurado, en «El casamiento», repite la prospección. La escena lineal del casamiento de Ana Rosa y Jorge está interrumpida por cuatro prospecciones que comienzan igual: «En el futuro estaba...» y nos dicen y muestran lo desdichado que será el matrimonio que ahora está celebrándose. El procedimiento es menos mecánico cuando lo usa el narrador en primera persona porque entonces, además de completar el armado de la trama, caracteriza al protagonista o al testigo.

16.10.3.   Velocidades y ritmos

En la historia literaria lo normal ha sido que un cuento, a caballo de una situación, corra su carrera de obstáculos en una pista continua. La carrera tiene diferentes velocidades. Relacionemos la duración de la acción (medida con reloj: una hora, un día) con la longitud de la narración (medida con regla: diez líneas, dos páginas) y obtendremos un índice de los pasajes lentos o rápidos de un cuento. La velocidad consiste, pues, en contar más cosas en menos tiempo (o en menos espacio de la página). Como el lenguaje rinde mejor las cantidades si es conceptual y las cualidades si es intuitivo, es de esperar que en los pasajes discursivos se cuenten más cosas, es decir, que la acción marche a largos trancos. Y, en efecto, es así. Recuérdese lo expuesto en 8.3.: el narrador a veces nos *dice* lo que pasó y a veces nos lo *muestra.* Cuando nos lo dice (en un resumen) la carrera es más rápida que cuando nos lo muestra (en una escena). Las partes resumidas tienen una velocidad mayor que las partes escenificadas. Una vez aclarado que en el resumen hay más rapidez que en la escena, agreguemos que lo más lento en un resumen es la descripción de escenarios y paisajes porque en ella cesa el movimiento de las funciones de los personajes; y que lo más lento en una escena es el análisis psicológico porque en él no hay acciones exteriores. Las diferentes velocidades del movimiento narrativo forman ritmos que G. Genette, en *Figures III*, reduce a cuatro:

a) La *elipsis* temporal.   La narración omite un momento de la acción. Las elipsis u omisiones pueden ser explícitas o implícitas. Las explícitas indican el lapso que omiten («dos años más tarde», «años después»), lo cual las asemeja a rápidos resúmenes («pasaron así varios años de felicidad hasta que...»). Las elipsis implícitas, como no están indicadas, tienen que ser inferidas por el lector al reparar en las lagunas cronológicas y soluciones de continuidad del texto.

b) La *pausa* descriptiva.   El narrador, puesto a describir objetos o espectáculos, suspende la marcha de la acción.

c) La *escena* dramática.   Hace coincidir, sobre todo en los diálogos, los momentos más intensos de la acción con los detalles más intensos de la narración. (Véase mi examen de la «escena» en 8.3.).

d) La narración *sumaria*.   Narra en pocos párrafos la acción de muchos días, meses o años, sin detalles, sin diálogos. A veces es la transición entre dos escenas; en todo caso es el fondo sobre el que las escenas se destacan, el tejido conjuntivo de la narración. (Véase mi examen del «resumen» en 8.3.).

16.10.4.   PRINCIPIO Y FIN

Terminaré esta sección en el mismo punto en que comencé. El acontecer real acontece en la vivencia: alguien lo ha vivido. El acontecer narrativo acontece en el conocimiento: el narrador escoge unos incidentes sabiendo que han de resultar interesantes y les imprime una forma. El tiempo de la vida espontánea fluye en una continuidad sin pausas, sin interrupciones, siempre prospectivo, siempre irreversible. El tiempo de la narración es discontinuo y cristaliza parcialmente en hechos destacados por su valor estético. El primero es un tiempo pluridimensional: múltiples hechos ocurren simultáneamente. El segundo es un tiempo lineal: los hechos se suceden uno tras otro. En la vida el pasado es irrecuperable: por mucho que retrocedamos en busca de un antecedente, detrás de éste nos aguarda otro, y otro, y otro. En un cuento, por el contrario, el narrador establece cuál es el antecedente decisivo y sanseacabó. Hay, pues, divergencias entre el proceso natural del mundo tal como nuestros sesos lo entienden y el proceso narrativo que el narrador nos impone.

En verdad, el narrador invierte el acontecer real. Cuenta al revés. Desde su presente, el narrador se pone a contar algo pretérito, una acción ya terminada. Esta conciencia de referirse a un pasado se manifiesta en las fórmulas más tradicionales del cuento oral. Fórmula de apertura como «había una vez...», «érase que era...», «en los tiempos de...», «hace mucho tiempo vivía...» y fórmulas de clausura como «colorín colorado el cuento se ha acabado». En un cuento literario el narrador se dispensa de estas fórmulas pero su actitud es la misma puesto que sabe que nos está contando una acción pretérita. Por eso, aunque a primera vista el narrador «principia por el principio», ese principio es un final. Quiero decir, el principio de la narración es posterior al final de la acción. Antes, la acción; después, la narración. El cuento se desarrolla al revés: el final de lo que ocurrió está vibrando en las primeras palabras del cuento.

En lo que respecta a la secuencia narrativa del cuento clásico recuérdese lo dicho en 10.7. Baste repetir aquí que el hecho de que un cuento tenga principio, medio y fin no implica que los incidentes se sigan necesariamente en un orden lógico. Lógico es que el grito de dolor siga a la herida pero en *A través del espejo,* de Lewis Carroll, la Reina Blanca grita primero y sólo después un broche le pincha el dedo.

17. EL TIEMPO Y LOS PROCESOS MENTALES

17.1. Introducción

Voy a examinar más despacio algunos puntos que ya toqué: esto es, los procedimientos literarios para aprehender la vida interior de los personajes.

Siempre los narradores, al crear personajes, describieron sus procesos mentales. Sobre todo los novelistas, porque la novela se presta al análisis psicológico (4.3.). Los cuentistas se fijan más en la trama que en la caracterización. No obstante, también hay cuentistas que analizan los sentimientos, deseos e ideas de sus personajes. De todos modos, las técnicas literarias son las mismas en la novela que en el cuento.

17.2. Préstamos mutuos entre Psicología y Literatura

Psicólogos profesionales suelen servirse de novelas y cuentos para ilustrar sus propias teorías. Páginas de Stendhal, Dostoievski, Galdós, Henry James, Proust son tan esclarecedoras como las de tratados científicos. Los narradores, por su parte, suelen estar atentos a las indagaciones de la psicología. Los préstamos mutuos entre la Psicología y la Literatura se acrecientan a medida que los narradores prefieren analizar experiencias privadas en vez de referir acontecimientos públicos. Novelas y cuentos del siglo XX se han subjetivado tanto que los críticos hablan de la «escuela narrativa» del análisis psicológico. Pero una cosa es la Psicología y otra la Literatura. Conviene no confundir los términos de la ciencia con los del arte, aunque estén emparentados.

17.3. El término «corriente de la conciencia»

Un ejemplo de confusión es el uso, en Psicología y Literatura, del término «corriente de la conciencia». William James, en *Principles of Psychology*, 1890, acuñó el término «stream of consciousness» por analogía entre los cambios de nuestra intimidad y la renovación de las aguas en la corriente de un río. Desde luego que no fue el primero en observar el continuo e indivisible fluir psíquico. Otros filósofos de la vida lo habían descrito aun con el mismo símil fluvial, pero James ha quedado en la historia como uno de los principales superadores de la psicología asociacionista y experimental que, a fines del siglo XIX, seguía los métodos de la Física. La realidad primaria de una mente personal —el «yo» enfrentado a un «no-yo»— era para él una sucesión incesante, versátil e irreversible de sensaciones, percepciones, sentimientos, deseos, aversiones, recuerdos, imágenes, ideas... Al tratar de acentuar la continuidad de todo eso James vaciló entre varias metáforas. Finalmente optó por la de una «corriente de pensamiento, de conciencia, de vida subjetiva». En esa corriente entraba lo irracional y lo racional, lo emotivo y lo inteligente, el olvido y la memoria. Ya la reducción de la metáfora a «corriente de la conciencia» dio pie a equívocos, pues la palabra «conciencia» tiene varias connotaciones. Con todo, la metáfora obtuvo éxito. Críticos literarios de lengua inglesa aplicaron el término «stream of consciousness» a un grupo específico de obras muy subjetivas. Como los autores de esas obras estudiadas —en su mayoría de lengua inglesa: Dorothy Richardson, James Joyce, Virginia Woolf, William Faulkner *et al.*— ganaron una reputación internacional, el término inglés «stream of consciousness» también se internacionalizó. Desde entonces no ha dejado de encender controversias. «Stream of consciousness» ¿es un subgénero narrativo, una de cuyas técnicas es el monólogo interior?, ¿es una técnica que consiste en simular que el narrador no interviene y que el personaje revela una rumia mental que todavía no alcanza a formularse en palabras?, ¿es un concepto histórico que sirve para incluir los procedimientos usados por un grupo de escritores en el que se destaca James Joyce? Opino que «stream of consciousness» es un término psicológico y que convertirlo en término literario es ilegítimo. Comenzaré, pues, por establecer la diferencia entre Psicología y Literatura.

17.4. Subjetividad y lenguaje

Que nadie se olvide de la Física, la Química, la Biología al entrar en la Psicología. Los hombres somos organismos con un sistema nervioso central gracias al cual nos sentimos vivir. Sentimos los estímulos de la realidad que nos rodea y, en tanto respondemos, sentimos nuestra propia actividad. Es un sentimiento compuesto por presiones objetivas sobre la sensibilidad (de fuera a dentro) y por presiones subjetivas hacia los objetos (de dentro a fuera). Im-presiones y ex-presiones. El sentimiento comparte las características dinámicas de la vida que son el crecimiento y el cambio. Es una fase del proceso vital; una fase psíquica pues somos conscientes más o menos de lo que pasa por nuestro organismo. El cerebro y sus extensiones nerviosas nos permiten experiencias mentales: sensaciones, emociones, imágenes, recuerdos, deseos, razonamientos. Parte de la cerebración funciona por debajo del límite de la conciencia: a los procesos vitales no sentidos los calificamos de «subconscientes». Suponemos que la subconsciencia es un territorio colindante porque ciertas actividades cruzan el límite, sumergiéndose o emergiendo: en esa interacción lo no sentido influye en lo que sí sentimos e imprime su marca. Lo «inconsciente» sería, dentro del mismo proceso, ese territorio tan hondo que ya ni lo podemos presentir. Es también parte de la cerebración pero su actividad, aunque tal vez influya sobre nuestra mente, no es mental. Actos mentales son los que sentimos, los que pertenecen a la fase psíquica de la evolución biológica, los que gratuitamente nos llevan a la creación de cuentos, que es el tema de este libro.

El cerebro regula tanto el impacto con que las cosas, a través de nuestros órganos sensoriales, excitan periféricamente la sensibilidad, cuanto las reacciones centrales de nuestra mente. El fluir de nuestra existencia responde a una ley bipolar: si fluye hacia el mundo exterior, nuestra existencia piensa y resuelve problemas; si fluye hacia el mundo interior, la existencia se ensimisma, cede a la imaginación y, en los casos de mayor ensimismamiento, la fantasía genera sueños.

De manera que algunas de nuestras reacciones se gastan dentro del sistema nervioso. Por ejemplo: siguiendo el impulso de las percepciones visuales, somos capaces de formar imágenes aun en ese momento en que los ojos físicos no están viendo nada. La formación de imágenes viene a reactivar otros conjuntos nerviosos y se inicia así un proceso de abstracciones: es decir, abstraemos formas de nuestras experiencias.

Unas abstracciones se detienen en el conocimiento de cosas concretas: tal es la intuición. Otras abstracciones continúan generalizando: tal es el concepto. Intuiciones de lo particular, conceptos de lo general transforman la realidad en símbolos. Con el lenguaje simbólico el hombre da un salto y se escapa de la escala zoológica. Ahora es capaz de construirse una cultura propia. Antes del lenguaje se percibía y se actuaba. Con el lenguaje empezamos a conocer conceptualmente. El lenguaje, gracias a su poder simbolizante —el poder de transformar la realidad en símbolos— permite que integremos nuestras experiencias subjetivas en un yo consciente de sí mismo y nuestras experiencias objetivas en un universo externo de cuya unidad somos también conscientes. La interacción entre ambas construcciones constituye la vida de nuestra mente. Como los símbolos lingüísticos que usamos son convenciones sistematizadas en una gramática aceptada por nuestra comunidad, con el lenguaje nos comunicamos y nos socializamos. El resultado de toda esta compleja y continua energía es el fluir psíquico que algunos narradores intentan describir para caracterizar a sus personajes.

17.5. Intuición y concepto de la subjetividad

El narrador que elige como objeto de su arte la subjetividad de un personaje confronta inmediatamente problemas difíciles de resolver. Esa subjetividad, según se ha visto, es una vida sentida: sentida en el proceso que va desde impresiones preverbales hasta expresiones verbalizadas en una lengua discursiva. El narrador no tiene dificultades en comprender los sentimientos de su personaje. Después de todo, su propia subjetividad es afín a la del personaje que él mismo crea. La dificultad está en que, si quiere mostrarnos una subjetividad completa, tiene que incluir fases psíquicas que son anteriores al lenguaje, y tiene que hacerlo... con el lenguaje. Es imposible presentar la incoherencia no hablada con un habla coherente. El habla del narrador falsifica forzosamente lo que, en el personaje, queda por debajo del nivel del habla. Y si de la gama subjetiva del personaje elige sólo la franja clara del lenguaje —selección que también falsifica la subjetividad completa— ¿cómo podrá dar a esa franja la forma del pleno sentimiento vital? A fin de que se aprecien los procedimientos ilusionistas con que el narrador describe la vida interior de sus personajes insistiré en las dificultades de tamaña empresa. Primero mostraré que la vida interior es inaprehensible; después mostraré cómo los escritores simulan aprehenderla.

En el centro de la vida de nuestro organismo funciona el cerebro. Con él regis-

tramos sensaciones, descargamos energías en la acción, deseamos, tememos, imaginamos, recordamos, soñamos (a veces despiertos), pensamos (a veces delirantemente, a
veces lógicamente)... Ya esta enumeración —sensación, percepción, imagen, concepto—
es falsa porque ha ordenado en una trayectoria de puntos separados lo que es una
desordenada masa de continuas interrelaciones. La mirada introspectiva con que sor-
prendemos un solo instante de la subjetividad altera el total fluir psíquico. La introspección, para atender lo que pasa por dentro, ha tenido que suspender las actividades
prácticas y lógicas de la mente; habiéndolas suspendido, es natural que ya no las en-
cuentre en lo que está observando; sólo observa, pues, el residuo que queda después
de haber eliminado las actividades normales de la vida, que están enderezadas a pensar con vistas a la acción. La subjetividad corre completa cuando no la sometemos a
las miradas paralizantes de la introspección. El fracaso es aún mayor cuando tratamos de comunicar con palabras lo que entrevimos con nuestro vistazo introspectivo.

La caótica miríada de impresiones y expresiones, al encauzarse en nuestro proceso mental, aparece simplificada; y, dentro de ese proceso mental, se simplifica aún
más cuando el discurso lógico la somete a fórmulas. Si, con actitud científica, echamos una mirada a todo el proceso mental, ya no vemos su torbellino de relieves y
matices, sino una superficie congelada. Reducimos a conceptos lo que no es conceptual, nombramos lo que no tiene nombre. Oh, sí, podemos dar nombre a emociones
impersonales que reconocemos porque están asociadas con las circunstancias de todos
los hombres en general y de ninguno en particular. Las llamamos «amor», «odio», etc.
Pero la emoción realmente vivida y sentida por un organismo concreto no tiene nombre porque se altera y se mezcla con otras emociones, también únicas, irrepetibles.
Los movimientos del ánimo son como las olas de un río. El lenguaje lógico, como no
puede describirlos en su dinamismo esencial, los inmoviliza en esquemas.

En la civilización occidental, por lo menos desde los griegos, filosofamos con
conceptos determinados por nuestras lenguas indoeuropeas y, en estas lenguas, la forma
de sujeto-verbo-predicado nos obliga a cortar en segmentos el impulso continuo de la
mente. El análisis nos entrega estados, no sucesos. No nos quejemos. El lenguaje es
una maravillosa conquista de la vida. Pero como su poder tiene límites, el esfuerzo del
narrador consiste en buscar la vuelta para no quedarse encerrado entre esos límites.
Aun Bergson, en medio de su implacable crítica al lenguaje —para él, instrumento de
la inteligencia que endurece y corta el fluir de la vida interna— reconoce que el narrador puede, con dinámicas palabras, expresar la intuición de la «durée réelle» o tiempo
vivido (Apostillas).

En efecto, el narrador conoce la subjetividad de su personaje: la conoce de un
modo intuitivo. Intuye en su personaje la vida del sentimiento: es decir, la conoce en
su concreta singularidad. Ahora bien, el fluir de esa subjetividad, que es un fluir irracional, ilógico, amorfo, preverbal, se resiste al lenguaje discursivo. Entonces el narrador, esquivando el armazón discursivo del lenguaje e instalándose en el lado metafórico del habla —o sea, en el lado más imaginativo y menos lógico— proyecta su visión
del personaje a la estructura lingüística de su narración. Presenta el sentimiento del
personaje —esto es, la realidad tal como éste la siente— con formas simbólicas legibles. Hay correspondencia, pues, entre la forma del sentimiento de vivir y la forma
del arte de narrar. El cuento psicológico, el cuento que analiza la intimidad de un
personaje, es una forma artística congruente con la forma dinámica de la vida sensorial, emocional y mental.

17.6. Niveles de abstracción

Un cuento —como toda obra de arte— es una forma abstraída del sentimiento de vivir. Una abstracción no lógica sino intuitiva. Intuitiva porque el cuentista intuyó la subjetividad de su personaje. Su intuición dio forma unitaria a percepciones concretas. Luego se puso a caracterizar a su personaje con los recursos literarios a su disposición. Descuidó unos rasgos y cuidó de otros. O sea: seleccionó, abstrajo.

Las técnicas del cuentista varían según las cualidades subjetivas que se propone analizar. En un nivel de la subjetividad fluyen impresiones silenciosas: es la fase psíquica anterior a la formación de símbolos lingüísticos. En otro nivel fluyen pensamientos nacidos de la palabra: es la fase psíquica que finalmente se expresa en el lenguaje. Al escribir su cuento el cuentista elige uno de los niveles de la subjetividad o sube y baja de un nivel a otro. Que este modo mío de decir no sugiera que la subjetividad es una escalera de peldaños separados; que sugiera, más bien, un corte vertical de los continuos oleajes en las subcorrientes y sobrecorrientes de un río (Apostillas).

El término «corriente de la conciencia» *(stream of consciousness)* es psicológico y se refiere a todos los niveles de la subjetividad (17.3.). Algunos críticos, al convertirlo en término literario y referirse con él a un grupo de narraciones emparentadas con las de James Joyce, han creado una confusión innecesaria. Ese grupo de narraciones no monopoliza la descripción de la «corriente de la conciencia»: lo que hace es angostar la corriente y emplear con preferencia una de las varias técnicas que simulan la presentación del fluir psíquico. Ya es hora, pues, de que dejemos la psicología y busquemos los términos literarios más adecuados a cada una de las diferentes técnicas de caracterización.

17.7. Discursos directos e indirectos

Al ponerme a buscar términos los primeros que encuentro son los de la vieja retórica: *oratio recta, oratio obliqua.* He aquí a un narrador que va a reproducir las palabras o los pensamientos de uno de sus personajes. Puede reproducirlos exactamente, palabra a palabra, imagen por imagen, en un texto que tiene todos los elementos léxicos, sintácticos y fonológicos del habla característica del personaje: es el *discurso directo.* O puede retransmitirnos el contenido de lo dicho o pensado por el personaje sin citarlo directamente: es el *discurso indirecto.* Éstos son, pues, los primeros términos que encuentro. Yo preferiría decir «habla» en vez de «discurso» pero cedo al uso aceptado por la mayoría de los que han estudiado estas construcciones. Sólo después de haber definido esas formas lingüísticas y estilísticas de que se han valido los narradores de todos los tiempos —discursos directo, indirecto, indirecto libre, directo libre— proseguiré con el examen de las técnicas literarias para presentar los procesos mentales de los personajes.

17.7.1. DISCURSO DIRECTO

Reproduce las palabras de un personaje sin subordinarlas sintácticamente a las del narrador:

> Juan dijo:
> —¡Soy feliz!

Signos de puntuación —la raya que abre un parlamento en un diálogo o las comillas que separan un texto de un contexto— más signos fonológicos —de exclamación, interrogación, duda, etc.— declaman la autonomía del habla viva del personaje. Lo oímos directamente, con la particular entonación de su voz. Es como si el narrador abandonase su narración: en vez de seguir con el estilo indirecto, que es más narrativo, natural, deja que el personaje hable con sus propias palabras. En «Excéntrico», de Lorenzo Stanchina, el narrador omnisciente prolonga su artificio al hacernos oír los discursos directos de las dos voces de un diálogo interior en la cabeza de un esquizofrénico.

17.7.2. DISCURSO INDIRECTO

El narrador cita indirectamente a su personaje:

> Juan dijo que era feliz.

Hay un verbo introductor seguido de partículas o frases conjuntivas. Esa introducción —*verbum dicendi, verbum sintiendi*— subordina lo que dice el personaje a lo que dice el narrador. No hay garantía de que el informe sea fiel a las palabras realmente pronunciadas. Estas palabras aparecen en forma de discurso transpuesto. O sea, que el contenido de lo dicho o pensado por el personaje entra en la prosa del narrador, quien sigue contando con el pronombre de la tercera persona —él dijo, él pensó, él sintió— y con sus propios tiempos verbales. Los tiempos verbales con que el personaje se hubiera expresado quedan transpuestos así: el presente (soy feliz) en imperfecto (era feliz); el pretérito (fui feliz) en pluscuamperfecto (había sido feliz); el futuro de indicativo (seré feliz) en potencial (sería feliz). Estas transposiciones son necesarias cuando el narrador escribe en un tiempo distante del tiempo vivido por el personaje. Si no, son opcionales.

17.7.3. DISCURSO INDIRECTO LIBRE

El narrador nos hace saber, por el contexto, que se está refiriendo al personaje. Si leemos «¡Qué feliz era!» sabemos que esa exclamación sale del ánimo del personaje, aunque el narrador no la ha introducido con verbo y formas subordinativas. Voy a dar dos ejemplos míos. En «Sólo un instante, un instante solo» (L) el personaje (al final se revela que es Ricardo Güiraldes) acaba de conversar con su mujer sobre su fracaso literario y ahora se va reflexionando:

> Mientras salía por el corredor para ordenar que le ensillaran el zaíno se imaginó la cara que pondría su mujer cuando, a la vuelta, le comunicara la decisión que iba a tomar. Eso, si la tomaba... ¡Bah! Cualquiera que fuese, su mujer le mostraría la única cara que tenía: comprensiva, leal, bondadosa... y bonita. Después de todo, la alternati-

va —dedicarse a la estancia— no era despreciable. En el campo, solamente en el campo, se hallaba a sus anchas. ¿No lo habían bochado con ceros en la Facultad? Los empleos de ciudad ¿cuántos meses le habían durado? Y todo por el furor de salir al campo. Entonces ¿qué, si en el campo se enterraba?... Terminada la guerra mundial (¡pobre París! ¿cómo habrá quedado París?) una nueva época comenzaba para la Argentina... dejaría morirse de inanición al niño bien que llevaba adentro y ¿a la Literatura?... bueno... ¡adiosito!

Aun una conversación puede ser presentada indirectamente. En «El general hace un lindo cadáver» (G) el narrador cuenta que el dictador Melgarejo y el doctor Quiroga están conversando:

Hablaron sobre la crisis. El gobierno militar se había desacreditado: ¿cómo darle popularidad? Quiroga propuso que, en una forma o en otra, se regalara dinero a todo el mundo. Genial. Formidable. A nadie se le había ocurrido. ¿Y si él, Melgarejo, transmitiera por la Radio del Estado un discurso anunciando la buena nueva? Sí, sería un buen comienzo. El doctor Quiroga, eso sí, tendría que encargarse de escribir el discurso. Bien. Sí. El doctor Quiroga lo escribiría.

El discurso indirecto libre está entre la *oratio recta* y la *oratio obliqua*. Es más oblicuo que el discurso directo y menos oblicuo que el discurso indirecto. Tiene de común con ellos ciertos elementos sintácticos. Comparte con el discurso indirecto la referencia al personaje con el pronombre de la tercera persona y la transposición de los tiempos verbales. Comparte con el discurso directo las particularidades del habla del personaje y su entonación. Pero el discurso indirecto libre se diferencia de los otros dos en que el narrador se abstiene de usar las introducciones «él sintió, temió, deseó, pensó», etc. He aquí una tabla de correspondencias entre los tiempos verbales:

Discurso directo	Discurso indirecto	Discurso indirecto libre
Él pensó: —Soy feliz	Él pensó que era feliz	¡Él era feliz!
Él pensó: —Yo era feliz	Él pensó que había sido feliz	¡Él había sido feliz!
Él pensó: —Seré feliz	Él pensó que sería feliz	¡Él sería feliz!

17.7.4. DISCURSO DIRECTO LIBRE

El narrador pasa de su narración al discurso directo sin indicación explícita. Un ejemplo de Liliana Heker en «Los que vieron la zarza»:

Le cambiaron los ojos a Rubén... Quién era ése para enseñarle a él... Y después viene a insultar y por eso Rubén pensó miedo a quién y lo siguió mirando fijo a pesar de que Irma acababa de cruzarle la cara de una bofetada para que aprendás a sonreírte cuando habla tu padre.

17.7.5. DISCURSOS COMBINADOS

Dos observaciones. Primera: los discursos que acabo de definir suelen combinarse en el mismo cuento, en el mismo párrafo y aun en la misma oración. Segunda: esos discursos existen desde que el hombre conversó. El hecho de que se los use para caracterizar a personajes superficialmente o con profundidad no altera su estructura sintáctica. Lo que cambia no es la red, sino la clase de peces que con ella se pesca. La forma gramatical de la red permanece idéntica pero los agujeros de la malla serán grandes si se trata de pescar los peces gordos de la psique y pequeños si se trata de pescar pececillos. La sintaxis que hoy usa un narrador argentino que sigue los experimentos de James Joyce fue usada en nuestra primera obra narrativa, el *Poema del Cid*, y, ni que decirlo, en Cervantes. (Cfr. Guillermo Díaz-Plaja, *La técnica narrativa de Cervantes*, Barcelona, 1949; Friedrich Todemann, «Die Erlebte Rede im Spanischen», *Romanische Forshugen*, XLIV, 1930.)

17.8. **Tradición e Innovación**

Del examen de la forma lingüística de los «discursos» (o hablas) paso ahora al examen de los procedimientos literarios que presentan o simulan presentar la subjetividad. Estos procedimientos varían en su enfoque de la intimidad de un personaje. Unos la observan ya moldeada por el lenguaje o, si el nivel de intimidad que observan es preverbal, la moldean con un lenguaje coherente. Otros observan la intimidad que el personaje mismo todavía no ha organizado con el lenguaje y, como son procedimientos literarios, o sea, tienen que estar escritos, simulan un lenguaje incoherente, aparentemente no dirigido a la comprensión lógica del lector. Los primeros son tradicionales; los segundos, innovadores. Por razones didácticas los presentaré por separado pero conste que si bien es cierto que hay cuentos escritos con un solo procedimiento, lo normal es que todos los procedimientos trabajen juntos.

Aunque para un psicólogo la vida íntima del hombre es un inclasificable fluir psíquico, para un crítico literario las técnicas de la novela y el cuento se pueden clasificar en tradicionales e innovadoras. ¿Tradicionales hasta cuándo?; ¿innovadoras desde cuándo? Porque también la historia es un todo continuo, y los conflictos que se distinguen entre normas establecidas y normas experimentales dependen de la perspectiva del crítico. Cada generación ve un orden que viene del pasado y una aventura que se abre al futuro. Las miradas están siempre fechadas. Eligiré, como fecha, 1910, que es el año de mi nacimiento. He sido testigo de la ola que se deshace y rehace. En mis años de juventud todos habíamos oído hablar de las teorías psicológicas de Dilthey, James, Freud, Bergson, Adler, Jung, Spranger, Khöler, Sartre; todos estábamos familiarizados con el reflejo de esas teorías psicológicas en la nueva narrativa de Dujardin, Proust, Valèry, Larbaud, Joyce, Woolf, Faulkner...

Narradores de todos los tiempos intentaron, si no reproducir los procesos mentales, porque eso es imposible, por lo menos fingir que lo que narraban era una reproducción. Pero en el pasado el análisis interno del fluir psíquico se hacía desde fuera o, si se hacía desde dentro, no penetraba en la zona de lo no verbal. En cambio, en el siglo XX, muchos narradores se especializaron en procedimientos que, por ser nuevos, requerían un bautizo. Entonces se les dio el nombre de «monólogos interiores narrados» y «monólogos interiores directos».

Para justificar la división —aparentemente antojadiza— en técnicas tradicionales e innovadoras me detendré en el caso del monólogo, a reserva de estudiarlo más adelante.

Encontramos monólogos en las narraciones más antiguas. En mi cuento «La Botella de Klein» (K) el protagonista, lector de James Joyce, salta en el tiempo, se encuentra con Odiseo y le dice:

> ¡Qué! aun «monólogos interiores» —procedimientos de última moda— tú, Odiseo, fuiste el primero en pronunciar. En los momentos de congoja, cuando el espíritu se rompe por dentro y unas voces luchan contra otras, Homero comenzaba: «Y el héroe, gimiendo, así hablaba con su propio y magnánimo corazón.» Y entonces tú seguías: *O moi ego...* («¡Ay de mí, desdichado!»...)

El monólogo interior es una convención que, con palabras astutamente elegidas, finge presentar el tácito discurrir de un personaje. Sólo la literatura, gracias a esa convención que el lector acepta, es capaz de hacer oír un monólogo silencioso. Pero los monólogos interiores de las literaturas clásicas, medievales, modernas y aun del siglo XX presentaban un pensamiento que, aunque se supiera silencioso, tenía la estructura de la lengua gramatical. Por el contrario, en los monólogos interiores de la literatura contemporánea, el lenguaje se organiza, no sobre la gramática, sino sobre lo que la psicología nos enseña de la personalidad profunda. Se produce entonces una revolución lingüística: no hay más remedio que caracterizar con palabras a un personaje estremecido por impresiones inefables, pero esas palabras se ordenan para comunicar el desorden. Parecen informales, antiartísticas y sin duda rompen las normas de la gramática, pero es porque se zambullen en el fluir psíquico del personaje y, mientras se van nadando, asoman la cara sobre las ondas para hacer señas al lector. La prosa de la narración de pronto entra en laberintos sintácticos que remedan laberintos psicológicos. Surge así una nueva Retórica, tan mañosa como la vieja.

17.9. Técnicas tradicionales (anteriores a 1910)

Son viejísimas y tienen de común que el análisis interno se hace en el nivel de la comunicación lingüística. Aun cuando el discurrir de la mente sea silencioso, el narrador habla. El narrador habla desde fuera si está interpretando la psicología de un personaje o desde dentro si él mismo es el protagonista. De cualquier modo, habla. En el primer caso nos dice: «él siente, piensa». En el segundo caso, «yo siento, pienso». Puesto que el narrador —omnisciente o protagonista— tiene en cuenta a un lector acostumbrado a que se le hable con claridad, su análisis no se aparta o se aparta poco de las leyes racionales y gramaticales del discurso. Aun los fenómenos psíquicos teñidos por la subsconsciencia aparecen bordados sobre un bastidor muy consciente. El área de la comprensión psicológica está dominada por el lenguaje. El narrador observa los movimientos del ánimo y quiere que el lector también los vea. Esto es, el análisis interno está dedicado a un público en un lenguaje público. En consecuencia el lector no ve el desordenado fluir psíquico sino un ordenado informe sobre él.

17.9.1. INFORME DEL NARRADOR PSICÓLOGO

Comencemos por el más superficial de los niveles de abstracción: el narrador que, a espaldas del personaje, habla de él con el lector. Su propósito es ser claro. Como dice el narrador en uno de los cuentos de Dostoievski: «Las impresiones que desfilan a toda velocidad por oscuros túneles cerebrales no pueden traducirse a palabras pero por lo menos intentaré resumirlas con orden y nitidez a fin de que el lector las entienda.»

El narrador suele ofrecer al lector los detalles necesarios para que comprenda al personaje. Ocurre que, en vez de mantener esta actitud objetiva, el narrador resulta ser un intruso que se pone a dar juicios impertinentes. Más efectivo es el narrador que se arroga la autoridad de un psicólogo profesional y nos da una especie de informe científico sobre la conducta de un personaje. Como es omnisciente o cuasi omnisciente no hay secreto que se le escape. Desde fuera de la acción del cuento ha visto los hilos psíquicos entretejidos en su trama y ahora nos dice lo que vio. Nos dice cómo son los estados de ánimo de su personaje pero no nos los muestra. Su discurso es claro, lógico. Se refiere al personaje con el pronombre de la tercera persona gramatical —«él sintió, él pensó»— y su interpretación del carácter abunda en descripciones y comentarios. Paul Groussac, en «La rueda loca», vuelve a tejer una trama conocida: un marido a quien «da rueda loca» de la imaginación le hace sospechar que su esposa le es infiel vuelve de un viaje, por la noche, para sorprenderla con su amante pero la encuentra cuidando como un ángel a la niña enferma. Tal situación se prestaba al análisis psicológico y, en efecto, Groussac lo hace muy bien con el método de la comprensión (sería mucho pedir que en 1896 lo hubiera hecho con monólogos interiores). Y no sólo nos da un informe psicológico sino que en él incluye también el intento del marido de comprenderse a sí mismo.

17.9.2. INTROSPECCIÓN

El narrador, protagonista o testigo, se autoexamina. Su introspección se lleva a cabo con el pronombre de la primera persona gramatical. Estamos en el umbral de la autobiografía; a veces el cuento es una autobiografía disfrazada. El personaje, protagónico o deuteroagónico, se analiza y luego interpreta sus experiencias vivenciales con lucidez. Su discurso es racional y razonable. Aunque no esté dirigido a nadie dentro del cuento, tiene la eficacia de una sintaxis regulada por un codigo público. Da lo mismo, pues, que este ejercicio introspectivo no esté dirigido a nadie o esté recitado para sí; da lo mismo que el personaje lo pronuncie en voz alta o que nos enteremos de él gracias al oficio adivinatorio de un narrador capaz de oír el silencio. En todos los casos hay un personaje que se autoanaliza con perfecto dominio de sí, en una introspección bien formulada. La conciencia irradia del personaje al lector. La claridad de la introspección se debe, en parte, al interés en la trama del cuento. Emociones e ideas están rendidas con lógica, con gramática porque se trata de relacionar al personaje con su circunstancia. Esta técnica, pues, sirve, no sólo para caracterizar al personaje, sino también para precipitar la acción del cuento. La voz del personaje es un monólogo. Nada más tradicional que el monólogo. La palabra griega «monólogo» significa un hablar solo, un soliloquio. La usamos aquí en el sentido que tiene en el teatro: el actor, aunque se suponga que, en un aparte del movimiento escénico, habla solo, organiza sus palabras para que los espectadores lo entiendan. Conste, pues, que el monólogo al que me refiero aquí no es ninguno de los monólogos interiores propiamente dichos que estudiaré más adelante. No. Este monólogo del que estoy hablando no nos muestra la mente en el acto de producir incoherentes emociones e imágenes sino que nos comunica el producto final, claramente elaborado, del proceso oculto. Si el narrador protagonista no hace más que autocontemplarse, todo el cuento es una larga introspección: un yo desligado de las cosas, casi pura subjetividad, ausculta su corazón y se confiesa. A veces, como si su conciencia fuera un espejo, reflexiona sobre su mente en el instante de auscultar el corazón. Por mucho que se introspeccione y se calle, su monólogo presupone un auditorio que espera un discurso ordenado con la gramática de la comunidad. Eduardo Wilde, en «La lluvia», hace que su protagonista analice sus delirios febriles durante una enfermedad infantil:

> Percibía todo, pero como si fuera yo otra persona, siendo ante mi juicio un desterrado de mí mismo. El tiempo era eterno... Soñaba cosas increíbles, siendo, a mi juicio, sueños las realidades y realidades los sueños. Oía los ruidos con mis propios oídos, pero como si éstos me hubieran sido prestados y no supiera manejarlos. Veía los objetos o muy lejos o muy cerca; cuando me sentaba, todo daba vueltas y cuando me acostaba mi cama se movía como un buque. Paseaban en mi cuarto animales silenciosos y muebles con vida.

17.9.3. ANÁLISIS INTERIOR INDIRECTO

Ahora nos preparamos para pasar, en suave transición, de las técnicas tradicionales a las innovadoras. El puente se apoya, hacia el lado de la tradición, en el «análisis interior indirecto» y, hacia el lado de la innovación, en el «monólogo interior narrado». Examinemos el primero.

El narrador presenta indirectamente los pensamientos no formulados de su personaje. Su actitud no es la del psicólogo. Ya vimos en 17.9.1. al narrador que se arroga la autoridad de un psicólogo profesional y comunica al lector su propia interpretación con un discurso racional y aun científico. Ahora, en cambio, estamos tratando con un narrador que se identifica con el personaje y comprende los movimientos de su ánimo, aun en la zona más oscura. Como en esa zona no hay todavía palabras, el narrador presta al personaje sus palabras y así lo ayuda a espresarse. Ya se ve, pues, que tampoco es el personaje quien habla con sus propias palabras, según vimos al exponer en 17.9.2. la técnica de la introspección. En el yacimiento más profundo de su subjetividad el personaje no podría hablar con su propias palabras por la sencilla razón de que sus pensamientos están a medio formar y permanecen en la penumbra. El narrador, ejerciendo sus derechos a la omnisciencia, podría hacer como que el flujo psíquico del personaje balbucea en la boca de un «yo» —eso sería un monólogo interior directo (17.10.2.)—; pero en el caso que ahora nos ocupa el narrador ha elegido analizar indirectamente la interioridad del personaje, con lo cual se limita a sugerir qué es lo que el personaje diría, más o menos, si su cerebración pudiera expresarse. Así, el narrador está entre el personaje y el lector, y con sus intromisiones tan pronto saca a luz la asociación de imágenes del personaje como, con comentarios y descripciones, guía al lector para que pueda entenderlo. El narrador emplea el pronombre de la tercera persona gramatical (a veces, aunque raramente, el de la segunda persona: 7.2.8.) e introduce a su personaje con una fórmula: «él pensó, temió, deseó, sintió». O sea, que el acto de informarnos sobre el proceso mental del personaje está explícitamente indicado en el texto, con el «verbum dicendi» y el «verbum sintiendi» característicos del «discurso indirecto» (17.7.2.). El narrador se esfuerza en hacer oír la voz silenciosa del personaje, pero interviene con explicaciones. Roberto J. Payró, en «Puntos de vista» —de la colección *Violines y toneles*, que es de 1908— hace que el narrador analice la decepción de Teresa al ver por primera vez el mar. El narrador nos da una introducción al pensamiento de su personaje con un verbo en pretérito: «Teresa tuvo.» En consecuencia, según vimos en la tabla de trasposiciones verbales (17.7.3.), el presente de un posible discurso directo —¿es éste el mar?, ¿me han engañado?— en el análisis interior indirecto se transforma en imperfecto y pluscuamperfecto: «¿Era aquello el mar?... ¿La habían engañado?»:

> Y Teresa tuvo un desencanto... ¡Cómo! ¿Era aquello el mar? ¿Era aquello el Océano, el soberbio Atlántico, el escenario estupendo ante quien el alma se siente absorta...? ¿La habían engañado efectivamente los libros?

Este estilo que, según se ve, es tradicional, puede remozarse en situaciones forzadas como la de «El rompecabezas» de Daniel Moyano: un hombre, más dormido que despierto, confunde sensaciones que recibe de su casa —allí tiene mujer, hijos— con las impresiones de un cuarto de pensión que, años atrás, compartió con un trabajador. El narrador describe con claridad la oscura experiencia del protagonista. «Varios signos no articulados cruzaron rápidos por su mente y aunque no se convirtieron en palabras él pudo saber, sin embargo, que querían decir soy yo Juan.»

17.10. Técnicas Innovadoras (posteriores a 1910)

Continúo la suave transición que inicié en 17.9.3. La última de las técnicas tradicionales que allí expuse difiere de la primera de las técnicas innovadoras en un detalle gramatical. El análisis interior indirecto que ya examinamos estaba introducido explícitamente con una fórmula sintáctica: «él pensó, sintió», etc. El monólogo interior narrado que ahora examinaremos no está precedido por tal intervención del narrador. Lo que hace que una técnica sea tradicional y la otra innovadora no es el aparato gramatical, sino el nivel de subjetividad: en la primera, la subjetividad discurre de un modo más o menos lógico; en la segunda, desatina en frases más o menos incoherentes. Igual que las tradicionales, las técnicas innovadoras son lingüísticas. He aquí un cuento sumido en la subjetividad de un personaje. Alguien lo ha contado; y lo ha contado con palabras. Pero las técnicas innovadoras se diferencian de las tradicionales en el grado con que el narrador simula renunciar a su personalidad y a su lengua. Se abstiene, en lo posible, de comentarios, no sin antes haber pactado con el lector en el sentido de que éste ha de tomar las palabras que lea como indicios mudos e incomunicativos de imágenes que, en la mente del personaje, se producen sin palabras. El lenguaje de la crítica nos ha acostumbrado al término «monólogos interiores propiamente dichos» pero más bien deberíamos decir «impropiamente dichos». Lo cierto es que no son monólogos sino mas bien seudomonólogos: se trata del simulacro de una subjetividad que se ignora a sí misma y, sin embargo apabulla al lector con sus aires de sabelotodo. No obstante la impropiedad del término «monólogo» aplicado a lo que no es un «logos», voy a retenerlo. Cuando yo diga que el narrador no interviene, entiéndase que su intervención es discreta, mínima, altruista; cuando yo diga que el fluir psíquico del personaje es silencioso, entiéndase que las palabras que leemos son símbolos que pretenden no dirigirse a nadie. Es un juego ilusorio: la ilusión consiste en que el narrador, con sus personales técnicas lingüísticas, intenta hacernos creer que no hay personales técnicas lingüísticas, sino que estamos asomados a la intimidad de un personaje. Valgan estas advertencias para corregir las contradicciones en que yo inevitablemente incurra al describir «hablas no habladas».

Ahora sí examinaremos los «monólogos interiores» propiamente (o impropiamente) dichos. Son técnicas que exploran los sótanos más oscuros y profundos de la personalidad, lo que Leopoldo Alas llamaba «subterráneo hablar de una conciencia». Sensaciones, sentimientos, intuiciones, visiones, deseos, temores, sueños, recuerdos, fantasías, todo sorprendido a veces en fases psíquicas anteriores al pensamiento verbalmente comunicado. El narrador no explica el *yo* desde fuera sino que lo describe desde dentro. El lector se siente en inmediato contacto con la vida representada en el cuento. Lo que los monólogos interiores, sean narrados o directos, tienen de común, es que nos enfrentan a recónditas regiones de la vida nerviosa.

El lector lee una serie de palabras; pero las palabras del narrador están allí precisamente para llamar la atención sobre el hecho de que no hay palabras que rindan con plenitud las impresiones del personaje. Son impresiones prelingüísticas, inefables, inenarrables. El mundo psíquico corre rápido y digresivo por debajo del lenguaje. Fijar verbalmente una psiquis no verbal es tan absurdo como encender la luz en un cuarto para ver la oscuridad o como contar un sueño sin haberse despertado o como oír el eco de una voz no pronunciada. Lo más que puede hacerse es traducir la intensidad interior en una descripción rica en imágenes y sugerencias. El cuentista simula que se ausenta del cuento dejando todo en desorden pero en verdad sigue muy presente en la hábil selección de índices desordenadores. Su selección nos hace creer que no ha habido selección; nos hace creer que, encandilados por una reverberación mental, estamos observando los furtivos pensamientos de un personaje.

Los monólogos interiores propiamente dichos no explican ni comentan la idiosincrasia del personaje, sino que el personaje mismo se desnuda en silencio. Surgen de una honda fuente y por eso el narrador no los organiza ni lógica ni sintácticamente. En todo caso la gramática es tan floja que a través de sus grietas uno cree vislumbrar una tenebrosa subconsciencia. Si la noción de monólogos que nadie pronuncia y por tanto nadie oye es contradictoria, no lo es menos la noción de que nos asomamos a la subconsciencia. Contradicciones que las resuelve el arte de narrar apelando a ciertas convenciones que aceptamos de buena gana porque al leer un cuento el lector no está interesado en la verdad sino en la ficción: aceptamos la convención de que el narrador presenta el fluir psíquico, siendo que sólo simula; aceptamos la convención de que el narrador conoce la subconsciencia de un personaje, siendo que sólo puede inferir la subconsciencia a partir de sombras que suben por los resquicios de la conciencia. Expondremos dos clases de monólogos interiores: el narrado y el directo.

17.10.1. MONÓLOGO INTERIOR NARRADO

Esta técnica ha sido estudiada bajo diferentes nombres: Style indirect libre, Represented Speech, Erlebte Rede, Estilo vivencial. Adopto el término de Dorrit Cohn, «Narrated monologue» (cfr. *Transparent minds: narrative modes for presenting consciousness in fiction,* 1978). Al traducir el sentido del término alemán «erlebte Rede» —discurso vivido o vivencial—, la señora Cohn vaciló entre «conciencia narrada» y «monólogo narrado» quedándose al final con el segundo. El término más conocido es el de «discurso indirecto libre» (17.7.3.), sólo que ése sirve para presentar tanto las palabras pronunciadas por un personaje cuanto sus pensamientos no verbales. En esta sección me estoy refiriendo al último caso.

El narrador es omnisciente y usa el pronombre gramatical de la tercera persona (como en 17.9.1.) pero nos muestra lo que está pasando por la mente del personaje. ¿Cómo consigue este efecto? Recuérdese lo dicho en 17.7.3. El narrador, en un discurso directo, hace que el personaje se exprese con un «¡soy feliz!» y, en cambio, en un discurso indirecto se refiere al personaje con la introducción «él pensó que era feliz». Pues bien: en el discurso indirecto libre, cuando leemos «¡qué feliz era!», sabemos que se trata del personaje por el contexto. El narrador, sin interrumpir la marcha del cuento, sin cambiar ni el pronombre de tercera persona ni el tiempo verbal de su narración, comprende lo que el personaje se dice a sí mismo o está sintiendo sin decírselo a nadie. El narrador rinde ese ineludible monólogo, no en su propio estilo narrativo, sino en el habla del personaje mismo; esto es, en el habla que el personaje usaría si en vez de pensar en silencio pensara en voz alta. Dicho de otro modo: en el monólogo interior narrado se traducen los pensamientos y palabras posibles del personaje pero indirectamente, sin que el narrador parezca intervenir. A lo más, el narrador nos da indicios en frases precedentes o subsiguientes. Las palabras, los pensamientos, las emociones del personaje suelen pertenecer a un habla y a una entonación diferentes del nivel lingüístico, mental y emocional del narrador. Éste, si así lo quiere, puede manifestar su propia actitud. La supresión de fórmulas introductorias («él pensó, sintió», etc.) asegura, en el monólogo interior narrado, el tránsito del informe del narrador al pensamiento del personaje. Gracias a tal técnica nos enfrentamos al pensamiento del personaje, captado en una parodia de habla personal (el narrador mantiene el pronombre de la tercera persona). El narrador, al evocar la silenciosa voz de su personaje, no interrumpe la acción del cuento porque el monólogo interior narrado está entramado en el contexto narrativo. Un ejemplo de «Los dos hermanos», de Luisa Mercedes Levinson:

> Llamaron a la puerta. ¿Por qué ese hamburgo-steak no estaba totalmente crudo por dentro como reclamaba la gran voz clara partiendo de las grutas de oro de su garganta? Maldito país. Y la doncella ¿dónde diablos se había metido con la Bieckert? Ajjj... maldita gitana de la baja Europa...

El monólogo interior narrado se desliza, con cierta travesura, entre el discurso directo y el indirecto (17.7.1. y 17.7.2.). Es una imitación. Imita, en cierta manera, la entonación de la palabra real de las gentes. En la lengua oral ¿no suele el hablante imitar el modo de hablar de otra persona? Esta calidad mimética que pasa del coloquio a la gramática en forma de discurso indirecto libre (17.7.3.) implica dos tipos de imitación. Primero, el narrador, al imitar a su personaje, se identifica con él, se convierte en él, y en ese caso el monólogo es lírico. Segundo, el narrador se distancia del personaje, se burla de él, y este otro tipo de imitación es irónico. Como quiera que sea, el monólogo interior narrado es más ambiguo que el del análisis interior indirecto que ya vimos (17.9.3.) y el monólogo interior directo que veremos (17.10.2.). Implica una voluntad estética, juguetona. A veces no se sabe quien habla, si el narrador o el personaje. Hay entonces un doble registro de lengua oral y lengua literaria, de lengua viva y lengua revivida, de lengua en acto y lengua en potencia. Un ejemplo de Federico Peltzer, tomado de «La música del sol». Un director de orquesta, enfermo, febril, está tendido en una playa, bajo el sol ardiente; gracias al narrador seguimos las ondulaciones de su mente agitada por la Pastoral de Beethoven, por imágenes de su mujer Ingrid, por las sensaciones que recibe:

> Hay que insistir en la parte de la danza, el tercer movimiento. Música, música. ¿Todavía la amaba? A veces quería no oír, matarla. Volvía la música. Temas, ritmos, variaciones. De noche, dormido, lo llamaban fragmentos casi olvidados, partituras que había dirigido en audición única. La suave mano de Ingrid lo hacía volverse: «No cantes, me despiertas.» Descubrir en la noche a Ingrid. La música no deja tiempo para otra vida que no sea su vida. ¿O ella tiene vida bastante? Gris. Dolor de cabeza...

17.10.2. MONÓLOGO INTERIOR DIRECTO

Hay otro tipo de monólogo interior que parece surgir directamente del fondo de las almas. Tal monólogo se caracteriza, no tanto por ser interior, sino por hacernos creer que se ha emancipado de la autoridad del narrador para saltar de golpe a la narración y ocupar el primer plano. La ilusión de ser un discurso inmediato se debe a que no notamos el entrometimiento del narrador. En realidad sí se entromete —después de todo él está escribiendo el cuento— sólo que se abstiene de descripciones, explicaciones y comentarios. Ni siquiera se refiere al personaje con frases en tercera persona como «él sintió», «él pensó», sino que hace que el personaje mismo hable en primera persona. El narrador disimula su presencia y en cambio simula que el personaje está en plena rumia mental. El monólogo del personaje, sin embargo, es silencioso y no está destinado ni a otros personajes ni al lector. No habla para nadie. No habla. Su monólogo simboliza lo que en realidad no es monólogo porque no es verbal. Si comprendemos el fluir de sus emociones y pensamientos es porque las palabras se dejan atravesar como la indiscreta diafanidad de un cristal. Lo que vemos es la materia prima de una subjetividad naciente, recién desprendida de las sensaciones, antes de que entre en la franja iluminada por el razonamiento. El lector, sorprendido de encontrarse en las galerías subterráneas del personaje, se pregunta: «¿Cómo he llegado hasta aquí?» Es más. A veces se pregunta: «¿A quién pertenece este flujo verbal que simboliza un flujo psíquico?» Porque el monólogo, aunque asocia imágenes, es disociativo de la personalidad y en su seudo charloteo no individualiza a nadie. El monólogo interior directo de las últimas páginas de «Tríptico», de Marta Lynch, podría encajar en cualquier otro practicante del mismo estilo pues ya no hay ni trama ni personaje: es como si Marta Lynch, al dejar brotar una cháchara que no narra nada, hubiera querido impersonalizar al narrador, anonimar al personaje y anonadar a su cuento. La escritura automática —destituida de significación lógica— corre impulsada por imágenes en libertad. No es la introspección que definimos en 17.9.2. puesto que el personaje ni es plenamente consciente de sí mismo ni toma posesión de su intimidad con un discurso inteligente. Es la simulación de un monólogo interior directo, balbuceante, caótico. El lector acepta esa simulación y él también simula creer que está en contacto inmediato con lo más íntimo del personaje. Aun se le antoja que el cuento se hace solo, sin la complicidad de una conciencia artística responsable. No le molesta la contradicción de que la profundidad del personaje resulte trivial, de que impresiones preverbales sean verborrágicas, de que el monólogo sea a la vez silencioso y audible. El lector acepta las reglas del juego: en la literatura aun los sentimientos sin palabras tienen que ser referidos con palabras. El monólogo interior directo no es una reproducción científica; ni siquiera realista. Es pura ficción. En el capítulo IV de *Vigilia* hay una descripción de la duermevela de Beltrán. El narrador lo hace primero en tercera persona con la técnica del monólogo interior narrado; después, en primera persona con la técnica del monólogo interior directo. Pues bien: confieso que, a pesar de la aparente fluidez de este último, lo compuse con plena conciencia de que estaba imitando la subsconciencia. Por supuesto tal imitación es imposible, y las palabras que quieren sugerir incoherencia («si no sino cima cima seno sueño sueña náusea nace náusea») fueron tan elegidas como las del resto de la narración. (En el capítulo XXIII de *Evocación de sombras en la ciudad geométrica*, 1989, hago que el narrador discurra sobre las técnicas, claras y oscuras, para describir la personalidad profunda.)

17.11. Sintaxis de estas técnicas

Al exponer cada una de las técnicas para describir los procesos mentales hice las observaciones sintácticas correspondientes. En suma, diríase que la sintaxis más adecuada a las técnicas del narrador psicólogo (17.9.1.) y de la introspección (17.9.2.) es la del discurso directo (17.7.1.) si bien la primera también puede servirse del discurso indirecto libre (17.7.3.). Naturalmente la sintaxis más adecuada al monólogo interior narrado (17.10.1.) es la del discurso indirecto libre (17.7.3.) y la más adecuada al monólogo interior directo (17.10.2.) es la del discurso directo (17.7.1.). Cuanto más ilógico es el pensamiento del personaje tanto más hábil debe ser el narrador para impedir que su prosa lo ordene demasiado. Las palabras tienden a hacer cristalizar en conceptos estáticos el dinámico fluir de la conciencia. Prevenido contra esa tendencia el narrador baja del plano social del lenguaje a las fuentes de la vida de donde, en cada persona, manan libres asociaciones de imágenes. Ojalá pudiera inventar palabras. En efecto, el narrador se entrega a un frenesí neologístico. Pero se contiene. Si todas las palabras fueran nuevas nadie comprendería nada, así que se resigna a hacer lo que puede con el lenguaje convencional. Lo que puede hacer es desquiciarlo y reordenarlo hasta que parezca tan ilógico como el pensamiento de su personaje. Fluidifica las palabras-conceptos por vía metafórica y logra que las categorías psicológicas hagan estallar las categorías gramaticales. Para sugerir el continuo cambio insiste en enlaces extraoracionales («y, pero, pues, porque»); en elipsis y anáforas que establecen relaciones mentales entre oración y oración; en el tiempo verbal imperfecto («pensaba, temía»); en modulaciones de la emoción («oh, ah, ¡caray!»), en gerundios que expresan anterioridad o coincidencia temporal con respecto al verbo de la oración («viéndola sonreír se imaginaba que...»), en anárquicas licencias y excepciones (la permutación, la elipsis, el pleonasmo e interrupciones como el anacoluto), etc. Y después de este servicial «etcétera» pasemos a los signos de puntuación.

17.12. Signos de puntuación y tipografía

La simulación del fluir psíquico más incoherente se ayuda a veces con el caprichoso uso (o no uso) de los signos de puntuación y con artes tipográficas que cambian los tipos de imprenta y dan significado a los espacios en blanco (16.6.1.). Los signos de puntuación son: coma, punto, punto y coma, dos puntos, puntos suspensivos, interrogación, admiración, paréntesis, corchetes, comillas, guiones largos y cortos, apóstrofes... Frases entre paréntesis o entre comillas, frases compuestas en bastardilla, frases separadas por puntos suspensivos, por líneas en blanco o por cifras y frases contrapuestas a dos columnas paralelas permiten al lector identificar a personajes, situaciones, saltos cronológicos y los múltiples niveles de conciencia sin que el narrador necesite intervenir con explicaciones externas. A veces, sin embargo, estos recursos son mecánicos y si hiciéramos caso omiso de ellos la prosa resultaría ser perfectamente lógica. En efecto, en la técnica de los monólogos interiores la supresión de esos signos —o su uso irregular— suele producir efectos engañosos. Una sintaxis muy gramatical, si se le quitan los signos, hace creer al lector aturdido que está frente a un desordenado fluir psíquico, como si un pensamiento interrumpiera a otro, la lengua del narrador se fundiera con la del personaje o voces de distintos personajes sonaran en coro. El cuento «Él y el otro» de Augusto Roa Bastos está compuesto sin comas ni puntos: parece una sola oración que se extiende a más de diez páginas. Pero restituyamos los debidos signos a ese despuntado cuento y su apariencia de monólogo incoherente desaparece. La intención meramente mecánica es visible en cuentos de sintaxis normal que distribuyen caprichosamente las palabras por el espacio de la página o rompen aun las palabras con signos que no alteran su sentido. Ricardo Feierstein compuso «La cabalgata deportiva Gillette» a dos columnas —en la izquierda, descripción del acto sexual; en la derecha, diálogo— pese a que el relato progresa en una sola línea temporal. Silvina Bullrich cuenta siempre con vivacidad muy espontánea, muy coloquial, pero esa naturalidad se hace aún más efectiva por la supresión artificiosa de los signos que indican las diferentes voces de un diálogo. En «El amante», pongamos por caso, la narradora oye la conversación entre su madre y el amante de su madre: «La voz de mamá era un quejido. Más adelante, dijo Rolo: ¿Por qué no ahora? Porque no. ¡ROLO! El nombre cortó la noche. Rolo, por favor, una vez más, siquiera una vez más, no te pido nada, sólo verte. Los pasos de Rolo volvieron a acercarse. Es peor, Mónica, ¿no ves cómo te ponés? Más adelante cuando te tranquilices. Estoy muy tranquila. Sí, claro, pero ahora andá a dormir. Mañana te llamo. ¿Lo jurás? Sí, andá a dormir...»

La estrategia en la distribución de letras negras en el blanco de la página ha sido practicada en todas las épocas pero ahora apunto a esa colaboración de arte literario con arte gráfico cuando el propósito es presentar el proceso mental de un personaje. Otro empleo de la tipografía es el de suprimir mayúsculas o cambiar el tipo y cuerpo de la letra de imprenta. Por ejemplo, si la narración está impresa en letra redonda, el repentino uso de la bastardilla indica un cambio de tiempo, de personaje, de dirección, de nivel o la irrupción de un monólogo interior. (Lo último suele indicarse también con diversos signos de puntuación.)

17.13. Cauces

El fluir psíquico del narrador o de su personaje —sobre todo si es incoherente— inundaría el cuento si no hubiera cauces que lo ordenasen, diques de contención, boyas, guías que indicaran el curso de la acción. James Joyce fue en sus años el ejemplo máximo de las técnicas para captar el fluir psíquico en su capa más ilógica: obsérvese, sin embargo, que el fluir de *Ulysses* estaba encauzado en alusiones a la *Odisea* de Homero: este contexto clásico, bien presente en el recuerdo del lector, impedía que el texto de los monólogos interiores se desbordara.

Lo mismo pasa en el cuento. ¿Cómo ordenar la fluidez de la intimidad? Si no hay orden el cuento se desintegra en puro caos. Si el orden está impuesto por la realidad circundante, la ondulación de la vida interior queda desvirtuada. ¿Con qué orden, pues, el narrador va a sugerir sus ideas e intenciones? Por lo general recurre a símbolos culturales, a arquetipos, a mitos, a lugares comunes de la historia y las ciencias naturales, en fin, a toda noción lo bastante conocida, lo bastante sólida para ser aprovechada como represa. Mediante esas formas encauza la materia psíquica y le da sentido. Son formas que operan en diferentes planos de significación: en uno de esos planos sirven de contexto al fluir mental del personaje. He examinado ya algunas de estas formas (13. y 16.) pero aquí debo siquiera mencionarlas.

La fugacidad del tiempo y las tónicas dominantes en cada instante pueden matizarse con sólo ajustar las escenas a los ciclos naturales: horas del día, estaciones del año. A veces los ciclos son filosóficos, impuestos por el cuentista, como cuando se proyecta sobre el cuento el tema del «eterno retorno». La confusión con que se desborda la mente del personaje puede disciplinarse con unidades exteriores. Por ejemplo, una acción principal, en un día, en un sitio. O puede cristalizarse en motivos obsesionantes que al recurrir una y otra vez adquieren valor de símbolos lógicos, o arremansarse en momentos en que se recapitula todo lo anterior y se da una sinopsis que permite al lector juntar sus datos y seguir adelante. El cuentista puede hacer que en el río de imágenes de su personaje se refleje como por casualidad un paisaje literario que está en la orilla: el lector reconoce, entonces, los temas de un libro clásico, y aunque esto no tenga nada que ver con el personaje, sí revela el propósito paródico del narrador. Así la intercalación de pasajes bíblicos o de citas en verso o en prosa que dan la pauta. Un ejemplo argentino. «Yokasta», de Liliana Heker, es el monólogo interior de una madre, Nora, que juega eróticamente con su hijo Daniel: lo llama «pequeño Edipo», lo cual completa la alusión al mito que ya estaba en el título «Yokasta». También puede ser reveladora la alusión a un gran acontecimiento histórico. Hay formas simbólicas que experimentan con técnicas derivadas de otras artes: el cine, la música, la pintura (16.6.). En verdad, en un gran sector de la cuentística contemporánea encontramos trucos cinematográficos: montaje, movimiento acelerado, retardado o reversible, panorama a distancia y análisis de un detalle en toda la extensión de la pantalla, cortes, imágenes esfumadas y superpuestas, deslizamiento de la cámara desde ángulos sucesivos o simultáneos. Los préstamos que se piden a la música son también frecuentes. Con sentido musical se usan variaciones, desarrollos temáticos, inver-

siones, cadencias, cambios de clave, síncopas, armonizaciones de diferentes líneas me-
lódicas, sobre todo el leitmotiv. Los préstamos que se piden a las artes plásticas —pre-
feridas por el Modernismo— se conocen en las perspectivas ante el espacio, la
composición de simultaneidades, descripción con escorzos, transposiciones de cuadros
y esculturas, el uso de marcos, pedestales, retablos, frisos. Otras formas que ponen
diques a la impetuosa inundación de la subjetividad son las de la alegoría, la trama y
sus temas, la duplicación interior, las historias independientes que sirven como hitos
fijos de referencia, las simetrías y contrastes.

17.14. Procesos mentales y puntos de vista

Se habrá notado que en mi exposición de las técnicas para describir los procesos mentales me he referido también a los puntos de vista. Una prueba más de que, al
estudiar la indivisible unidad del cuento, no se puede analizar uno de sus aspectos sin
hacerse cargo del resto. Los temas del fluir psíquico y del punto de vista están relacionados, aunque no son una y la misma cosa. En 6.3. examiné los cuatro puntos de
vista efectivos: narradores que están dentro del cuento y narran en primera persona
(protagonista y testigo) y narradores que están fuera del cuento y narran en tercera
persona (omnisciente y cuasi-omnisciente). Cuando toda la acción del cuento consiste
en la corriente de emociones, imágenes y pensamientos que pasa por la mente de un
personaje, los puntos de vista posibles se reducen a los del narrador-protagonista y
narrador-omnisciente. Ni el narrador-testigo ni el narrador-cuasi omnisciente se asoman a la intimidad ajena para sorprender los monólogos silenciosos de otro personaje.
Si, no obstante, los cuentos del narrador-testigo y del narrador-cuasi omnisciente presentan en relámpagos interminentes esos monólogos es porque sus respectivos narradores han recurrido a desplazamientos y combinaciones de puntos de vista (7.1.). Excluidos los puntos de vista del narrador-testigo y del narrador-cuasi omnisciente —narradores de cuentos que no revelan el fluir psíquico del personaje— el diagrama que
presenté en 6.3. admite, pues, esta variante:

17.15. Aclaraciones

No olvidar que el narrador es siempre quien habla aunque simule adoptar el
punto de vista de sus personajes. Lo que hace es ponerse en lugar de ellos: es decir,
que sigue estando presente en su narración. Aun en el discurso directo de los personajes *(Soy feliz)* se oye la voz del narrador: de aquí que, en muchos cuentos, los personajes hablen de modo parecido. En el discurso indirecto *(Él pensó que era feliz)* la
voz del narrador suena más fuerte; y en el discurso indirecto libre *(¡Él era feliz!)* el
narrador se mete en la cabeza de sus personajes pero no les presta el don de la palabra. Habla por ellos. El narrador, en el estilo indirecto libre mantiene su punto de
mira en el monólogo interior narrado, el narrador busca la perspectiva del personaje:
el narrador se hunde en la intimidad del personaje sin intención de ordenarla y analizarla racionalmente. Y como esa intimidad es preverbal, al verbalizarla la arranca del
plano de la psicología y la traslada al plano de la estética. La expresión literaria, por
más que finja el desorden de imágenes en estado naciente, hace que la intimidad pase

El cuento revela el fluir psíquico del personaje	Pronombre de primera persona	Narrador protagonista	Técnica tradicional: 17.9.2. Introspección Técnica innovadora: 17.10.2. Monólogo interior directo
	Pronombre de tercera persona	Narrador omnisciente	Técnica tradicional: 17.9.1. Informe del narrador psicólogo [Transición: 17.9.3. Análisis interior indirecto] Técnica innovadora: 17.10.1. Monólogo interior narrado

de lo informe a la forma. El monólogo interior directo del personaje puede dar la impresión de que el narrador ha sido aniquilado pero lo cierto es que sólo un narrador omnisciente puede describir el íntimo hervor de un personaje. El monólogo interior directo es un caso extremo de omnisciencia, pues allí la identificación de narrador y personaje es total. Con una reserva, la de que es una omnisciencia que se limita a sí misma pues el narrador explora sólo lo que el personaje está rumiando en lo más oscuro de su personalidad. El narrador se desliza a esa rumia interior de dos maneras: con el pronombre de tercera persona, disolviendo su narración en el fluir psíquico del personaje (monólogo interior narrado); y con el pronombre de primera persona renunciando a su intervención para, en cambio, dejar que el personaje muestre su propio caos (monólogo interior directo). En la primera manera el personaje sabe más que el narrador que se le acerca; en la segunda, el narrador, por trasladar lo inexpresado al plano de la expresión, sabe más que el personaje. En ambas maneras el narrador, aunque parezca eliminarse de la narración para iluminar a sus personajes, está presente. Él es quien articula lo inarticulado, quien conecta lo prelógico con palabras que no pueden dejar de cumplir una función lógica. Su «escritura automática» está tan construida como la de los poemas superrealistas.

18. PRIMACÍA DE LO NARRATIVO SOBRE LA DESCRIPCIÓN, EL ESCENARIO, EL DIÁLOGO Y LA CARACTERIZACIÓN

18.1. Introducción

En capítulos anteriores no he hecho otra cosa que referirme a procedimientos narrativos. Después de todo estamos estudiando el cuento, y lo esencial del cuento es que nos narre una acción. Narración que no narre, inconcebible. Los demás procedimientos cuentísticos —el punto de vista, la materia y la forma de la trama, el arreglo temporal de los incidentes, la exposición, la descripción, el escenario, el diálogo, la caracterización— están subordinados a los intereses de la narración. En las páginas que siguen me limitaré, pues, a insistir en la primacía de lo narrativo.

18.2. Narración y descripción

A primera vista Narración y Descripción se diferencian en que la primera trata de notables cambios en personajes, situaciones, circunstancias y por el contrario la segunda trata de cosas que no cambian o cambian apenas. La temporalidad de una narración es más intensa que la de una descripción. Por contraste, las descripciones nos impresionan como más espaciales, aunque sabemos que también son temporales: la percepción de un relámpago dura poco pero dura, y más todavía dura el proceso lingüístico de describirlo con una serie de palabras. Sin embargo, en el habla corriente el verbo «narrar» se usa siempre con referencia a acontecimientos en el curso del tiempo cuyos agentes son seres humanos (o animales personificados). Fuera de la Literatura usamos ese verbo en la Historia. Decimos que Fryda Schultz de Mantovani narra el cuento «Una gata como hay pocas» pero también decimos que narra su historia del cuento infantil en *Sobre las hadas*. El verbo «describir», por el contrario, se aplica, en el lenguaje corriente, no sólo a las contingencias cambiantes de la Literatura y la Historia (se describe un paisaje, una batalla) sino también a los fenómenos de repetición estudiados por las ciencias físiconaturales (se describe una molécula, una bacteria) y aun a las generalidades, abstracciones y teorías (se describe un teorema, un sintagma, un sistema filosófico). A primera vista parecería que una descripción puede estar exenta de elementos narrativos pero que una narración tiene forzosamente que describir. Un diccionario describe el significado de una palabra: «Agorafobia, sensación anormal de angustia ante los espacios abiertos y, especialmente, en calles y plazas amplias.»

Esta descripción no narra. Veamos, por el contrario, lo descriptivo de una narración: «Me bañé, afeité, vestí; me miré al espejo. "¡Vamos!", le dije a mi agorafobia, y salimos juntos a dar un paseo por el parque» (C). Descriptivos son aquí los verbos de movimiento y los sustantivos (éstos, aunque no están calificados por adjetivos, evocan la escena de una animación de lo inanimado). «Es más fácil describir sin contar —opina Gérard Genette en *Frontières du récit*— que contar sin describir, acaso porque los objetos pueden existir sin movimiento pero no el movimiento sin objetos.» De esta opinión podría deducirse —y hay quienes lo han hecho— que la descripción representa objetos y la narración acciones... Es lo que dicen pero al leer cuentos encuentro que la descripción de objetos hace visible la acción.

18.2.1. FUNCIÓN VISUALIZADORA DE LA DESCRIPCIÓN

La descripción y la narración son dos aspectos del modo de ser del cuento en el mundo literario, de igual manera que el cuerpo y el alma son dos aspectos del modo de ser del hombre en el mundo real.

Esta función visualizadora puede cumplirse en varios grados y modos, desde la mera ojeada a un lugar y una hora hasta la mirada atenta a un ambiente que influye con fuerza en el dinamismo de una trama. En algunos cuentos —por ejemplo, en los que tienen forma de poemas en prosa— la función visualizadora se extiende por todas sus páginas. Sin embargo, aun en los poemas en prosa del período más esteticista —Aloysus Bertrand, Charles Baudelaire, Oscar Wilde, Rubén Darío y, en la Argentina, Leopoldo Lugones— la descripción suele estar al servicio de una acción, por escueta que sea. Si no lo está, el poema en prosa es lírico, no narrativo. Por definición, en el arte de narrar lo que domina siempre es la narración (perdón por la tautología, pero es que las definiciones son irremediablemente tautológicas).

En algunas ocasiones el narrador, no ya en poemas en prosa, sino en cuentos de intención menos estetizante, se esfuerza en narrar con puras descripciones. El experimento es muy travieso porque prueba que esas descripciones quedan absorbidas por la acción o constituyen una acción. En nuestra lengua el primero en hacerlo de una manera programática, sistemática, fue Azorín. Recuérdense, por ejemplo, los «relatos» de *Pueblo. Novela de los que trabajan y sufren*. Sustantivos u oraciones nominales van describiendo los objetos que rodean al obrero o que el obrero usa. Los obreros no aparecen pero el lector los imagina en el hueco que los objetos dejan. Es un mundo objetivo cuyas formas se pliegan a la humanidad ausente. En un cuento de Antonio Di Benedetto, «El abandono y la pasividad», el narrador describe cosas, nada más que cosas. No vemos a los personajes —son invisibles— pero están ahí puesto que mueven las cosas. El lector infiere que una mujer empaca valijas, deja un mensaje escrito y se va. Pasa el tiempo (¿en la conciencia de quién?). Una pedrada rompe el vidrio de la ventana, un golpe de viento vuelca un vaso de agua y sopla el mensaje, empapado, al suelo. El lector infiere que después entra un hombre, enciende la luz eléctrica, pisa el papel, lo levanta, trata de leerlo pero no puede porque el agua ha borrado la tinta, hace su valija y se va. Las cosas vistas —y sólo se ven cosas, no personas— dan la impronta del fracaso amoroso de una pareja. La diferencia señalada de algunos teóricos —la narración como sucesiones en el tiempo, la descripción como simultaneidades en el espacio— es falsa, y su falsedad es más patente que nunca en cuentos fuertemente descriptivos. En el de Di Benedetto los objetos descritos se alteran, se modifican porque se está narrando con ellos. Ofrecen un espectáculo pero no «simultáneo como un cuadro espacial» sino «sucesivo como un drama temporal».

Describimos y narramos con el mismo proceso del lenguaje, ordenado en palabras en el tiempo. Ni siquiera es cierto que haya una diferencia —pese a lo que Genette dice en la obra citada— entre la narración «que restituye, en la sucesión temporal de su discurso, la sucesión igualmente temporal de los acontecimientos», y la descripción que «debe modelar dentro de la sucesión [del lenguaje] la representación de objetos simultáneos y yuxtapuestos en el espacio». Un cuento de detectives es fuertemente temporal, puesto que nos da la doble serie de la perpetración de un asesinato y de la investigación que lleva a identificar al asesino, y allí la narración y la descripción son una y la misma cosa. Los detalles descriptivos son inventariados como parte de la acción: la minuciosa descripción de los objetos, el arreglo de una habitación, etc. muestran las pistas necesarias para la solución del problema criminológico.

18.2.2. LO DECORATIVO Y LO EXPOSITIVO

En cuanto a los modos de la función visualizadora de la descripción no puedo ir más lejos que esto: hay una descripción decorativa que despliega su cola de pavo real en un remanso cualquiera del cuento, y una descripción expositiva sin la cual no veríamos ni a los personajes ni los lugares donde viven. Sobre esto hablaré en seguida al ocuparme del escenario, el diálogo y la caracterización. La descripción se hace más narrativa, más dramática, cuando pierde su carácter meramente ornamental. La descripción decorativa interrumpe la marcha de la acción; la descripción expositiva, por el contrario, la ayuda. En «Mi prima May» (B) el protagonista describe el contraste entre el paisaje lluvioso de Buenos Aires, su ciudad, y el espléndido paisaje de Temperley, la ciudad donde vive su prima. Ve a May sentada bajo un manzano en flor: «todo el manzano era una erección sexual». Estos detalles no son ornamentales sino que preparan la trama: el protagonista, sin saberlo, está enamorado de su prima y ve algo mágico en el aire que la rodea. La aparente pausa de la descripción de May y el manzano se debe a que el protagonista se ha detenido por un instante en actitud contemplativa: es decir, que más que descripción es el análisis de la actividad perceptiva del muchacho con vistas a la narración de una amistad amorosa. A veces el narrador deja librada a la imaginación del lector los detalles del ambiente donde se mueven los personajes. Don Juan Manuel, en los cuentos de *El Conde Lucanor*, recurrió pocas veces a descripciones. En el mejor de todos, el Ejemplo XI sobre el Deán de Santiago y el mago Don Illán, hay una escuetísima descripción de la escalera de piedra que baja hasta debajo del río. Pues bien, los lectores, fascinados por ese breve trazo, agregan detalles. Al recontar el cuento de Don Juan Manuel el lector Borges agrega una argolla de hierro, Ramón María Tenreiro, puertecitas con llaves doradas, Azorín, bibliotecas, y así.

18.3. **Escenario**

Voy a referirme al dónde y al cuándo de un cuento. Uso la palabra «escenario» por falta de otra mejor. La uso en el sentido amplio que «skené» tenía entre los griegos, pero no me molesta que hoy se le dé, principalmente, una significación teatral. Después de todo, el narrador tiende a presentar una acción visible y audible en escenas dramáticas. En el escenario de un teatro las escenas, actualizadas por actores, son vistas y oídas por el público, directamente. El lector de un cuento responde con su imaginación al poder evocador de las palabras. No ve el escenario, no oye el diálogo: sólo se los imagina. Pero las «escenas» que transcurren en el «escenario» de un cuento, por lo mismo que son mentales, se desplazan libremente por el espacio y el tiempo.

En 1957 publiqué «Un santo en las Indias. Juguete para un teatro existencialista» (G). El primer acto comenzaba con una acotación escénica:

> En una reducción de indios de Tucumán, en la primavera de 1588, un fraile está leyendo en su tienda a la luz cada vez más escasa del crepúsculo. Es visitador de conventos franciscanos. Hace unos días que vino a pie, desde Lima, pero ya no se le conoce ni en el rostro ni en el porte la fatiga del largo viaje por desiertos de cerro y llanura.

Esa pieza era teatralización de un cuentecillo que había publicado en 1946, «El pacto» (P), y comenzaba así:

> En Amaicha, a fines del siglo XVI, un fraile joven estaba leyendo en su tienda vida de santos.
> —¡Quién pudiera ser santo! —exclamó con fervor.

En ambos textos primero se dan las coordenadas de tiempo y espacio —siglo XVI, norte argentino— y después aparece el personaje. Es normal que sea así en el teatro, pues apenas se alza el telón el espectador ve un escenario que con sus decoraciones y trastos más o menos realistas indica un lugar y una época. En el cuento la inmediata indicación de una circunstancia espaciotemporal no es forzosa aunque el narrador en su deseo de pasar rápidamente a una escena dialogada suele proceder como el dramaturgo. Los personajes de un cuento actúan, y el dónde y el cuándo de sus acciones pueden indicarse con datos más esparcidos, reservarse para el final, sugerirse apenas para restarles importancia y aun omitirse con el sobreentendido de que el lector ha de imaginarlos. Cualquiera que sea el procedimiento del narrador, la acción de un cuento transcurre en algún punto del espacio, en algún momento del tiempo.

18.3.1. FUNCIONES DEL MARCO ESPACIOTEMPORAL

Este capítulo está dedicado a la idea de que lo narrativo mantiene siempre su primacía sobre los procedimientos descriptivos. Veamos cuáles son las funciones narrativas que cumple la descripción de un escenario.

18.3.1.1. *Dar verosimilitud a la acción*

La gente se siente atraída por lugares, por monumentos. Somos turistas de la geografía y de la historia. Viajamos para conocer la realidad. Si ya la conocíamos, para reconocerla. Con un interés parecido viajamos al mundo de los libros. Como quien visita países, el lector mete los ojos en narraciones. A ver: ¿cómo es tal paisaje, cómo se vivía en tal ciudad, cómo es, cómo era el trabajo en una mina o la fiesta en un campo iluminado por el sol? Que se nos muestre un palacio famoso, un oscuro tugurio, la plaza donde ahorcaron a un héroe o a un bandido. Lugares, monumentos no sólo nos atraen sino que también nos provocan sentimientos. Relacionamos aquéllos con éstos y establecemos así ciertos criterios de qué es la verdad. La vista de un trigal soplado por el viento nos crea expectativas muy diferentes de las que nos crea la vista de un callejón tenebroso en un suburbio. Por asociar cosas con emociones ese trigal, ese callejón nos afectan como símbolos. Nos sugieren acciones posibles, nos preparan para oír cuentos alegres o lúgubres. Bien, la función más efectiva del marco espacio-temporal de un cuento es la de convencernos de que su acción es probable. Un personaje que anda por sitios determinados y reacciona ante conflictos característicos de un período histórico es inmediatamente reconocible. Lo paradójico es que si el sitio y el período, por auténticos que sean, están en el cuento como mero fondo, pueden trastocarse por otros sitios y períodos sin que disminuya la intensidad vital del personaje o la singularidad de una aventura. En algunos de mis cuentos la acción transcurre en un Buenos Aires del siglo XX pero daría lo mismo que transcurriese en una Roma del siglo XVIII y aun en un mundo inexistente. «Cassette» comienza así: «Año: 2132. Lugar: aula de cibernética. Personaje: un niño de nueve años.» Datos precisos pero de una realidad increíble. Si, como en otros cuentos míos, el personaje se siente vivir en tal barrio, en tal año, y su aventura está teñida y empapada por un color local y un humor generacional, entonces el fondo de naturaleza, de sociedad, de historia se asocia con las experiencias del lector y evoca un mundo familiar. Ya no se trata solamente de credibilidad sino de emoción estética.

18.3.1.2. *Acusar la sensibilidad de los personajes*

Dejemos a un lado las impresiones del lector para quedarnos con las del narrador. El dónde y el cuándo de la acción pueden cumplir otras funciones además de la de acrecentar la credibilidad. Por ejemplo, la de revelar el estado de ánimo del narrador y la de influir en los pensamientos y emociones de sus personajes. Por supuesto que si se trata de un cuento escrito con el pronombre de la primera persona, el narrador es también un personaje y en consecuencia no hay dos funciones sino una sola. Para simplificar voy a detenerme en esta clase de cuentos.

La descripción del ambiente es a veces un índice del carácter (18.5.4.). Uno de los recursos literarios más tradicionales es, precisamente, el de la armonía entre ambiente y carácter. Tanto se ha abusado de él que Ruskin lo·denunció como «pathetic fallacy», o sea, la falacia de que la naturaleza simpatiza con los sentimientos humanos. Lluvias, truenos, relámpagos acompañan los tormentosos sentimientos de un personaje. La felicidad de los enamorados coincide con luces radiantes, eclosión de flores, piar de pájaros. Los cambios de la luz y la oscuridad siguen a los del ánimo hasta el punto de que se convierten en símbolos. Tan convencional es esta solidaridad de lo físico con lo psíquico que algunas veces el narrador la rompe con un énfasis que no hace más que probar la fuerza de la tradición. Armando Cascella, en «Amanecer sobre el bosque», se propuso precisamente destacar el contraste entre el sufrimiento humano y la naturaleza indiferente: la serena luz del amanecer ilumina el horrible espectáculo de dos obreros aplastados por una máquina.

18.3.1.3. *Anudar los hilos de la trama*

Las tres unidades —de acción, tiempo y lugar— no siempre se dan juntas en el cuento. A veces la unidad de acción falla y entonces las otras dos compañeras acuden a cumplir con su función unificadora. En «El ombú» de G. E. Hudson la función unificadora está a cargo de la unidad de lugar. El viejo Nicandro relata el efecto maléfico de ese árbol sobre muchas vidas. Todas las personas que vivieron en la casa sobre cuyo techo caía la sombra del ombú terminaron trágicamente. Aunque los acontecimientos ocurran lejos de la casa —porque los miembros de la familia se han dispersado— el destino está marcado por un lugar: el del ombú. La fijeza en el espacio unifica los varios cuentos dentro del cuento «El ombú». Del mismo modo la fijeza en el tiempo unificaría acciones dispersas en un cuento que tuviera, por ejemplo, esta trama: en una fecha convenida personas que han vivido separadas durante muchos años van a reunirse para contarse sus respectivas aventuras. O que tuviera esta otra trama: el aniversario de una gloriosa batalla es festejado simultáneamente en ciudades alejadas una de otra por personas que no se conocen entre sí pero tienen de común horribles cicatrices. La descripción del dónde y el cuándo puede valer como «color local», es decir, como fondo típico en escenas costumbristas pero también puede valer como «atmósfera» y entonces interviene en el desarrollo de la acción y aun usurpa el papel principal. En un cuento de atmósfera la protagonista es... la atmósfera, como vimos en Poe (9.5.2.).

18.3.2. CLASES DE ESCENARIOS

Escénico propiamente dicho.   Unos pocos rasgos descriptivos ayudan a visualizar la escena de la acción muy discretamente.

Fuertemente localizado.   Paisajes o costumbres caracterizan a los personajes sea porque quedan absorbidos en el cuadro general o, al revés porque contrastan con él. Como quiera que sea, nos da un cuadro de modos de vida.

Esencial.   Todo el cuento depende de tal o cual lugar o de tal o cual época. Imposible imaginar su acción en otras circunstancias.

Descrito.   El narrador lo describe de una vez por todas o de acuerdo con los desplazamientos de la acción.

Dialogado.   Los personajes lo describen generalmente con sus respectivas peculiaridades idiomáticas. El uso de un dialecto ya es parte del fondo, como en los cuentos regionales de Fausto Burgos, Juan Carlos Dávalos, Benito Lynch *et al.*

Histórico.   Vestidos, armas, costumbres, alusiones a instituciones y hechos de un pasado.

Ambiental.   En palabras de Robert L. Stevenson: «Ciertos lugares hablan con su propia voz. Ciertos jardines sombríos piden a gritos un asesinato; ciertas mansiones ruinosas piden fantasmas; ciertas costas, naufragios.»

Simbólico. La selección y repetición de detalles descriptivos adquieren un valor simbólico: el fondo, entonces, es como la clave, si no de una alegoría, por lo menos de un mensaje con significaciones no explicitadas en el texto del cuento.

Psicológico. Refleja la sensibilidad, las preferencias, las intenciones del narrador-personaje. Impresiones que ponen un temple psíquico en las cosas. Más sobre el asunto, en las secciones sobre la descripción (18.2.) y la caracterización (18.5.).

18.4. Diálogo

Ya he mostrado la diferencia entre el diálogo teatral y el narrativo (16.6.2.). En el teatro oímos directamente cómo los actores discuten: es puro diálogo. En el cuento se nos dice que los personajes están dialogando pero no oímos sus voces: las leemos. El diálogo que leemos en un cuento, aunque nos parezca real, es irreal. Si lo leemos es porque alguien ha estampado letras sobre una página, y en la realidad nadie habla imprimiendo letras en el aire. Un diálogo que fuera transcripción, palabra a palabra, de otro texto sí sería real —es decir, sus letras reproducirían letras— pero no valdría como creación artística. Sería un plagio o una cita interpolada en una obra narrativa. El diálogo no es, pues, real. Y tampoco es indispensable. Hay cuentos en los que no se dialoga. Pero ahora estamos considerando cuentos en los que hay diálogos, y la primera observación es que difieren las maneras de presentarlos. En algunos cuentos —en los de Eduardo Mallea, por ejemplo— los personajes hablan con el mismo estilo del narrador. En Bioy Casares cada personaje está individualizado por las peculiaridades de su habla personal. En otros cuentos los personajes, aunque hablen todos juntos, en la misma situación, no se escuchan porque cada uno está sumido en su propia obsesión. Esos monólogos alternados no constituyen un diálogo. El diálogo cumple varias funciones. Son las mismas de la narración pero expresadas de otro modo:

a) Organización de la trama. El diálogo es parte de la trama del cuento. Lo que una persona dice a otra, cuándo y cómo lo dice, suele producir efectos en el desarrollo del argumento.

b) Información y explicación de hechos a cargo de los interlocutores, con lo cual se aligera el material que pesaría más en un resumen expositivo. Se exponen los antecedentes de la acción. Si los personajes, dialogando entre sí, explican lo que ha ocurrido antes, el narrador se ahorra el tener que intervenir desde fuera con una exposición impertinente.

c) Escenificación. Se muestra una escena, viva e inmediata, en lugar del resumen dicho por un narrador omnisciente. Esta escena dramatizada en un diálogo trae el pasado al presente, como en el teatro.

d) Caracterización; sea porque los personajes se revelan al hablar, sea porque revelan la personalidad del personaje ausente de quien están hablando.

e) Excitación de la curiosidad del lector con pistas, cuestiones, advertencias, promesas y anticipaciones abiertas al futuro.

f) Retrospección y presentación: los personajes hablan de hechos pasados y de hechos presentes, de atrás para adelante y viceversa.

g) Reducción, en boca de un personaje, de acontecimientos que por estar muy desparramados a lo largo de la trama, se pierden de vista: es una apretada síntesis de la acción.

h)   Ambientación: agrega al «color local» del escenario el «color tonal» de voces características.

i)   Emoción: la oímos agitándose en el medium de las palabras.

Dije que hay cuentos en los que no se dialoga. Sin embargo, no echamos de menos el diálogo si lo que se hace en esos cuentos es más importante que lo que se dice. Por el contrario, cuando lo que se dice es más importante que lo que se hace, el narrador se va al otro extremo y nos da un cuento enteramente dialogado (si bien hay cuentos enteramente dialogados donde no se dice nada porque el autor quiere probar la absurdidad de la existencia y entonces produce, no diálogo, sino cháchara, como en «El tren» de Ricardo Feierstein). Ya me he referido a los cuentos con forma teatral (13.4.6.). El narrador puede omitir los nombres de los personajes, las introducciones «él dijo», «ella respondió» y aun las acotaciones escénicas que describen a quienes están hablando. Es como oír una comedia radiotelefónica en la que no vemos las caras de los hablantes y nadie nos dice cómo son y qué están haciendo de manera que, a la fuerza, el diálogo tiene que cumplir las funciones informativas que generalmente son cumplidas por la narración y la descripción. Sólo por el diálogo nos enteramos del sexo, edad, aspecto, gestos, modales y antecedentes. En estas condiciones las posibilidades de acción física disminuyen. El método del cuento reducido a puro diálogo no se presta a movimientos bruscos y rápidos. No es normal que se dialogue y se corra al mismo tiempo. El diálogo empuja la acción hacia adelante pero también puede empujarla hacia atrás. Es el caso del diálogo en el que se habla de acontecimientos ya ocurridos y que, por ser posterior a ellos, no forma parte de la trama. Aludo a cuentos construidos en forma de interrogatorios, bastante frecuentes en el género policial. Estos interrogatorios —preguntas y respuestas que recuerdan las del catecismo— son de gran economía verbal, en parte porque el interrogado no es un inocente que suelta todo lo que sabe, sino un individuo temeroso de la ley a quien hay que sacarle las palabras con tirabuzón.

18.5.   Caracterización

Un cuento narra acciones. Siempre. Las acciones son llevadas a cabo por agentes. Siempre. No hay cuento sin acción ni acción sin agentes. En la trama de un cuento los personajes están tramando algo. Imposible separar de la trama a los tramadores. Intentarlo sería tan absurdo como, en un ballet, querer separar de la danza a los danzantes. La trama está hecha con personajes que luchan con la naturaleza, con el ambiente, con las fuerzas sociales y económicas, con otros seres humanos y, en conflictos interiores, contra sí mismos. El carácter de esos personajes queda revelado por esa trama de acciones. Sin duda hay cuentos que interesan, unos más por la trama que determina la conducta del personaje, otros más por el carácter que prevalece sobre la trama, pero todo personaje actúa, toda acción depende de un personaje. Aun en los viajes del activísimo Simbad el Marino hay móviles psicológicos, aun en las lucubraciones del paralizado Funes el Memorioso hay una dinámica red de hechos.

Nuestras vidas ordinarias no están contenidas en una trama. Sólo en la trama artística de un cuento vemos a los personajes actuar en trayectorias completas. Por eso las personas reales que se mueven diariamente a nuestro alrededor, en comparación con los personajes que nos imaginamos, parecen desteñidas. Aun dudamos que nuestros prójimos de carne y hueso estén lo bastante definidos para que merezcan pasar a una página impresa. Pálidas y perdidas en las calles de la ciudad, las personas adquieren color cuando, en los renglones de un cuento, se transforman en personajes. Caracterizar a estos personajes es un aspecto importantísimo en el arte de contar. La caracterización está al servicio de los valores narrativos del cuento, aunque a veces parezca que es más importante que la trama. Esto ocurre, por ejemplo, cuando un narrador, en vista de que el número de tramas es limitado (10.5.), se preocupa menos de la construcción argumental que de indicar las características psicológicas de los personajes. Supone que lo más imaginativo de un cuento, es decir, lo que exige más imaginación, no es la trama de acontecimientos, sino la presentación del pensamiento del personaje desenvolviéndose en una acción cualquiera. Pero aun así, lo narrativo prima. Una trama puede parecerse a otra, en el sentido de que en los rostros humanos unos ojos se parecen a otros, pero sólo a través de los ojos inconfundibles de una trama individual el lector ve vivir a los personajes. El cuento nos cuenta algo que le ocurrió a alguien. Si un personaje no actúa en una red de posibilidades que lo obligan a elegir, no hay cuento que valga. El camino que ha elegido (por impulso propio o empujado por lo que lo rodea) acusa su carácter. O, dicho con otras palabras, el narrador lo ha puesto en tal camino para caracterizarlo mejor. Es deseable que haya armonía entre el personaje y la acción, entre el arte de caracterizar y el arte de construir un argumento. La acción urde la trama al mismo tiempo que caracteriza al personaje. Acciones que se repiten cotidianamente urden tramas fijas y caracterizan personajes típicos. Por el contrario, acciones excepcionales urden tramas dinámicas y caracterizan personajes muy individualizados.

Los personajes pueden ser estudiados como materia narrativa: sus acciones se dejan plasmar a la manera en que la arcilla se deja plasmar. También pueden ser estudiados como conciencias narrativas: entonces sus acciones cobran energía y ayudan a definir una cosmovisión. En el primer caso los personajes están consustanciados con lo que se cuenta. En el segundo, participan en el modo de contar. Los conocemos, en el primer caso, por lo que hacen y dicen en la vida; o, en el segundo caso, por lo que piensan sobre la vida. Se mueven, en el primer caso, junto con el cuento; o, en el segundo caso, son la fuente del cuento.

18.5.1. AGENTES NO HUMANOS

Los agentes que promueven la acción pueden no ser humanos: cosas (una escoba), animales (un perro), monstruos (una sirena), fuerzas (una inundación), ideas abstractas (el bien, el mal), criaturas sobrenaturales (dioses, diablos, duendes). En un cuento alegórico la Virtud actúa como una señora virtuosa. En un cuento fantástico hadas y ángeles nos intrigan con sus caprichos. En las primeras narraciones del mundo —en las fábulas de Esopo, por ejemplo— los agentes tenían forma de cosas o de animales. Todavía hoy se escriben fábulas: véanse las de Leonardo Castellani en *Camperas. Bichos y personas* (1964). Y se escriben historias de héroes que en realidad carecen de historia y de heroísmo: una moneda, un caballo... Para que la tengan se les presta cualidades humanas. Jorge Calvetti en «Historia de un puñal», Luisa Valenzuela en la historia «El pecado de la manzana», Federico Peltzer en «El barrilete y las manos», Emma de Cartosio en «La escalera» y Nicolás Cócaro en «Historia de una escoba» animan cosas inanimadas: esos cuentos no aumentan nuestro conocimiento del puñal o de la manzana o del barrilete o de la escalera o de la escoba aunque estas cosas se nos aparecen como protagonistas. En cambio, si el protagonista es un perro —como en «Los ojos simples» de Ester de Izaguirre— o un caballo —como en «El enemigo» de Gloria Alcorta— el hacerlos hablar como personas supone una simpatía por el animal y un deseo de comprenderlo que pueden llevar a nuevos conocimientos. Hasta ahora los narradores se han contentado con observar muy superficialmente la conducta del animal comparándola con la del hombre (una lista de cuentos con animales debería comenzar con los de Horacio Quiroga; otro cuentista argentino muy atento a la conducta de los animales es Antonio Stoll). A veces partiendo de esas comparaciones han escrito cuentos de metamorfosis donde se arroja una doble mirada al animal que se transforma en hombre o al hombre que se transforma en animal. Son cuentos fantásticos, como los de licantropía. Pero cada vez sabemos más sobre la psicología animal: Donald R. Griffin, *The Question of Animal Awareness* (1976). Gracias a las investigaciones de psicozoólogos es posible que narraciones del futuro analicen los sentimientos, instintos, impulsos y pensamientos de un animal con la misma atención que hoy se pone en el análisis de la intimidad humana. Entretanto, los agentes más convincentes de una acción narrada son los animales del género *Homo sapiens*. Es lógico. Como el cuentista y su lector son hombres, el cuento, que es una forma de comunicación, se carga de mensajes humanos.

Llamemos «personaje» —según es costumbre— al agente de la acción de un cuento. Sé que algunos estructuralistas prefieren otros términos. Yo prefiero el término «personaje». Pues bien: dudo de que aun los lectores que creen en la existencia de seres sobrenaturales confundan en un cuento al personaje-diablo, al personaje-ángel o al personaje-fantasma con los diablos, ángeles y fantasmas que según ellos, los lectores, existen de verdad (14.8.). Tampoco se le ocurriría a nadie que un personaje-escoba o un personaje-perro se asemeja a una escoba real o a un perro real. Pero sí se le podría ocurrir a alguien que el personaje con figura de hombre se asemeja a una persona humana. Comenzaré, pues, por establecer el distingo.

18.5.2. PERSONA Y PERSONAJE

Es grande la diferencia entre una persona y un personaje. De una persona real sabemos lo que inferimos por su conducta; o sabemos generalidades como que nace, respira, se alimenta, duerme, alterna con prójimos, ama, a veces se reproduce, lucha por la vida y muere. Del personaje ficticio sabemos lo que el cuentista quiere que sepamos. El cuentista crea al personaje como le da la gana. Mientras lo crea lo va sometiendo a pruebas; es lógico, pues, que en el laboratorio de su propia experiencia el cuentista conozca bien a su personaje. Sin embargo, a veces le conviene disimular que lo conoce bien y elige puntos de vista que limitan adrede el conocimiento. Cuentos hay en los que el narrador parece no comprender a su personaje; el lector, entonces, cree saber más que él. Es lo que el lector cree pero la verdad es que del personaje ficticio, como dije antes, sólo sabemos lo que el cuentista quiere que sepamos. En la vida real nunca podríamos ligar la conducta pública de nuestro vecino con sus pensamientos secretos: su intimidad nos está vedada. Juzgamos su comportamiento, no sus intenciones. En un cuento, en cambio, es posible juzgar aun los recónditos deseos del personaje.

Contar una acción es elegir ciertos hechos y ordenarlos uno tras otro. También los sucesos de la vida real transcurren en el tiempo, pero en el arte de contar el orden de los sucesos está impartido por la voz del narrador. Ésta es la diferencia entre una acción real y una acción narrada. La voz del narrador —narrador que tiene una personalidad propia— va expresando su concepción de la vida mientras describe, caracteriza y comenta. El personaje sólo existe dentro de un cuento. No lo veremos nunca por la calle, conversando con personas reales. Pero supongamos algo absurdo. Supongamos que pasara por la calle el personaje de un cuento que acabamos de leer. Si así fuera no lo reconoceríamos. Las probabilidades de que los rasgos de un personaje coincidan con los de la persona que pasa a nuestro lado son mínimas. La indiscutible razón por la que esa persona no puede ser personaje es que la intimidad de la persona permanece secreta y la del personaje, por el contrario, es visible en el mundo creado por el narrador. Esto explica que algunos críticos, por el gusto de la paradoja, digan que en el mundo artístico el personaje es real porque el narrador supo todo sobre él, y que desde el punto de vista del arte, la persona que pasa por la calle es irreal porque nadie sabe nada sobre ella. Es un modo paradójico de decir. Dígase como se dijere, lo cierto es que persona y personaje son incomparables. El tema de mi cuento «Un navajazo en Madrid» (E) es, precisamente, la diferencia entre la vida y la literatura narrativa, entre la persona y el personaje. (Véase el diseño de este cuento en 13.6.) Arturo advierte que lo que ocurre en la novela de Ocantos que está leyendo también le ocurre a él. Las coincidencias entre vida y novela lo alarman. Poco a poco el Arturo real se identifica y confunde con el protagonista Don Arturo. En su Diario íntimo Arturo anota:

> Locura, locura, locura... Me pregunto: ¿por qué sigo desvariando como loco, si soy requeteconsciente de la diferencia entre Novela y Vida? La novela, necesidad; la vida, contingencia. Ya está. ¡Zis zas! Dos limpias definiciones. En el mundo cerrado de la novela los personajes, por mucho que quieran convencernos de que existen, no luchan por la sencilla razón de que el autor los metió en un pasado y les ha resuelto todos los problemas. En el mundo abierto de la vida, en cambio, desde este presente en que estoy comprometido me lanzo al futuro eligiendo posibilidades y jugándome la existencia con acciones y reacciones que ningún autor puede dictarme. La situación en que está metido Don Arturo y la situación en que yo, Arturo, estoy comprometido, son parecidas, pero se diferencian en un pequeño detalle: ¡yo soy libre! El personaje Don Arturo no podría rebelarse contra el novelista (si se hubiera rebelado habría sido porque Ocantos se lo consintió, como Galdós se lo consintió a Máximo Manso); mi persona, por el contrario, puede ceder momentáneamente, como un hipnotizado, a una influencia novelesca, pero cuando llega el momento de la verdad soy quien soy y quien quiero ser...

La persona existe; el personaje pretende existir pero sólo es un montón de palabras. Esas palabras son del narrador, quien —con sus discursos directos— puede permitir al personaje que hable con sus modismos peculiares. Aun así, los discursos directos del personaje están autorizados, fiscalizados, por el narrador. Si analizamos bien oiremos que todas las voces de los personajes, por diferenciadas que estén, armonizan con la voz del narrador. Por eso la transcripción de un diálogo oral, a pesar de que tomar palabras de una boca parece fácil, es lo más difícil del arte narrativo. El narrador tiene más obligaciones con las exigencias artísticas de su narración que con el principio del realismo lingüístico. En cuanto a la autonomía del personaje y a su capacidad de rebelarse contra la voluntad del narrador baste decir que es ilusoria: el personaje parece autónomo y rebelde porque el narrador se lo consiente. Burlándome de célebres disquisiciones filosóficas sobre el tema del personaje que se rebela contra la potestad del narrador escribí «El caso del detective impotente» (T). El detective Juan Faino tiene que investigar cierto asesinato pero todo se le hace difícil:

> ...Faino se desorienta. Comienza por dudar de su capacidad y acaba dudando de su existencia. Se convence de que está atrapado en las páginas de un cuento y es un mero personaje al que, por equivocación, le ha tocado el papel de detective. Ese cuento, por ser un juego de inducciones y deducciones, ha de cuidar, más que el enredo, el desenredo. Han desordenado las piezas de un rompecabezas a fin de que él, Faino, se rompa la cabeza esforzándose en reordenarlas. Esperan de él que exhiba sus operaciones mentales: la astucia de sus interrogatorios, el rigor de sus análisis, el brillo de su dialéctica, la poesía de sus intuiciones. Lo malo es que el autor, al insuflarle alma, no le dio la inteligencia suficiente para resolver el enigma del pirata asesinado en un Martes de Carnaval. Quizá no se la dio porque él tampoco la tenía. Quizá el autor, porque no es inteligente, le ha propuesto a su personaje un acertijo irresoluble. Todo relato policíaco consiste en un combate intelectual entre un narrador y un lector. El sofisticado narrador renueva sus técnicas de disimulo y así impide que el lector se anticipe al desenlace del relato. El detective actúa como mediador entre los dos combatientes. Auguste Dupin es admirable pero más lo es Edgar Allan Poe, que armó en la cabeza de Dupin una máquina calculadora. Y lo mismo podría decirse de Sherlock Holmes, que debe su perspicacia a Conan Doyle, como el Padre Brown a Gilbert K. Chesterton, Hércules Poirot a Agatha Christie y Lord Peter Wimsey a Dorothy Sayers. Ah, pero el progenitor de Faino no tiene el talento de esos cuentistas. Es torpe. Para dejar perplejo al lector ha desencadenado un caos que ya no sabe controlar. Después de una arlequinada donde los entes ficticios cambian de máscaras y aun de caras, el autor se confunde y enmaraña tramas incompatibles. Aunque la causa de la muerte no sea el suicidio, por ahí va a incurrir en la contradicción de que el asesino y el asesinado son una y la misma persona; o, por culpa de uno de sus olvidos, va a resultar que la sangre que inundó la escena fue superflua porque en verdad la muerte se había producido por envenenamiento. Distracciones. Este cuento del que él, Faino, es una sombra de tinta sobre el papel, será uno de los tantos que los cuentistas suelen abandonar porque les salen defectuosos. «Entonces», piensa Faino, «me desvaneceré en el aire».
>
> ¿Qué hacer? ¿Alzarse frente al autor, como el protagonista de *Niebla* cuando Unamuno quiso matarlo? Imposible rebelarse porque, después de todo, un personaje no puede exceder en inteligencia al autor que lo inventó. En los *Diálogos entre Hilas y Filonús*, Hilas no acierta a resolver las cuestiones gnoseológicas que le plantea Filonús porque ambos están dialogando dentro del sueño solipsista de George Berkeley, y éste, con alevosía, le presta los mejores argumentos a Filonús. ¡Mala suerte la de Hilas, que no consigue escaparse de la conciencia de Berkeley para, desde un foro libre, refutarlo con argumentos no berkeleyanos! Pues bien: peor suerte es la de Faino. Él nació dentro de una mente mediocre. «Jamás», opina, «podré traspasar los límites de la mediocridad de mi autor».

Otro problema: ¿cómo diferenciar, en el arte de contar, entre personajes de real existencia histórica y personajes sacados de la imaginación? En obras de historia las acciones están referidas por un historiador de carne y hueso y las proposiciones de éste son verdaderas o falsas. Por el contrario, acabamos de ver que al leer obras de ficción pretendemos creer que las acciones están contadas por personajes también imaginarios y que, en consecuencia, no tendría sentido hablar de falsedad o verdad. El nombre del general José de San Martín es importante en una historia de las guerras de nuestra Independencia pero en mi cuento «Patricio O'Hara, Libertador» (G) su naturaleza no difiere de la de los dioses que allí viven de los sueños de los hombres. En un cuento el narrador puede tratar a una persona histórica con la misma libertad con que trata a un personaje inventado. Que respete los hechos verídicos al modo de un historiador es una decisión personal, no una ley del arte. Algunos cuentistas son cuidadosos de la verdad y entonces comprendemos sus cuentos con los mismos supuestos lógicos y las mismas generalizaciones empíricas con que la ciencia histórica evoca el pasado. Otros cuentistas pueden renunciar a ese modo de razonar y en fantasías y alegorías arrancan a sus personajes de sus respectivos nichos históricos para hacerlos dialogar fuera de la historia.

18.5.3. EL ARTE DE LA CARACTERIZACIÓN Y LA CIENCIA DE LA CARACTEROLOGÍA

No exageremos, sin embargo, la diferencia entre el personaje ficticio y la persona real. Por de pronto, el cuentista es una persona real que crea a un personaje a su imagen y semejanza. Se observa a sí mismo, observa a los vecinos, junta esas observaciones e imagina a un personaje que es como él y como sus vecinos. Un escritor, por imaginativo que sea, no puede renunciar ni a su condición humana ni dejar de percibir con sus órganos sensoriales ni abandonar el sistema solar. Según que sea un misántropo o un filántropo rebajará o enaltecerá la imagen del hombre; si es un sofista intentará convencernos de que su saber es portentosamente metaempírico; si es un utopista de ciencia-ficción inventará criaturas en un remoto punto de la galaxia. Sea como fuere, ese escritor no podrá menos de proyectar su propia humanidad en los personajes que crea, no importa que éstos tengan forma de animales o de cosas inanimadas. En este sentido, y sólo en este sentido, se puede decir que un personaje se asemeja a una persona. Las leyes que gobiernan la real conducta humana valen, en general, para las que gobiernan la ficción. La sociedad imaginaria es como una sociedad real, y en su seno los personajes imaginarios reciben influencias, forman hábitos y cada voluntad se enfrenta con otra. Aunque el ser del personaje está hecho con letras sobre un papel, su naturaleza de Golem se nos muestra «como si» fuera una persona de verdad. A veces se nos muestra plenamente consciente de sus apetencias y aspiraciones. A veces se nos muestra tan sólo en su conducta: entonces lo conocemos, no por lo que es, sino por lo que hace.

El arte de la caracterización del cuentista se parece, pues, a la ciencia de la caracterización del psicólogo. El psicólogo investiga peculiaridades psíquicas. Ve que cada peculiaridad es un estilo puntiagudo que está grabando la vida de un hombre. En griego «kharakter» significaba la incisión que un instrumento grabador marcaba, y la ciencia que observa esas incisiones en la vida humana se llama «caracterología». Caracterología es la ciencia de las predisposiciones y metas del carácter humano y de las leyes que lo edifican. Estudia, pongamos por caso, la mentira, pero no como vivencia individual, sino como tendencia que determina el sentido de la mendacidad dentro del ámbito del carácter. No estudia los elementos psicológicos de Fulano, Mengano o

Zutano, sino los elementos caracterógenos de la emotividad, la voluntad, etc. Y visto que el carácter es dinámico, el caracterólogo, para comprenderlo, procede como el cuentista al crear a su personaje, esto es, lo observa en momentos de acción. Uno y otro estarán atentos a la mímica, a la fisionómica, al habla, al mundo ambiente. Las categorías que propone el caracterólogo están emparentadas —por lejano que sea el parentesco— con los tipos que el cuentista personifica. El cuentista, a su vez, se asoma a sus personajes con una curiosidad semejante a la del caracterólogo. La perspectiva con que se asoma es ya un modo de clasificarlos. Una caracterología aplicada a la literatura es la que Northop Frye propone en *Anatomy of Criticism*. En una narración, dice, alguien hace algo. Por tanto, podríamos clasificar las narraciones según la capacidad activa del personaje:

a) Si su poder es superior, en esencia, al de los hombres y al de las circunstancias de esos hombres, el héroe es una criatura preternatural y lo que se cuenta de él es un *mito* (mito en el sentido de narración sobre un dios).

b) Si es superior, solamente en grado, a otros hombres y a sus propias circunstancias, el personaje es el héroe típico de las narraciones de aventura: figura como hombre, si bien las leyes de la naturaleza atenúan su rigor y así le es posible ser hazañoso.

c) Si es superior en grado a otros hombres pero no a sus propias circunstancias, el personaje es un caudillo: su poder excede al de los hombres comunes pero los representa y actúa por ellos.

d) Si no es superior ni a otros hombres ni a sus circunstancias, el personaje es uno del montón, como en las narraciones realistas o costumbristas.

e) Si es inferior en poder o inteligencia a nosotros, los lectores, vemos al personaje con ojos irónicos.

18.5.4. QUÉ Y CÓMO SE CARACTERIZA

En suma, que no hay cuento sin acción, y la acción tiene como agente a un personaje más o menos caracterizado. La caracterización consiste en hacernos creer que ese personaje ficticio recibe, como una persona real, estímulos de su medio y que responde a ellos, se lanza por un camino y tropieza con obstáculos, quiere esto y rechaza aquello, existe, vive. El personaje, en un cuento, es un ente formado con palabras; la persona, en cambio, está hecha de carne, hueso y alma, no de palabras. Con procedimientos verbales el cuentista se empeña en darnos la ilusión de una realidad no verbal. Esta magia es posible en parte porque entre el cuentista y el lector hay sobreentendidos: por ejemplo, si se describen solamente unos ojos, el lector sabe muy bien que esos ojos no se mueven sueltos por el aire, como mariposas, sino que hay que imaginarse la figura completa del rostro y el cuerpo, aunque no se los describa. O sea, que la caracterización de un personaje presupone selectividad. Los procedimientos selectivos son innumerables. Ningún procedimiento es superior a otro. Con cualquiera de ellos se puede lograr o malograr un cuento. Una clasificación de procedimientos caracterizadores no presupone juicios de valor.

Retomando el distingo entre resumen (decir) y escena (mostrar) —véase 8.3.— señalo una caracterización resumida y otra escenificada. Caracterización *resumida* es la que consiste en decirnos, de una vez por todas, qué clase de persona es el personaje. El narrador es quien nos lo dice. *Dice*, no muestra. Es una exposición explícita. Caracterización *escenificada* o implícita es la que *muestra* los rasgos del personaje en acción; el lector ve lo que el narrador quiso que se viera. El narrador sugiere; el lector imagina y saca sus propias conclusiones sobre la personalidad del personaje. Ambos modos de caracterizar se mezclan cuando el narrador no dice directamente qué es lo que el personaje siente pero con el aire de no estar escrutándola deja caer observaciones casuales mientras lo acompaña a lo largo de sus acciones. Entonces el revoloteo mariposil de la mirada del narrador compone poco a poco la imagen de un carácter; imagen que se completa en la memoria del lector. Con estos procedimientos más o menos resumidos, más o menos escenificados es posible delinear un carácter cualquiera: se dice algo sobre un personaje; se describe su aspecto y el círculo en que vive; se muestra su comportamiento; se le oye dialogar con otros y monologar a solas; se considera la reputación de que goza en su comunidad; se indica cuáles son sus preferencias. Detengámonos en algunos de estos recursos:

a) *Apariencia del personaje.* Esto es, su figura física, su vestimenta, sus movimientos, sus rasgos repetidos. A propósito de esto último, la anotación de habituales poses, posturas, dichos, comportamientos que el personaje repite muchas veces a lo largo del cuento puede caracterizarlo con eficacia (en exceso, lo tipifica). Antes de proseguir repare el lector en la diferencia entre la señal de un carácter y el símbolo de un carácter. Una expresión facial, un ademán, un gesto, una exclamación, un modo de conducirse y aun de vestir pueden ser meras señales (en otras palabras, signos, síntomas) que delatan la psicología del personaje. Responden a estímulos inmediatos, están adheridos a situaciones concretas. Así de circunstanciales son las señales de la vida real: la señal de la agresividad, del hambre, del celo sexual, del miedo en el aspecto de un animal, de un hombre. El narrador puede describir estas señales. Pero un cuento no está en el cañamazo de la vida real: es una obra de arte y la función del narrador es expresarse con símbolos de las formas ideales del sentimiento humano. La súbita palidez de un personaje no es ya un síntoma físico sino la idea de emoción interpretada por el narrador. Los trazos físicos pueden ser presentados junto con atributos espirituales como cuando se califica a unos ojos de «ansiosos» o «ariscos».

b) *Influencia del escenario y el ambiente.* Según cómo reaccione ante el mundillo que lo emplaza surgirá el carácter distintivo de un personaje con sus esperanzas y desesperanzas. De aquí la importancia en la elección del «espacio vital». Sin duda un personaje hogareño conservará su personalidad aun en un transatlántico pero lo comprenderemos mejor cuando lo veamos rodeado de su familia (a menos que el narrador se proponga deliberadamente analizar, por contraste, un carácter arrancado de su medio). La descripción de los alrededores es necesaria cuando en la trama del cuento figuran mutuas influencias entre personajes y ambiente. O sea, que la descripción está subordinada a la narración. En un lugar preciso veremos cómo actúan ciertas fuerzas moldeadoras del carácter (18.3.2.).

c) *El carácter mostrado en acción.* La conducta del personaje, sea que esté solo o acompañado, y sus reacciones a una situación dada, lo caracterizan inmediatamente: tal conducta es la del avaro, tal reacción es la de un militar. Nos convencen los impulsos psicológicos de un personaje cuando se realizan en acciones consecuentes. El personaje, mientras actúa, va haciendo visible su carácter en gestos, ademanes, reacciones físicas y síntomas emotivos. Las emociones reprimidas no son menos reveladoras que las delatadas abiertamente: el reaccionar contra las propias tendencias hasta formarse una personalidad opuesta a la auténtica, el proyectar sobre los demás las faltas y culpas propias, el golpear una mesa para no golpear un rostro odioso, el olvidarse de lo desagradable en amnesias reales o fingidas, etcétera.

d) *Modo de hablar.* Una de las funciones del diálogo, en un cuento, es precisamente ésta: la de caracterizar al personaje haciéndolo hablar. Oímos cómo usa la lengua de su comunidad, los modismos que prefiere, el tono de su voz y no necesitamos más para comprender su carácter. Habla de boxeador es la que oímos en «Torito» de Julio Cortázar.

e) *Un personaje visto por otros.* ¿Qué es lo que la gente dice o piensa sobre él? El narrador consigue que veamos a su personaje con los ojos de otras personas. Puede hacerlo de varias maneras: mediante conversaciones en las que se manifiestan opiniones sobre un personaje ausente; o echando mano al recurso de que un personaje lea una carta ajena en la que se describe al personaje en cuestión. La reputación pública es, pues, índice de un carácter.

f) *Gustos, preferencias, inclinaciones.* No es necesario que el personaje nos comunique su concepción del mundo con pensamientos, discursos y actos: la raíz de ese filosofar está en su personalidad, y la clave de su personalidad, en sus preferencias más íntimas. El sistema de valoraciones —es decir, de reacciones ante la realidad con un «quiero esto», «no quiero aquello», «esto vale», «aquello no vale»— es subjetivo y por tanto el narrador que lo muestra está caracterizando la verdadera índole de su personaje.

g) *Procesos mentales del personaje.* Ya hemos visto cuáles son las técnicas literarias para captarlos. Remito al lector a esas páginas (17.14.), pues la descripción de los sentimientos y pensamientos de un personaje es el recurso más importante en el arte de caracterizar. Aquí sólo voy a demorarme en un aspecto: el comportamiento del personaje en una crisis reveladora. El narrador, dije, puede describir el aspecto físico del personaje y el escenario que moldea su personalidad; el narrador puede comprender a su personaje a la manera de un psicólogo profesional; el narrador puede permitir al personaje que se introspeccione o ayudarlo a que monologue silenciosamente; el narrador puede ser el protagonista que está hablando de sí mismo y aunque ese narrador-protagonista se ponga en evidencia como un hombre insincero, al advertirlo comprendemos su insinceridad como un rasgo de su carácter; y (por fin llego al punto que me interesa) el narrador puede mostrar al personaje en una crisis reveladora. La brevedad del cuento no siempre da tiempo al narrador para que, con procedimientos indirectos, caracterice el desarrollo de una personalidad. De aquí que se haya dicho que los personajes de un cuento tienden a ser estáticos. Pero el narrador puede dar dinamismo a su personaje si lo muestra en el instante en que se descubre a sí mismo, en una crisis, y, después de la crisis, cuando ya no es el mismo. En «La piedra» (E) Pedro es un resentido y por resentimiento dinamita un monumento natural que se le figura símbolo de la odiada oligarquía.

> Entonces esa otra dinamita que Pedro había guardado, años y años, en los sótanos del alma, también explotó. El resentimiento, tanto tiempo contenido, al descargarse en un acto violento lo limpió de veneno. Por un instante se creyó libre, como el agredido que vence al agresor. A su boca, antes torcida por la ira, volvió la risa. Pero enseguida oyó, como un eco, la carcajada de Satán, otro caído, y comprendió que sólo había conseguido mudarse de infierno.

18.5.5. CLASES DE PERSONAJES

Los libros didácticos prefieren el realismo literario, se atienen a la caracterización de personajes semejantes a personas y por comodidad los clasifican en clases contrastadas: personajes universales y particulares, típicos y característicos, realistas e idealizados, simples y complejos, planos y rotundos, dominantes y subordinados, estáticos y dinámicos, principales y secundarios. Como se ve, esas parejas de términos dan vueltas sobre lo mismo. Repiten y superponen sus significaciones. En el mejor de los casos se refieren a una leve diferencia de matiz. Es que, en la creación de un cuento, los procedimientos se combinan. Voy a explicar algunos de esos términos y al hacerlo no podré evitar el vicio que acabo de denunciar: repetir y superponer sus significaciones.

18.5.5.1. *Personajes principales y secundarios*

Principales son los personajes que cumplen funciones decisivas en el desenvolvimiento de la acción y, por tanto, cambian en sus estados de ánimo y aun en su personalidad. Secundarios son los que no cambian fundamentalmente o cambian movidos por las circunstancias. Los principales son dominantes, se yerguen como individuos interesantes aunque su conducta no sea heroica; hagan lo que hicieren siempre los acompaña un móvil reflector de luz. Los secundarios son subordinados que contribuyen al color local del cuento y por su carácter abstracto se prestan a servir como tipos, caricaturas, antagonistas y promotores mecánicos de un episodio suelto. Así se dice, pero la diferencia entre el personaje principal y el secundario depende de la naturaleza del cuento. Por ejemplo, en un cuento de aventuras hay un héroe principal que toma la iniciativa e impone su voluntad sobre prójimos inertes o menos fuertes, pero en un cuento psicológico el personaje abúlico, débil, vencido, puede ser el principal si lo que importa son sus íntimas reacciones. También el punto de vista del cuento trastorna la clasificación pues un personaje secundario en la acción, que como testigo interpreta las hazañas del héroe, puede ser principal si su propia interpretación, y no las hazañas, es lo que da sentido al cuento. La diferencia entre personajes que cambian y personajes que no cambian que aquí hemos visto a propósito de «principales» y «secundarios» reaparecerá en las clasificaciones que sigan. Antes de pasar adelante, pues, conviene precisar el significado de esa palabra «cambio». Una cosa es el *cambio* psicológico de un personaje a lo largo del movimiento del cuento y otra la *alteración* mecánica de su conducta al solo efecto de servir a una necesidad de la trama. El cambio ocurre después de ciertos hechos y como consecuencia de ellos: lo estudiamos como un aspecto del arte de caracterizar. La alteración precede a los hechos sin ser la causa de ellos: la estudiamos como parte del tejido de la intriga. Un asesino puede cambiar de carácter, nadie lo niega, y hay cuentos psicológicos que analizan convincentemente ese cambio; pero se trataría, no de un cambio psicológico sino de una mera alteración de la trama si el narrador, nada más que para terminar con un desenlace feliz, hiciera que un sádico asesino a quien ha pintado con las tintas más negras de la crueldad, de buenas a primeras, enternecido por los amores entre el hijo decente de un compinche y la inocente hija de su odiado enemigo, decidiera sacrificarse por la parejita y muriese con el cuerpo agujereado a balazos y una noble sonrisa en el agujero de la boca.

18.5.5.2. *Personajes característicos y típicos*

Se ha dicho: «El carácter es individual; el tipo, social.» En una narración sólo encontramos individuos: Laucha —el de «El casamiento de Laucha», de Roberto J. Payró— es un individuo que sólo existe en esa narración: aunque se pudiera probar que Payró se inspiró en un modelo real para crear a su Laucha, éste, una vez creado, no es un hombre sino un simulacro de hombre. Sucede que a veces un personaje adquiere, en el consenso de lectores, una significación que el narrador no intentó darle. Dentro de la narración, el ficticio y singular Laucha es un individuo; solamente fuera de la ficción puede existir como tipo de pícaro, de una picardía sancionada por códigos morales de todo el mundo. Con esta reserva, continúo hilando en el tema carácter-tipo.

En casos extremos se puede decir que un personaje es, cuanto más característico, menos típico, y viceversa. Sin embargo, hay personajes que impresionan al mismo tiempo como únicos y como pertenecientes a una clase. El narrador los caracteriza y estereotipa a la vez. Es inevitable. Por mucho que se parezcan a personas individuales, su individualidad es ilusoria. El cuentista, para crearlos, ha abstraído rasgos de una muchedumbre. Un personaje no es real: es un ente abstracto. Y lo calificamos de «típico» cuando es el resultado de una abstracción de alto grado: en él se concentran muchos individuos intuidos separadamente y luego concebidos en una sola figura.

El tipo es, pues, una idea que unifica observaciones sueltas. Para que esa idea tenga sentido hay que encuadrarla en un marco exterior al carácter de un individuo. Los atributos del personaje típico valen para todo un sector de la naturaleza humana. No sólo hay muchos hombres como este pícaro Laucha creado por Payró sino que en todo pícaro hay algo de Laucha. La intención del cuentista puede haber sido crear un personaje individual pero al proyectar sus cualidades suele universalizarlo, tipificarlo. El pícaro es agente de una acción social también típica: la picardía. O sea, que el personaje que encarna a los pícaros permite que extraigamos del cuento el tema «picardía». El personaje nos convence porque encarna un tipo muy conocido. Tan conocido que a veces parecería que el narrador no lo crea sino que lo saca de un repertorio a disponibilidad de cualquiera.

Hay tipos sociales (el ricachón), religiosos (el beato), psicológicos (el sentimental), intelectuales (el pedante), morales (el resentido), geográficos (el argentino), fisiológicos (en la teoría medieval de los cuatro humores, el colérico, el sanguíneo, el melancólico y el flemático), etc. Si la intención del cuentista es describir las costumbres de una sociedad, sus personajes se colectivizan. Si la intención es alegorizante, los personajes simbolizan conceptos como la Virtud, la Fama, la Desesperación. Aun personajes que no impresionan como típicos sino, al revés, como muy individuales, por haber nacido de un proceso de abstracción artística se prestan a que el crítico les ponga una etiqueta general.

Paradójicamente, los caracteres individuales constituyen la mayoría y los tipos colectivos están en minoría. Un ejemplo cualquiera: en un grupo de cien habrá una mayoría de personas que combinan de modo muy personal e inconfundible rasgos introvertidos y extravertidos; y habrá una minoría de tipos puros de introversión y extroversión. Los tipos son extremistas, extravagantes y excepcionales. Una persona que vive en el campo se parece a otra que vive en la ciudad mucho más de lo que se parecen entre sí un campesino típico y un ciudadano típico. Los tipos abstraen de la población humana rasgos diferenciales. Distingamos, además, entre los personajes típicos y los personajes muy vistos que precisamente porque los hemos visto en tantos cuentos nos resultan familiares, convencionales. Los personajes muy vistos no son necesariamente típicos: su función es facilitar el desenvolvimiento de la trama (la hermanita abnegada, v. gr.). Los personajes típicos, en cambio, representan un modo de entender a los hombres y de caracterizarlos (el patrón despótico, v. gr.).

De la simbiosis de diferentes tipos suelen nacer personajes que parecen tener un carácter muy individual porque su conducta es contradictoria y sus sentimientos se colorean con cambiantes matices pero que, bien analizados, resultan ser un tipo doble: abstraemos de un grupo nacional, social, racial, profesional, etc. ciertas notas que permiten formar el concepto de «violencia» y con las notas que quedaron fuera formamos el concepto opuesto de «mansedumbre» (y, en efecto, en todo grupo humano hay violentos y mansos) y luego escribimos un cuento con un protagonista que tan pronto asesina a medio mundo como sirve humildemente a su patroncito. No necesito mencionar los abundantes cuentos argentinos de «gauchos» y «guapos» que pretenden ser característicos pero son doblemente típicos. Se los diferencia por un detalle: los personajes característicos manifiestan sus cambios psicológicos mientras actúan; no así los típicos, que se muestran a cara o cruz —como monedas revoleadas en el aire— según la conveniencia de la trama.

18.5.5.3. *Personajes estáticos y dinámicos*

Estáticos. El narrador nos informa, desde fuera, sobre el personaje. No necesita verlo actuar: le basta con observarlo y hacer algunas averiguaciones. De su aspecto físico el personaje no es responsable: sexo, tamaño, peso, planta, edad, color racial, nacionalidad, postura del cuerpo, expresión del rostro en momentos de reposo.

Dinámicos. El carácter del personaje aparece de manifiesto en sus acciones. Vemos cómo se desenvuelve. A veces su desenvoltura es externa. A veces se nos describen detalles e indicios de la vida interior. En el primer caso el dinamismo es más patente en la trama del cuento que en el carácter del personaje. Éste pasa de una experiencia a otra pero sus cambios no se sobreponen a las líneas firmes y claras con que se va desarrollando la trama. En el segundo caso, el dinamismo arranca de un carácter que madura en el tiempo.

Historiadores del cuento han dicho que la caracterización dinámica fue extrínseca durante muchos siglos y es intrínseca en nuestra época. Primero el cuentista cuidaba de la trama, de la descripción física y del comentario explicativo. Después cuidó la presentación de profundos movimientos del alma. Esta periodización —cuentos antiguos, cuentos modernos— es válida en líneas muy generales pero la contradicen tantas excepciones que no nos sirve de mucho. El prestar atención a los adentros de un carácter no es exclusividad de nuestra época. En todo caso, lo es solamente en las técnicas del «fluir psíquico»; técnicas que he examinado en 17.9. y 17.10. Dije que el carácter del personaje aparece de manifiesto en sus acciones. Estas acciones son movimientos de su cuerpo (ademanes, modos de caminar, manerismos, gestos de los ojos, la boca, las manos, los cambios de expresión según los cambiantes estados de ánimo) y el uso de la lengua (el léxico elegido, la sintaxis con que arregla las palabras, los modismos y figuras del discurso, la modulación de los tonos de su voz, dónde, cuándo y con quién habla). Un personaje declara su carácter al ponerse en comunicación con otro. El diálogo es dinámico: mueve la acción hacia puntos culminantes del cuento. Cuantas más funciones cumpla más caracterizador será. Las funciones más importantes del diálogo —según se ha visto en 18.4.— son: mantener despierta la atención del lector, construir la trama, suplir las informaciones necesarias, mostrar el estado emocional del hablante y, por lo tanto, su carácter. Los pensamientos del personaje, sobre todo cuando éste los comunica con naturalidad en el tono de la conversación y se refieren a cosas y situaciones concretas coloreando los juicios con el sentimiento, dejan traslucir el carácter. Pero además los pensamientos informales sobre lo ocurrido señalan la significación de lo que ocurre y prefiguran lo que ocurrirá. Las relaciones entre el personaje y su derredor son semejantes a las de las personas vivas: tejen una red de acciones y reacciones, de causas y efectos, de estímulos y respuestas. Cada personaje teje su propia red.

Hay personajes cuyo carácter no se deja alterar por las circunstancias: son personajes retraídos, ensimismados, trastornados. Las técnicas del monólogo interior (17.10.) se prestan muy bien para estos casos.

Hay personajes que se sienten afectados por las circunstancias pero reaccionan y permanecen dueños de sí mismos. El carácter no se rinde: lucha y tiene posibilidades de vencer las fuerzas adversas.

Hay personajes que parecen dominar las adversidades pero al final del cuento resultan derrotados por ellas. Su personalidad queda destruida.

Hay personajes que han sido moldeados por las circunstancias; luchan para modificarlas pero en vano. Están como fascinados por el espectáculo de actividades ajenas hasta el punto de que se distraen y su propia actividad disminuye.

Hay personajes tan pasivos que reciben los golpes de las circunstancias pero no hacen nada para sobreponerse. Estos se diferencian de los aludidos en el párrafo anterior por un detalle: aquéllos luchaban por la vida; en éstos la lucha, si existió, ha cesado antes de que comience el cuento. Si la acción narrada transcurre en un plazo muy breve —una hora, un día— vemos al personaje sumergido en su circunstancia, sea porque es un abúlico o porque es una voluntad quebrantada.

El análisis de los móviles de la conducta es importante en la caracterización de los personajes: la lucha por la vida (el miedo ante el peligro, la defensa propia, etc.), el deseo sexual (amor, celos, etc.), los ideales morales o religiosos (reverencia, gratitud, altruismo, remordimiento, la agonía entre el bien y el mal), la voluntad de poder (en cualquier comunidad, pequeña o grande), la inserción en la sociedad de todos los días (a regañadientes, con buen humor, etc.).

18.5.5.4. *Personajes simples y complejos*

Se ha clasificado a los personajes en mayores y menores, en principales y secundarios, en dominantes y subordinados conforme a la energía con que participan en la acción del cuento. Mas según los factores fundamentales de su idiosincrasia se los podría caracterizar en simples y complejos. Son dos criterios clasificatorios distintos. Un personaje mayor, principal o dominante no es necesariamente complejo: puede ser simple. Y un personaje que por sus funciones en el desarrollo de la trama consideramos menor, secundario o subordinado puede tener una compleja personalidad. En un cuento, todos los personajes están caracterizados, aunque no hagan otra cosa que permanecer en el fondo de la escena.

Reconocemos al personaje simple por un rasgo de carácter que no cambia a lo largo del cuento. Aunque no sea el único rasgo que le vemos, es el que resalta. Si es el protagonista —o sea, el mayor, el principal, el dominante— el cuento suele narrarnos sus esfuerzos para lograr un propósito. Puede que no lo logre, que lo abandone o que fracase, pero en la consecución de su fin se da a conocer el rasgo de su carácter.

El personaje complejo ofrece varios rasgos de carácter, rasgos contradictorios, conflictivos y de igual fuerza. Si el protagonista es complejo, el cuento suele ser psicológico y uno de sus temas frecuentes es el de tener que decidirse entre dos posibles cursos de acción. Está tironeado por impulsos que se dirigen en sentido opuesto.

18.5.5.5. *Personajes chatos y rotundos*

Esta clasificación anda por los libros y no coincide completamente con la de personajes simples y complejos. E. M. Forster la lanzó en *Aspects of the Novel*, 1927, y Edwin Muir, en *The Structure of the Novel*, 1928, la aplicó a su propia teoría del Espacio en la «novela de caracteres» (éstos permanecen idénticos a sí mismos) y del Tiempo en la «novela dramática» (los caracteres maduran y cambian). Tenemos, pues, «flat characters» y «round characters». El personaje plano, chato, bidimensional *(flat)* se diferencia del simple en que su carácter no ostenta una faceta dominante; o en que, si la ostenta, esa faceta no está en conflicto con otras facetas psicológicas. Por otra parte, el personaje rotundo, voluminoso, tridimensional *(round)* puede ser simple o complejo. Las definiciones propuestas no son muy precisas. De todos modos, el contraste *flatround* vale más para la novela que para el cuento, género este que no se especializa en crear personajes sino en entretejerlos en una trama, si bien hay cuentistas que se interesan especialmente en lo mucho que sus personajes han cambiado: v. gr., Adolfo L. Pérez Zelaschi en cuentos como «Guiye» y «Los fierros».

El personaje plano, chato, no cambia a lo largo de la acción del cuento. Siempre es bueno o siempre es malo. Se desplaza por el espacio y se siente cómodo en la narración de aventuras. Forster los equipara a tipos y caricaturas. Aunque su personalidad no sea simple el narrador destaca de ellos una cualidad singular. Los reconocemos inmediatamente porque repiten gestos y palabras. También los recordamos fácilmente porque las condiciones sociales no los alteran. Su carácter puede definirse con una sola frase. No por eso hay que despreciarlos. En manos de un buen cuentista, un personaje plano vibra y nos da la sensación de la vida, si no en situaciones trágicas, al menos en situaciones de buen humor.

El personaje rotundo, voluminoso, se caracteriza por las notas que quedaron excluidas de la definición anterior. Entra en un curso de acción y cuando sale ya no es el mismo: algo ha cambiado en su modo de ser. Es capaz, pues, de sorprendernos y, a la vez, de convencernos de que esa sorpresa era inevitable. Se presta, por tanto, a un papel protagónico. Sus rasgos de carácter, manifiestos ya en su conducta, ya en sus reflexiones, se desenvuelven en el tiempo.

Esta clasificación ofrece algunas dificultades. Por ejemplo. A veces, al comenzar un cuento, el personaje aparece apenas esbozado. El desarrollo del cuento consiste en completar ese esbozo. En potencia el personaje ya existía con una personalidad inalterable, sólo que, en acto, el narrador mostró apenas unas peculiaridades inconexas. Siendo así el personaje no cambia en su carácter: lo que cambia son los rasgos que lo van caracterizando.

APOSTILLAS

Génesis del símbolo (1.1.). Cómo el hombre adquirió la función de hablar —única en la escala zoológica— es un misterio. No hay explicaciones: apenas conjeturas, unas más ingeniosas que otras. Me divierten todas. Voy a resumir sólo una, la de Susanne K. Langer: «Speculations on the origins of speech and its communicative function», *Philosophical Sketches* (The Johns Hopkins Press, 1962). Según ella el cerebro del hombre desarrolló la capacidad de producir imágenes aun durante el sueño, y esas imágenes oníricas, transferidas luego a otra capacidad, la de vocalizar, lo llevaron a imaginar y pronunciar símbolos. El hombre puede visualizar escenas sin que sus ojos en ese mismo momento las estén viendo; y estas imágenes mentales, desconectadas de objetos realmente vistos, ya son abstracciones simbolizantes. «El salto del mono antropoide al antropos, del animal al hombre, ocurrió cuando los órganos vocales fueron inducidos a registrar la aparición de una imagen, excitaron una aparición equivalente en otro cerebro y las dos criaturas se refirieron a la misma cosa. En ese instante el hábito vocal... adquirió la función de la comunicación. Que un hombre evocara ideas en otro, y viceversa, en el curso, no de la acción, sino de la emoción y la memoria —esto es, reflexivamente— fue ya una comunicación *sobre* algo, y esto es lo que los animales nunca hacen.» Más tarde los hombres no necesitaron imágenes visuales para aprender a hablar; y hoy la función simbólica ha pasado a la palabra misma.

Verso y prosa (1.4.). La ficción puede revestirse con dos formas: el verso y la prosa. La diferencia entre ambas no es de calidad sino de ritmo. Cada verso es una unidad rítmica independiente de la sintaxis: termina en una pausa pero no es necesario que en esa pausa termine una oración o un miembro de la oración. En la prosa las unidades rítmicas se ajustan necesariamente a las articulaciones sintácticas de los miembros de un período. Con ritmos de verso o de prosa, la literatura finge su mundo propio. Enrique Anderson Imbert, *Qué es la prosa; modalidades y usos*, Buenos Aires, 1984.

La teoría de los géneros (2.2.). Me he referido, principalmente, a la concepción de los géneros como formas históricoculturales. No descarto —tampoco propongo— otros modos de concebirlos. Por ejemplo, la concepción de los géneros como extensiones del hablar. Nos comunicamos mediante la lengua. En diferentes situaciones comunicativas acentuamos de manera diferente las funciones de la palabra que según Bühler, son: la función expresiva, la apelativa y la representativa. Véase Karl Bühler, *Sprachtheorie* (Jena, 1934). (En castellano: *Teoría de la Expresión*, Madrid 1950.) En situaciones de comunicación entre hombres Bühler distingue tres funciones del signo lingüístico, entendiendo por «signo lingüístico» las frases que se dicen, o sea, las unidades del hablar. El esquema destaca a un hablante (narrador), un destinatario (oyente o lector) y acontecimientos o cosas (la acción narrada, los objetos descritos). Los sig-

nos lingüísticos cumplen una función *expresiva* cuando exteriorizan la interioridad del hablante; una función *apelativa* cuando se relacionan, intencionalmente, con un público; y una función *representativa* cuando simbolizan las cosas a que se refieren. Los géneros serían, pues,
derivaciones imaginarias de esas situaciones y esos acentos.

El *género lírico* se derivaría de la situación de un hablante que habla consigo mismo, a
solas, y pone el acento en la «función expresiva». El poeta —no el hombre real, sino el hablante
imaginario que se está expresando— más que apelar a la reacción del lector, más que representar una acción pretérita se siente a sí mismo, contempla su propia intimidad, se desahoga y
objetiva intuiciones inefables. Expresa su subjetividad sin hablar de ella. No es que el poema
sea un hablar sobre el tema de la subjetividad de ese hablante imaginario al que llamamos
«poeta», sino que el poema mismo es un soliloquio imaginario de ese hablante que se revela en
el acto de hablar. El estrato básico de la estructura de un poema está constituido por la función expresiva del hablante.

El *género dramático* se derivaría de la situación de varios hablantes (si es uno solo, su
monólogo tiene que ser conflictivo) que interactúan prácticamente, con los mismos derechos, en
el mismo plano imaginario. La función de la lengua es «apelativa». Esto es, los diálogos apelan
al espectador que asiste al espectáculo de las interacciones.

El *género narrativo* se deriva de la situación de un hablante imaginario —el narrador—
que, ocioso, se dirige a lectores también ociosos para contarles acontecimientos ya ocurridos.
En su narración pueden aparecer otros hablantes, tan imaginarios como él, pero la función
básica del discurso del narrador es la de «representar» un mundo (14.2.).

No necesito repetir que estos géneros no se dan puros pues las situaciones suelen interseccionarse y las funciones expresiva, apelativa y representativa son interdependientes. La «im-
pureza» de los géneros no es un defecto pues cobra valor a la luz de la historia.

Cuento, narración, relato (2.3.).   Los inevitables cambios en el uso popular de las palabras barren las terminologías que los teóricos de la literatura se empeñan en fijar. En nuestra
lengua castellana el étimo latino de «cuento», «narración», «relato» no obliga a nadie a definir
esas palabras de un modo, preciso. De *putare, computare, computus* se deriva «cuento»; de
narrare, narratus, narratio-onis deriva «narración»; de *ferre, referre* y su supino *relatum* deriva
«relato». Aun quienes diferencian el cuento de la narración y el relato interpretan las etimologías de una manera personal. Para algunos el cuento enumeraría una serie de sucesos; la narración explicaría la interdependencia de esos sucesos; el relato traería sucesos que se suponen
reales. Conforme al juicio de otros críticos hay que diferenciar, dentro del *cuento* (entidad total),
entre el *relato* en boca de un relator (el relato de Odiseo es el que él mismo relata ante los
Feacios); la *narración* o acto de narrar en sí; y la *acción* o serie de acontecimientos.

Mito y cuento (4.2.4.).   Es posible que el mito estuviera ligado en sus orígenes con el
rito. Esa clase de mito ritual no me interesa aquí. El rito es algo hecho y, aquí, sólo me interesa el mito como algo dicho. Prescindo, pues, del elemento dramático de las religiones y me
quedo con su elemento épico. Los griegos significaban con la palabra *mito* un relato tradicional que da respuestas a las grandes interrogaciones. El hombre interroga al universo: ¿qué
significa la luz del día y la oscuridad de la noche? Y la respuesta es: Dios puso en el cielo el
sol, la luna, las estrellas, etc. El mito tiene la forma interior de una pregunta y una respuesta:
el hombre pregunta y el universo responde. El mito viene a satisfacer, no sólo la necesidad de
conocimiento, sino también la necesidad, mucho más irracional, de la fantasía. En cuanto uno
se abandona a la fantasía las imágenes se prolongan unas en otras y acaban por ser racionali-
zadas en un mito: por ejemplo, la contemplación de los pájaros, la experiencia del salto, el
sueño de volar dan lugar a mitos de dioses voladores. Las teorías sobre el origen de la función
mítica no difieren de las teorías sobre el origen de la función narrativa. No sé qué habrá pasado en la prehistoria, pero en la historia hubo mitos muy parecidos a cuentos.

Según Evémero de Mesenia (*ca.* 300 a.C.) los mitos derivaron de cuentos sobre personas reales que, por sus hazañas, habían sido primero admiradas y después divinizadas. Por ejemplo: se cuentan hazañas de un rey o de un forzudo; luego resulta que el rey se convierte en Zeus, y el forzudo, en Heracles. Es una conjetura tan inverificable como la opuesta: la de que si tal rey o tal forzudo se hicieron famosos fue porque sus existencias históricas habían sido configuradas con las formas mentales del mito. Tampoco se puede verificar si los mitos derivaron de cuentos que personificaban las fuerzas naturales o que simbolizaban con héroes clases y ciclos sociales o, por el contrario, si los cuentos reelaboraron previas explicaciones misteriosas. Debió de haber sacerdotes cuenteros y cuenteros sacerdotales que narraron mitos y mitificaron cuentos en líneas ondulantes que se cruzaban, se separaban y se volvían a entrecruzar. En los comienzos de la cultura el lenguaje, el mito, el arte se desprendían del mundo sin distinguir todavía entre lo real y lo ideal y sin tampoco distinguirse entre sí con funciones específicas. O sea, que nunca sabremos cómo empezaron a deslindarse el cuento y el mito. Para peor, la competencia entre las religiones suele confundir lo que de suyo es confuso: un cristiano, pongamos por caso, desacreditará tal mito pagano como mera ficción y en cambio acreditará una ficción bíblica adjudicándole veracidad. Entre el mito de las culturas más elocuentes de la antigüedad —mitologías de Grecia, Escandinavia, Irlanda, etc.— y el cuento literario moderno van y vienen formas difíciles de clasificar: leyendas, tradiciones, fábulas, consejas, parábolas... Se dice que lo específico del mito es que tiene algo que ver con los dioses y la creación del mundo; que si un relato no revela una significación cósmica no es mítico, por muchos personajes sobrenaturales que tenga. Lo malo es que los mitos que podemos leer —esto es, los mitos literarios— fueron escritos por hombres que no creían en ellos.

Mito y cuento son aspectos de la transformación simbólica de la realidad que ocurre en la lengua. Cassirer ha visto bien la correlación entre pensamiento, lenguaje y mito. El mito es un intento verbal para expresar la emoción con que el hombre se asoma al origen y sentido del universo. El mito, pues, es una forma narrativa. Sin duda en esta narración intervienen dioses y demonios; pero esta presencia de agentes sobrenaturales no basta para dar a una narración carácter de mito. Hay narraciones que son cuentos, no mitos, y sin embargo se caracterizan porque imitan mitos con la voluntad, sea de revitalizarlos estéticamente, sea de parodiarlos con ironía. La diferencia entre ambos géneros —mitos, cuentos— ha de estar en algo más complejo que el mero asunto tratado. Acaso en la personalidad del que cuenta y del que escucha o lee; en su psicología, en su ánimo, en sus intenciones y perspectivas. Nadie que cree en un mito se imagina que ese mito tuvo un autor alguna vez. Homero, en la *Odisea* (XII, 450) usa la palabra Mitologeuein en el sentido de repetir con las mismas palabras un relato que ya se ha dicho muchas veces antes. Aquí está, creo, el secreto del mito: se lo conoce como algo dicho sin que a nadie se le ocurra preguntarse cuándo, cómo, dónde, para qué, por qué y quién lo dijo. Por algo los románticos creyeron (Schelling, v. gr.) que el mito no era una creación humana sino una aparición en la conciencia humana de un dios absoluto que se va revelando gradualmente a lo largo de un proceso universal. Dije que el mito es algo dicho. No conozco mejor traducción de la palabra griega Mito: «algo dicho», que fue dicho y se sigue diciendo tiende a conservar su estructura, a pesar de ser un fenómeno colectivo que por transmitirse de boca en boca bien podría deshacerse a medida que se dispersa. Por supuesto que hay cambios. Aun en los mitos más cuidadosamente retenidos por la tradición, como los de los Vedas, se notan cambios. Pero, en comparación con los libres cambios del cuento, el mito impresiona por su fijeza. Aristóteles observó, en su *Poética*, que *mito* es ese núcleo que no puede cambiar dentro de la acción imitada por el arte; a lo sumo el poeta puede elegir tal o cual segmento del mito para desarrollarlo artísticamente.

Pues bien: al revés del mito, que es anónimo y permanente, el cuento ha sido compuesto o inventado por alguien que presenta acciones nuevas o nuevas variantes a acciones ya conocidas. Aunque no sepamos quién lo escribió presuponemos la existencia de un cuentista y reconocemos su técnica individual. En la medida en que el cuento se acerca a nuestra época aumentan las probabilidades de que identifiquemos la idiosincrasia del cuentista; su técnica no es menos interesante y significativa que los acontecimientos mismos. Un cuento es un regalo personal que la comunidad recibe. No lo podríamos disfrutar si no fuera porque una persona decidió escribirlo y publicarlo. Sin cuentista no hay cuento. El mito, colectivo y perdurable, pierde su alma al entrar en el cuento, individual y renovador. Pierde su valor como explicación del universo y como educación moral. Su contenido ontológico se vacía en moldes formales puramente artísticos y allí se transforma en fantasías increíbles, en parodias ingeniosas, en lujos ornamentales y cultos, en temas útiles para que el cuentista profundice en la psicología de los personajes.

Leyendas hagiográficas (4.2.5.).   Siempre ha habido una literatura que proponía vidas de santos para que fueran imitadas. Durante la Edad Media se proliferaron las *Acta Martyrum* y *Acta Sanctorum;* la recopilación y revisión de esas hagiografías continúa hasta hoy, dentro de la Iglesia Católica. Una virtud ejemplar, practicada por un hombre o una mujer, era confirmada desde el cielo mediante milagros. La virtud milagrosa suponía también poder; o sea, que el milagro indicaba la intervención de Dios y también la capacidad del santo. Los creyentes no leían la *Legenda Aurea* de Jacopo de la Voragine (s. XIII) como una colección de cuentos; pero lo cierto es que influyó en las «novelle» italianas. La conducta de un santo, por ser extraordinaria, llamaba la atención de sus contemporáneos. Ya aquí hay un aspecto común con el cuento, que también excita el ánimo con la presentación de acontecimientos extraordinarios. Tanto la hagiografía como el cuento se desentienden de la realidad histórica para acentuar, la primera, la ejemplaridad de una vida milagrosa, el segundo, su valor como ficción. A veces la hagiografía y el cuento marchan juntos. La vida de San Jorge vale para edificación moral del creyente y para solaz del descreído. Es un soldado de Cristo, un caballero cristiano perseguido por Diocleciano; pero también es un viejo mito pues deja de ser mártir y se convierte en el héroe que mata a un dragón para libertar a una doncella ni más ni menos como el héroe. Perseo había matado a la monstruosa Medusa para defender a Andrómeda. Las sorpresas en la vida de un santo se parecen a las de un cuento. Petrus Damianus, en su *Vida de San Romualdo*, cuenta que sus contemporáneos ya lo consideraban santo hasta el punto de que los catalanes trataron de retenerlo y, como fracasaron, lo asesinaron para poseer al menos el sagrado cadáver: *pro patronimio terrae*. Otra sorpresa de las hagiografías es la de invertir el esquema y, en vez de presentarnos el Bien en la figura de un santo, presentarnos el Mal en la figura de un antisanto. Si Cristo es el santo máximo, hay un Anticristo. Y así aparece la galería de Simón Majus Ahasvero, el Holandés Errante, Fausto, Don Juan, Roberto el Diablo (sobre este último véase mi cuento «Roberto el Diablo, Hombre de Dios», B).

El escritor no es el narrador (5.3.).   Algunos secuaces de la escuela fenomenológica de Husserl creen que el ataque de éste al «psicologismo» invalida las observaciones de los secuaces de la escuela idealista de Croce, considerados como «psicologistas». No es verdad. Los fenomenólogos —Roman Ingarden, Moritz Geiger, Emil Staiger, Wolfgang Kayser *et al.*— afirman, ciertamente, la objetividad de la obra literaria y su autonomía con respecto al hombre real que la escribió. El cuento, dicen, es una estructura de significaciones ajena a la estructura anímica del cuentista. Es una estructura objetiva que se da en la historia, en la cultura, en la lengua, en los géneros pero no en el alma. La narración que leemos es la de un hablante ficticio —el narrador— no la de un escritor real. Entre lo real y lo imaginario se abre un abismo: andan descaminadas las biografías que relacionan la verdad, la mentira, la sinceridad, la ironía con el carácter de un autor; andan descaminados los análisis estilísticos que buscan índices de una personalidad original o correlaciones entre peculiaridades lingüísticas y psíquicas.

Pero lo cierto es que los críticos crocianos —Vossler, Spitzer, Amado Alonso, yo mismo— estamos atentos a la psicología de la creación literaria pero no somos «psicologistas» en el sentido despectivo que Husserl daba a esta palabra. Baste recordar la sección sexta del capítulo III de *La Poesia* de Croce: «La historia de la poesía y la personalidad del poeta» más las notas correspondientes al final del volumen.

En cuanto a las máscaras que el escritor tiene a su disposición para representar el papel de narrador véase el artículo de Patrick Crutwell, «Makers and Persons», *The Hudson Review*, XII, 4 (invierno 1959-60). Allí describió algunas de las «distancias» entre la persona real del escritor y la persona ficticia del narrador:

a) Directa. La persona se presenta desnudándose en público, en función del narrador, y pretende estar identificada con él.

b) Enmascarada. La persona se presenta con un disfraz: el de narrador en primera persona. Simula esconderse pero la intención es que el lector crea que el «yo» del narrador es el «yo» del escritor.

c) Mitologizada. La persona se presenta a través de alusiones, referencias y símbolos tan misteriosos, tan oscuros, tan herméticos que el lector no sabe si vienen de experiencias vividas o de una biblioteca de libros raros.

d) Dramatizada. La persona está presente pero no se presenta. Quienes se presentan son sus personajes, en situaciones archiconocidas. Es la mayor distancia posible entre el escritor real y el narrador ficticio.

Creo que la trinidad «hombre-escritor-narrador» que instauro en este capítulo se pone a salvo de las polémicas sobre «real author», «second self», «implied author», «narrator» entre Wayne Booth —*The Rhetoric of Fiction* (1961); «The Rhetoric of Fiction and the Poetics of Fictions» en *Novel*, I, 2 (invierno de 1968)— y John Killham —«The "second self" in Novel Criticism» en *British Journal of Aesthetics* (julio de 1966); «My quarrel with Booth» en *Novel*, I, 3 (primavera de 1968)—, para mencionar una polémica entre muchas.

La «anécdota autobiográfica» y el «cuento en primera persona» (6.3.1.1.). Alguien nos cuenta una anécdota de su vida personal. Si la cuenta con ingenio su anécdota puede adquirir el valor literario de un cuento. Con la diferencia de que, al leer un cuento escrito con el pronombre de primera persona, nos enteramos solamente de lo que el «yo» del narrador-protagonista dice mientras que al leer una anécdota autobiográfica lo normal es que ya estemos enterados de la personalidad que se confiesa: después de todo, el interés por una anécdota depende del previo interés por su protagonista real. Si no supiéramos que Domingo F. Sarmiento es un prócer argentino su anécdota en «El bastón del virrey» (*Obras*, XXXVIII, págs. 70-71) sería una mera curiosidad psicológica, sin valor artístico. Supongamos ahora que un cuentista, en vez de inventar un cuento, relatase una anécdota con más arte que veracidad. En este caso el género se le transformaría en las manos. El cuentista ha elegido, de todas sus experiencias, esa que se dio con una forma de cuento y la ha elaborado con habilidad profesional. Leemos su «anécdota autobiográfica» como un «cuento en primera persona» porque la autobiografía se hizo literaria. El «yo» de la anécdota se convirtió en el «yo» de un narrador-protagonista. En la «anécdota autobiográfica» el escritor instala su «yo» en el centro de sus páginas. En cambio en el «cuento en primera persona» el escritor traspasa su personalidad a la del narrador-protagonista.

Las variantes de Friedman (7.4.). No hay que confundir los puntos de vista —que son cuatro— con las numerosas acomodaciones del ojo a los objetos de la acción narrada. Asignar nuevos términos a variantes de puntos de vista no prueba la existencia de puntos de vista nuevos. Sin embargo, es lo que hace Norman Friedman en «Point of view», capítulo octavo de *Form and Meaning*, 1975. Preocupado por los grados de «objetividad» del relato, que van del decir al mostrar, clasifica siete puntos de vista: 1) Omnisciencia de un narrador-editor: interviene arbitrariamente con comentarios pertinentes o no a la acción contada; 2) Omnisciencia neutra: el narrador no parece intervenir con comentarios personales pues prefiere contar con los pronombres «él», «ella», etc.; sin embargo, sigue siendo el que interpreta los acontecimientos; describe una escena tal como él la ve y no como la ven los personajes. 3) El «yo» como testigo. 4) El «yo» como protagonista. 5) Múltiple omnisciencia selectiva: como si no hubiera narrador, los personajes se van revelando poco a poco y directamente; la acción nos llega a través de las mentes de los personajes, en una sucesión inmediata. 6) Omnisciencia selectiva: caracterización de un solo personaje. 7) El modo dramático: gestos y palabras de los personajes, no sus íntimos pensamientos.

Dejando de lado los puntos de vista del narrador-protagonista y del narrador-testigo, que son indiscutibles, se cae de su peso que los otros son meros empleos del punto de vista del narrador omnisciente. Friedman lo matiza con variantes ordenadas en una escala que va de la mayor a la menor distancia posible entre narrador y narración. En la «omnisciencia del narrador-editor», el narrador es un intruso que en vez de presentar directamente la acción del cuento nos expone su personal versión de lo que ha ocurrido. En cuanto a «Omnisciencia selectiva» —narrador que sigue los pasos de un solo personaje de manera que lo que este personaje percibe y sabe es lo único que entra en el cuento— y «Múltiple omnisciencia selectiva» —narrador que sigue los pasos de varios personajes de manera que la suma de todas esas miradas individuales compone la total visión del cuento— son variantes del punto de vista de la tercera persona que yo he preferido dividir en narrador-omnisciente y narrador-cuasi omnisciente.

El formalismo de Boris Uspensky (7.4.*a*).   Antes de dar una lista de criterios de clasificación que me parecen insatisfactorios resumiré —como excepción— un libro que por estar totalmente dedicado al problema del punto de vista permitirá que el lector coteje las ventajas de un método sobre otro. Me refiero a la traducción inglesa del libro que, en ruso, el formalista Boris Uspensky publicó en 1970: *A Poetics of Composition. The structure of the artistic text and typology of a compositional text*, University of California Press, 1973. Dejaré de lado los capítulos que no conciernen al arte de narrar: por ejemplo, la comparación entre literatura, teatro, artes plásticas, etc. En lo esencial Uspensky trata de resolver el problema del punto de vista en diversos planos:

a)   El plano ideológico o evaluador.   El narrador cuenta desde una sistemática concepción del mundo, implícita o explícita. Esa concepción del mundo puede ser del narrador o de uno de los personajes pero de todos modos da estructura a la composición del relato. Un tipo de relato es el del punto de vista que, desde fuera de la acción, impone una abstracta cosmovisión. Si hay diversas concepciones del mundo, la estructura más simple del cuento es cuando la evaluación ideológica de un punto de vista domina sobre otras. A veces el narrador integra en el texto de su composición las ideologías de varios personajes: Fulano juzga a Zutano y Zutano juzga a Fulano. En ciertas narraciones los sistemas ideológicos se hacen oír en secciones separadas: cada sección con su correspondiente perspectiva. Son narraciones polifónicas en las que las muchas voces —las «voces» de la ideología— suenan independientemente dentro de la acción narrada. La concepción del mundo que vale para el análisis literario es la que aparece en la obra: aunque resulte ser la misma del escritor real de carne y hueso, tiene que darse en la obra para que la podamos analizar. Ese escritor real proyecta su propia concepción del mundo en la obra o la cambia para crear múltiples concepciones del mundo en las cabezas de personajes principales o secundarios. Como quiera que sea, la obra es el objeto del análisis.

Comentario sobre *a*): en mi estudio del punto de vista narrativo prescindo de este plano ideológico. Los ejemplos textuales que Uspensky ofrece son ajenos a mi definición de punto de vista. Él cree que si un cuentista, desde un punto de vista omnisciente, presenta a varios personajes, cada uno de ellos con su personal cosmovisión, hay tantos puntos de vista como personajes. Pero no es así: habrá en el cuento muchas cosmovisiones pero un solo punto de vista, que es del narrador omnisciente que *ve* las cosmovisiones de sus personajes. Mi pregunta al texto es: ¿quién narra? El narrador puede comprender a personajes que no narran, aunque se están mirando y evaluando unos a otros. Me concentro, pues, en los puntos de vista *narrativos* y me desinteresa de los puntos de vista ideológicos.

b)   El plano fraseológico.   Uspensky se refiere aquí a los medios estrictamente lingüísticos para situar el punto de vista. Le interesa especialmente la caracterización de personajes mediante sus peculiaridades idiomáticas y los préstamos recíprocos entre el discurso del narrador y el discurso del personaje. Estudia varias clases de organización fraseológica de múltiples puntos de vista en el mismo relato. Funcionan del siguiente modo. El nombre o sobrenombre con que uno se dirige a una persona y las fórmulas de tratamiento que se usan suponen una actitud, un punto de vista. Por un lado tenemos la influencia del habla de un personaje sobre el habla del narrador. El narrador imita al personaje. Usa, por ejemplo, palabras que ha tomado de la boca del personaje y, cuando no las individualiza con un comentario, las destaca entre comillas o con un especial tipo de letra. O usa el «estilo indirecto libre» (Juan miró el reloj: ¡cuánto había dormido!), en vez del discurso directo (Juan dijo: —¡Cuánto he dormido!) o del discurso indirecto (Juan dijo que había dormido mucho). Por otro lado tenemos la influencia del habla del narrador sobre el habla del personaje. Ahora el personaje imita al narrador: Así, en el «monólogo narrado», monólogo del personaje que el narrador narra en tercera persona. La influencia del habla del narrador sobre el habla del personaje es aún más fuerte cuando el narrador se instala dentro del personaje y habla por él.

Comentario sobre *b*): en mi estudio de los puntos de vista narrativos estas observaciones de Uspensky, aunque válidas, están fuera de sitio. Pertenecen más bien al estudio de las técnicas para describir los procesos mentales. Me haré cargo de este tema en 17.7.-17.10.

c) *El plano espacial y temporal.* El punto de vista —dice Uspensky— depende de la posición del narrador en un universo de cuatro dimensiones. En las tres del espacio el narrador puede juntarse con su personaje o distanciarse de él; puede pasar revista a todos, uno tras otro, o remontarse y mirar desde lo alto con perspectiva de pájaro. En la cuarta dimensión, la del tiempo, el narrador puede ordenar los acontecimientos según la cronología física, la secuencia artística más eficaz o la psicología de los personajes. De paso, usa los tiempos verbales con intenciones expresivas.

Comentario sobre *c*): tampoco este capítulo de Uspensky define los puntos de vista. En el mejor de los casos, parte de él se refiere, si no a los puntos de vista, por lo menos al modo de usarlos. En mi plan el modo de usar los puntos de vista es asunto de un capítulo (8) y el tratamiento del tiempo, de otro (16).

d) *El plano psicológico.* Uspensky, atento ahora a las percepciones del narrador y de sus personajes, clasifica los puntos de vista en subjetivos y objetivos, externos e internos. El narrador describe los acontecimientos a través de las impresiones subjetivas de sus personajes o de acuerdo con el conocimiento de los hechos objetivos que él ha obtenido. La conducta de los personajes aparece, pues, de varias maneras. Con respecto a la acción narrada, el punto de vista puede ser interno o externo según que el narrador participe o no de los acontecimientos; pero, en esta sección de su libro, Uspensky sólo se refiere a los puntos de vista con respecto al carácter de los personajes y entonces se le complica la clasificación. Lo que era posición interna con respecto a la acción, ahora, con respecto a los personajes, se subdivide otra vez en dos maneras, una externa y otra interna. Primera manera, externa: un observador cuya posición puede estar determinada o no, describe solamente los gestos visibles de los personajes. Segunda manera, interna: la conducta está descrita por un narrador protagonista o por un narrador omnisciente, ambos capaces de penetrar en ocultos procesos mentales. De aquí salen dos tipos de descripción. Primer tipo: nos da una vista externa del personaje. En este caso hay dos posibilidades: el narrador se atiene a los hechos que conoce y en actitud impersonal se refiere a su personaje con frases como «él hizo o dijo tal cosa», no «él sintió o pensó tal cosa»; o el narrador es un observador que se refiere a su personaje con meras opiniones, como «aparentemente estaba sintiendo de tal modo», «parecería pensar en tal cosa», «fue como si quisiera tal cosa», etc. Segundo tipo de descripción: nos da una vista interna del personaje. En este caso el narrador describe el estado de ánimo del personaje sea porque es omnisciente o porque se ha identificado con él. Lo describe con *verba sentiendi*, esto es, con verbos que acusan una sensibilidad, como «él sintió», «él supo», «él pensó», etc. Estos puntos de vista externos e internos pueden alternar y combinarse. A veces el narrador mantiene su posición, externa o interna, a lo largo del cuento; a veces su posición cambia, sea en una secuencia de escenas, cada cual con un punto de vista, sea en una simultaneidad de diferentes posiciones ante la misma escena.

Comentario sobre *d*): el contenido de este capítulo de Uspensky sí cabe en mi clasificación de los puntos de vista, sólo que mi planteo —creo— es más completo, lógico y sistemático.

La «gramática» de Stanzel (7.4.*b*).   Franz K. Stanzel modificó su teoría de las «situaciones narrativas» (publicada en alemán) en el artículo «Towards a "Grammar of Fiction"», *Novel*, primavera de 1978, capítulo de una nueva *Theorie des Erzählens*, 1979.

Hay, dice Stanzel, tres situaciones narrativas básicas: *a*) narración en primera persona cuyo narrador aparece bien visible como personaje dentro del mundo ficticio; *b*) narración autoritaria donde el narrador también aparece como una persona bien visible pero se queda fuera del mundo ficticio, y *c*) narración figurativa en la que el narrador se hace invisible pero sigue reflejándose en un personaje que está dentro del mundo ficticio. Estas tres situaciones se relacionan con tres elementos narrativos de forma bipolar. *Persona:* identidad o no identidad (separación) de los mundos de los personajes ficticios y del narrador. (Esta oposición corresponde más o menos a lo que tradicionalmente se llama narraciones en primera y tercera personas.) *Perspectiva:* interna o externa. (Esta oposición corresponde al distingo convencional entre punto de vista omnisciente y punto de vista limitado.) *Modo de transmisión:* el relato es transmitido por un personaje que narra o por un personaje que no narra pero que, por silencioso que esté, sabe lo que ocurre y refleja al narrador ausente. (Esta oposición coincide parcialmente con la de los estilos de *decir* y *mostrar*, sólo que para Stanzel los términos *telling* y *showing* se refieren más bien al efecto que un texto produce en el lector y en cambio sus términos *teller-character* y *reflector-character* tienen valor epistemológico: ¿quién de ellos es el que conoce más?)

Cada una de las situaciones básicas está dominada por uno de estos polos opuestos. La situación de primera persona está dominada por la identidad de los mundos del personaje y del narrador. La situación autoritativa está dominada por la perspectiva externa de un narrador. La situación figurativa está dominada por la presencia de un personaje-reflector que asume la función de narrar cuando el personaje-narrador se hace invisible. La «gramática» de los elementos y situaciones que transmiten al lector una narración es, pues, la siguiente. Hay tres pares de oposiciones:

Narración en primera y en tercera personas.   El narrador está en el mismo mundo de los personajes (primera persona: identidad). O, por el contrario, el narrador se mantiene separado del mundo de los personajes (tercera persona: no identidad).

Perspectiva interna y externa.   Desde el punto de vista interno se ve el mundo ficticio desde dentro. Stanzel menciona, con razón, narraciones en primera persona; se equivoca, a mi juicio, cuando dice que la «situación figurativa» es también interna pues es evidente que si bien vemos al personaje directamente lo cierto es que hay un narrador que desde fuera de la acción y en tercera persona está mostrando sus pensamientos. Tampoco estoy de acuerdo con Stanzel cuando ilustra la «perspectiva externa» —que debería definirse como la de un narrador que narra desde fuera de la acción en tercera persona— con «narraciones en primera persona en las que el narrador no está situado en el centro de interés sino en la periferia, como testigo de la acción o como biógrafo del héroe».

Personajes-decidores y personajes-reflectores.   El personaje-decidor, que sabe muy bien que está cumpliendo la función de narrar, se dirige con respecto al lector y acata las normas de la lengua y del arte. En cambio el personaje-reflector, que no es consciente de que está envuelto en el acto de comunicarse con un público, tiende a permanecer en silencio. Hay, pues, cuentos narrados sea por un narrador autoritativo o sea por el protagonista (personajes-decidores) y, en oposición a ellos, hay cuentos en los que un narrador invisible representa aspectos de la vida de sus personajes mostrándonos lo que pasa en esas mentes (personajes-reflectores).

Otros críticos (7.4.*c*.).   Repito: no me propongo resumir las contribuciones de críticos contemporáneos. Sólo excepcionalmente lo he hecho con las de Friedman, Uspensky y Stanzel. Ahora mostraré algunos de los caminos por donde andan otros críticos, a quienes no siempre creo necesario nombrar.

a)   A veces diferentes críticos usan términos diferentes para significar el mismo punto de vista.

b)   A veces el mismo crítico, mareado por esa abundancia terminológica, sin advertirlo repite con dos términos diferentes la descripción del mismo punto de vista. En esos casos uno de esos dos términos queda vacío y por tanto sobra.

c)   A veces el crítico, aunque no use un término vacío, se refiere, como si fuera un punto de vista nuevo, a lo que es una variante en el modo de usarlo. Los términos «neutral» o «múltiple» o «selectivo» son meros adjetivos del punto de vista omnisciente (7.4.).

d)   A veces un crítico cree que está definiendo puntos de vista pero en verdad está definiendo subgéneros del cuento en los que esos puntos de vista son obligatorios (13.5.1.). El «yo», por ejemplo, es forzoso en Epístolas, Diarios íntimos y Memorias. En los cuentos epistolares, cada carta presupone a un narrador protagonista o testigo: es un monólogo destinado a un corresponsal ausente. Cuando las cartas van y vienen entre diferentes personas los respectivos monólogos valen como un diálogo mantenido a distancia. En los cuentos compuestos con páginas de Diario íntimo cada asiento también está escrito con el pronombre de primera persona (aunque, al personificar al «querido Diario», le hable de «tú»). En los cuentos desprendidos de Memorias, el narrador se refiere, no a un presente, como en el Diario, sino a un pasado: están entre la autobiografía (narrador-protagonista) y la biografía (narrador-testigo). El «yo» es primordial, pero una vez establecido puede caracterizar a otros personajes con pronombres de tercera persona. Esto, en cuanto a los subgéneros que exigen el uso de la primera persona. Hay otros que exigen la tercera persona, como el subgénero del diálogo teatral. Un comediógrafo, en las acotaciones escénicas del texto, indica el lugar y la hora de la acción, el aspecto de los personajes, sus entradas, salidas y gestos. De manera semejante el narrador, con «él», «ellas», sitúa a los personajes en sus circunstancias y luego los hace hablar y actuar. No sabemos qué es lo que perciben, sienten y piensan a menos que ellos nos lo digan o nos lo den a entender. Y aun podríamos hablar de un subgénero en el que pueden mezclarse todos los puntos de vista: lo llamaré, un poco en broma, el «cuento sin forma». La broma está en que el cuento es una forma del arte de contar y, por tanto, cuento amorfo no lo hay; pero el narrador, si así lo desea, puede dar una masa confusa de documentos para crearnos la ilusión de que el cuento se va haciendo solo. El narrador desordena el cuento adrede para que el lector lo reordene. Habiendo fingido el narrador que se ausentó del cuento, los puntos de vista se multiplican como hongos en un jardín abandonado por el jardinero.

e)   A veces el crítico, además de hablar de puntos de vista cuando en verdad está pensando en subgéneros, nos habla de puntos de vista cuando en verdad está pensando en la morfología de cuentos con armazones, marcos, cornisas, cajas, etc. Sigue, pues, dándonos gato por liebre. No es que los puntos de vista sean diferentes, sino que, sin perder sus características, operan dentro de variadas formas constructivas. Por ejemplo, el narrador describe una reunión de personas y cada una de ellas nos cuenta una acción pasada. Un cuento está ligado a otro o encajado dentro de otro. El héroe de una acción ha contado su aventura a una persona, quien la repite en el cuento que estamos leyendo o al revés, un narrador que comenzó en tercera persona cede la palabra a un personaje a quien, desde ese instante, oímos hablar en primera persona.

f)   A veces el crítico asocia un punto de vista, no ya con un subgénero o una estructura, sino con un tipo de cuento. Nos dice que este punto de vista es típicamente subjetivo o típicamente objetivo. Pero el caso es que la subjetividad u objetividad de un cuento no depende del ángulo de visión del narrador, sino de su actitud (9.3.). En el tipo subjetivo —dice ese crítico— el narrador se queda fuera de la acción y permanece libre para inventar y expresarse. En el tipo objetivo, el narrador deja que los personajes hablen con sus propias palabras. Pero estos términos, «subjetivo», «objetivo», son ambiguos y no ayudan a comprender puntos de vista sino modos de narrar.

g)   A veces el crítico, si no subordina el punto de vista a un subgénero, una estructura o un tipo, la subordina al tratamiento del Tiempo. Parece estar definiendo los puntos de vista pero en realidad habla de otra cosa: de las técnicas literarias para describir la temporalidad de los personajes («el fluir psíquico», 17.3.) y de las interrelaciones entre pasado, presente y futuro («secuencia narrativa», 16.9.).

h) A veces el crítico subordina los puntos de vista a la Epistemología. Tzvetan Todo-rov, por ejemplo, en «Las categorías del relato literario», *Análisis estructural del relato,* se inte-resa por establecer la relación entre el narrador y su cuento y para ello clasifica las «miradas» según que el narrador esté mejor informado que el personaje, ambos estén igualmente informa-dos, el personaje esté mejor informado.que el narrador, los mismos acontecimientos estén vis-tos por diferentes personas o la apariencia y la realidad puedan compararse. Pero medir los grados de aproximación a la verdad sólo tiene sentido con referencia a una lógica ajena a los puntos de vista de un cuento, sobre todo si el cuento es fantástico (14.4.; 14.6.).

i) A veces el crítico incluye en su clasificación las reacciones del lector. Nos dice que los puntos de vista comunican ciertas experiencias al lector, y éste es quien, en última instan-cia, los clasifica conforme a la mayor o menor credibilidad de un narrador que se abstiene de intervenir en su relato o, al contrario, interviene sin disimulo. Estima así el efecto que un punto de vista tiene, no en la construcción del cuento, sino en el ánimo del lector. Lo que le importa al crítico ese es la relación, no entre el narrador y su narración, sino entre el narrador y el lector. El lector nota cuáles son los puntos de vista dignos de confianza y cuáles no. Pero que el lector confíe o no en la veracidad del narrador no agrega nuevos puntos de vista a los cuatro básicos. El cuento está configurado por los ojos del narrador, no del lector. Los ojos del lector ven lo que los ojos del narrador vieron antes. O dicho al revés, el narrador se leyó mientras iba escribiendo y se imaginó a un lector ideal, a quien se dirigió mediante el punto de vista narrati-vo que eligió deliberadamente (5.4.).

j) A veces el crítico diferencia estilos y cree que está diferenciando puntos de vista. Por ejemplo, habla del «punto de vista de la primera persona en pretérito, en forma oral y en forma escrita». Fórmula de la expresión oral: «Oye lo que te estoy diciendo.» Fórmula de la expresión escrita: «Mientras estoy sentado aquí en mi escritorio, con la pluma en la mano, recuerdo que...» En la primera actitud el.narrador pretende dirigirse directamente a un interlocutor y lo hace con el habla viva, espontánea, coloquial, que corresponde a su personalidad y educación: en «Hotel Castro» (D) el protagonista, hotelero, cuenta un suceso a su huésped, escritor, y comien-za con un «oiga». La segunda actitud es la del memorialista. Meras diferencias de estilo, pues ambas actitudes son las de un «yo».

k) A veces el crítico confunde el punto de vista con los modos de usarlos y nos habla con términos opuestos: Resumir versus representar; Dire versus Montrer; Telling versus Sho-wing; Erzählung versus Darstellung. Que es como si se confundiera el ojo con las acomodacio-nes del ojo a planos lejanos o cercanos. Una persona está situada en una posición cualquiera. Desde esa posición mira; pero su ojo puede mirar variados objetos y a diversas distancias. Un modo de alejarse es darnos un resumen; un modo de acercarse es darnos una escena. Se dice que tal o cual punto de vista permite acercarse o alejarse más. No es cierto. Con cualquiera de los cuatro puntos de vista se puede obtener esos efectos. Contar de cerca o de lejos son modos de usar el punto de vista; y tan importantes que deben estudiarse por separado. Es lo que haré en el capítulo «Modos de usar los puntos de vista: resumir y representar» (8).

Decir y mostrar (8.3.). La diferencia entre «telling» y «showing» —y entre «picture» y «drama»— estaba implícita en cartas y prefacios de Henry James: véase la recopilación que hizo R. P. Blackmur, *The Art of thye Novel* (1947). Su admirador Percy Lubbock, en *The Craft of Fiction* (1921), continuó las ideas de James pero tampoco las sistematizó. Mejor dicho, las mezcló en sistemas diferentes como quien mezcla naipes de barajas españolas y francesas: «pic-ture» y «panorama» por un lado; «drama» y «scene» por otro, pero con combinaciones de «pic-torial manner or scenic» y «dramatic manner or panoramic», etc. Continuaron a Lubbock expo-sitores que al usar los mismos términos o términos parecidos disimularon aún menos que él sus preferencias por una manera. Por ejemplo, Caroline Gordon y Allen Tate, en *The House of Fiction* (1950) definieron los términos de modo que «showing» resultara artístico y «telling» antiartístico. En cambio Wayne Booth, en *The Rhetoric of Fiction* (1961), probó, con ejemplos de la mejor literatura narrativa, que no hay superioridad de una manera sobre otra, sino narraciones mejores que otras. Decir versus Mostrar equivale en castellano a Telling versus Showing, Raconter versus Montrer, Erzhalung versus Darstellung. Claro que traducir to tell por *decir* no es satisfactorio. En inglés ese verbo se usa también en el sentido de contar: «to tell a story». En castellano «decir un cuento» no es común.

No hay preceptivas (8.6.).   Doy una teoría del cuento, no una preceptiva. Para probarlo voy a ampliar aquí algo que dije en el texto. Desde cualquiera de los cuatro puntos de vista el narrador puede (a) resumir lo que ha visto en cuyo caso nos *dice* su versión personal de los acontecimientos, (b) reproducir lo que ha visto en cuyo caso nos *muestra* el espectáculo mismo de los acontecimientos y (c) combinar el *decir* con el *mostrar* en cuyo caso el narrador resume lo que los personajes ven o ve lo que los personajes resumen. El narrador relata una acción, muestra una acción o combina ambos modos.

Tomemos los casos del narrador omnisciente. Su mayor virtud es la presentarnos vastos panoramas. En este sentido, nos dice lo que ha ocurrido sin mostrárnoslo. Está entre los personajes y el lector; o sea, que al resumir la acción la aleja del lector. Pero no siempre es así, y suele darnos también escenas vivas, presentadas dramáticamente. En verdad, el punto de vista que usa no tiene limitaciones. Es como un dios libre de las estrecheces del tiempo y del espacio. Tan pronto se instala en el centro como al margen de la acción. Nada le impide desplazarse de un punto a otro. Por tanto, el lector tiene acceso a toda clase de informaciones. La característica del narrador-omnisciente es que, si quiere, nos revela sus propios datos sensoriales, sentimientos y pensamientos. Nos da a conocer no sólo las ideas y emociones de sus personajes, sino también las propias. Si le da la gana, puede introducir en su cuento —a la manera de un periodista que redacta editoriales— comentarios sobre las costumbres morales, por más ajenos que esos comentarios sean al cuento. Pero este narrador-omnisciente, si se propone ser objetivo (o si así le conviene por alguna especial razón artística) puede usar de la tercera persona de un modo impersonal. Entonces no se entromete en la acción. Al rehusarse a ser un comentador de los acontecimientos produce, es verdad, un efecto de ausencia, pero el hecho de que permanezca neutral no significa que se está negando a sí mismo el derecho de hablar, pues siempre dispone del recurso de proyectarse en un personaje que opine como él. Este narrador omnisciente, sea que comente o no lo que pasa en el cuento, maneja a su gusto las distancias. De él depende que nos diga indirectamente lo que pasa o que nos lo muestre directamente. Para la acción y los diálogos puede, si quiere, presentarnos escenas. De todos modos, la distancia entre el lector y los personajes se aproxima o se aleja y los cambios acaecen cuando menos se espera y a menudo sin responder a un plan previo. Cierto es que, en general, el narrador-omnisciente retiene su facultad, de intervenir entre el lector y la acción y que aun en el momento de presentar una escena lo hace como él la ve más que como la ven sus personajes (apenas se pone a filosofar, se aleja de la escena); pero, aunque esto sea lo general, se dan casos de total neutralidad.

El narrador-testigo comunica sus propios pensamientos y sentimientos desde la orilla de la corriente de vida que presencia, pero puede clavar la vista en este o en aquel personaje, en tal o cual escena, y entonces exhibe los hechos directamente; o si no los ha observado personalmente puede leer diarios íntimos, cartas escondidas, etc. y así inferir lo que ocurrió, en cuyo caso resume los hechos panorámicamente.

En el narrador-protagonista generalmente el ángulo de visión es central pero desde ese centro muestra una escena sucedida a pocos pasos o decide decirnos, con un resumen, su interpretación de lo sucedido.

Así como ningún punto de vista adoptado por el cuentista es garantía de que el cuento ha de salirle bien, tampoco hay un modo de usarlo que asegure de antemano el logro artístico. Sin embargo, críticos que ceden a la tentación de convertirse en preceptistas o que no renuncian a sus personales referencias suelen decir que cuando un narrador, en vez de exhibir a los personajes nos habla de ellos, levanta un obstáculo innecesario y así destruye la ilusión del lector. Nos recuerdan el vehemente consejo de Henry James: «Don't state: render! Don't tell us what is happening, let it happen!» Pero no hay un método mejor que otro y yo no estoy preceptuando o declarando mis gustos sino describiendo modos de narrar.

Preferir el «mostrar» (objetivo y dinámico) al «decir» (subjetivo y estático) es una mera opinión personal. Hay muchos modos de mostrar y de decir, y lo que monta es que unos y otros sirvan al propósito de la narración. El mérito está en el talento personal del narrador, no en los modos que usa. El narrador puede alzar la voz en medio de sus personajes y comentar sus acciones sin que ello arruine necesariamente la calidad del cuento. Después de todo, el comentario economiza episodios, diálogos, monólogos interiores, y así la acción, desembarazada de escenas prescindibles, marcha rápidamente hacia las escenas imprescindibles. O sea, que el decir colabora con el mostrar: los comentarios preparan la vivacidad de las escenas y éstas confirman la información dada por los comentarios.

El valor narrativo de una escena o de un resumen depende de la persona que narra. Este narrador puede comentar mientras muestra (showing) o relata (telling), y sus comentarios serán pertinentes, ornamentales o superfluos según su personalidad. Los comentarios, las intrusiones del narrador no son objetables teóricamente: a veces son expresivas y artísticas. Hay buenos y malos comentarios; y hay buenas y malas escenificaciones. Decir puede valer más que mostrar en ciertos cuentos. No hay un modo bueno y un modo malo de contar un cuento: hay cuentos buenos y malos. Puede darse el caso de un resumen tan vivo que excite la imaginación del lector y valga como una escena directamente presenciada; y, por el contrario, puede presentar la acción con sus gestos y diálogos sin que haya en esa escena un conflicto interesante. La combinación de un cuento de acción resumida (cuento-versión) con un cuento de acción escenificada (cuento-espectáculo) nos da un cuento que resume lo escenificado y escenifica lo resumido (cuento versión espectacular y espectáculo vertido en un resumen). Esta técnica, pese al entusiasmo con que Henry James la usó y recomendó, tampoco garantiza la excelencia de un cuento. Con todo, es la que prefiero.

Tramas de número limitado (10.6.).   Georges Polti abre su libro *Les trente-six situations dramatiques* con un epígrafe de Goethe que menciona a Gozzi como fuente del número 36. Para completar el dato recordemos que Carlo Gozzi (1720-1806) afirmó, sin especificarlas, que había solamente treinta y seis situaciones posibles. Schiller, según el testimonio de Goethe en sus conversaciones con Eckerman, quiso alargar la lista pero pronto observó que algunas de esas treinta y seis situaciones de Gozzi eran injustificadas y sobraban. Nadie sabe por qué Gozzi se decidió por el número 36. ¿Tendrá algo que ver el hecho de que Pietro Aretino (1492-1556) hubiera reducido a treinta y seis las posibles posturas para hacerse el amor? Eric Heath, en *Story Plotting Simplified* (Boston, 1941), ha adoptado al arte narrativo las treinta y seis situaciones dramáticas de Polti sólo que usa ejemplos no narrativos del mismo modo que Polti usaba ejemplos no teatrales.

Planteos estructuralistas (11.2.).   La palabra «estructura» es tan común que de ella se han derivado innumerables «estructuralismos»: psicológicos, antropológicos, económicos, religiosos, históricos, filosóficos, lingüísticos, literarios... Cada estructuralismo se bate con una pesada artillería terminológica. Una de las escuelas estructuralistas reconoce como fundador a Ferdinand de Saussure. En su *Cours de Linguistique*, 1916, Saussure insistió en la diferencia entre *langue* (lengua), sistema social de signos, y *parole* (habla), uso individual de ese sistema. La Lingüística, en cuanto ciencia, se limita, según él, al estudio objetivo del sistema de la lengua. Dividió tal estudio en dos clases de Lingüística: la *diacrónica*, evolutiva, y la *sincrónica*, estática. Después de delimitar el eje de sucesiones de la primera y el eje de simultaneidades de la segunda —ejes autónomos pero interdependientes— Saussure se preguntó si habría un punto de vista *pancrónico* y se respondió que sí: ese punto de vista mostraría los principios generales de los signos, el código de convenciones que hace posible todo juego lingüístico. Sería una nueva ciencia: la Semiología o Semiótica.

Pues bien: muchos críticos literarios estructuralistas manejan a su manera las ideas de

Saussure. Así como Saussure apartó de su ciencia el *habla*, por ser individual e intencional, y se quedó con la *lengua*, por ser un sistema social de signos, algunos críticos se desentienden del cuento literario, también por ser individual e intencional, y se consagran a cuentos tradicionales, míticos, folklóricos, porque creen que, siendo colectivos, se prestan mejor a la investigación científica. A otros críticos no les interesa la génesis histórica o psicológica del cuento. Rechazan, pues, el eje diacrónico y se especializan en el eje sincrónico. Y hay quienes, siempre siguiendo a Saussure, aunque modificándolo, se proponen el estudio del eje pancrónico o Semiótica del cuento. En manos de estos críticos la Semiótica sirve para clasificar fórmulas a partir de las cuales —dice— se escribieron cuentos en el pasado y se escribirán cuentos en el futuro.

Roman Jakobson, el formalista ruso, había hablado de *literaturidad*, o sea, de las notas esenciales que diferencian la literatura de otros productos culturales. Ahora, aplicando ese concepto a un campo más restringido, se habla de *narratividad*, o sea, de las notas esenciales que diferencian el cuento y la novela de otros productos literarios. Y aun se habla de *Narrática*, por analogía a *Poética*. Descartan el cuento como obra artística, descartan las intenciones estéticas allí cristalizadas. En vez de analizar un cuento particular, formulan los principios semióticos que regulan el arte de contar. Para Tzvetan Todorov («Structural analysis of Narrative», *Novel*, III, 1, Otoño de 1969), el análisis estructural no describe una obra concreta sino que teoriza sobre las manifestaciones de una estructura abstracta, meramente posible. El objeto del análisis no es una narración sino las propiedades de la narrativa, de modo que la creación concreta de un cuento debe verse como la manifestación de una estructura más general de la que el cuento es una de sus posibles realizaciones. Es como si en vez de estudiar concretas partidas de ajedrez estudiaran las reglas del juego en general.

Yo estoy estudiando también la estructura del cuento pero mi estructuralismo no renuncia a nada que entre en el proceso de la creación narrativa. Entiendo que el análisis morfológico tiene que considerar el carácter temporal del cuento. Después de todo el cuento es un objeto estético: sólo existe como experiencia mental de un narrador que crea y un lector que re-crea. Y las convenciones de un cuento cambian a lo largo de la historia porque el hombre es una criatura histórica. Como bien observa Cesare Segre, en *I segni e la critica* (1970), no hay incompatibilidad entre el análisis estructuralista y una visión historicista. El narrador y su lector están inmersos en la historia. Lo que importa es definir el modo de establecer el contacto entre la historia y la estructura de un texto. Aun estructuralistas que niegan la historia lo que hacen es darla por sobreentendida.

Traducción de términos (12.8.).   Aristóteles, en la *Poética* (VI) llamó «mythos» a la combinación de los incidentes de una acción. Esa palabra, tal como la empleó allí Aristóteles, ha sido traducida a las lenguas modernas en el sentido de trama, argumento, asunto, intriga, historia, etc. Los críticos formalistas de Rusia —V. Schlovski, B. Tomachevski *et al.*— la tradujeron con un vocablo ruso que, traducido a su vez a nuestras lenguas, ha dado «fábula». Pero esta palabra latina está asociada con una forma literaria específica —la de las fábulas de Esopo, Fedro, La Fontaine, Iriarte, etc.— y por eso nos es inaceptable en el sentido de «trama». Los mismos formalistas rusos tomaron otra palabra para ellos extranjera —«sujet», del francés— y la opusieron a fábula. La *fábula* es lo que efectivamente ocurrió: o sea, el conjunto de acontecimientos sucesivos, relacionados de causa a efecto a lo largo de la obra. El *sujet* es la forma en que el lector toma conocimiento de lo leído: o sea, el arte con que se usan los mismos sucesos para construir la obra. ¿Cómo traducirlos al español? ¿Da lo mismo traducirlos indistintamente ya como trama, ya como argumento?

V. Schlovski se rectificó años más tarde: «Es imposible e inútil —dijo— separar la parte de los acontecimientos [fábula] de su ordenamiento en la composición [sujet] pues se trata siempre de lo mismo: el conocimiento del fenómeno.»

T. Todorov no admite esta rectificación de Schlovski. Insiste en el distingo entre ambos conceptos, si bien vacila en los términos. A veces habla de «historia» y «discurso» (siguiendo a

E. Benveniste). La obra literaria —dice Todorov en «Las categorías del relato literario», *Análisis estructural del relato*— ofrece dos aspectos: historia y discurso. La *historia* evoca cierta realidad, acontecimientos que habrían sucedido, personajes que se confunden con los de la vida real. Esta misma historia podría haber sido referida por otros medios (incluyendo el cine y el coloquio). Por otro lado tenemos el *discurso*, o sea, la palabra real dirigida por el narrador al lector. El narrador relata la historia y frente a él un lector la recibe. En este nivel, lo que monta no son los acontecimientos referidos sino el modo con que el narrador nos los hace conocer. Todorov no parece referirse a un resumen extraído de la trama sino a dos aspectos dentro del cuento. J. Ricardou, en *Problèmes du nouveau roman* (1967), rebautiza la oposición «histoire-discours» de Benveniste con los términos «fiction-narration». Otra dicotomía: aplicando el vocabulario del lingüista Louis Hjelmslev, se dice que la *fábula*, materia prima de la narración, es la *sustancia del contenido*, y que la puesta en obra del *sujet* o intriga es la *forma del contenido*. La diferencia entre una trama y el resumen que se abstrae de aquélla ha sido señalada también con términos que yo prefiero reservar para otros aspectos del cuento. Por ejemplo, Frank O'Connor, en *The Lonely Voice* (1963), llama «theme» al resumen del esqueleto de un cuento y «treatment» a lo que el narrador hizo con ese esqueleto.

No voy a guerrear por cuestión de términos. Me basta con que coincidamos en la observación de los hechos. He aquí un cuento. Lo leemos. Abstraemos de él un resumen. Este resumen es un nuevo objeto, exterior al cuento. Por tanto, el resumen no rompe la unidad interior del cuento. Sí la rompen quienes renuevan la falsa dicotomía fondo-forma con oposiciones como fábula-sujet, trama-argumento, historia-discurso, ficción-narración, tema-tratamiento, significante-significado.

Eco y la obra abierta (13.3.).   He sido testigo de cómo algunos fervorosos adictos a la «obra abierta» al leer *Opera aperta* de Umberto Eco quedaban impresionados por los ejemplos que describía y en cambio no prestaban atención al pensamiento teórico de fondo. He aquí algunos pasajes de Eco nada iconoclastas. «La *obra en movimiento*, en suma, es posibilidad de una multiplicidad de intervenciones personales pero no es una invitación amorfa a la intervención indiscriminada: es la invitación no necesaria ni unívoca a la intervención orientada, invitación a insertarnos libremente en un mundo, que sin embargo, es siempre deseado por el autor. El autor ofrece al gozador, en suma, una obra *por acabar:* no sabe exactamente en qué modo la obra podrá ser llevada a su término pero sabe que la obra llevada a término será no obstante siempre *su obra*, no otra, y al finalizar el diálogo interpretativo se habrá concretado una forma que es *su* forma, aunque esté organizada por otro en un modo que él no podía completamente prever: puesto que él, en sustancia, había propuesto posibilidades ya racionalmente organizadas, orientadas y dotadas de exigencias orgánicas de desarrollo... Todos los ejemplos de obras "abiertas" y en *movimiento* que hemos señalado nos revelan este aspecto fundamental por el cual aparecen siempre como "obras" y no como un amontonamiento de elementos casuales dispuestos a emerger del caos en que están para convertirse en cualquier forma. El diccionario, que nos presenta miles de palabras con las cuales somos libres de componer poemas o tratados de física, cartas anónimas o listas de productos alimenticios está absolutamente "abierto" a cualquier recomposición del material que muestra pero no es una obra» («La poética de la obra abierta»).

Diseño de cuentos con forma de cosas (13.5.).   Hace años me invitaron a dar una conferencia sobre mis cuentos fantásticos. No lo hice pero escribí «El juguete» (A): «Se me ocurrió, pues, dar en broma una conferencia espectacular. Esto es, un espectáculo donde no sólo me oyeran pronunciar palabras sino que también me vieran jugar con cosas, como un malabarista de circo. Yo llevaría al aula una valija llena de trebejos que de algún modo se relacionaran con la forma o el fondo de mis cuentos. De la valija sacaría una caja china, de esas que llevan dentro de sí una segunda caja que a su vez lleva una tercera caja, y acto continuo alardearía de haber fabricado idéntica triplicación en "El cuento dentro del cuento en un cuento de Andy 'El robot Pentekostós' ", que ya con ese titulazo anticipa su estructura. Dando vueltas a un reloj de arena yo haría visible la inversión de temas en "El leve Pedro" y "La caída del hipogrifo". Con un calidoscopio en la mano yo explicaría que así como, gracias a sus espejos, a cada sacudida del cilindro los mismos cristalitos de color componen una nueva figura, en mi cuento "Qué voy a hacer yo con una guitarra" los elementos del tópico tradicional del "salto en el tiempo" se combinaron en una figura imprevista. Haría funcionar un metrónomo y les diría que con esos movimientos alternados construí "Un defecto más y no existiría" y "Museo de cicatrices". Les mostraría un rompecabezas para que vieran cómo armé "Al rompecabezas le falta una pieza". De esta manera, exhibiendo sucesivamente un microscopio, un telescopio, una ruleta, un péndulo, un espejo deformante, un collar, un abanico, un cinturón de Moebius, etcétera, yo iría revelando la morfología de mis cuentos. Me hubiera gustado llevar al aula la botella de Klein que me inspiró "La Botella de Klein", pero esa botella no existe ni puede existir: la concibió un matemático y en la cabeza del matemático se ha quedado embotellada.»

Imaginación y fantasía (14.1.).   Acaso porque no soy ni helenista ni latinista me divierto con los juegos etimológicos. En castellano mezclamos las significaciones de *fantasía*, que viene del griego, con las de *imaginación*, que viene del latín, y cada hablante, cuando no las considera sinónimas, matiza sus diferencias como le da la gana. Para los propósitos de estas páginas me inclino a interpretar que el étimo de *fantasía* sugiere una aparición (phaino) y el de *imaginación*, una imitación (imago, imitagio). La fantasía reproduciría la imagen de un objeto inexistente; la imaginación, la de un objeto ausente. La primera, crearía; la segunda, recrearía. Pero son juegos y nada más.

Teoría del conocimiento (14.4.)   En sus *Fundamentos de una metafísica del conocimiento*, de 1921, Nicolai Hartman ha descrito el fenómeno del conocimiento como una relación entre dos mundos que permanecen distintos: el sujeto cognoscente y el objeto cognoscible. Correlación, más bien, pues el sujeto sólo es sujeto cuando se enfrenta a un objeto y el objeto sólo es objeto cuando está confrontado por un sujeto. En este dualismo las funciones de ambos miembros son intransferibles: la del sujeto es aprehender; la del objeto, ser aprehendido. El sujeto cambia porque en su conciencia surge la imagen del objeto. El objeto, indiferente a que se lo conozca, no cambia.

Las soluciones al problema del conocimiento dependen de que subordinen el sujeto al objeto (en cuyo caso tenemos la posición del Realismo) o de que, al revés, subordinen el objeto al sujeto (posición del Idealismo). En sus casos extremos, estas posiciones rompen la relación entre el sujeto y el objeto. El «realismo ingenuo» no ve al sujeto: las cosas son exactamente tales como las percibimos. El «idealismo solipsista» no ve el objeto: sólo existe mi conciencia. Entre estos extremos están el «realismo crítico» y el «idealismo crítico»: hay una realidad independiente de la conciencia pero sólo la conocemos dependiendo de la conciencia. La conciencia, enérgicamente, fabrica objetos y con ellos construye un mundo pero esta conciencia es parte de la naturaleza y, por lo tanto, alguna correspondencia ha de haber entre las cualidades que percibimos y la índole de las cosas, algún fundamento ha de haber entre la forma de nuestro entendimiento y la materia sensorial. Para Kant, por ejemplo, nuestro conocimiento es subjetivo (fenoménico) pero también es capaz de explicaciones científicas, si bien las ciencias, por objetivas que sean, nunca podrán decirnos nada sobre la realidad en sí (nóumeno). Si el conocimiento es el contacto del sujeto con el objeto, el concepto de la verdad es el concepto de una relación: la verdad consiste en la concordancia del objeto con la imagen de él que se ha formado en la conciencia del sujeto. Sin tal concordancia no hay conocimiento. Pero ¿con qué criterio juzgamos que nuestro conocimiento es verdadero? Las respuestas varían, de escuela a escuela.

La crisis de la Razón (14.5.4.).   Los planteos del problema del conocimiento que he simplificado en términos de Realismo e Idealismo excluyen ciertas actividades irracionales. El hombre es un animal que no ha podido desprender su pensamiento del fondo tenebroso de la naturaleza. En la acción espontánea (y escribir cuentos es actuar) el sujeto modifica el objeto. La razón misma está afectada de irracionalidad. Los principios de la lógica pierden su vigencia en cuanto nos asomamos a la microfísica. Las categorías del ser y las categorías del conocer no coinciden. Lo cognoscible está siempre retenido por lo incognoscible. El lenguaje nos obliga a pensar absurdamente. El éxtasis místico, la inspiración divina o demoníaca, la fe en creencias metaempíricas, la impulsiva confianza en el instinto vital o en la intuición amorosa, la expectativa permanente de inminentes revelaciones, el deseo, el temor, el sueño son buscas ilógicas del secreto de la realidad. En tales buscas se recurre a cualquier noción que tape los agujeros de nuestro conocimiento. Y como a pesar de los irracionalismos no aparecen las vías de acceso a la realidad, hay quienes postulan que la realidad consiste, precisamente, en que nada es imposible. De aquí que muchos críticos encuentren difícil la tarea de diferenciar entre las literaturas realistas y las no realistas. Comprender el realismo sí les es fácil. La dificultad está en comprender la literatura llamada fantástica.

Colaboración entre las artes (15.3.). Susanne K. Langer diferencia las artes según que expresen la «vida del sentimiento» en formas del «espacio virtual» o del «tiempo virtual»; pero como para ella la virtualidad del espacio y del tiempo es una ilusión creada por la mente del artista, la diferencia que establece no debe confundirse con la de otros teóricos que creen en la realidad objetiva del espacio y del tiempo y cuando hablan de «artes del espacio» y «artes del tiempo» tienen en cuenta los materiales y las técnicas con las que las artes están manufacturadas. En «Deceptive analogies: species and real relationships among the arts», *Problems of arts* (1957), Langer reelabora lo que había dicho en la segunda parte de *Feeling and Form* (1953). Trataré de sintetizar páginas dispersas.

Langer parte de la idea de que cada arte es autónomo y se pregunta qué es lo que crea, con qué principios y con qué materiales. A lo largo de su inquisición descubre las diferencias específicas entre las artes; y su punto de llegada es que todas ellas, aun siendo autónomas, revelan una profunda unidad: la de su valor como creación de «formas perceptibles que expresan la vida del sentimiento». Con este término, «vida del sentimiento», Langer no se refiere a los sentimientos particulares que el artista puede haber tenido mientras creaba. La obra no es un síntoma de sentimientos reales, como el llanto o la risa son síntomas de pena o de júbilo. No. Por «vida del sentimiento» Langer entiende lo que el artista sabe sobre la sentimentalidad humana, una configuración simbólica de los afectos en formas objetivas, una proyección en imágenes de experiencias vitales, una «aparición» o «ilusión» donde todo es virtual. En el momento de la creación el artista está estructurando un espacio virtual (mediante colores, líneas, volúmenes) o un tiempo virtual (mediante sonidos, ritmos, palabras). Los materiales que el artista usa se encuentran en la realidad exterior y quedan fuera de la obra artística, que es un simulacro de realidad. Uno no va a un museo para ver pigmentos ni a una sala de conciertos para oír ruidos, sino que va para apreciar formas creadas que, al lucir y sonar, nos conmueven porque en ellas reconocemos una original intuición estética. Por eso no en los materiales sino solamente en el proceso de la creación —proceso mental— cabe distinguir una pintura de una sonata. Al crear se le aparecen al artista formas virtuales. «Aparición» o «ilusión» que difieren de arte a arte. Las artes plásticas crean un espacio virtual. Las artes musicales y literarias crean un tiempo virtual. Ahora bien, la «aparición» o «ilusión» no puede ser híbrida. Domina el espacio virtual (pintura, escultura) o domina el tiempo virtual (música, literatura). ¿Y las otras artes, a la vez extensas y sucesivas, como el teatro, la ópera, la danza, el cine? Langer admite que allí se establecen interrelaciones pero las explica así: la ilusión de espacio no se confunde con la ilusión de tiempo; lo que ocurre es que la ilusión, primordial en un arte, puede ser secundaria en otro. En el fondo, la ilusión del espacio se traga («swallows») la ilusión de tiempo o viceversa. El drama se traga la escenografía; la música se traga las palabras de la canción; la danza se traga la música; la ópera se traga al drama. Puede acaecer que se invierta la fuerza del apetito y el tragado se haga tragador; como quiera que sea, un arte se asimila al otro. (En una ocasión la señorita Langer abandona su continuada metáfora digestiva y la sustituye por una sexual: «entre las artes —dice— no hay matrimonios felices, sino violaciones triunfantes».)

En la música encontramos las formas más intensas de tiempo virtual. También la literatura crea formas de tiempo virtual, sólo que su característica es expresar la «ilusión de vida» en una presentación de acontecimientos. No son acontecimientos reales sino imaginados. Lo que les pasa a los hombres —la vida sentida en sus conflictos con el mundo— es el asunto de la poesía, una de cuyas formas es el arte de narrar. El narrador, de lo que sabe sobre la vida, abstrae unas formas ficticias que interesan porque muestran acontecimientos que han ocurrido en el pasado. En la vida real esos acontecimientos ocurrieron desordenadamente: se ordenan en la memoria virtual del narrador. Un cuento, pues, nos ofrece una ilusión de vida, una aparición de experiencias del pasado transformadas por la memoria virtual del cuentista. Virtual, no verdadera.

En suma, que Langer define así las diferencias entre las artes: las plásticas por su espacio virtual; y por su tiempo virtual, la música, la literatura, el drama, la danza, el cine, artes éstas en las que algo ocurre. (En vez de «arts of time» Langer propone «ocurrent arts».) Si atendemos a la «aparición» del tiempo, Langer nos propone estos otros distingos. La música es la aparición simbólica de un tiempo audible, directo, inmediato, presente. La literatura narrativa es la aparición simbólica de un tiempo pretérito. El drama es la aparición simbólica de un tiempo futuro, puesto que los personajes dialogan en una situación preñada de inminencias, todos lanzados por el destino a una crisis final. La danza es la aparición simbólica de un tiempo desplegado en la interacción de fuerzas, no las fuerzas musculares de los danzarines, sino las de los poderes emotivos de la vida interior, percibida en una imagen dinámica. El cine es la aparición simbólica de un tiempo semejante al de la narrativa en cuanto a la inmediatez de las imágenes de acontecimientos, pero con la diferencia de que no es un pasado con forma de memoria sino un presente con forma de ensueño.

La forma espacial en la narración (15.4.). Como ejemplo de crítica empeñada en llamar «espacio» a lo que es «tiempo» recordaré el trabajo de Joseph Frank: «Spacial Form in Modern Fiction», en *The Widening Gyre*, 1968. Parte de las ideas de Lessing sobre la diferencia entre las artes plásticas y las literarias (*Laokoon*, 1766) y de las ideas de Wilhelm Worringer sobre las diferencias entre artes plásticas naturalistas y no naturalistas (*Abstraktion und Einfühlung*, 1908). La conclusión a que llega podría resumirse así. La literatura, en el curso de la historia, oscila entre símbolos yuxtapuestos en el espacio y símbolos consecutivos en el tiempo. Oscilación que corresponde a los alternados períodos de arte naturalista (*Einfühlung* o proyección sentimental del artista en las formas de la vida orgánica) y no naturalista (*Abstraktion* mediante la cual el artista desestima las formas vivas de la naturaleza y se satisface reduciéndolas a esquemas rígidos). En los períodos no naturalistas los narradores trabajan más con la idea de tiempo. No pueden menos de ordenar las palabras en una serie sucesiva pero la intención es que el lector las aprehenda simultáneamente, en un instante, como si estuviera en el espacio. La actitud ante el lenguaje debe cambiar: hay que percibir los grupos de palabras en calidad de formas puestas en la página como el pintor pone sus líneas y colores en una tela. Esto es, en relaciones espaciales. Si las relacionamos en el orden del tiempo, no las comprendemos. Frank ilustra su ensayo con la escena de la feria en *Madame Bovary*. Flaubert presenta, simultáneamente, tres niveles: la muchedumbre en la calle, los discursos de las autoridades y la conducta de Ema y Rodolfo que vigilan todo eso. Lo que en Flaubert se da en pequeña escala, en la *Recherche du temps perdu* de Proust o en el *Ulysses* de Joyce se despliega en una escala gigantesca. El fluir temporal de la narración se detiene y nuestra atención se fija en aspectos abstractos, yuxtapuestos, simultáneos, fragmentarios, dispersos, misceláncos, entrecruzados. La revelación que la narración ofrece tiene una cualidad extratemporal.

Lo objetable en este trabajo de Frank no son sus observaciones sobre textos de la literatura contemporánea sino el modo con que las expone. Si hubiera dicho que muchas narraciones de hoy parecen menos temporales que las de ayer, o que algunos narradores experimentan con el tiempo y simulan prescindir de él o imitan composiciones plásticas quedaríamos en paz. El Tiempo es la única dimensión de la literatura (y de toda la cultura humana, incluyendo a las llamadas artes del espacio por las razones que dio Kant).

La narración como una de las artes plásticas (16.6.1.).   Me ocupé de este tema en «Ut pictura poesis» y «Espacio y Tiempo en las Artes», *Los domingos del profesor* (1972). Ejemplos de poemas ideogramáticos y «caligramas» hay en Julien Benda, *La France Byzantine;* Ermst Robert Curtius *Literatura europea y Edad Media latina;* André Billy, «Préface» a Guillaume Apollinaire, *Oeuvres Poétiques;* Armando Zárate, *Antes de la vanguardia. Historia y morfología de la experimentación visual: de Teócrito a la Poesía Concreta* (Buenos Aires, 1976). Un muestrario de narraciones que no narran porque prefieren inmovilizarse en la distribución de la tinta de imprenta sobre el blanco de la página es el coleccionado por Eugene Wilman, *Experiments in prose* (Chicago, 1969).

El teatro y el cine (16.6.2.; 16.6.3.).   Amplío estas ideas en «Teatro y literatura», *Los domingos del profesor* (1972), y en «Filosofía del escenario», *Estudios sobre letras hispánicas* (1974). Para otros comentarios míos sobre el cine y la literatura véanse: «Antagonismo de teatro y cine», «Pigmalión y el cine», *La flecha en el aire* (1972); «O. Henry en el cine», «Kafka en el cine», *Los domingos del profesor* (1972). Referencias al cine son frecuentes en mis propios cuentos. En «Pejesapo» (L) una mujer compara a un hombre con Clark Gable y en «Dos pájaros de un tiro» (S) el protagonista se excita sexualmente en el cine viendo a una semidesnuda Rita Hayworth. Hay cuentos, o escenas de cuentos, que se prestan al cine. En Brasil, el director Siringo hizo en 1968 una película basada en «El leve Pedro» *(Chico o Leve).* Y en 1966 el director argentino Fernando Ayala me pidió autorización para filmar «Sabor a pintura de labios» (I) (sólo que no llegó a realizar la película). Sin embargo, el hecho de que un cuento se preste a un tratamiento cinematográfico no prueba que su autor haya sido influido por el cine: por lo pronto, en ninguno de esos dos cuentos el cine se me pasó por la imaginación. Más interesantes son los casos en que el autor sí aprovecha experiencias cinemáticas. Recuerdo que cuando escribí «El político» (G) visualicé metáforas visuales y rápidas metamorfosis a la manera de algunos dibujos animados de Walt Disney.

La música (16.6.4.).   No necesito explicar que sólo con la licencia de las analogías puede decirse que una narración toma una forma musical y se apoya en ella. Mi *Fuga* no está compuesta como la polifónica fuga; ni siquiera como la homofónica sonata. En la fuga hay un solo tema que se expande contrapuntísticamente: *punctum contra punctum,* esto es, nota contra nota, pero distintas voces, todas independientes, cantan los mismos tonos en combinaciones matemáticas. La sonata, en cambio, comienza con la exposición de dos temas opuestos que se modifican en sí y entre sí, continúa con el desenvolvimiento temático y termina con una recapitulación después de la cual los temas se reconcilian. Siendo que en mi relato el tema de Irma-Gabriel está contrastado con el de Irma-Miguel, su estructura es más análoga a la de la sonata que a la de la fuga. Quise, sin embargo, que el título *Fuga* connotase no sólo la estructura seudomusical del relato sino también la escena final de la fuga de los amantes.

Bergson y el arte de narrar (17.5.).   Sólo ocasionalmente se refirió Bergson a la literatura. Sin embargo, de sus escritos pueden extraerse observaciones suficientes para construir una teoría bergsoniana de la ficción. Hay que partir de su metafísica, pasar de allí a su crítica del conocimiento, seguir viaje hacia su filosofía del lenguaje y por último llegar a sus juicios sobre el arte de narrar. Doy por sobreentendido que el lector ya ha recorrido ese camino. La realidad es, para Bergson, una fuerza de creación continua que penetra en la materia inerte —mero desecho, como las cenizas que caen de un cohete en ascensión— y tiende a la libertad. La vida es «duración real», «tiempo vivido». La inteligencia, por su hábito de espacializarlo todo, falsifica la esencial temporalidad de la vida. Sólo la intuición, mediante un rapto de simpatía, puede coincidir con la vida y con los propósitos de la realidad toda en lo que vida y realidad tienen de singular, irrepetible, continuo, creador, libre y ¿por qué no?, divino. En nombre de su metafísica Bergson condena, pues, el lenguaje conceptual, discursivo de la ciencia: para él lo importante sería ponerse en inmediato contacto con la fuerza vital, y esto es un privilegio exclusivo del conocimiento intuitivo. Como la intuición de que nos habla Bergson —diferente de la de Croce— es mística, resulta inanalizable. Como quiera que sea, para Bergson las palabras son conceptos que nos ocultan el *élan vital*. Admite la posibilidad, sin embargo, de un lenguaje dinámico que capte la «duración»; y por ese lado Bergson ha de estimar la poesía y, dentro de ella, el arte narrativo.

Shiv K. Kumar, en *Bergson and the Stream of Consciousness* (1962), dedica el capítulo segundo a la teoría de la novela. Allí se encontrará un buen repertorio de frases bergsonianas sobre el intento de la ficción literaria para captar el tiempo psicológico del hombre concreto y el tiempo metafísico de la evolución creadora; intento que, en algunos casos, considera más acertado que el de los filósofos. Raimundo Lida, en la sección «el lenguaje de la intuición» de su importante estudio «Bergson, filósofo del lenguaje», *Letras hispánicas* (1958), muestra la apertura optimista de su filosofía lingüística en lo que respecta a la posibilidad de una expresión literaria de la intuición.

Niveles de abstracción (17.6.).   Erwin R. Steinberg, en *The Stream of Consciousness and beyond «Ulysses»*, University of Pittsburgh, 1973, llama «niveles de abstracción» a los procedimientos literarios que extraen materiales de la subjetividad de los personajes. La escala —que él aplica al análisis de tres capítulos del *Ulysses* de James Joyce— podría parafrasearse así:

1.   El narrador, en tercera persona, interviene sin disimulo en el cuento y formula juicios sobre el carácter de un personaje.

2.   El narrador, enmascarado en un narrador omnisciente, nos dice en tercera persona qué es lo que el personaje siente, piensa y hace.

3.   El narrador, con el pronombre de la tercera persona, y sin interrumpir el desarrollo de la trama, nos da los pensamientos silenciosos del personaje en palabras que corresponden al habla que el personaje usaría si, en vez de estar callado, decidiera comunicarse: es un «monólogo narrado» (estilo indirecto libre).

4.   El personaje habla solo —soliloquio, monólogo— pero con el lenguaje discursivo, lógico, gramatical que usamos cuando nos dirigimos a un público.

5.   El narrador presenta la rumia mental de un personaje que habla consigo mismo: es un monólogo interior, silencioso; las palabras que leemos sugieren sus desvaríos y devaneos pero lo hacen de un modo más o menos ordenado y coherente.

6.   El narrador simula que está presentando directamente las sensaciones, percepciones, emociones e imágenes que el personaje siente antes de que alcancen a formularse en palabras.

«Esta continuidad —concluye Steinberg— mantiene una perfecta correlación entre el nivel de abstracción y la intervención del autor: cuanto más bajo es el nivel de abstracción, menos interviene el autor; cuanto más alto es el nivel, las manipulaciones y juicios del autor se convierten en más obvias.» Para la técnica del quinto nivel Steinberg propone el término «monólogo interior»: es el que Joyce usa en el capítulo Penélope (XVIII). El sexto nivel es el único que correspondería a la técnica de la «corriente de conciencia» («stream of consciousness»): es la que Joyce usa en los capítulos Proteus (III) y Lestrygonians (VIII).

La escala de Steinberg es de mayor a menor en lo que se refiere a las intromisiones del narrador, pero si lo que interesase fueran los niveles que van del discurso lógico y gramatical de la subjetividad al fluir psíquico preverbal e incoherente, tendríamos que alterar el orden. Con el «estilo indirecto libre» o «monólogo narrado» del tercer nivel se puede simular un proceso mental desordenado mejor que con el cuarto nivel, donde el personaje habla solo pero con un lenguaje discursivo, como si estuviera dirigiéndose a un público.

BIBLIOGRAFÍA BÁSICA

Ayala, Francisco: *Reflexiones sobre la estructura narrativa*, Madrid, Taurus, 1970.

Baquero Goyanes, Mariano: *Qué es la novela. Qué es el cuento*, Murcia, 1988.

Barthes, Roland: «Introducción al análisis estructural de los relatos», *Análisis estructural del relato*, Buenos Aires, editorial Tiempo Contemporáneo, 1970.

Bonheim, Helmut: *The narrative modes. Techniques of the short stories*, Gran Bretaña, 1982.

Booth, Wayne: *The Rhetoric of Fiction*, The University of Chicago Press, 1961.

—: «The Rhetoric of Fiction and the Poetics of Fictions», *Novel*, I, 2 (invierno de 1968).

Bremond, Claude: *Logique du récit*, París, Seuil, 1973.

Brooks, Cleanth y Robert Penn Warren: *Understanding Fiction*, Nueva York, Appleton, Century Crofts, 1943.

Butor, Michel: «L'Usage des pronoms personnels dans le roman», *Repertoire II*, París, 1964.

Carilla, Emilio: *El cuento fantástico*, Buenos Aires, editorial Nova, 1968.

Cassirer, Ernst: *An Essay on Man*, New Haven, Yale University Press, 1944. [Hay traducción castellana: *Antropología filosófica*, México, Fondo de Cultura Económica.]

Castagnino, Raúl H.: *«Sentido» y estructura narrativa*, Buenos Aires, editorial Nova, 1975.

—: *«Cuento-artefacto» y artificios del cuento*, Buenos Aires, Editorial Nova, 1975.

Cohn, Dorrit: *Transparent minds. Narrative modes for presenting consciousness in Fiction*, New Jersey, 1978.

Chatman, Seymour: *Story and Discourse: narrative structure in Fiction and Film*, Nueva York, 1978.

Chklovski, Victor: «L'architecture du récit et du roman», *Sur la Théorie de la prose*, París, 1973. La edición rusa era de 1929.

Dâllenbach, Lucien: *Le récit spéculaire: essai sur la mise en abyme*, París. 1977.

Delgado León, Feliciano: *Técnica del relato y modos de novelar*, Sevilla, 1973.

Eco, Umberto: *Opera aperta*, Milán, 1962.

Falk, Eugene H.: *Types of Thematic Structure: The Nature and Function of Motifs in Gide, Camus, and Sartre*, Chicago, 1967.

Forster, E. M.: *Aspects of the Novel*, 1927. Reedición: Nueva York, Harcourt, Brace and Company, 1954.

Frenzel, Elisabeth: *Diccionario de argumentos de la literatura universal*, Madrid, Gredos, 1976.

—: *Stoff—, Motiv— und Symbolforschung*, Stuggart, 1963.

Friedman, Melvin: *Stream of Consciousness: A Study in Literary Method*, New Haven, Yale University Press, 1955.

Friedman, Norman: *Forn and Meaning in Fiction*, The University of Georgia Press, 1975.

Garasa, Delfín Leocadio: *Los géneros literarios*, Buenos Aires, editorial Columba, 1969.

Genette, Gérard: «Frontières du récit», *Figures II*, París, Seuil, 1969.

—: *Figures III*, Ibid., 1972.

Gillespie, Gerald: «Novella, Nouvelle, Novelle, Short Novel? A review of terms», *Neophilologus*, 51 (1967).

Good, Graham: «Notes on the Novella», *Novel*, X, 3 (primavera 1977).

Gordon, Caroline y Allen Tate: *The House of Fiction*, Nueva York, Charles Scribner's Sons, 1950.

Greimas, A. J.: «Elements d'un grammaire narrative», *Du sens*, 1970.

Handy, William J.: *Modern Fiction: A Formalist Approach*, Carbondale, Southern Illinois University Press, 1971.

Humphrey, Robert: *Stream of Consciousness in the Modern Novel*, Berkeley, University of California Press, 1954. [Hay traducción castellana: *La corriente de la conciencia en la novela moderna*, Santiago de Chile, editorial Universitaria, 1969.]

Ingram, Forrest L.: *Representative Short Stories Cycles of the Twentieth Century. Studies in a literary genre*, La Haya, Mouton, 1971.

Jolles, Andre: *Einfache Formen*, Tübingen, Max Niemeyer Verlag, 1930. [Hay traducción castellana: *Las formas simples*, Santiago de Chile, editorial Universitaria, 1972.]

Kayser, Wolfang: *Das Sprachliche Kunstwerk*. 1948. [Hay traducción castellana: *Interpretación y análisis de la obra literaria*, Madrid, Gredos, 1958.]

Lancelotti, Mario A.: *Teoría del cuento*, Buenos Aires, Ediciones Culturales Argentinas, 1973.

Langer, Susanne K., *Feeling and Form*, 1952.

Lintvelt, Jaap: *Essai de Typologie narrative. Le "point de vue". Théorie et analyse*, París, 1981.

Magalhâes Júnior, R.: *A Arte do Conto*, Río de Janeiro, Bloch Editores, 1972.

Martínez Bonati, Félix: *La estructura de la obra literaria*, Universidad de Chile, 1960.

Mastrángelo, Carlos: *El cuento argentino*, Buenos Aires, editorial Nova, 1975, 2.ª edición.

Mélétinski, E.: *Estudio estructural y tipológico del cuento*, Buenos Aires, Rodolfo Alonso Editor, 1972.

Mendilow, Adam Abraham: *Time and the Novel*, Londres, 1952. Reedición con prólogo de J. Isaacs, Nueva York, Humanities Press, 1965.

Meyerhoff, Hans: *Time in Literature*, Berkeley, University of California Press, 1955.

O'Connor, Frank: *The Lonely Voice. A Study of the Short Story*, Nueva York, The World Publisching Company, 1962.

Omil, Alba y Raúl A. Piérola: *El cuento y sus claves*, Buenos Aires, editorial Nova, 1969.

Pinon, Roger: *Le conte merveilleux comme sujet d'Études*, Liège, Centre d'Éducation Populaire, 1955. [Hay traducción castellana: *El cuento folklórico*, Buenos Aires, Eudeba, 1965.]

Prince, Gerald: *A Grammar of Stories*, La Haya: Mouton, 1973.

Propp, Vladimir: *Morfología del cuento*, Buenos Aires, Juan Goyanarte Editor, 1972.

—: «Las transformaciones de los cuentos fantásticos» (1928), en *Teoría de la literatura de los formalistas rusos*. Antología preparada y presentada por Tzvetan Todorov, Buenos Aires, Ediciones Signos, 1970.

Pucciarelli, Eugenio: «Dos actitudes frente al tiempo», *Cuadernos de Filosofía*, X, 13 (enero-junio de 1970).

Reyes, Alfonso: *El deslinde*, México, Fondo de Cultura Económica, 1963, reedición revisada.

Rodríguez-Parqués, Petrona Domínguez de: *El discurso indirecto libre en la novela argentina*, Pontificia Universidade Católica do Rio Grande do Sul, 1975.

Romberg, Bertil: *Studies in the Narrative Technique of the First-Person Novel*, Lund, 1962.

Rossum-Guyon, Françoise Van: «Point de vue ou perspective narrative. Théories et concept critiques», *Poétique*, 4 (1970).

Soto, Luis Emilio: «El cuento», *Historia de la literatura argentina*, dirigida por Rafael Alberto Arrieta, Buenos Aires, Ediciones Peuser, 1959, vol. IV.

Stanzel, Franz K., *Theorie des Erzählens*, 1979.

Tacca, Oscar: *Las voces de la novela*, Madrid, Gredos, 1973.

Tijeras, Eduardo: *Relato breve en Argentina*, Madrid, Ediciones Cultura Hispánica, 1973.

Todorov, Tzvetan: «Las categorías del relato literario», *Análisis estructural del relato*, Buenos Aires, editorial Tiempo Contemporáneo, 1970.

—: *Poétique de la prose*, París, Seuil, 1971.

—: *Introduction à la litterature fantastique*, París, Seuil, 1970.

Uspensky, Boris: *A Poetics of Composition. The Structure of the Artistic Text and Typology of a Compositional Text*, Berkeley, University of California Press, 1973.

Vallejo, Catharina V. de: *Teoría cuentística del siglo XX. Aproximaciones hispánicas*, Miami, 1989.

ÍNDICE

Impreso en el mes de abril de 1996
en Talleres Gráficos DUPLEX, S. A.
Ciudad de Asunción, 26
08030 Barcelona